꿈
분
석

꿈 분석

초판 1쇄 발행	2018년 7월 20일
3쇄 발행	2025년 5월 31일

원제	Dream Analysis
지은이	칼 구스타프 융
옮긴이	정명진
펴낸이	정명진
디자인	정다희
펴낸곳	도서출판 부글북스
등록번호	제300-2005-150호
등록일자	2005년 9월 2일
주소	서울시 노원구 공릉로63길 14, 101동 203호(하계동, 청구빌라) (139-872)
전화	02-948-7289
전자우편	00123korea@hanmail.net
ISBN	979-11-5920-089-2 03180

*잘못된 책은 구입하신 서점에서 바꾸어 드립니다.

꿈 분석

Dream Analysis

이 책에 대하여

 당신 안에 당신이 모르는 또 다른 당신이 있다. 이 또 다른 당신은 꿈을 통해 당신에게 말을 건다. 당신의 꿈은 도대체 무슨 말을 하고 있을까?
 당신의 꿈을 기록하며 나름대로 분석하는 일은 곧 당신의 무의식을 들여다보는 것이다. 자연히, 당신의 생각과 감정에 대해 더욱 깊이 생각하게 되고, 또 당신이 현실에서 발휘하지 못하고 있는 잠재력도 찾아낼 수 있다.
 생명을 가진 모든 것은 평형과 완전성을 추구하게 되어 있다. 그렇다면 일방적인 우리의 의식은 무의식을 통해 균형을 이룰 수 있어야 한다. 대부분의 사람들이 별다른 의미를 부여하지 않는 꿈이 결정적으로 중요한 이유가 바로 거기에 있다.
 꿈은 어떤 목적을 갖고 있다는 것이 칼 융의 지론이다. 꿈은 당신에게 당신의 삶의 진정한 의미와 당신의 적성, 당신의 운명을 보여 줄 뿐만 아니라 당신이 곤경에서 빠져나올 수 있는 길까지 제시한 다는 것이다. 한마디로 말해, 꿈을 분석하면 당신이 행복에 이를 수 있는 길이 열린다고 한다.

무의식의 세계를 처음 발견한 이는 지그문트 프로이트(Sigmund Freud)였지만, 그 후 무의식의 세계를 더욱 깊이, 더욱 광범위하게 파고든 인물은 오히려 칼 융이었던 것 같다. 융은 그와 동시에 정신 분석의 대중화에도 많은 노력을 기울였다. 강연이나 세미나를 통해 전문가나 일반인에게 가까이 다가가려고 애를 썼던 것이다.

그 일환으로 융은 1919년부터 영국과 알제리 등 세계 각국을 돌면서 강연과 세미나를 자주 했다. 그런 기회를 통해 분석 심리학 이론은 물론이고 사회와 개인, 종교, 역사에 관한 개인적 의견을 편안하게 털어놓았다.

1925년에 융은 스위스 취리히의 '사이콜로지 클럽 취리히'에서 여러 나라의 지식인을 상대로 영어 세미나를 시작했다. 15년 동안 이어진 이 세미나의 일부로 1928년 11월 초부터 꿈 분석이 다뤄졌다. 1930년 6월까지 계속된 꿈 분석 세미나를 바탕으로 한 것이 이 책이다. 이 책에 담지 못한 세미나 후반부도 여건이 되는 대로 번역 소개할 계획이다.

꿈 분석 세미나는 융의 어느 남자 환자가 꾼 일련의 꿈들을 분석하는 형식으로 진행되었다. 말하자면 분석 치료 과정을 말로 쉽게 설명하는 식이었다. 45세 기업가인 이 환자는 지적이고, 교양 있고, 점잖은 사람이었다. 신경증이 있다고 할 수는 없지만 신경질적인 사람이었다. 짜증을 잘 내고, 다른 사람의 비판을 극구 피하려 드는 사람이었다. 또 성 생활에 약간의 문제가 있었다. 감각 유형인 이 환자는 감정 기능이 열등한 편이었다.

 이 환자가 꾼 일련의 꿈들을 분석하면서, 꿈의 상징 세계와 꿈이 환자에게 전하고자 하는 메시지를 찾아낸다.

 프로이트의 이론과 다른 부분도 상세하게 설명된다. 프로이트는 꿈에 나타나는 사람이 다른 사람을 위장하고 있다고 주장하는데, 융은 그렇지 않다고 한다. 예를 들어, 융의 어느 여자 환자가 가족 주치의 존스 박사에 대한 꿈을 꾼다고 가정하자. 이런 경우에 프로이트라면 이 여자 환자의 꿈에 나타난 존스 박사는 바로 여자 환자의 심리 치료를 맡고 있는 융 박사라고 해석할 것이다. 융의 이론은 완전 반대다. 무의식은 말하려는 바를 위장하지 않고 직접적으로 말한다는 것이 융의 주장이다. "자연은 절대로 외교적이지 않다. 자연이 나무를 길러 내면, 그것은 한 그루의 나무이지 개를 기르려다가 잘못 기른 나무가 아니다. 그렇기 때문에 자연은 위장을 하지 않는다. 소변에서 알부민이 검출되는 것은 바람직하지 않지만, 그렇다고 알부민이 설탕을 위장하고 있다는 식으로 받아들여서는 곤란하다."

 이 책은 당신이 추구할 인생의 길까지 제시한다. 인격적으로 완성을 이루라고 주장하는 것이 아니라 당신의 정신세계를 더 잘 알게 함으로써 타고난 잠재력을 최대한 발휘하는 쪽으로 당신을 안내할 것이다.

차례

| 이 책에 대하여 | ...5 |

1강	1928년 11월 7일	...11
2강	1928년 11월 14일	...37
3강	1928년 11월 21일	...61
4강	1928년 11월 28일	...81
5강	1928년 12월 5일	...101
6강	1928년 12월 12일	...119
7강	1929년 1월 23일	...141
8강	1929년 1월 30일	...155
9강	1929년 2월 6일	...169
10강	1929년 2월 13일	...187
11강	1929년 2월 20일	...201

12강	1929년 2월 28일	...221
13강	1929년 3월 6일	...241
14강	1929년 3월 13일	...261
15강	1929년 3월 20일	...285
16강	1929년 3월 27일	...305
17강	1929년 5월 15일	...323
18강	1929년 5월 22일	...339
19강	1929년 5월 29일	...359
20강	1929년 6월 5일	...379
21강	1929년 6월 12일	...401
22강	1929년 6월 19일	...423
23강	1929년 6월 26일	...443

1강

―

1928년 11월 7일

꿈을 분석하는 작업이 분석 치료의 핵심을 이룬다. 왜냐하면 무의식에 닿는 길을 여는 가장 중요한 기술적 수단이 바로 꿈을 분석하는 것이기 때문이다. 모두가 잘 알다시피, 분석 치료의 가장 큰 목적은 무의식의 메시지를 찾아내는 것이다.

 환자가 분석가를 찾는 이유는 대체로 자신이 출구가 보이지 않는 곤경에 처했다는 사실을 깨닫기 때문이다. 그러면서 환자는 의사라면 당연히 자신을 곤경에서 끌어내는 길을 알고 있을 것이라고 단정한다. 이때 정직한 의사라면 아마 자신도 그 길을 모른다는 점을 인정할 것이다. 그러나 의사들은 간혹 정직하지 않다. 150년 전만 해도, 의사는 장터를 돌아다니며 이빨을 뽑아주고 신비적인 치료 행위를 하던 그런 돌팔이였다. 지금도 의료 직종에 이런 태도가 어느 정도 남아 있는 것이 사실이다.

분석 치료를 할 때, 의사는 자신이 환자에 대해 모든 것을 다 알고 있다거나 환자를 곤경에서 끌어내는 길을 알고 있다는 식으로 생각하지 않도록 조심해야 한다. 의사가 환자에게 무엇이 문제일 것 같다고 말할 경우에, 환자가 의사의 암시를 따르면서 자기 자신을 직접 경험하려 들지 않기 때문이다. 의사의 암시도 한동안은 효과를 발휘할 수 있지만, 다시 의사가 없는 상태에 놓이면 환자는 금방 예전의 모습으로 돌아갈 것이다. 환자가 자기 자신을 전혀 접촉하지 않은 채, 자신의 길을 살지 않고 의사의 길을 살고 있기 때문에 나타나는 현상이다. 그러면 환자는 새로운 암시를 얻기 위해 다시 의사를 찾을 것이다. 그러다 시간이 조금 지나면 의사나 환자나 똑같이 이런 현상을 혐오스럽게 느끼게 된다.

의사가 자기도 환자의 문제에 대해 잘 모른다는 사실을 솔직히 인정하는 것이 아주 중요하다. 그러면 의사와 환자는 똑같이 자연의 객관적인 사실들을, 말하자면 과학적인 현실들을 받아들일 준비를 갖추게 될 것이다.

개인의 의견은 다소 독단적인 판단에 지나지 않으며, 경우에 따라 크게 잘못될 수 있다. 그렇기 때문에 의사는 자신의 판단이 언제나 옳다는 식으로 생각해서는 안 된다. 반드시 꿈들이 제시하는 사실들을 찾아내야 한다. 꿈은 객관적인 사실이다. 꿈은 우리의 기대에 대답하는 것이 아니다. 우리는 꿈을 창작하지 못한다. 어떤 대상을 떠올리며 그것에 대해 꿈을 꾸려고 한 번 노력해 보라. 꿈을 창작하는 일은 절대로 불가능하다는 사실이 확인될 것이다.

우리는 우리의 문제에 대해, 우리의 어려움에 대해 꿈을 꾼다. 신랑은 신부에 관한 꿈을 절대로 꾸지 않는다는 속담이 있다. 그것은 신랑이 현실 속에서 여자를 바로 옆에 두고 있기 때문이다. 그러다 시간이 조금 지나면, 말하자면 문제가 발생하면, 그는 여자에 관한 꿈을 꾸기 시작한다. 이때 여자는 대체로 아내이다.

우리는 우리의 꿈에 영향을 미치지 못한다. 현실 속의 환경도 반드시 꿈 재료를 제공하지는 않는다. 정말로 중요하거나 멋진 일이 일어날 때조차도, 그 일이 꿈에 기미조차 보이지 않는 경우가 종종 있다.

한동안 아프리카에서 지낸 적이 있다. 당시에 나는 꿈을 연속적으로 꾸었는데도, 꿈에 아프리카의 흔적이 전혀 나타나지 않아 크게 실망했다. 아프리카에서 아주 인상적인 경험을 하고 있었는데도 말이다. 아프리카의 풍광이 나타나는 꿈도 전혀 없었고, 흑인이 나타나는 꿈도 딱 한 번을 제외하고는 하나도 없었다. 예외였던 꿈에 나타난 그 흑인마저도 내가 미국 테네시 주의 채터누가에서 머리를 깎은 이발사였다.

꿈들은 이상할 만큼 우리의 의식과 동떨어져 있고 또 속이는 일이 없기 때문에 대단히 소중하다. 꿈을 분석하는 작업은 생리 기능에 일어나는 일들을 해석하는 것만큼이나 어렵다. 심장과 간, 신장 등을 진단하려면 아주 탁월한 기술이 필요하듯이, 꿈의 객관적인 사실들을 해석하는 데에도 훌륭한 기술이 반드시 필요하다.

꿈에 나타나는 사실들이 객관적이라는 점에 대해서는 전혀 의심이 없다. 그러나 꿈에 나타나는 사실들에 대한 해석의 객관성에 대해서는 의문이 강하게 제기된다. 그러다 보니 꿈의 해석에 관한 이론도 여럿이다. 예를 들면 프로이트의 이론이 있다. 여기서 나는 이 이론들의 차이점에 대해 논할 수 없다. 그래서 바로 분석할 꿈을 제시할 것이다. 앞으로 우리는 꿈을 함께 분석할 것이다. 당신도 꿈의 내용을 들으면서 나름대로 해석할 수 있다.

논의의 대상으로 선택한 꿈은 나의 어느 환자가 꾼 일상적인 꿈들이다. 일상적인 꿈을 선택한 이유는 그런 꿈을 통해서 더 많은 것을 배울 수 있기 때문이다. 이보다 더 재미있는 꿈들은 스릴을 느끼게 하지만, 일상적인 꿈들에 비해 이해가 쉽다.

원시인들은 두 가지 종류의 꿈이 있다고 믿는다. 크고, 의미 있고, 집단적인 중요성을 지니는 큰 꿈이 있는가 하면, 일상적이고 사소한 작은 꿈이 있는 것이다. 원시인들은 대체로 일상적인 꿈을 꾼 사실을 숨긴다. 그러다가 당신이 오랫동안 집요하게 물고 늘어지며 설득하고 나서면, 원시인은 그제서야 그런 꿈을 꾼다는 사실을 인정할 것이다. 그런 때에도 원시인들은 "그건 아무것도 아니에요. 모두가 다 꾸는 걸요!"라고 말한다.

장대하고 중요한 꿈은 매우 드물다. 정말 큰 인물만이 큰 꿈을 꾼다. 족장이나 주술사, 초자연적인 힘을 가진 사람들이 그런 꿈을 꾸는 것이다. 원시인들은 나를 보고도 위대한 주인이고 머리카락이 하얘 백 세는 되어 보이고 또 위대한 경전 『코란』을 읽을 수 있다는 이유로 큰 꿈을 꿀 것이라고 했다. 우리가 꿈에 대해 품고 있는 편견, 말하자면 꿈은 아무런 의미를 지니지 않는다는 생각은 아마 일상적인 꿈은 주목할 만한 가치가 없다고 생각하던 옛날의 원시적 전통에 지나지 않을지도 모른다.

탐험가들은 이런 이야기를 들려준다. 부족의 족장이나 초자연적인 힘을 지닌 사람은 자신이 큰 꿈을 꾼 날이면 마을 사람들을 모두 불러 모은다. 그러면 마을 사람들은 한자리에 모여 앉아 그 사람의 꿈 이야기에 귀를 기울이고 거기서 나온 조언을 충실히 따른다.

 공적 중요성을 지닌 그런 꿈의 흔적은 아마 고대 로마 시대에도 발견될 것이다. 어느 원로원 의원의 딸이 꾼 꿈이 있다. 여신이 나타나서 자신의 신전이 방치되어 폐허로 변하고 있다고 지적하며 크게 꾸짖은 뒤 신전을 다시 지을 것을 명령했다는 내용의 꿈이다. 그래서 그녀는 원로원에 가서 자신의 꿈에 대해 보고했고, 원로원 의원들은 소녀의 꿈을 근거로 신전을 다시 짓기로 결정했다.

 또 다른 예는 아테네에서 있었다. 어느 유명한 시인이 꾼 꿈이다. 어떤 남자가 헤르메스의 신전에서 귀중한 황금 접시를 훔쳐 어딘가에 숨기는 꿈이었다. 시인은 꿈을 믿지 않았다. 그래서 처음 꾸었을 때에는 꿈을 무시했다. 그러나 꿈은 한 번으로 끝나지 않았다. 똑같은 꿈이 두 번 세 번 나타났다. 그러자 시인은 신들이 계속 뭔가를 주장하고 있다고 해석하기에 이르렀다. 당연히, 꿈이 맞을 수도 있겠다는 생각이 들었을 것이다. 그래서 그는 로마의 원로원과 비슷한 역할을 한 아레오파고스로 가서 자신의 꿈에 대한 이야기를 털어놓았다. 이어 수색이 벌어졌고, 도둑이 발견되어 접시를 되찾을 수 있었다.

 아프리카 원시인들은 지금 영국인들이 자신들을 이끌 것이라고 믿고 있다. 그러면서 더 이상 주술사의 꿈에 의존하지 않는다. 원시인들의 대체적인 의견은 영국인이 그곳으로 온 후로 주술사나 추장이 그런 꿈을 더 이상 꾸지 않는다는 것이다. 아프리카 원시인들은 영국인 관리들이 모든 것을 다 잘 알고 있다고 말했다. 말하자면 영토 경계선도 훤히 알고 있고, 들판의 경계선도 훤히 알고 있고, 누가 양을 죽였는지까지 훤히 알고 있다는 것이다. 이것은 곧 꿈이 예전에 사회적, 정치적 기능을 갖고 있었다는 사실을 보여주고 있다. 지도자는 생각을 하늘로부터 직접 받고 그것을 바탕으로 무의식적으로 국민을 지도하는 존재로 여겨졌던 것이다.

그린란드 출생의 극지 탐험가 크누드 라스무센(Knud Rasmussen)은 꿈의 안내를 받으며 부족을 그린란드에서 배핀 만을 건너 북 아메리카로 이동시킨 늙은 주술사에 관한 놀라운 이야기를 어느 에스키모인으로부터 들었다. 당시에 이 부족은 인구가 급속도로 증가하고 있었으며, 따라서 식량이 부족한 현상이 나타나고 있었다. 그런 상황에서, 주술사는 물개와 고래, 바다코끼리가 많이 서식하는 어떤 땅에 대한 꿈을 꾸었다.

전체 부족은 그를 믿고 얼음 위를 걸어 미지의 땅으로 향했다. 시간이 꽤 지나도 물개와 고래가 많은 곳이 나타나지 않자, 언제나 그렇듯이, 노인들이 회의(懷疑)를 품기 시작했다. 꿈이 정말로 맞을까? 혹시 엉터리는 아닐까? 그래서 부족 중 반은 거기서 포기하고 오던 길로 되돌아갔다가 모두 죽었지만, 늙은 주술사는 남은 사람들과 함께 계속 걸어 북아메리카 해안에 닿았다고 한다.

우리가 꾸는 사소한 꿈에는 그 정도의 중요성은 없다. 또 집단적이거나 보편적인 해결책 같은 것도 담겨 있지 않다. 그럼에도 일상적으로 꾸는 사소한 꿈은 꿈을 꾸는 사람 본인에게 개인적인 의미를 지닌다. 그러나 내가 이 책에서 선택하는 평범한 꿈들에서도 앞에서 본 것과 별로 다르지 않은 그런 안내의 기능과 문제 해결의 실마리가 확인될 것이다.

앞으로 소개할 꿈들을 꾼 사람은 45세 사업가이다. 지적이고, 교양 있고, 돈도 잘 벌고 있으며, 매우 점잖고 사교적이다. 결혼해서 자녀를 셋 두고 있다. 신경증적이진 않지만 다소 신경질적이다. 주된 문제는 짜증을 잘 내고, 또 다른 사람이 자기를 탓하거나 비판할 상황을 만들지 않으려고 지나칠 정도로 애를 쓴다는 점이다.

언젠가 경찰이 과속을 이유로 그의 차를 세웠을 때, 그는 복통을 느끼고 메스꺼움을 느꼈다. 이것은 그에게 뭔가 잘못된 것이 있다는 사실을 보여주고 있다. 그는 처신을 올바르게 하려고 무척 애를 많이 쓰고 있는데, 매우 나쁜 짓을 할 수 있는 능력이나 성향을 갖춘 사람만이 아주 올바르게 살려고, 말하자면 완벽을 이루려고 노력하게 된다. 어떤 사람이 비정상적일 만큼 선하려고 노력할 때, 정말로 그 사람에게 뭔가 잘못되고 있을 수 있다.

나의 환자도 겉으로 보면 아주 올바르다. 매너도 좋고, 말도 공손하고, 옷도 잘 차려입는다. 그는 모든 면에서 매우 조심스럽게 행동하고 있다. 담배도 많이 피우지 않고 술도 많이 마시지 않는다. 또 사람이 살아가는 법도에 대해서도 합리적인 관점을 갖고 있다.

그러나 흠잡을 데 없는 이런 겉면의 뒤를 들여다보면, 성생활에 약간의 문제가 있다. 그는 아내를 다소 멀리하고 있으며, 아내도 그에게 특별한 관심을 더 이상 갖지 않게 되다 보니 불감증을 겪고 있다. 그래서 그는 새로운 것에, 주로 여자들에게 끌리기 시작했다. 가끔 매춘부를 찾고 있으며, 그런 일이 있은 뒤에는 그 행위에 대한 보상 심리 때문에 더욱더 바르게 살려고 노력한다.

그는 자신의 문제를 직시하려 하지 않는다. 그는 자신의 비행(非行)을 "이따금 저지를 수 있는 실수"로 치부하고는 "다시는 그런 짓을 하지 않겠다."고 다짐한다. 그러나 그 같은 결심은, 마치 자위처럼, 그때뿐이다.

이런 방법은 문제를 대하는 행동으로는 비도덕적이다. 왜냐하면 문제는 해결하지 못하고, 그 사람이 도덕적으로 열등하다는 느낌을 만성적으로 느끼게 만들기 때문이다. 지나치게 방정한 행동으로 보상해야 할 만큼 병적인 열등 상태가 그 사람에게 존재한다는 사실은 그 자체로 그 사람 본인뿐만 아니라 가족이나 타인들에게도 나쁜 일이다. 그런 상태는 그의 아내에게 매우 나쁜 영향을 미친다. 아내는 남편이 지나치게 반듯하게 행동한다는 사실 앞에서 두려움을 느낄 것이다. 왜냐하면 그녀도 어떤 방향으로도 부적절하게 행동해서는 안 된다고 생각할 것이기 때문이다. 그래서 그녀는 자기 자신을 제대로 알 수 없게 되어 불감증으로 남편을 처벌하기에 이르렀다.

이런 식의 방정함은 아주 무서운 결과를 낳는다. 본인까지도 도덕적 열등감을 강하게 느끼도록 만든다. 나도 도덕성이 매우 높은 사람을 만나면 불편한 느낌을 받는다. 대단히 도덕적인 사람과 함께 있으면, 썩 좋은 기분이 들지 않는다. 질식할 것만 같다.

나의 환자는 심리학에 관한 책과 섹스에 관한 책을 많이 읽었지만 아직도 문제를 해결하지 못하고 있었다. 그가 나를 찾은 것도 그때문이다. 그 사람은 특별히 신경증적인 사람은 아니었다. 그럼에도 상황은 갈수록 조금씩 더 나빠지고 있었다.

그는 내가 문제를 해결할 길을 제시할 수 있을 것이라고 생각했다. 그런 그에게 나는 해결책을 모른다고 말했다. 그러자 그가 화를 냈다. "선생님께서도 모르신다는 말씀인가요?" 그래서 나는 이렇게 대답했다. "당신의 문제에 대한 해결책은 모르지만, 객관적인 사실인 꿈이 있습니다. 당신이 꾸는 꿈 말입니다. 꿈이 문제 해결에 필요한 정보를 제시할지 몰라요. 그러니 꿈들이 무슨 이야기를 들려주는지 보도록 하지요." 그래서 우리 둘은 그의 꿈을 분석하기 시작했다. 첫 번째 꿈은 그가 안고 있는 문제의 윤곽을 고스란히 보여줄 뿐만 아니라 해결책까지 암시하고 있다.

"여동생의 아이가 아프다는 소리가 들린다. 그런데 매제가 나를 찾아와 공연을 함께 본 뒤 식사를 같이 하자고 제안한다. 나는 이미 식사를 했지만 그와 함께 외출하는 것도 괜찮겠다고 생각한다.

우리 둘이 도착한 곳은 넓은 방이다. 한가운데에 식탁이 길게 놓여 있다. 넓은 방의 네 귀퉁이에 벤치나 의자 같은 것이 몇 줄 놓여 있다. 그런데 벤치나 의자 같은 것이 모두 등이 식탁 쪽으로 향하도록 거꾸로 놓여 있다. 자리에 앉은 뒤, 나는 매제에게 아내는 왜 오지 않았는지 묻는다. 그러다가 나는 아이가 아파서 오지 못했구나 하는 생각이 들어 매제에게 아이의 병이 어떤지 묻는다. 매제는 아이가 많이 나아졌다고 한다. 지금은 미열만 있다고 한다.

이어 내가 매제의 집에 가 있다. 거기서 나는 아픈 아이를 본다. 한두 살 된 작은 소녀이다. (이 대목에서 그는 실제론 그런 아이가 없다고 설명한다. 그의 여동생에겐 두 살 난 아들이 있었다.) 아이는 아직 아파 보인다. 누군가가 나에게 아이가 나의 아내의 이름 마리아를 제대로 발음하지 못한다고 귀띔해준다. 나는 마리아라고 하면서 아이에게 "마리아 숙모"라고 따라 해보라고 한다. 그런데 나는 "마리-숙모"라고 말한다. 그냥 "아"를 떼어버리는 것이 아니라 "마리- 아- 아"라는 식으로 말한다. 마치 하품을 하듯이. 아내의 이름을 그런 식으로 발음하는 것을 놓고 주변 사람들이 나를 꾸짖는다."

이 평범한 꿈은 나의 환자의 집안 분위기를 들려주고 있다. 여기에 구체적으로 제시된 사항은 모두 그의 가족에 관한 내용이다. 그러기에 이 꿈에서 중요한 결론을 끌어낼 수 있다. 어떤 결론일까?

이 꿈을 꾼 사람은 개인적으로 가까운 사람들과 가족에게 관심을 많이 쏟고 있다. 이 점은 꿈에 관한 일반적인 생각과 일치한다. 사람들은 누구나 쉽게 접하는 언어로 자신을 표현한다. 그렇기 때문에 농민과 군인이 꾼 비슷한 내용의 꿈을 보면 꿈에 동원되는 언어가 직업에 따라 달라진다는 사실이 확인된다.

이 사람이 외국에서 오랫동안 살았다는 사실도 강조해야 한다. 그는 세계를 잘 아는 사람이고, 훌륭한 여행가이다. 그렇다면 왜 그가 자신의 존재 중에서 그런 측면에 대한 꿈을, 예를 들면 멋진 외국 풍광 같은 것에 대한 꿈을 꾸지 않는 것일까? 그 뒤의 꿈들은 그의 가정과 아무런 관계가 없다. 그러기에 가장 먼저 가족에 관한 꿈을 꾸었다는 사실에 특별히 관심을 기울일 필요가 있다.

그는 분명히 자기 가족과 관련 있는 어휘에 갇혀 있다. 그렇다면 아마 그의 무의식이 그의 문제는 가족에 있다는 점을 강조하고 있다고 볼 수 있다. 이제 세부사항을 보도록 하자.

2년 전에 여동생의 첫 아이가 죽었다. 두 살 된 귀여운 소년이었다. 나의 환자는 이렇게 말했다. "아이가 이질을 앓는 동안이나 죽은 뒤에, 우리는 여동생 부부와 슬픔을 함께 나누었어요. 그 아이가 나의 대자(代子)였거든요." 그의 여동생은 주로 아이의 상실을 통해 그와 연결되어 있다.

꿈에도 비슷한 상황이 있다. 어린 소녀의 병이 여동생의 어린 아들이 병에 걸려 죽은 때를 떠올리게 한다. 그가 상실에 관한 기억을 통해 여동생과 연결되어 있다는 사실을 아는 것이 매우 중요하다. 이 꿈에서 그는 병에 걸린 여동생의 아이의 이미지 때문에 다시 감정적 혼란을 겪고 있다. 그는 지금 비슷한 상실의 위험에 처해 있지만, 이 상실은 심리적 상실이며 소녀에 의해 상징적으로 표현되고 있다.

따라서 상황은 다소 비슷하지만 현실에선 그런 일이 전혀 일어나지 않았다. 가족 중에 아픈 사람이 하나도 없는 것이다. 여동생의 아이가 실제로 아팠다면, 꿈이 우연히 현실과 일치했다고 볼 수 있다. 그러나 현실에 아픈 아이가 없다. 여동생의 딸은 단지 소녀의 이미지를 그리기 위해 불려나온 하나의 기억 이미지에 지나지 않는다. 그런 이미지는 언제나 꿈을 꾸는 사람 본인과 관련 있다. 말하자면, 기억 이미지는 언제나 하나의 비유로 받아들여져야 한다는 뜻이다.

그의 여동생은 늘 그로부터 특별한 사랑을 받았다. 그녀는 오빠보다 열한 살이나 어렸다. 둘 다 어렸을 때에는 그가 여동생을 많이 괴롭혔지만, 지금 그는 여동생을 많이 사랑하고 있다. 여기서 이 여동생이 중요한 이유는 여러 가지이다. 그녀가 아픈 아이와 연결되어 있고, 그 아이가 그의 심리에 아주 중요하고, 또 아이가 그와 여동생 사이의 관계를 통해 그의 가슴에 아주 가깝게 다가오기 때문이다. 그래서 여동생은 상징성을 지닌다. 그녀는 지금 먼 외국에 살고 있으며, 그는 지금 여동생과 연락을 전혀 하지 않는 상태로 지내고 있다.

꿈에 나타나는 사람들을 다룰 때 특별히 조심해야 한다. 꿈에 나타난 사람이 꿈을 꾼 사람과 지금도 매우 가깝고 또 중요한 관계를 맺고 있다면, 그 사람을 명백한 현실로 여겨야 한다. 만약에 아내가 남편에 대해 현실 속의 모습 그대로 꿈을 꾼다면, 꿈속의 남편을 상징적으로 해석해서는 안 된다. 그러나 미지의 사람이나 과거에 알았던 사람에 관한 꿈은 대개 상징적인 꿈이다.

그의 여동생은 사실 그에게 무관심한 상태이며, 그의 현재 삶에 아무런 역할을 하지 않고 있다. 여기서 프로이트의 이론이라면 여동생을 아내의 대체물로 설명할 것이다. 하지만 나의 환자의 꿈에 그런 식으로 생각해야 할 근거가 있는가?

그의 여동생은 아내와 모든 면에서 다르다. 꿈은 여동생의 정체에 대해 어떤 단서도 제시하지 않는다. 바로 그 점 때문에 여동생이 아내를 대체하고 있다는 가설은 불가능하다. 여동생은 지금 그의 삶에 아무런 역할을 하지 않고 있기 때문에 현실 속의 여동생이 아니다. 그렇다면 여동생은 미지의 여자를 상징할 수 있다. 아니면 그의 내면에 있는 본성 중에서 미지의 여성적인 요소를 상징할 수 있다. 따라서 이 꿈은 주관적이고 상징적인 꿈이라고, 또 그의 심리 속의 어떤 특이한 상태를 말해주는 꿈이라고 단정지어도 좋을 것이다.

나의 치료 방법은 어떠한 짐작도 허용하지 않으며, 어디까지나 사실만을 받아들인다. 임의적으로 해석하겠다고 들면, 서로 대체하지 못할 것이 없을 것이다. 귀에 걸면 귀걸이가 되고 코에 걸면 코걸이가 되는 것이다. 분석가들이 대체를 좋아하는 편향을 갖고 있다는 사실을 늘 명심해야 한다. 이 꿈에서 여동생이 아내를 대체하고 있다는 것을 뒷받침할 만한 증거는 전혀 없다. 사실들은 오히려 그와 정반대 방향을 가리키고 있다.

아이의 병과 관련한 그의 연상을 보자. 여동생의 첫 아이는 장(腸) 문제로 앓다가 죽었다. 아이가 죽은 뒤, 여동생은 둘째 아들도 병에 걸리지 않을까 노심초사했는데, 이 아이는 병에 걸리지 않았다. 그녀는 다소 진지한 성격으로 바뀌었으며, 이어 크리스천 사이언스(Christian Science: 메리 베이커 에디(Mary Baker Eddy)가 1879년에 미국 보스턴에서 시작한 기독교 계통의 신흥 종교/옮긴이)를 믿게 되었다. 그후 그녀의 아들은 건강이 많이 좋아진 것 같다.

이 꿈을 꾼 사람은 여동생의 아들이 건강을 회복한 것이 우연의 일치인지, 아니면 여동생이 차분해지고 아이를 더욱 자신감 있게 키우게 된 결과인지 모른다. 만약 어떤 엄마가 두려움 때문에 힘들어 한다면, 아이가 엇나가면서 엄마의 예상이 현실로 나타나도록 할 것이다. 첫째 아이의 죽음으로 인해 그의 여동생이 크리스천 사이언스를 믿게 된 것은 여동생의 일인데도, 나의 환자는 여기서 그 같은 사실에 대해 언급하고 있다. 크리스천 사이언스가 암시하는 것도 그의 심리 안에 있는 여성성과 관계있다. 결정적인 암시다. 여성적인 요소가 어떤 변화를 겪었으며, 그 사람은 지난 2, 3년 동안 철학과 신비주의, 신지학을 비롯해 온갖 이상한 것들에 관심을 갖기 시작했다. 그에겐 신비주의를 추구하려는 성향이 어느 정도 있었다. 그러나 그는 분별력이 있었기에 그런 것들의 영향을 그리 심하게 받지는 않았다.

나의 환자가 이 꿈을 꾼 것은 나와 함께 꿈을 분석하기로 동의한 뒤의 일이다. 여동생이 크리스천 사이언스라는 종교에 관심을 갖게 되었을 때, 그는 심령술에 관심을 두고 있었다. 그의 내면에 있는 여성적인 요소가 그를 이런 쪽으로 이끈 것이다. 그렇다면 그때 그에게 변화가 일어났다고 할 수 있다. 사업가였던 그의 모든 "활력"은 비즈니스와 연결되어 있었다. 그런 그를 다른 관심사들이 파고들어온 것이다.

그는 서서히 철학적인 관념의 세계로 빠져들고 있었다. 그는 학생처럼 책을 읽지는 않았다. 어떤 목표를 이루겠다는 식으로 적극적으로 나서지는 않았다는 뜻이다. 그는 그런 주제의 책을 이것저것 읽다가 관심을 끄는 것이 있으면 거기에 빠져들었다.

어떤 대상에게 자신에게 영향력을 행사할 기회를 주는 것은 여성적인 성향으로 여겨질 수 있다. 그는 신비주의나 철학에 대한 관심에서 여성적인 성격을 드러내고 있다. 그렇기 때문에 여자 아이를 그의 내면에 있는 여성적인 요소를 상징하는 아이로 보아도 무방하다.

매제는 그 꿈에 나타나는 두 번째 인물이다. 그와 매제는 오랫동안 친구로 지내왔다. 매제가 그의 여동생과 결혼하기 오래 전부터, 두 사람은 서로 알고 지냈다. 그들은 같은 회사에서 일했으며 종종 함께 오페라를 감상하기도 했다.

그의 매제는 음악적 감각이 뛰어났다. 그는 이렇게 말했다. "나는 음악적 감각이 그다지 뛰어나지 않은데, 그것마저도 전부 매제를 통해 얻은 것이랍니다. 매제는 나의 소개로 내가 다니던 회사에 들어왔지요. 지금은 이사로 일하고 있어요. 그런데 처음에 매제가 일을 빨리 숙달하지 못해 다소 실망했어요. 그러던 그가 지금은 나보다 사람들을 훨씬 더 잘 다루고 있어요." 그래서 나는 그에게 지금도 매제와 연락하며 지내는지 물었다. 그렇지 않다는 대답이 돌아왔다. 나의 환자는 회사를 그만두고 다른 나라로 떠났다고 한다. 사실 그의 매제도 멀리 떨어진 곳에 살고 있으며 편지도 거의 주고받지 않고 있다. 따라서 매제는 그의 삶에 언급할 만한 역할을 거의 하지 않고 있다. 그렇기 때문에 매제에게서 현실을 끌어내는 것도 여동생에게서 현실을 끌어내는 것만큼이나 무모하다. 매제가 자기 아내와 좋은 관계를 유지하고 있음에도, 나는 그의 매제에게서 그의 현실을 말해줄 것을 거의 끌어내지 못한다는 인상을 받았다.

이 환자는 전혀 예술적이지 않다. 따라서 음악적 소질은 있지만 비즈니스 감각은 다소 떨어지는 매제는 이 환자의 다른 측면을 상징한다고 믿어도 좋을 것이다. 그의 매제는 비즈니스에서는 그보다 능력이 떨어지지만 예술적인 측면에 소질이 있다. 이 꿈을 꾼 사람에게 음악은 보다 원만한 관점을 상징한다. 음악은 탁월한 감정의 예술이다.

소크라테스(Socrates)는 무서울 만큼 철저한 합리주의자였다. 그래서 그의 다이몬(수호신)이 그에게 이렇게 말했다. "소크라테스여, 그대는 음악을 더 많이 배워야겠어." 그러자 늙은 소크라테스는 플루트를 사서 서툰 솜씨로 연주를 했다. 물론 이 수호신의 말은 이런 뜻이었다. "하루 종일 합리적으로만 생각할 게 아니라 감정을 더 많이 발휘하도록 하게!" 이 조언은 나의 환자에게도 그대로 유효하다.

이 환자는 대단히 지적이고 무미건조했으며, 모든 것을 합리적인 틀 안에 집어넣으려고 노력하고, 자신의 삶이 곧은 선에서 벗어나지 않도록 감독하고, 이따금 음악회에 가는 것 외에 감정적인 것을 전혀 허용하지 않는다. 그가 콘서트에 가는 이유도 존경할 만하고 올바른 삶을 사는 것 같은 사람들이 간혹 콘서트나 오페라를 감상하기 때문이다. 콘서트 자체가 좋아서가 아니라 고상해 보이는 사람들이 콘서트에 가기 때문에 가는 것이다. 그가 콘서트 자체를 좋아해서 가는 경우는 절대로 없다.

그래서 나는 그의 매제가 그의 비효율적인 측면, 말하자면 공상적이고 감정적인 측면을 상징한다고 생각한다. 그도 인간이기 때문에 우리 모두가 그렇듯 내면에 온갖 성향을 두루 갖추고 있다. 그는 자기 자신이 효율적인 기계 장치 같은 존재라는, 고의적인 착각을 아주 소중히 여기고 있다. 나의 환자는 자신이 직선을 따라 곧게 걸을 수 있기 때문에 사업가로서 꽤 큰 성공을 거두었다고 믿고 있다. 감정에 휘둘리며 방해를 받는 매제와 달리, 그에겐 그런 장점이 있다.

그는 자신이 감정을 제거할 수 있다고 생각하지만, 그것은 착각일 뿐이다. 어느 누구도 인간적인 감정을 지우지 못한다. 혹시 그렇게 한다면 엄청나게 나쁜 결과가 나타날 것이다. 그는 분명히 감정을 배제하고 있다고 생각하지만, 그 감정은 그의 내면에 축적되고 있을 뿐이다. 이 같은 감정의 축적이 큰 피해를 안기게 된다.

그런 식으로 축적된 감정의 무게는 결국엔 그의 위로 무너져 내리거나 아니면 그의 내면 깊은 곳에서 폭발하고 말 것이다. 우리 모두는 인간이기 때문에 모든 기능(칼 융은 정신에 감정, 직관, 감각, 사고 등 4가지 기능이 있다고 생각했다/옮긴이)을 다 갖고 있으며, 각 기능은 나름의 에너지를 갖고 있다. 이 에너지는 어딘가에 쓰여야 하며, 쓰이지 않을 경우에 스스로 길을 찾아나설 것이다.

그의 매제는 그에게 극장에 함께 갔다가 식사를 같이 하자고 제안한다. 환자는 이에 대해 이렇게 말한다. "매제가 결혼한 이후로,

함께 극장에 갔던 기억이 별로 없어요. 만약에 함께 갔다면, 틀림없이 아내들도 동행했을 겁니다. 또 매제의 집에서 식사를 한 것 외에는 매제와 따로 식사를 한 기억도 없어요." 여기서도 이 꿈은 실제 상황에 대한 기억이 아니라는 사실이 확인되고 있다. 현실에선 그런 일이 일어나지 않았다. 그렇다면 이 장면은 상징성을 지닌 창작이다.

극장은 비현실적인 삶이 전개되는 장소이다. 그곳의 삶은 이미지로 이뤄지는 삶이다. 말하자면 콤플렉스(complex: 어떤 원형(archetype: 꿈속의 이미지나 상징을 낳는 근원적인 존재), 예를 들어 어머니나 아버지와 관련해 오랜 세월 동안 축적된 관념들의 집단을 일컫는다. 콤플렉스의 특징은 감정이 강하게 실려 있다는 점이다. 정신적으로 건강한 사람이나 건강하지 않은 사람이나 똑같이 콤플렉스를 갖고 있다. 정도의 차이만 있을 뿐이다/옮긴이)들이 무대에 올려지는 그런 심리치료의 현장이다.

극장의 무대를 지켜보면서, 사람들은 세상사가 어떤 식으로 돌아가는지를 배운다. 영화는 극장보다 훨씬 더 효과적이다. 영화는 제약도 훨씬 덜하고 또 표현 방법도 워낙 다양하기 때문에 집단 무의식(collective unconscious: 무의식의 깊은 층에 자리 잡고 있는, 개인의 경험을 초월하는 보편적 영역을 일컫는다. 한마디로 말해 인류가 지금까지 겪은 온갖 경험들이 축적되어 있다고 볼 수 있다/옮긴이)을 보여주는 놀라운 상징을 제시할 수 있다.

꿈들은 무의식에서 일어나고 있는 어떤 정신 과정들을 표현한다. 극장은 비교적 빈약하고 제한적이지만, 꿈에는 아무런 제약이 없다. 그렇다면 그를 극장으로 초대하는 그의 매제는 그의 콤플렉스를 무대에 올리자고 제안하고 있는 셈이다. 따라서 그 무대에 오를 이미지들은 모두 상징적으로나 무의식적으로 그의 콤플렉스를 표현하게 된다.

공연을 본 뒤에 식사를 함께 하는 것은 곧 콤플렉스들을 먹는다는 뜻이다. 영성체(領聖體)는 콤플렉스를 먹는 것을, 말하자면 제물로 바쳐진 동물을, 씨족의 기본적인 본능을 상징하는 토템 동물을 먹는 것을 의미한다. 당신은 자신의 무의식이나 조상을 먹고, 그렇게 함으로써 당신 자신의 힘을 키운다. 토템 동물을, 본능을 먹는 것은 그것을 동화시켜 통합한다는 뜻이다.

스크린에서 처음 보는 것이 당신의 관심을 불러일으키고, 그것이 당신의 존재 안으로 들어오고, 그러면 당신은 바로 그것이 된다. 이것이 바로 심리적 동화(同化)의 과정이다. 관객은 그 장면을 보면서 배우를 향해 이렇게 말한다. "오늘은 네 차례지만, 내일은 내 차례야."(Hodie tibi, cras mihi!) 이 라틴어 격언이 연극의 핵심이다. 무의식적인 이미지들을 바라보고 있어 보라. 그러면 조금 뒤에 당신이 그 이미지들을 동화시킬 것이다. 이젠 이미지들이 당신의 일부가 된다.

성 아우구스티누스(St. Augustine)는 『고백록』에서 친구 알리피오(Alypius)에 관한 이야기를 들려주고 있다. 기독교로 개종한 알리피오는 최악의 이교도 신앙은 여러 신들을 숭배하는 것이 아니라 원형 경기장에서 표출되는 무시무시한 잔인성과 유혈을 숭배하는 것이라고 생각하면서 원형 경기장에 다시는 가지 않겠다고 다짐했다. 그러나 어느 날 그는 원형 경기장 앞을 지나다가 모든 사람이 물살처럼 빨려 들어가는 것을 보고는 그 열기에 휩쓸려 거기로 들어갔다. 이어 눈을 감으면서 절대로 뜨지 않겠다고 맹세했다. 그러나 검투사가 쓰러지고 사람들의 외침이 들리자, 그는 눈을 뜬 것은 말할 것도 없고 피를 더 많이 쏟으라고 군중과 함께 외치고 있었다. "그 순간, 그의 영혼은 검투사의 상처보다 더 무섭고 깊은 상처를 입었다."

사람을 사로잡고 있는 이미지가 어떤 것인가 하는 문제도 아주 중요하다. 예를 들어, 추한 이미지를 보았다면, 그 사람은 어떤 식으로든 부정적인 영향을 피하지 못한다. 추한 이미지가 그 사람의 영혼에 추한 무엇인가를 남길 것이기 때문이다. 이미 그 사람의 영혼 안에 추한 것이 싹을 틔운 상태라면 부작용은 훨씬 더 심각해진다. 사람은 처음에는 추한 것을 자기 자신으로 인식하지 못한다. 성 아우구스티누스는 이렇게 썼다. "오 주여, 저의 꿈에 대해 책임을 지지 않게 해주신 주님께 감사드립니다." 그렇다면 아우구스티누스 같은 성자도 끔찍한 꿈을 꾸었단 말인가!

우리는 인간이며, 무엇이든 우리에게 닿을 수 있다. 왜냐하면 우리 인간은 신에서부터 지옥 깊은 곳에 이르기까지 온 곳에 닿을 수 있기 때문이다. 그런데도 우리 인간은 공포에 휩싸이거나 흥분하거나 혼란에 빠질 때에만 구세주를 찾는다. 예수 그리스도의 시대에, 원형 경기장에서 매일 벌어졌던 일들이 구세주의 필요성을 보여주었듯이 말이다.

영지주의(靈智主義)를 따르는 몇몇 신앙 체계에서 구세주에 대한 정의가 "경계선을 긋는 존재", 즉 우리에게 인간이 시작하는 곳과 끝나는 곳이 어딘지를 명확하게 보여주는 존재로 통한다는 사실은 아주 흥미롭다. 대부분의 사람들은 그 경계를 모른다. 대부분의 사람들은 너무 작거나 너무 크다. 무의식의 이미지들을 동화시키기 시작할 때, 사람들은 특히 더 커진다.

늙은 아르투르 쇼펜하우어(Arthur Schopenhauer)에 얽힌 이야기에서 그 비슷한 현상이 보인다. 쇼펜하우어는 생각에 깊이 잠긴 채 프랑크푸르트의 공원을 걷다가 자기도 모르게 꽃밭으로 들어갔다. 그러자 정원사가 그를 향해 소리를 질렀다. "이봐요! 꽃밭에서 뭐 하는 거요? 도대체 당신은 누구요?" 그러자 쇼펜하우어는 "내가 그걸 알면 얼마나 좋겠소!"라고 대답했다. 그것이 사람들이 "이게 바로 나요!"라며 내세울 안전한 페르소나(persona: 사람들이 바깥 세상에 보여주고 있는 모습을 일컫는다. 원래 이 단어는 배우들이 쓰는 가면을 의미했다/옮긴이)를 선호하는 이유이다. 사람들은 자신이 진정으로 어떤 존재인지를 모른다. 사람들이 무의식을 그렇게 무서워하는 이유도 자신이 어떤 존재인지를 잊고 있기 때문이다.

극장과 식당은 분석 과정을 예고하고 있다. 환자들은 종종 최초의 꿈에서 전체 분석 과정의 요지를 미리 파악한다. 나는 이 환자를 오랫동안 가끔씩 보아왔는데, 그가 은밀한 극장이 의미하는 바를 깨닫도록 하기까지 무려 18개월이나 걸렸다. 그의 성격 중 감정의 측면, 말하자면 비즈니스 활동에 관여하지 않는 측면은 삶에서 완전히 차단되어 있었다. 감정은 그의 결혼생활에서도 배제되고 있었다.

그의 매제는 일종의 제2의 무의식적 성격과 비슷하다. 이 성격이 꿈에서 그에게 여자들 없이 함께 식사를 하자고 초대하고 있다. 여기서 아내의 상징적 의미가 파악된다. 아내들은 감정을 의미한다. 왜냐하면 남자들이 대체로 여자들을 그런 식으로 알고 있기 때문이다. 나의 환자는 감정적인 요소들을 모두 집에 두고 다녀야 한다.

그렇게 하지 않으면 비즈니스 활동에 객관성이 확보되지 않을 것이기 때문이다. 그는 그림도 좀처럼 감상하지 않으며, 감정에 빠진 자신의 모습을 상상하지 못한다.

모든 것이 상당히 비유적이다. 이 남자는 너무나 올바르고 너무나 정직했다. 따라서 누군가가 그의 내면에서 벌어지고 있는 일들을 고스란히 드러내 보여주면, 그는 깜짝 놀라며 객관적인 태도를 잃고 말 것이다. 그는 무엇보다 감정을 제거하고 이미지들을 매우 냉철하게 객관적으로 보아야 한다. 그래서 나는 그가 사실들을 직시하도록 하기 위해 늘 그를 감정으로부터 멀찍이 떼어놓았다.

여자들은 남자들과 많이 다르다. 여자들은 감정을 가져야 한다. 그렇지 않으면 여자들은 아무것도 보지 못할 것이다. 여자는 따분하거나 지치거나 화가 나거나 기쁠 때 운다. 좀 심하게 말하면, 모든 일에 울지만 정작 슬퍼서 우는 경우는 없다. 여자의 감정은 언제나 어떤 목적을 갖고 있다. 여자는 자신의 감정을 잘 이용한다. 여자가 그 점을 인정하는지 여부는 별개의 문제이다.

남자는 절대로 어떤 목적을 위해 감정을 품지 않는다. 그렇기 때문에 감정을 바탕으로 남자를 분석하지 못한다. 남자는 감정을 이용하지 않는다. 감정을 이용하는 측면에서 본다면, 남자는 바보나 마찬가지이다. 감정을 바탕으로 여자를 분석하는 것은 가능하다. 말하자면, 여자의 감정은 목적을 갖고 있다는 뜻이다. 여자의 감정에 닿지 못하는 사람은 여자에 대해 아무것도 알지 못한다. 여자의 진정한 존재는 에로스이다.

분석 치료를 하다가 눈물을 다뤄야 하는 상황에 처하면 아주 힘들어진다. 남자는 여자가 눈물이라는 무기를 어떤 식으로 활용하는지를 몰라서 당황해 한다. 마찬가지로 여자도 남자의 지성을 파악하려 노력하면서 똑같이 힘들어 한다. 여자는 남자한테서 순수한 로고스를 찾아내지 못하고, 남자는 여자한테서 순수한 에로스를 찾아내지 못한다.

남자의 감정은 다이아몬드 원석 같은 천연 재료이다. 남자의 감정은 자연산 그대로이며, 거기에는 목적을 추구하는 면이 전혀 없다. 그러나 남자가 이용할 수만 있다면, 감정은 순수하고 소중하다. 감정은 꿈처럼 그냥 일어난다. 남자에게 감정이 유익한 때는 남자가 자제력을 발휘하며 차가운 감정을 이용할 수 있을 때뿐이다. 그러면 남자는 감정을 이용해 어떤 목적을 추구할 수 있다. 그러나 그런 때에도 남자의 감정은 진정으로 감정적이지는 않다.

여자는 온갖 재능을 발휘하며 감정을 이용한다. 남자가 마음을 이용하는 것과 똑같다. 남자가 마음을 다룰 때, 그때는 언제나 어떤 목적이 작용하고 있다. 여자의 마음에는 자연적인 산물의 특성인 순수함과 무(無)목적성이 있다. 여자들 사이에 맹트농 후작 부인(Mme de Maintenon)과 퐁파두르 후작 부인(Mme de Pompadour) 같은 권력의 화신이 많은 이유도 거기에 있다. 영감을 주는 어떤 여자가 자신의 마음을 이용할 때, 그 여자는 남자의 내면에 "로고스의 씨앗"을 뿌린다. 남자는 여자에게만 있는 창조적인 힘의 무서운 비밀을 두려워한다. 반면에 여자는 남자의 내면에 있는 "뇌의 무서운 비밀"을 두려워한다. 남자의 창조적인 자궁은 머리에 있기 때문이다.

여자가 남자의 마음에서 보는 것에 공포를 느끼는 것은 남자가 갓 태어난 아이에게 공포를 느끼는 것과 똑같다. 남자는 아이를 낳을 수 있는 여자의 능력에 대해 신비하고, 위험하고, 무섭다고 생각한다. 남자는 사랑을 따르고 있을 뿐인데 거기서 무엇인가가 자라고 있으니 말이다.

이것이 미국 교육자이자 작가인 존 어스킨(John Erskine)의 작품 『아담과 이브』(Adam and Eve)에 익살맞게 표현되고 있다. 이 작품을 보면 아담은 송아지를 낳은 암소에게 불안을 느낀다. 왜 완전히 다른 것은 나오지 않는 것일까? 그러면서 그는 언제나 여자가 인간 아기를 낳아야 하는 이유가 무엇인지 궁금해 한다. 왜 인간만을 낳을까? 왜 송아지 같은 것은 낳지 않을까?

꿈의 다음 내용은 그가 이미 식사를 했다고 생각하는 부분이다. 따라서 식사를 다시 하는 것은 불필요한 일이다. 그가 이 대목과 관련해서 아무런 연상을 제시하지 않았기 때문에, 짐작에 기대는 수밖에 없다.

아마 나의 환자는 이미 자신을 동화시켰다고, 자신은 완전한 존재라고 느끼고 있을지도 모른다. 말하자면 완벽하게 정상적인 사람이라서, 분석가인 나를 찾거나 무엇인가를 동화시킬 필요가 없는 그런 존재라고 생각할 수 있다는 뜻이다. 어쩌면 그가 분석 치료에 저항하고 있을지도 모른다.

그럼에도 그는 식사 초대를 받아들이고 매제와 외출을 한다. "밤에 외출하는 것은 나의 습관이 아니에요. 밤에는 집에서 지내는 것이 더 좋아요. 내가 밖으로 나가도록 만든 특별한 조건이 있었을 게 분명해요. 예를 들어, 내가 외출하지 않으면 아내가 일찍 잠자리에 들었을 텐데 어쩌다 아내가 좋아할 연극이 있었다든지 말입니다."

그는 자신에 대해 더 많은 것을 알게 될 것이라는 사실을 받아들이고 나와 분석 작업을 계속하기로 약속했다. 그렇게 해놓고도 자신이 외출하는 것을 좋아하지 않으며, 그래서 특별히 흥미로운 일이 아니거나 아내가 관심을 가질 일이 아닌 경우에는 외출을 삼간다는 점을 강조하고 있다. 이런 태도가 바로 그의 방정함이다. 집밖을 돌아다니는 남자는 의심스럽고, 남편은 공적인 일에만 관심을 두거나 아내가 좋아하는 일에만 관심을 둬야 하고, 정상을 벗어난 놀이나 장소에는 눈길조차 주지 말아야 한다는 식으로 그가 생각하고 있기 때문이다.

그의 마지막 말, 즉 아내가 일찍 잠자리에 든다는 말은 어떤 전망을 활짝 열어젖힌다. 그의 아내는 남편과 함께 있으면서 지겨워하느니 차라리 잠을 자는 쪽을 택할 것이다. 아내의 이름 마리아를 발음할 때, "마리아"라고 하지 않고 "마리—아"라고 한 것에도 뭔가 짚이는 구석이 있다. "마리- (하품)!" 그의 가정의 상황이 꼭 이렇지 않을까 싶다.

2강

1928년 11월 14일

꿈에서 상징은 어떻게 만들어질까? 꿈을 제대로 해석했는지, 특히 연상이 전혀 없을 때 그 해석이 정말 옳은지 어떻게 알 수 있을까? 매우 실질적이고 근본적인 질문이다. 앞에서 이 문제를 제기하지 않은 것은 많은 사람들이 꿈 분석에 관한 이론을 이해하고 있을 것이라고 판단했기 때문이다.

 꿈들이 상징적인 의미를 갖고 있는지, 또 그 해석이 옳은지를 확실히 알 수 있는 길은 절대로 없다. 그래도 꿈이 무엇인가를 의미한다는 가설을 받아들이도록 하자. 어떤 환자가 있는데, 그 사람을 대상으로 분석 작업을 벌이다가 한 발짝도 더 나아가지 못하는 상황에 처했다고 가정해보자. 이 환자에겐 신경증 증후도 있다. 그래서 최면도 시도하고 다른 방법도 시도해 보았지만 아직 어떤 방법도 이렇다 할 효과를 발휘하지 못하고 있다.

그렇다면 굳게 닫힌 문을 열어줄 열쇠는 어디에 있을까? 환자는 절대로 모른다. 꿈을 분석하는 과정을 말로 상세히 보여주는 것은 대단히 어려운 일이다. 환자의 상황을 쉽게 설명하는 일은 거의 불가능에 가깝다. 왜냐하면 거기에는 환자가 살아온 삶의 모든 역사가 개입하고 있기 때문이다. 그래도 여기서 아주 간단한 예를 하나 제시할까 한다.

스위스 보병 장교의 예이다. 지적 수준이 그리 높지 않고 또 지극히 단순한 마음의 소유자였다. 정신적 콤플렉스도 거의 없을 듯해 보였다. 그런 그가 다리를 절뚝거리며 나의 방으로 들어왔다. 매우 조심스런 걸음걸이였다. 발에 통증을 호소했다. 뒤꿈치 부분에 특히 통증이 심하고, 가슴에도 "칼로 에는 듯 예리한" 통증이 있다고 했다. (사람은 언제나 가장 많이 쓰거나 혹사하는 곳에 통증을 느끼게 되어 있다. 보병 장교는 발이 자주 아프고, 테너는 목이 자주 아프기 마련이다.)

증후는 나를 찾기 2개월 전부터 시작되었다. 그는 몇몇 의사들에게 치료를 받았고 그 과정에 최면과 전기 충격 요법, 목욕 요법 등을 거쳤다. 그래도 아무런 효과를 얻지 못했다. 그의 얼굴은 백지장 같았다. 나는 통증이 어디서 시작되었는지 물었다. 그는 통증이 시작된 곳을 모르고 있는 것이 확실했다. 그가 치료에 필요한 정보를 제공하는 것은 불가능할 것 같았다. 어떠한 질문도 허사였다.

나는 절망을 느꼈다. 이 남자는 스위스 사람이었으며, 심리적인 병에 대해 아는 게 하나도 없었다. 그래서 나는 지푸라기라도 잡는 심정으로 꿈을 생각해냈다. 꿈에서 혹시 어떤 단서가 나오지 않을까? 꿈들은 그냥 새어 나온다. 아무런 통제를 받지 않기 때문이다.

아무리 순진하고 단순한 사람일지라도, 조심스럽게 찾고 나서면 흐릿한 단서를 품고 있는 꿈은 언제나 있게 마련이다.

나는 이 장교의 문제가 감정적 갈등 때문이라고 확신했다. 그렇지 않다면 그가 그런 증후들을 한꺼번에 보이지 않았을 것이다. 그래서 나는 그에게 이렇게 물었다. "증후의 원인은 아직 모르겠는데, 혹시 꿈에 대한 이야기를 들려줄 수 있어요?" 나는 그에게 주술사 취급을 당할 위험을 감수하면서 그런 식으로 접근했다. 아울러 꿈에 대해 묻는 이유도 매우 조심스럽게 설명했다. 그는 꿈을 떠올리는 데 큰 어려움을 겪었지만 그래도 단편적인 꿈을 몇 가지 생각해 내다가 마침내 그에게 강한 인상을 남겼을 게 틀림없는 그런 꿈을 하나 기억해 냈다. "확 트인 어딘가를 걷다가 뱀을 밟았는데, 그만 뱀이 나의 뒤꿈치를 물었어요. 뱀독이 퍼졌을 것이라는 생각에 놀라 잠에서 깨어났어요."

나는 그에게 뱀과 관련해서 특별히 떠오른 것이 있는지를 물었다. 그의 대답은 이랬다. "뱀은 위험한 동물이에요. 사람을 죽일 수도 있어요. 뱀에 물리면 대단히 고통스럽지요." 그가 실제로 뱀에 물린 적은 없었다. 그러나 뱀에 물리면 그가 지금 겪고 있는 통증과 비슷한 통증이 나타날 것이다.

성경의 '창세기'에 나오는 이야기를 기억하고 있을 것이다. "네가 뱀의 머리를 밟고 있는 사이에 뱀이 너의 뒤꿈치를 물 것이다." 내가 뱀의 비유에 대해 이야기하자, 그가 "아, 여자 말입니까?"라고 물으면서 자신의 감정을 내비쳤다.

"그와 비슷한 일이 있었어요?" 그는 처음에는 부정하다가 결국엔 인정했다. 휴가를 나갔더니, 3개월 전에 약혼까지 했던 여자가 다른 남자를 사귀고 있더라는 내용이었다. "그래서 슬펐어요?" "그 여자가 나를 원하지 않는다면, 나도 다른 여자를 만나야겠지요." 그래서 나는 아무리 강한 남자라도 간혹 심한 절망에 빠진다는 점을 강조했다. 무심한 척 꾸미면서 절망을 가리려 노력하던 그도 어느새 흐느끼고 있었다.

환자는 아주 솔직했다. 그는 그 여자에 대한 감정과 버림받은 데 따른 감정을 꾹꾹 누르고 있었다. 그랬던 그가 내 앞에서 그 여자를 저주하면서 여자는 다 똑같다고 말했다. 다른 여자를 만나려고 노력하는데도 왜 사랑을 얻지 못하는지, 그 이유를 모르겠다고 했다. 자신의 솔직한 감정을 깨달았을 때, 그는 자신의 마음이 쿵 하며 크게 움직이는 것을 느꼈고 발과 뒤꿈치의 통증도 사라졌다. 그 통증은 단지 억눌려 있던 심리적 고통에 지나지 않았다.

가슴의 통증은 계속되었지만, 그 통증은 다른 것과 관련 있었다. 그러나 여기서 가슴의 통증까지 파고들지는 않을 것이다. 나는 뒤꿈치의 통증을 유익한 예로 보았다. 이 꿈은 곧장 문제의 핵심으로 안내했다.

남자에게 뱀은 영원히 여자를 상징한다. 빛바랜 옛 그림에 나오는 에덴동산의 뱀은 여자의 머리를 가진 것으로 그려진다. 이 남자가 남자의 뒤꿈치를 무는 뱀에 관한 성경의 이야기를 몰랐을 수도 있지만, 그래도 그런 이미지는 그의 무의식에 자리잡고 있었다.

이 대목에서 이집트의 찬가에 등장하는 라(Ra)가 떠오를지 모르겠다. 사랑하는 아내 이시스(Isis)가 흙으로 빚어 길에 몰래 풀어놓은 뱀에게 물린 그 라 말이다. 이시스가 자기 남편인 라의 몸에 뱀의 독을 집어넣은 이유는 그를 치료할 기회를 갖기 위해서였다. 이

것이 독살을 노리는 여자의 심리이다.

　루이(Louis) 14세 통치 시대에, 어떤 여자가 자신에게 충실한 남자 하인을 간호하는 즐거움을 누리기 위해 그에게 독을 주입한 유명한 사건이 있었다. 그녀는 하인이 죽을 때까지 4년 동안 지극 정성으로 보살폈다. 그러자 세상 사람들이 그녀를 성자라 불렀다. 이어서 그녀는 늙은 삼촌의 몸에 똑같은 방법으로 독을 넣고 그를 간호했다. 그러나 이번에는 발각되어 4마리 말에 사지가 찢기는 형벌을 받았다.

　앞에 소개한 장교의 예는 꿈이 어떤 식으로 문제 해결의 열쇠를 제시하는지를 보여주고 있다. 자신을 철저히 방어하는 사람들한테서도 뭔가 새어나오게 마련이다. 그러다 보면 분석가가 환자의 심리를 열 수 있는 열쇠가 결국엔 발견된다. 환자에게 꿈에 대해 물어야 하는 이유이기도 하다.

　그래도 구체적인 어떤 꿈이 특별한 의미를 지닌다는 식으로 자신 있게 말하지 못한다. 꿈은 언제나 하나의 가설이며, 확신할 수 있는 것은 절대로 아니기 때문이다. 꿈이 옳게 해석되었는지 여부는 그 해석이 환자에게 미치는 효과를 바탕으로 확인할 수 있다.

　대부분의 전문가들은 꿈을 어느 정도 분석하다 보면 해석이 맞아떨어지는 때를 알 수 있게 된다. 해석이 사실과 완벽하게 맞아떨어질 때, 분석을 맡은 전문가는 자신이 옳은 방향으로 나아가고 있다는 사실을 알게 된다. 분석가는 꿈을 어떤 이론에 입각해 설명한다. 그때 만약 해석이 완전히 틀렸다면, 그 해석이 환자에 미치는 효과에 그 같은 사실이 드러난다. 환자의 무의식이 그 다음 꿈에서 어떤 반응을 보일 것이고, 그러면 해석이 바로잡아질 수 있다.

육체적 질병을 앓는 환자에게 소금 대신에 비소(砒素)를 준다면, 환자의 몸이 반응하면서 독을 배출할 것이다. 심리도 똑같다. 어떤 사람에게 정신적 독을 주입하면서 성장하기를 기대할 수는 없다. 육체에 독이 될 것을 먹여 놓고 그것이 동화되기를 바랄 수 없는 것과 똑같은 이치이다.

지금 우리가 다루고 있는 꿈은 방금 제시한 꿈보다 훨씬 더 복잡하다. 이 꿈을 꾼 사람은 엄격히 따지면 신경증 환자가 아니다. 그는 교육 수준도 높고, 매우 지적인 사람이다. 그의 꿈이 이 점을 반영하고 있다.

농부나 젊거나 단순한 사람, 혹은 원시인들의 꿈은 대체로 놀랄 만큼 단순하다. 그러나 아이들의 꿈은 아주 분명할 때도 있고 아주 어려울 때도 있다. 무의식적인 아이일수록, 집단 무의식의 영향을 훨씬 더 강하게 받는다. 또 그런 아이들은 부모의 무의식적인 문제까지 흡수할 수 있다.

좀처럼 꿈을 꾸지 않는 어떤 남자 환자를 치료하면서 아주 힘들어 했던 기억이 있다. 꿈을 꾸지 않던 그가 어느 날 갑자기 아홉 살 된 자기 아들의 꿈에 대해 언급해 나를 놀라게 만들었다. 나는 당장 아들의 꿈에 대해 이야기해 달라고 부탁했다. 아들이 자기 아버지의 문제를 꿈으로 꾸고 있었다. 나는 소년의 꿈을 통해서 아버지를 분석했다. 소년은 예외적일 만큼 직관적인 아이였다. 4주일이 지나자, 이제는 아버지가 꿈을 꾸기 시작했다. 그러자 소년의 꿈은 더 이상 아버지의 문제를 다루지 않았다. 자식과 부모 사이의 이런 연결은 정말 신기하다. 아이들의 꿈은 분석 심리학에서 아주 흥미로운 현상으로 여겨진다.

나의 환자와 매제가 함께 식사를 하게 되어 있던 큰 홀은 마을 사람들이 모이는 회관 같은 곳이었다. 그런 곳에 콘서트홀이 갖춰져 있는 경우도 가끔 있다. 거기서 온갖 모임이 열린다. 여자가 참석하기도 하고 참석하지 않기도 하며, 술이 제공되기도 하고 제공되지 않기도 한다. 나의 환자는 그런 홀에서 가졌던 모임을 두 가지 기억하고 있다.

홀의 한가운데에 놓인 식탁은 여러 사람을 위해 길게 연결되어 있었다. 그런데 의자 배열이 기이했다. 홀의 4개 면이 원형 극장처럼 위로 올라갈수록 넓어지는데, 의자의 등이 다 테이블 쪽으로 거꾸로 돌려져 있었던 것이다. 그러나 이 부분을 파고들기 전에 먼저 큰 홀에 대해 무엇인가를 알아내야 한다. 큰 홀과 극장을 연결시킬 수 있을까? 그럴 수 있다. 그런데 극장은 사적인 공간이다. 그의 내면의 드라마가 무대에 오를 그런 공간이다. 이어 저녁식사 이야기가 나온다. 그는 이미 식사를 했다고 생각하면서도 다시 식사를 하러 간다.

음식을 섭취하는 것은 곧 콤플렉스를 동화시킨다는 의미라는 가설을 앞에서 제시한 바 있다. 25년 동안, 나는 해마다 2,000건 이상의 꿈을 분석했다. 이런 경험을 바탕으로, 나는 극장과의 연결 속에서 보면 먹는 행위 대부분은 사적인 극장에 올려진 이미지들, 말하자면 내성(內省)을 통해 드러난 공상 자료나 다른 자료들을 동화시키는 것을 의미한다고 판단하고 있다.

동화(assimilation: 외부 대상, 즉 사람이나 사물, 관념 등과 무의식적인 요소를 의식으로 통합시키는 과정을 일컫는다/옮긴이)는 아주 중요한 정신 활동 중 하나이며 분석 치료의 목적이기도 하다. 동화는 또한 자연이 물리적인 육체 안에서 하는 일이다. 만약 당신의 몸 안에 이질적인 물체가 들어온다면, 자연은 일단의 특별한 세포들을 보내서 그 물체를 동화시킬 것이다. 이 세포들이 이질적인 물체를 흡수하는 데 성공하면, 거기에 고름이 생기면서 이 물체를 추방하는 효과를 낳을 것이다. 이 법칙은 무의식에도 똑같이 적용된다.

절대적인 실체 안에는 아마 육체나 마음 같은 것은 절대로 없을 것이며, 육체와 마음 혹은 영혼은 똑같은 법칙을 따르는 똑같은 생명일 것이며, 육체가 하는 일은 마음에도 일어나고 있을 것이다. 신경증을 앓고 있는 환자의 무의식을 채우고 있는 내용물은 서로 동화되지 않고 인위적으로 찢어져 있는 이상한 물체들이다. 신경증 환자가 정상을 되찾으려면 이 분열된 내용물이 서로 통합되어야 한다.

나에게 대단히 불쾌한 일이 일어났는데, 내가 그것을 인정하지 않는다고 가정해보자. 불쾌한 일이 끔찍한 거짓말이라고 해도 좋다. 나는 거짓말을 인정해야 한다. 어쨌든 거짓말은 내가 인정하는지 여부와 상관없이 의식이나 무의식에 떡하니 자리잡고 있을 것이다. 내가 그것을 인정하지 않으면, 그래서 그것을 동화시키지 않으면, 거짓말은 이질적인 물체가 되어 무의식 안에 종기를 일으킬 것이다. 물리적인 육체에 일어나는 것과 똑같이, 심리적 화농(化膿)이 시작되는 것이다. 그러면 나는 꿈을 꾸거나 내성(內省)의 시간을 가질 경우에 자신을 범죄자로 보는 공상에 빠질 것이다.

그렇다면 이 꿈이나 공상을 어떻게 해야 하는가? 바리새인들처럼 꿈이나 공상에 저항하면서 "나는 그와 같지 않음을 하느님께 감사드리나이다."라고 말할 수 있다. 모든 사람의 내면에 자신의 진짜 모습을 보지 않으려는, 바리새인 같은 성향이 있다. 그러나 만약 내가 나 자신에 관한 공상을 억누른다면, 그 공상은 새로운 전염이 일어날 환경을 조성할 것이다. 이질적인 어떤 물체가 우리의 육체 안에서 종기를 일으키는 것과 똑같다.

거짓말을 인정하는 것이 합리적이라면, 그것을 인정하도록 하라. 거짓말을 받아들이면, 나는 그 사실을 동화시켜 그것을 나의 정신적 및 심리적 조직에 더하게 될 것이다. 그러면 나는 사실들을 동화시킴으로써 무의식을 정상화시킬 것이다. 꿈은 우리가 아직 소화시키지 않고 있는 것을 동화시키도록 하려는 시도이다. 말하자면 꿈은 치료를 꾀하려는 노력인 것이다.

원시인들은 좀처럼 꿈을 꾸지 않는다고 말한다. 아프리카에서 지낼 때, 나는 부족민들로부터 꿈에 관한 이야기를 들으려고 애를 많이 썼다. 그래서 꿈 하나에 상당히 높은 값을 매겼다. 담배 두 갑이나 소금을 제시했다. 그래도 원시인들은 아주 정직하기 때문에 매일 나를 만나러 오면서도 꿈 이야기는 한 번도 풀어 놓지 않았다.

그러던 어느 날, 늙은 추장이 아주 흥분한 모습으로 나를 찾아왔다. 수백 미터 밖에서부터 모자를 높이 흔들며 꿈을 갖고 온다는 신호를 보내왔다. "검은 암소가 강 저 아래에서 송아지를 낳는 꿈을 꾸었소!" 원시인에게 그런 꿈을 꾼다는 것은 하늘의 축복을 받았다는 뜻이다. 말하자면 그 꿈은 큰 꿈이었다. 이 사람은 하늘이 그 정도로 높이 평가하는 위대한 추장이었음에 틀림없다. 그는 상당히 부유했으며, 노예들이 그의 가축을 돌보고 있었기 때문에 일이 어떻게 돌아가는지 모르고 있었다. 이 원시인들은 가축을 사랑하는 부족이었으며, 암소는 그들의 토템 동물이었다. 스위스인과 마찬가지로, 그들도 가축과 자신을 동일시했다. 그들에게 가축이 차지하는 위치는 스위스인에게 가축이 차지하는 위치와 똑같았다.

그는 검은 암소를 갖고 있다는 사실을 알고 있었지만 그것이 새끼를 뱄다는 사실은 모르고 있었다. 그는 꿈을 꾼 뒤에 아침에 강 아래쪽으로 내려갔는데, 거기 암소가 새끼 송아지와 함께 있었던 것이다. 그렇다면 그것은 텔레파시였을까? 아니면 그가 암소가 새끼를 밴 것을 보아서 암소의 상태를 잘 알고 있었던 때문일까?

그는 그런 사실을 전혀 몰랐다고 했다. 수소들은 모두 가축 떼와 함께 지냈다. 아주 사랑스런 수소들이었다. 겁쟁이처럼 보일 만큼 순하디 순해서 서양의 수소들과는 완전히 달랐다. 송아지가 태어나는 시기도 따로 없었고, 통제도 전혀 없었다. 그래서 암소는 언제든 새끼를 가질 수 있는 상황이었다. 그렇다면 늙은 추장이 소가 새끼를 밴 사실을 몰랐다고 보는 것이 합리적이다.

그런데 꿈이 그에게 그 같은 사실을 알려주었다. 그가 꿈을 동화시킨 이유는 무엇일까? 가축을 키우는 사람에게 송아지의 출생은 어쩌면 아이의 출생보다 더 중요할지 모른다. 나도 시골에 산 적이 있는데, 그때 소가 새끼를 낳으면 소의 주인은 동네 사람들로부터 축하 인사를 받았다. 그러나 아이가 태어날 때에는 그런 축하가 없었다. 따라서 매우 중요한 이 사건은 그의 무의식 안에 있다가 꿈을 통해 그에게 드러났다. 그때 그의 심리 상태도 그런 꿈을 받아들일 준비가 되어 있었을 것이다.

주술사는 가축이 간 곳이나 적이 쳐들어오는 시점 등에 관한 꿈을 꾸곤 했다. 우리 현대인도 원시적인 조건에서 산다면 마찬가지로 그런 꿈을 꾸곤 할 것이다. 말하자면, 우리의 심리에서, 우리의 주관적인 세계에서 잘못되고 있는 모든 것을, 그리고 우리 자신에 대해 알아야 할 것들을 꿈을 통해 알게 되었을 것이란 뜻이다.

이제 나의 환자의 꿈을 해석하기 위해 세부적으로 파고들 생각이다. 꿈을 단계별로 하나씩 해석하는 것이, 또 사실을 하나하나 찾아나가는 것이 대단히 중요하기 때문이다. 또 그가 극장에 가고 식사를 하는 등 사건들이 연이어 일어났기 때문이기도 하다. 따라서 사건의 연결이 비합리적인 것은 인과관계를 보여주는 배열로 이해되어야 한다.

넓은 홀과 거기서 식사를 하는 행위, 그리고 극장 사이에 어떤 연결이 있는 것이 확인되었다. 넓은 홀의 의자는 극장의 의자처럼 원형 극장 식으로 배열되어 있다. 또 큰 홀과 극장은 둘 다 공적인 장소이고, 테이블은 길게 놓여 있다. 이 환자는 극장에 갔고 또 식사를 하기 위해 어떤 장소로 갔다는 이야기를 들려주었다. 그렇다면 꿈의 이 부분은 같은 주제에 속한다고 믿어도 좋을 것이다.

이제 등이 식탁 쪽을 향하도록 거꾸로 놓인 의자를 보자. 그는 이렇게 말했다. "마치 법원의 판사석에 올라가듯이, 우리는 문에서 곧장 계단을 올라가야 했어요. 그래야만 홀의 벽을 향하도록 배치된 의자로 갈 수 있었지요. 의자에 사람들이 앉아 있는 것이 보였어요. 그런데 방의 한가운데에 놓인 테이블 근처에는 아무도 없었어요. 아직 만찬이 시작되지 않은 게 분명했어요."

그는 알제리의 어느 도시에서 그와 비슷하게 생긴 홀을 본 기억을 떠올렸다. 거기서 사람들이 옛날의 영국 테니스 같은 공놀이를 하고 있었다고 했다. '죄 드 폼'(jeu de paume)이라는 게임이었다. 알제리에서 본 홀은 또한 원형 극장 같은 것을 암시했다. 그러나 그곳엔 의자들이 방의 4개 면 중 2개 면에만 놓여 있었고, 의자가 놓인 줄의 길이는 가운데로 갈수록 짧아졌지만 게임을 할 공간은 충분히 남아 있었다.

이 게임은 공을 벽에 아주 강하게 치는 방식으로 진행되었다. 공을 때리는 힘이 얼마나 셌던지, 경기를 하는 사람들의 팔의 근육이 어깨 높이로 굵어졌다. 경기는 지금과 같은 모습으로 다듬어지기 전의 영국 테니스를 떠올리게 했다.

그는 또한 어떤 진료소를 연상했다. 원형 극장 식으로 의자를 배치한 강의실이 딸린 진료소였다. 그는 그런 방을 사진으로 보았으며, 실제로 그런 방에 들어간 적도 있었다. 당시 그 방에서 어떤 교수가 칠판에 그림을 그려가면서 자기 아내가 받을 수술에 대해 상세하게 설명하고 있었다.

식사를 하는 방은 사물들이 동화되는 곳이라는 점을 기억하라. 그러나 음식을 먹는 행위는 아직 시작되지 않았다. 여기서는 식사를 하는 홀은 공적인 공간이라는 점을 강조해야 한다.

그렇다면 이 꿈이 이미지들의 동화가 일어나야 할 곳을 제시하면서 집단성을 강조하는 이유는 무엇일까? 꿈은 이런 식으로 말하고 있다. "타인들이 많이 있는 공적인 공간에 있다고 가정해보라. 콘서트장이나 극장, 테니스 경기장 같은 곳 말이다. 그러면 그대는 '다른 사람들처럼' 행동해야 해. 말하자면 개인적인 일이 아니라 집단적인 일을 해야 한다는 뜻이지. 여기 그대의 꿈들이 상징하는 것들이 있어. 자신이 겁쟁이라는 사실을, 게을러빠진 개라는 사실을 인정하는 것은 원래 대단히 어려운 일이야."

자신이 겁쟁이라는 사실을 받아들이는 것이 나의 환자에겐 거의 불가능한 일처럼 보인다. 나의 환자는 그 같은 사실을 받아들일 것인지 말 것인지를 놓고 정말 많이 망설인다. 또 그런 것을 삼킬 식욕도 거의 없다. 왜냐하면 이 세상에서 그런 사실을 인정하는 사람은 자기 한 사람밖에 없다는 생각이 들기 때문이다.

분석은 개인적인 일이며, 로마 가톨릭교회에서 고백이 집단적인 것이듯이, 고백은 집단적인 부분이며, 분석 치료에서 하는 고백은 특별히 더 불쾌하다는 말은 맞는 말이다. 가톨릭 신자인 환자들은 분석 작업을 하다가 성직자에게도 모든 걸 털어놓지 않는다는 말을 자주 한다. 한 번은 그런 환자에게 이렇게 말한 적이 있다. "지금 당장 신부님께 가서 그 사실을 털어놓으시오!" 그러자 환자는 "화를 내지 않을까요?"라고 물었다. 이에 나는 "당연히 화를 내겠지요. 그래도 지금 당장 가서 그렇게 하시오."라고 말했다.

이런 환자들은 분석 작업을 끝내고 나면 훨씬 더 훌륭한 가톨릭 신자가 된다. 나는 가톨릭을 믿는 환자를 만나면 종종 고해 성사를 하는 방법을 가르쳐주었다. 언젠가는 가톨릭교회의 한 성직자가 나의 환자에게 이렇게 물었다고 한다. "그런데, 그런 식으로 고해하는 방법을 어디서 배웠어요?" 이 성직자는 환자의 대답에 충격을 받았다고 한다.

그렇다면 이 꿈은 나의 환자에게 이렇게 말하고 있다. "그대가 하고 있는 것은 집단적인 일이야. 그대는 지금 의사의 진료실에서 그 일을 개인적으로 하고 있다고 생각하지만, 다른 사람들도 똑같이 그렇게 하고 있어." 분석은 고백과 비슷하며, 고백은 언제나 집단적이고 또 집단적이어야 한다.

고백을 하는 것은 그 사람 본인만을 위해서가 아니라 집단을 위해서, 말하자면 어떤 사회적 목적을 위해서이다. 사회적 양심이 크게 흔들리는 상황에 처할 경우에 사람은 고백의 유혹을 강하게 받는다. 왜냐하면 사람이 죄를 짓거나 비밀을 갖게 되면 사회에서 배제되지만 비밀을 고백할 경우에 다시 사회의 품에 안기게 되기 때문이다. 그렇게 함으로써 인간 사회는 프로테스탄트 시대의 고립이 있은 뒤 보편적으로 인정받는 진리 위에 다시 세워질 것이다.

고백이 집단적인 의무라는 인식은 무의식이 집단성의 바탕을 다시 창조해 내려는 노력에 해당한다. 현재는 집단성의 바탕이 존재하지 않고 있다.

이 같은 해석에 대해 지나치게 광범위한 결론이라고 생각할 수도 있을 것이다. 그러나 나의 환자에겐 이 같은 결론이 정곡을 찌르는 것으로 받아들여질 것이다. 그는 대단히 양심적인 사람이다. 그는 오늘날 너무나 많은 사람들이 서로 소원하게 지내고 있다는 사실을 뼈저리게 느끼고 있다. 그는 자기 아내와도 소원하다. 아내와 대화조차 하지 않고 있다. 그는 또한 친구와도 소원하다. 친구들에게도 자신의 진정한 관심을 털어놓지 못하고 있기 때문이다. 정말 어리석은 짓이다. 이런 그를 두고 난센스 덩어리라고 부르지 않을 수 있겠는가?

원시적인 환경에서 사람들은 무엇이든 털어놓을 수 있다. 아무나 붙잡고 어떠한 일에 대해서든 말할 수 있다. 어떤 남자가 자기 아내가 다른 남자와 함께 잤다고 말해도 아무런 문제가 되지 않는다. 모든 아내가 다 그렇게 하니까. 아니면 여자가 자기 남편이 다른 마을의 소녀와 함께 달아났다고 말해도 아무렇지 않다. 모든 남자가 그런 짓을 하고 있다는 것을 모두가 알고 있기 때문이다. 원시인들은 비밀을 간직함으로써 서로를 배척하지 않는다. 그들은 서로를 잘 알고 있다. 그래서 그들은 자기 자신에 대해서도 잘 알고 있다.

원시인들은 집단적인 흐름 속에서 살고 있다. 원시 부족과 함께 지내는 현대인들에게 가장 놀랍게 다가오는 것은 집단적인 삶의 흐름 안에 들어 있다는 느낌이다. 현명한 원시인이라면 부족으로부터 분리되지 않기 위해 심지어 자기 자신과도 분리된다. 정말로 전체 부족이 하나이다.

서구인의 마을은 단지 작은 집단들을 한군데에 모아 놓은 것에 지나지 않는다. 서구의 사람들은 모두 자신만의 것을 갖고 있으며, 타인들에게 속내를 드러내지 않으려 하고, 자기 자신에게도 자신을 숨기려 한다. 그런데 이것은 그야말로 착각일 뿐이다.

동성애자였던 어느 환자는 친구를 많이 두고 있다고 말했다. "친구가 많다니, 정말 다행이군요.!" 그랬더니 그는 금방 말을 바꿨다. "친한 친구는 다섯 명 정도랍니다." "그렇다면 이 친한 친구들과 동성애를 한다는 뜻인가요?" 이 같은 생각에 환자는 큰 충격을 받았다. 자신이 동성애자라는 사실을 친한 친구들에게도 숨기고 있었으니 말이다.

친구들에게 이런 식으로 숨기는 것이 사회를 파괴하고 있다. 비밀은 반사회적이고, 파괴적이며, 사회적 암이다. 지금 우리가 다루고 있는 환자도 진실을 말하지 않고 있다는 사실 때문에 특별히 고통을 당하고 있다. 그의 꿈은 진실을 밝히는 것이 집단적인 과제라고 말하고 있다.

그렇다면 공으로 하는 죄 드 폼이라는 게임이 연상된 이유는 무엇일까? 탁자는 식사 행위가 이뤄지는 곳이고, 의자는 집단적 식사에 참석하는 사람들을 위한 것이다. 그야말로 심리적 성찬(聖餐)을 위한 테이블인 셈이다. 집단적 행위가 일어나기 전에 필요한 것은 언제나 고백이다. 우리는 성찬식을 치를 만큼 가치있는 존재가 되기 위해 먼저 고백부터 해야 한다. 그래서 교회 초기에 형제애를 돈독히 하기 위해 "너의 죄를 서로 고백하라."는 명령이 내려졌다.

그렇다면 이 의자들이 탁자 쪽으로 등을 보이도록 거꾸로 놓인 이유는 무엇일까? 이것은 틀림없이 매우 비정상적인 무엇인가를 의미한다. 어떤 꿈에서 두드러지게 강조되고 있는 부조리한 사실은 병적인 무엇인가를 가리킨다. 이때 부조리한 사실을 제대로 이해하기 위해선, 우리 자신이 꿈이 제시하는 자리에 서 보아야 한다.

당신이 성찬식이 치러질 방으로 들어간다고 상상해보라. 그런데 그곳의 의자들이 방 한가운데의 테이블 쪽으로 등을 보이도록 거꾸로 놓여 있다. 그럴 경우에 이 같은 사실은 무엇을 의미할까?

당연히, 당신이 성찬식이 행해질 그곳으로 들어가기를 거부하고 있다는 의미이다. 모든 사람이 동료 인간들에게 등을 돌리면, 게임도 불가능하고 성찬식도 절대로 불가능하다. 또 거기서 벌어지고 있는 일에 대한 관심을 공유하는 것도 절대로 불가능하다. 그것은 일종의 파문(破門)이다.

모든 사람이 타인에게 눈길을 주지 않고 벽을 바라보고 있다. 그렇다면 모든 사람이 파문당하고 모든 사람이 고립되어 있는 셈이다. 매우 개인적인 꿈인데도, 거기엔 사회적 고려가 깔려 있다. 이 꿈에는 신화적인 요소는 하나도 없다. 집단 무의식에서 나온 꿈이 아니다. 이 꿈은 이렇게 말하고 있다. "그대가 은밀히 하고 있는 행위는 다른 사람들도 모두 하고 있는 일이야. 모든 사람들이 동료 인간들에게 등을 돌리고 있어."

 어떤 사회적 집단의 중심은 언제나 종교적 상징이 차지한다. 원시인의 경우에 종교적 상징은 토템이었으며, 훗날엔 미트라교에서 수소를 죽이는 관행에서 보듯 제물의 상징으로 바뀌었다. 이어 보다 발달한 종교로 오면서, 종교의 중심은 성사(聖事)가 된다.

 매우 원시적인 환경에서 이뤄지는 사회적 활동의 중심은 오두막이 모여 있는 곳에서 원을 그리며 추는 춤이나 신비적인 의식이었다. 영국 콘월에서 발견된, 원형으로 배치된 고대의 돌도 아마 그런 공동체 행사가 열린 장소였을 것이다. 사람들이 함께 모일 때, 조상들의 영혼도 그들을 지켜보면서 그곳에 함께하는 것으로 여겨졌다. 그렇다면 영적 교감에 그들의 의식만 아니라 그들의 조상, 즉 그들의 무의식까지 동참한다고 볼 수 있다.

 의식(儀式)은 상징성이 강한 게임이었다. 미트라교의 투우는 오늘날 스페인에서 행해지고 있는 것과 달랐다. 수소들은 가슴 부분에 서로 다른 색깔의 벨트를 맸으며, 투우사는 수소의 등에 올라타고 수소의 어깨를 짧은 칼로 찔러야 했다. 미트라는 그런 투우사였던 것으로 여겨진다. 사각의 복싱 링이나 풋볼 경기장에 선 예수 그리스도 같은 존재라고나 할까.

 이 게임들은 영적 교감이었으며, 그때 사람들은 서로 마주보았다. 투우는 스페인에서 지금도 여전히 자기 자신을 대상으로 한 순수한 폭력을 통해 처신을 올바르게 하려는 노력의 상징으로 통하고 있다. 투우를 즐기지 않았더라면, 스페인 사람들은 기질 때문에 행동을 품위 있게 하지 못했을지 모른다. 스페인 사람들은 투우사 같은 태도를 가져야 한다. 열정은 열정을 실제 삶으로 살아냄으로써 통제되어야 한다. 투우사가 수소를 통제하듯이 말이다.

미트라교는 그 규율 때문에 로마 군단의 숭배를 받았다. 로마에서, 미트라교 숭배자들은 동굴에서 만났다. 동굴엔 사람들이 모여 식사를 하는 장소가 있었다. 안락의자가 딸린 긴 식탁이 있었고, 벤치가 두 줄로 놓여 있었으며, 방의 끝 부분엔 미트라가 수소를 죽이는 장면이 상징적으로 그려져 있었다. 그림은 회전하도록 만들어졌으며, 반대편에는 죽은 수소에서 새 생명이 싹트고, 생식기에서 가축이 나오고, 피에서 포도주가 나오는 장면이 묘사되었다. 모두가 대지의 다산을 찬양하는 내용이었다.

사람들은 이 그림이 보이는 안락의자에 비스듬히 기대어 앉았으며, 홀의 가운데에는 아무것도 없었다. 그것은 일종의 극장이고 식당이었다. 그곳에서 사람들은 성찬식을 치르며 신과 소통했다. "미트라 신께서 수소를 죽이듯, 나는 나 자신의 열정을 죽이고 있사옵니다." 모두 물을 마시고, 십자가가 새겨진 빵 조각을 먹었다.

로마 가톨릭 미사에 쓰인 종(鐘)은 미트라 숭배에서 비롯되었다. 12월 25일이라는 날짜도 기독교가 미트라교에서 차용한 것이다. 수소를 죽이는 존재는 군인의 영웅이며, 이런 의미에서 보면 예수회 수사들은 교회의 군인이다. 구세군도 이 형식을 이용하고 있다. 왜냐하면 군인이 규율을 지키려면 먼저 자신의 열정부터 죽여야 하기 때문이다.

미트라 숭배의 다른 많은 것도 가톨릭교회로 스며들었다. 원래 기독교의 애찬(愛餐: 기독교 초기에 성찬식이 끝난 뒤 신자들이 함께 모여 음식을 먹으며 벌인 잔치를 일컫는다/옮긴이)은 시간이 갈수록 성격이 모호해지면서 주연(酒宴)으로 바뀌어갔다. 그러자 성 바오로가 그것을 대단히 언짢게 여겼으며, 달리 마땅한 대안이 없는 상황에서 기강을 위해 미트라 숭배로부터 많은 것을 끌어오게 되었다. 그래서 최초의 의식(儀式)은 "양"을 제물로 바치는 것이었으며 더 이상 투우가 아니었다. 이것이 바로 가톨릭 미사가 된 성스러운 잔치이다.

의식용 놀이라는 개념은 13세기까지 이어졌다. 사람들은 정말로 교회에서 공놀이를, 말하자면 '죄 드 폼'이라는 놀이를 하곤 했다. 이 때문에 기독교인들이 아이를 공을 차듯 차서 죽인다는 소문까지 돌았다. 그노시스파(영지주의) 사람들은 기독교인들이 그런 짓을 한다고 비난했고, 기독교인들은 유태인들을 비난했다. 지금으로부터 30년 전까지만 해도 보헤미아에는 유태인들이 의식을 위해 아이를 죽인다는 소문이 있었다. 죄 드 폼은 의식의 의미를 지녔다. 카니발이 의식의 의미를 지닌 것과 똑같다.

봄 축제가 벌어지는 동안에 수도원에선 수도원장과 수사들이 서로 지위를 바꾸곤 했다. 나이가 가장 어린 수사가 수도원장이 되고, 수도원장은 가장 낮은 수사가 된 것이다. 이런 경우엔 수도원장과 나이 많은 수사들이 젊은 수사들의 시중을 들었다. 또한 모의 미사도 있었다. 이때는 나이가 가장 어린 수사가 미사를 집전하고, 노래와 농담이 다소 외설스러웠다. 미사를 집전한 사람뿐만 아니라 미사에 참석한 신자들도 포도주를 마셨다. 그들은 큰소리를 지르며 교회를 빠져나와서 거리를 쏘다니며 온 곳을 뒤집어 놓았다. 이런 잔치와 죄 드 폼은 지나치다는 이유로 13세기에 교황에 의해 금지되었다.

역사를 기록한 문서는 대단히 중요하다. 그런데도 교회의 출판물은 많은 것을 숨기고 있다. 종교적인 문제에 대해 속이는 부분이 아주 많은 것이다. 거짓말도 많고 삭제한 것도 많다.

예를 들어, 초기 기독교 교회가 이교도로부터 받아들인 남근 숭배에 대한 언급은 전혀 보이지 않는다. 남근 숭배의 흔적이 어느 십자가의 형식에도 나타나지만, 사람들은 거기에 눈길조차 주지 않는다. 교회의 출판물에서 그런 사실을 찾아내려고 노력한다면, 아마 아무런 소득을 올리지 못할 것이다.

그래도 상징적인 놀이가 있었다는 것은 역사적인 사실이다. 지금까지 본 바와 같이, 역사적으로 존재했던 의식용 놀이를 약간 암시하는 것을 제외한다면, 나의 환자가 꾼 꿈은 집단 무의식을 거의 건드리지 않는다. 영국 역사학자 미드(G. R. S. Mead)는 잡지 '더 퀘스트'(The Quest)에 교회의 놀이에 관한 논문을 발표했다. 또한 기독교 관점에서 보면 절대로 불가능한 개념인 '예수 그리스도의 신성한 춤'(The Sacred Dance of Jesus)이라는 제목의 논문도 발표했다. 또 2세기 그노시스파의 어느 문서를 바탕으로 춤과 놀이에 관한 『예수 찬가』(The Hymn of Jesus)라는 책도 발표했다.

의자의 등이 식탁 쪽으로 돌려져 있는 것은 프로테스탄트 세계의 분열 같은, 우리 시대와 사회의 반사회적인 태도를 의미한다. 한때 보편적이었던 교회는 지금 400개 이상의 교파로 분열되어 있다. 이 분열이 사회 전반에 너무나 널리 퍼져 있기 때문에, 우리 모두는 "서로에게 등을 돌리고 있는 사람들"이 되어 버렸다.

그렇다면 이 꿈속의 상징은 환자를 힘들게 만들고 있는 문제로 다시 안내한다. 나는 추상적인 것으로서의 사회에 대해서는 전혀 신경을 쓰지 않는다. 그러나 나는 나와 가장 가까운 사람들, 이를테면 아내와 자식, 친척, 친구들을 통해서, 그리고 나와 사회를 연결하는 다리를 통해서 사회와 연결되어 있다. 그래서 나 자신과 사랑하는 사람들의 연결이 끊어질 때, 당연히 사회와의 연결도 끊어지게 된다.

나의 환자도 마찬가지이다. 그는 부분적으로 자기 아내와 떨어져 있다. 둘은 영적 교감을 전혀 하지 않고 있다. 그들 사이엔 죄 드 폼이 전혀 일어나지 않고 있는 것이다.

이 대목에서 꿈은 아주 개인적인 문제로 안내한다. "우리 둘은 자리에 앉았다. 그런 다음에 내가 매제에게 아내는 왜 안 왔느냐고 물었다. 그런데 그 순간, 매제의 아내가 오지 않은 이유가 떠올랐다. 그래서 나는 매제의 대답을 기다리지 않고 먼저 말을 했다. 매제의 아이가 아프다는 사실을 까먹지 않았다는 사실을 보여주고 싶었기 때문이다." 아이의 병에 대해 그는 이렇게 말한다. "아내는 전혀 사교적이지 않아요. 그래서 아이들에게 조금이라도 문제가 생기면 외출하는 일은 절대로 없어요. 또 아내는 외출한 동안에 아이들이 저희끼리 잘 지내겠다는 확신이 서지 않아도 외출을 삼가요."

그들이 아이를 안전하게 키우기 위해선 많은 보살핌이 필요한 적도 지역의 나라들에서 살았기 때문에, 아이 키우는 일이 스위스에서 살 때에 비해 훨씬 더 힘들었다. 나도 아프리카에서 지내는 동안에 아이들을 뜨거운 태양열로부터 보호하는 것이 여간 힘든 일이 아니라는 사실을 직접 확인할 수 있었다.

'아픈 아이'는 지금 많이 나았다. 미열만 있는 정도다. 이 사실과 관련한 연상에서, 그는 매제의 아들에 대해 언급했다. "소년이 죽기 전에, 나는 매제에게 아이의 안부를 수시로 물었어요." 매제의 아내에 관한 이야기는 당연히 그의 개인적인 문제, 말하자면 그의 아내가 함께 오지 않은 사실과 아내와의 사이에 영적 교감이 전혀 이뤄지지 않고 있다는 사실에 관한 것이다. 그는 "아이가 아플 때면, 아내는 언제나 허둥대며 어찌할 바를 몰라 해요."라고 말했다.

그와 아내가 서로 등을 돌리고 있는 가장 분명한 이유는 아이의 병이지만, 현실 속에서 아이의 병은 남편과 아내 사이에 장애가 되지 않을 것이다. 영적 교감의 부재가 전반적인 사회 문제가 되고 있으며, 거의 모든 결혼관계에 두드러지게 나타나고 있다는 사실을 우리는 이미 알고 있다. 현실에서 그의 아내가 다른 곳에 있다가도 아이의 병 때문에 언제든 불려오듯, 꿈에서 그녀는 아이의 병 때문에 심리적으로 그를 동행하지 않았다. 아이의 병이 꿈에서 상당히 많이 나왔다. 그렇기 때문에 아이의 병은 그의 아내가 게임에 동참하지 않을 구실 그 이상의 무엇인가를 의미한다고 봐야 한다. 그리고 아픈 아이가 소녀라는 점도 중요하다.

앞에서 소녀가 나의 환자의 한 측면이라는 점을 보았다. 현실에서 죽은 아이는 소년이었으며 이 소년의 죽음은 여기서 실질적인 중요성을 전혀 지니지 않는다. 따라서 그가 어떤 소년에 관한 꿈을 꾼다면, 그것은 그 사람의 내면에 있는 무엇인가를 표현할 것이다.

나는 환자들의 꿈을 분석하거나 진료한 경험을 통해서 남자의 내면에서 자신의 시대들을 상징적으로 표현하려는 경향을 관찰할 수 있었다. 19세기 초반을 살았던 어느 시골 의사의 예가 있다. 스트레스를 심하게 받고 있던 이 의사는 힘들게 환자를 돌본 뒤 늦은 시간에 집으로 향하고 있었다. 많이 지친 상태에서 그가 길을 따라 걷는데, 어느 순간에 길 한가운데에서 자기와 나란히 걷고 있는 그림자 같은 형상이 보였다. 그는 이 형상이 10년 정도 더 젊은 자신의 모습이라는 것을 알았다. 그러다 이내 형상은 사라졌다. 그런데 조금 뒤에 또 다시 형상이 나타났다. 이번에는 20년 더 젊었을 때의 모습이었다. 그런 식으로 형상이 바뀌더니 마지막에는 여덟 살 내지 열 살 된 소년의 형상이 나타났다. 그것들은 모두 그 사람 본인의 상징이었다. "소년이었을 때나 청년이었을 때, 그리고 갓 어른이 되었을 때의 나의 모습은 그대로군!" 이렇듯, 죽은 소년은 환자 자신의 죽은 젊음을 암시한다.

나의 환자는 인생 후반으로 접어들었다. 심리가 바뀔 시점이다. 젊음은 가고, 인생 후반부가 시작된다. 그러나 이것은 하나의 암시일 뿐이다. 지금 우리의 관심은 소녀의 병으로 쏠리고 있다.

3강

1928년 11월 21일

두 가지 질문이 있다. 첫 번째 질문은 이것이다. "꿈속의 이미지들 중에서 주관적인 차원에서 고려되어야 하는 이미지들은 연상을 거의 일으키지 않는 특징을 보이는가?"

그렇지 않다. 이미지가 일으키는 연상의 수를 근거로 꿈을 주관적인 차원에서 분석해야 할 것인지 여부를 결정하지 못한다. 그 기준은 이와 매우 다르다. 그래서 두 번째 질문이 제기된다. "주관적인 해석과 객관적인 해석 중 어느 하나를 선택하도록 하는 다른 요소들이 있는가?"

객관적인 해석을 택할 것인지, 주관적인 해석을 택할 것인지를 결정하는 기준이 몇 가지 있다. 먼저, 주관적이라는 단어와 객관적이라는 단어를 쓰는 방식에 미묘한 차이가 있다는 점을 지적하고 싶다. 여기서 주관적인 해석이라고 할 때 쓰는 주관적이라는 단어는 흔히 일상에서 쓰는 주관적이라는 단어와 뜻이 같지 않다는 점을 분명히 밝혀야 한다.

예를 들어, 주관적인 의견은 그다지 본질적이지 않고, 개인적이며, 결코 객관적인 진리가 될 수 없다. 내가 어떤 꿈이 주관적인 차원에서 맞게 해석되었다고 말한다고 가정하자. 그때 그 말의 뜻은 꿈속의 이미지가 전적으로 꿈을 꾸는 사람 본인에 관한 이야기를 들려주고 있다는 의미이다. 객관적인 차원에서 해석하는 경우라면, 꿈속의 이미지는 어떤 대상, 즉 꿈을 꾼 사람이 아닌 다른 사람에 대한 이야기를 들려주고 있다.

주관적인 해석을 적용할 때와 객관적인 해석을 적용할 때를 아는 것이 대단히 중요하다. 일반적인 기준은 다음과 같다. 꿈속에 나타나는 어떤 사람이 당신이 익히 잘 알고 있는 사람이고 지금도 당신의 삶에 어떤 역할을 하고 있다면, 그때는 객관적인 차원에서 꿈을 해석할 수 있다. 왜냐하면 그 대상이 지금도 당신에게 중요한 사람이기 때문이다.

그러나 여기서 실수를 저지르지 않도록 조심해야 한다.

프로이트의 견해에 따르면, 당신의 꿈에 나타나는 사람이 다른 사람을 위장하고 있을 수 있다고 한다. 말하자면, 어떤 사람이 다른 사람을 대신해서 당신의 꿈에 나타날 수 있다는 것이다.

예를 들어, 나의 어떤 여자 환자가 자기 가족의 주치의인 존스 박사에 대한 꿈을 꾼다고 하자. 그런 경우에 존스 박사가 실은 나라고 짐작할 수 있다는 것이다. 프로이트가 자신의 이론에 맞추기 위해 꿈을 해석하는 방식이 꼭 이렇다. 그러나 이 여자 환자가 그런 식으로 연결할 때조차도, 무의식이 존스 박사를 나로 여기고 있는지 여부는 절대로 확실하지 않다.

　물론 환자가 프로이트 식의 해석을 선호하는 것은 충분히 이해할 만하다. 나는 지금 여기에 있지만, 존스 박사는 멀리 떨어져 있다. 그러나 무의식은 나를 택하기를 원하면 언제든 나를 택할 수 있다. 나에 대해 꿈을 꾸는 데에는 어떠한 장애도 있을 수 없다. 그렇기 때문에 이 여자 환자의 무의식이 존스 박사를 선택한 이유가 설명되어야 한다.

　프로이트라면 환자가 존스 박사에 대한 꿈을 꾸는 이유를 나와 관계있는 어떤 공상 때문이라고 설명할 것이다. 그러면서 멀리 떨어져 있는 존스 박사에 대한 꿈을 꾸기가 더 쉬웠을 것이라고 덧붙일 것이다. 그런 것이 프로이트의 이론이다.

　그러나 나는 이론보다 현실 속의 사실들을 더 강하게 믿는다. 그래서 나는 아마 앞에 제시한 예에 대해, 그럴 수도 있겠지만 자신있게 말하지 못하겠다는 식으로 대답할 것이다. 나는 프로이트의 이론이 모든 환자들을 두루 설명할 수 있는지부터 확인해야 한다. 나는 많은 환자들에게서 그런 식의 설명이 부자연스럽고 또 환자의 상태와 맞아떨어지지도 않는다는 사실을 발견한다.

　프로이트의 이론을 진지하게 받아들인다고 가정해보자. 이를테면 내가 존스 박사로 등장한다고 생각해보자. 그러면 무의식이 나를 가리키지 않고 존스 박사를 가리키는 수고를 굳이 해야 하는 이유가 뭘까? 무의식이 존스라는 인물을 이용하는 것은 내가 아니라 존스 박사에 대한 이야기를 하려 하기 때문이다. 무의식이 자신이 의미하는 바를 직접적으로 표현하지 않는다고 믿어야 할 이유는 전혀 없다.

나의 이론은 이 점에서 프로이트의 이론과 정반대이다. 무의식은 말하려는 바를 직접적으로 말한다는 것이 나의 지론이다.

자연은 절대로 외교적이지 않다. 자연이 나무를 길러 낸다면, 그것은 한 그루의 나무이지 개를 기르려다가 잘못 기른 나무가 아니다. 그렇기 때문에 무의식은 위장을 하지 않는다. 소변에서 알부민이 검출되는 것은 바람직하지 않은 사실이지만, 그렇다고 알부민이 설탕을 위장하고 있다는 식으로 받아들여서는 곤란하다.

프로이트의 이론은 그의 환자들에 의해 만들어졌다고 해도 과언이 아니다. 프로이트는 특히 여자 환자들의 영향을 지나치게 많이 받고 있다. 프로이트의 마음은 여자 환자들의 생각으로 가득하다.

여자 환자들의 적극적인 소망이 의사로 하여금 실수를 저지르게 만든다. 의사는 언제나 그런 암시 앞에서 조심해야 한다. 진실은 이렇다. 앞에 상상으로 내세운 여자 환자의 무의식은 존스 박사에 대해 이야기하고 있을 뿐, 융 박사에 대해서는 한 마디도 하지 않고 있다.

이제 다른 상황을 가정해보자. 당신이 먼 친척에 대해 꿈을 꾼다. 아니면 오랫동안 보지 않았던 누군가에 대해, 또는 당신 가족이 알고 있는 사람이지만 당신 본인에겐 실질적으로 아무런 역할을 하지 않고 있고 또 중요하지도 않은 사람에 대해 꿈을 꾼다고 가정해보자. 그런 경우엔 그 사람을 당신의 심리에 자동적으로 떠오를 요소로 볼 이유가 전혀 없다.

그런 사람은 현실 속의 어떤 사람을 짓밟아가면서까지 당신의 영역으로 들어오지 않을 것이다. 또 당신의 심리 안에서 자극을 일으키지도 못할 것이다. 그렇기 때문에 그 사람은 단순히 당신과 관계

있는 어떤 이미지에 지나지 않을 가능성이 아주 크다. 당신과 직접적으로 연결된 누군가는 당신의 정신적 영역에 큰 소용돌이를 일으킬 수 있다. 따라서 당신과 거리가 먼 사람이 꿈에 나타날 경우에 그 사람은 전적으로 당신의 이야기를 들려주는 꿈에서 하나의 이미지에 지나지 않는다고 단정해도 무방하다.

객관적인 해석이 바람직할 때조차도, 주관적인 해석의 가능성을 열어놓는 것이 좋다. 어떤 사람이 당신에게 특별히 가까이 다가오는 이유는 아마 어떤 상징적인 진실을 갖고 있는 사람이라서 그럴 것이다. 당신의 심리에 닿는 사람은 누구든 '신비적 참여' (participation mystique: 프랑스 철학자 뤼시앙 레비-브륄(Lucien Lévy-Bruhl)이 쓴 용어다. 원시 문화의 애니미즘에서 보듯, 어떤 대상과 무의식적으로 동일시하는 것을 뜻한다/옮긴이)라는 바탕에서 그런 상징적 진실을 갖고 있을 수 있다. 그렇지 않다면, 그 타인이 당신의 영혼에 나타나지 않았을 것이다. 따라서 이론적인 관점에서나 실용적인 목적에서 본다면, 객관적으로 받아들여야 할 대상이 당신의 내면에서 어느 정도 주관적인 요소가 되는지를 따져보는 것도 대단히 현명한 노력이다.

그러나 이것은 하나의 철학적 가설일 뿐이며, 현실을 그런 가설로 대체하면 큰 실수가 될 것이다. 당신이 대상을 언제나 주관적인 것으로 해석해야 한다면, 당신의 삶 자체가 상대적이고 실체가 없는 것으로 변해 버릴 것이기 때문이다. 또 당신이 당신과 현실을 연결시켜주는 다리들을 모두 태워 버릴 것이기 때문에, 당신은 완전히 고립될 수 있다. 그래서 나는 그런 객관적인 이미지들이 지니는 객관적인 가치를 강력히 주장해야 한다.

그러나 나는 대상이 아니라 이미지에 중점을 둘 것이다. 만약에 당신과 전혀 교류가 없던 사람이 당신에게 거짓말을 하는 그런 꿈을 꾼다면, 오랫동안 보지 않은 그 사람을 거짓말쟁이로 해석하는 것은 당신에게 아무런 의미를 지니지 못한다. 그러나 만약에 당신의 환경 안에 있는 어떤 사람이 거짓말을 하는 꿈을 꾼다면, 그런 경우엔 당신은 그 사람을 그런 측면에서 봐야 한다. 그 꿈 안에 무엇인가가 담겨 있을 수 있기 때문이다. 이때는 당신이 거짓말을 하는지 그 사람이 거짓말을 하는지, 아니면 둘 사이에 어떤 기만이 있는지를 판단하는 것이 중요해진다.

당신의 내면에 당신이 인식하지 못하고 있는 특성이 있다. 많은 사람들은 스스로 매우 선하다고 생각하고, 또 자신의 내면에 음흉한 것이 존재하지 않는다고 생각한다. 그럼에도, 그들도 좋지 않은 특성을 어느 정도는 다 갖고 있다. 인간이니까! 검은 양(羊)에 대한 꿈을 꾼다면, 검은 양 자체는 그리 중요하지 않지만 꿈을 꾼 사람이 자신을 검은 양으로 보는 것은 대단히 중요하다. 그래서 당신의 가장 절친한 친구가 검은 양으로 나오는 꿈을 꾼다면, 그것은 당신이 검은 양이거나 당신의 친구가 검은 양이거나 아니면 둘 사이에 비열한 짓이 벌어지고 있다는 의미이다.

여기서 '죄 드 폼'으로 돌아가자. '펠로타 바스크'(pelota basque)로도 알려진 게임 말이다. 나의 환자가 그 홀의 배치를 보고 떠올린 연상은 성찬식이다. 또 펠로타 바스크 게임 같은 것을 암시하는 대목도 있었다. 그가 그런 경기를 하던 홀을 떠올렸기 때문이다. 경기를 하고 음식을 먹기도 하는 그런 홀이었다. 일종의 성찬식이 치러지는 곳이다.

중세의 문서를 통해서 옛 의식인 '죄 드 폼'이 12세기까지 치러

졌으며 또 프랑스의 오세르 같은 일부 오지에서는 16세기까지 명맥이 이어져 왔다는 사실을 알 수 있다. 나는 이 게임에 대한 연구를 특별히 해오고 있다. 중세 문서 중에서 펠로타 바스크에 대해 설명하고 있는 라틴어 텍스트를 파고들었는데, 그 부분을 번역해 소개하고 싶다. 그러나 불행하게도 그 시절엔 이 게임이 워낙 널리 퍼져 있었고 또 모두가 다 잘 알고 있었기에, 게임에 대한 묘사가 피상적이고 모호하다. 그래도 그런 텍스트에서 뭔가를 얻을 수 있을 것이다. 나의 환자의 꿈에 나타난 홀엔 만찬을 위한 식탁이 길게 준비되어 있었고, 만찬이 열릴 예정이었다. 그런데 환자가 연상한 것은 펠로타 바스크라는 게임이 벌어지고 있는 장면이다.

고문서 중에서 펠로타 바스크에 관한 글 일부를 보자.

"새로 선출된 대성당의 참사회 회원이 펠로타라는 공을 참사회 의장(머리에 두건을 쓰고 있다)에게 던질 때, 참사회의 나머지 회원들은 노래를 부르기 시작했다. '부활절 제물을 찬양하도다.' 이어 참사회 의장이 왼손으로 공을 떠받치고 있고, 나머지 참사회 회원들은 서로 손을 맞잡은 채 미로 주위를 돌면서 노래를 부르고 춤을 추었다. 그 사이에 참사회 의장은 춤을 추는 사람들에게 차례로 펠로타를 던졌다가 받기를 계속했다. 춤이 끝나자, 성가대는 서둘러 식사대로 갔으며(참사회 의장과 참사회 회원들, 그리고 지위가 높은 시민들은 등이 높은 벤치에 앉았다), 한 사람도 빠짐없이 모두가 식사와 적당한 양(두세 잔)의 백포도주와 적포도주를 대접받았다. 그 사이에 낭독자는 설교단에서 교훈적인 내용의 글을 읽었다. 그러다 큰 종이 울렸다. 그러면 최근 선출된 참사회 회원이 일어서서 공을 가슴으로 받을 준비를 했다. 이 참사회 회원은 성 스티븐 교회의 통로에서 2시 쯤에 그 공을 참사회 의장에게 전달했다. 그러면 참사회 의장은 공을 다루기 위해 머리의 두건을 뒤쪽으로 돌렸다."

프랑스의 나르본에서 즐기던 또 다른 게임이 있다. 부활절 다음 날에 하는 의식이다. 이 자료도 13세기 라틴어 문서에서 발췌한 것이다.

"저녁 기도를 알리는 종이 울리는 가운데, 수도원의 사람들 모두가 대주교의 집에 모인다. 그러면 하인들이 모두에게 식사와 포도주를 대접한다. 그런 다음에 대주교가 공을 던진다. 대주교가 없는 경우엔 그 도시의 장관이 공을 준비해서 던진다."

9세기에 나폴리에서 쓴 자료에도 멋진 예가 있다. "이 일을 기념하여 매년 공놀이가 영혼의 위안과 휴식을 위해 행해졌다." 이 놀이는 5월 세 번째 일요일, 성 야누아리오(St. Januarius) 축일에 산타 마리아 마조레 성당에서 대중 앞에서 행해졌다. 이 놀이가 "영혼의 위안과 회복"을 위해 행해졌다는 것이 흥미롭다.

12세기 문서 중에 패컬티 오브 파리(Faculty of Paris)의 신학자 요안 벨레투스(Joanne Belethus)가 쓴 글이 있다. "일부 교회에서 주교와 대주교까지 신자들과 어울려 허리를 굽혀가며 공놀이를 즐겼다. 그럼에도 공놀이를 하지 않는 게 더 나을 것 같다." 이 글은 분명히 그 놀이의 인기가 시들해지고 있을 때 쓰였다.

이런 기이한 관습과 연결되는 다른 흥미로운 사실들도 있다. 아마 이 관습은 신부와 신랑 사이로 공을 던지던 "신부-볼"이라는 의식과 관계있었을 것이다.

교회에서 행해진 다른 게임들을 보면 공을 작년의 신으로 여겨 발로 차거나 찢는 경우가 있었다. 언젠가 교회에서 하던 공놀이 때문에 재판이 열린 적도 있었다. 공놀이의 인기가 시들해질 때의 일이다. 문서는 "작년의 공"에 대해 이야기하고 있다. 구(舊) 참사회 의장이 새해의 참사회 의장에게 공을 넘기는 옛 부활절 관습이었다. 이 공은 모든 사람들이 참여하도록 하기 위해 갈가리 찢겨야 하는 작년의 신(神)과 비슷했다. 신이 갈기갈기 찢겨 먹히는 기독교의 성찬식과 비교해보라.

이 모든 관습은 봄에 행해지는 제사 의식과 연결된다. 부족을 강하게 만들고 새해에 토양을 비옥하게 만들기 위해 봄 축제에 왕을 찢어서 먹던 관습과 비슷하다. 그렇다면 공은 태양을 상징했을 가능성이 크다.

그것은 또 다른 기이한 관습인 "할렐루야(Alleluia) 매장"과도 연결된다. 마지막 철자 'a'가 여자 이름의 끝 글자이기 때문에, 중세에 할렐루야는 여자로 여겨졌다. 그녀는 부활절 주간에 매장된 미지의 여인이었다. 그렇다면 그녀는 일종의 작년의 여왕이었음에 틀림없다.

로렌 지방의 툴에 있는 어느 교회의 서고에 1497년에 그 성당의 참사회 의장이던 니콜라스라는 사람이 쓴 문서가 하나 보관되어 있다. 이 문서의 열다섯 번째 조항에 "할렐루야를 묻는다"는 내용이 나온다. 그 행사에 관한 라틴어 텍스트는 매장할 때 해야 할 일을 적고 있다.

"칠순주일(七旬主日) 앞의 토요일 9시과(時果)에, 성가대 소년들이 축제 복장으로 모여 할렐루야의 매장을 준비한다. 마지막 축복의 기도가 끝나면 성가대 소년들은 횃불과 성수, 향을 들고 행렬을 지어 통곡이 흐르는 가운데 회랑을 지나 할렐루야가 묻힐 곳으로 향한다. 이때 관대(棺臺)에 흙덩어리가 얹혀 있다. 거기서 흙덩어리 위로 물과 곡식을 뿌리고, 향 연기를 피운 다음에 갔던 길로 되돌아온다."

이 관습은 역사가 매우 깊다. 흙덩어리는 공이고, 공은 태양이다. 태양은 땅과 마찬가지로 부활절 주간에 소생한다. 원래의 의미는 매우 단순하다. 태양이 부활절 제물을 통해 소생하지 못하면 다시 떠오르지 않을 것이라는 뜻이다. 할렐루야는 어머니 대지이고, 또 죽음과 매장, 부활을 거쳐 새로운 태양을 낳을 여자의 생식력이다.

아메리카의 푸에블로 인디언들은 자신들이 의식을 통해 태양을 떠받치고 있다고 믿는다. 이 믿음은 죽음과 매장, 부활의 의식과 같다. 나의 인디언 친구 마운틴 레이크는 편지에서 이렇게 말한다. "백인들이 우리 종교를 계속 간섭한다면, 10년 안에 그들에게 무슨 일이 일어날 것이다." 다시는 태양이 떠오르지 않게 될 것이라는 뜻이다.

앞에서 나의 환자의 매제의 아내가 거기에 함께 오지 않은 이유에 대해 논했다. 아마 '아이의 병' 때문이었을 것이다. 이것은 그 꿈의 다음 부분의 주제이다. 꿈을 꾼 사람은 지금 '매제의 집'에 있다. 거기서 그는 아이를 본다. 한두 살 된 소녀이다.

장소의 변화는 심리적 배경의 이동을 의미한다. 다른 종류의 문제가 제기된다는 것을, 집단적인 바탕에서 가족적인 바탕으로 변화한다는 것을, 예를 들어 공적인 장소에서 사적인 집으로 바뀐다는 것을 의미한다.

꿈의 중간 부분은 공동체적 연대가 전혀 없고, 함께 모이는 것이 전혀 없다는 점에 초점이 맞춰져 있다. 그것이 여자가 거기에 있지 않은 이유이다. 미트라의 숭배에서처럼, 여자들은 거기에 합류하지 않았다. 그리고 '죄 드 폼'은 남자의 게임이다. 여자가 거기에 오지 않았다면, 남자는 오직 지성만을 갖고 거기에 와 있다. 남자의 감정은 남자와 함께하지 않는다. 이것이 일부 남자들이 위원회 같은 조직에 여자를 포함시키기를 원하지 않는 이유이다.

이런 남자들은 자신의 심리 중 여성적인 부분과 적절한 연결을 유지하지 못하고 있다. 그의 아내는 아이가 아파서 거기에 합류하지 않았다. 그런데 아이는 공적인 장소에 있지 않고 집에 있다. 이제 장면은 그 사람의 내면에 있는 은밀한 곳으로 바뀌었다.

그는 자기 매제의 집에 대한 이야기를 들려주었다. "아버지가 그 집에서 몇 년 사셨어요. 여동생이 집을 물려받은 거지요. 매제의 집은 나의 집에서 겨우 백 미터밖에 떨어져 있지 않았어요. 그래서 우리는 자주 만났어요. 그 집과 창의 셔터는 모두 회색으로 칠해져 있었으며, 조금 음침하고 단조로운 분위기를 풍겼어요. 그래서 나는 동생 내외가 덧문만이라도 다른 색으로 칠해 조금 밝게 꾸몄으면 좋겠다는 생각을 품곤 했어요."

장소에 대한 묘사는 대단히 중요하다. 호텔이든, 역이든, 길이든, 숲이든, 물속이든, 꿈이 펼쳐지는 장소가 어디냐에 따라 해석이 크게 달라지기 때문이다. 그의 매제를 매우 주관적인 이미지로 보아야 한다는 사실에 대해서는 이미 말한 바 있다. 매제는 이 꿈을 꾼 사람의 한 부분이다. 자신과 적절히 연결되어 있지 않아서 그가 매제에게로 투사하고 있는 부분이다.

그러나 그의 연상에서 매제의 집이 멀리 떨어져 있지 않다는 중요한 정보가 나온다. 이것은 그의 일부가 의식에서 그리 멀리 떨어져 있지 않다는 의미이다. 그는 자신의 모습이 매제와 얼마나 가까운지, 그리고 매제의 아이의 모습이 자신의 아이의 모습과 얼마나 가까운지를 쉽게 깨달을 것이다. 당연히 매제의 집은 그의 집의 무의식적인 측면이다. 말하자면 역동적인 무의식의 드라마가 펼쳐지는 곳이다.

집은 꿈에서 상징으로 자주 나타난다. 꿈에서 집은 대체로 습관적이거나 물려받은 태도를, 습관적인 삶의 방식을, 습득한 무엇인가를, 혹은 그 사람이 가족과 함께 살아가는 삶의 방식을 의미한다. 그의 습관적인 태도는 매제의 집처럼 재미없고 모호하다. 그는 자신의 태도에 밝은 색을 입히기를 갈망하고 있다. 여기서 우리는 이 부분이 꿈의 다른 사건들과 어떤 식으로 연결되는지를 보아야 한다. 두 살짜리 소녀의 병과 연결될 수도 있기 때문이다.

꿈에 나타나는 아이는 현실에 없는 아이이다. 현실에는 병을 앓다가 죽은 두 살짜리 소년이 있다. 꿈을 꾼 사람의 다른 여동생 두 명은 각각 일곱 살 된 딸을 두고 있다. 그는 이 소녀들을 좋아한다. 그는 이렇게 말한다. "소녀들이 소년들보다 훨씬 더 좋아요. 소녀들은 귀엽기도 하고 표현력도 아주 뛰어나거든요. 나의 아이들의 경우에도 딸이 아들보다 훨씬 더 사랑스러워요." 이 외에 다른 연상은 없었다. 그래서 나는 아이의 나이에 주목한다.

나는 그에게 2년과 관련 있는 연상이 분명히 있을 것이라고 말해주었다. 2년이라는 시간의 길이도 중요할 수 있는 것이다. "2년 전에 무슨 일 없었어요?" "외국에서 돌아와 스위스에 정착한 때였어요. 그때 밀교나 심령술, 신지학 등 온갖 종류의 정신적인 것을 공부하기 시작했어요. 그러다 조금 지나서 포기했어요. 그다지 만족스런 결과를 얻지 못했어요. 관심이 부족해서가 아니라 일부 연구가 신뢰를 주지 못해서였습니다. 2년 전에 어린 조카가 죽었을 때, 나는 데니스 브래들리(Dennis Bradley)의 『별들을 향해서』(Towards the Stars)를 읽고 있었어요. 그 책을 특별히 좋아했기에, 조카가 죽은 뒤 나의 여동생에게 주었어요."

그는 또한 밀교에 관한 독일 책도 읽었다. "독일의 유명한 책도 읽었어요. 유스티누스 케르너(Justinus Kerner)가 1829년에 쓴 『프레포르스트의 예언자』였습니다. 몽유병 환자를 심리학적으로 관찰한 첫 책인데, 아주 재미있었어요." 그는 어떤 의사를, 분석 심리학을 잘 알지만 전문가는 아닌 그런 의사를 알고 있다면서, 그 의사에게 케르너를 합리화하지 않는다는 조건으로 그 공상가를 분석적으로 연구하면 좋겠다는 제안을 할까도 생각해 보았다는 이야기를 들려주었다. "그러다가 그만두었어요. 의사 본인이 약간 신경증 환자처럼 보였거든요. 그런 연구가 오히려 그를 망가뜨릴 수도 있겠다는 생각이 들었어요."

나도 그 의사를 알고 있다. 그는 심리학에 뛰어난 사람이 아니다. 그가 분석적 연구를 시도했다면, 결과물은 보나마나 뻔하다. 그가 그런 제안을 하지 않은 것은 정말 잘한 일이다.

이젠 꿈속의 아이와 연결되는 자료를 많이 얻었다. 일부 사실을 보면 다음과 같다.

(1) 아이는 현실에 존재하지 않는 아이이다. 그의 무의식적 상상력이 창조해낸 아이에 지나지 않는다.
(2) 환자는 소년보다 소녀를 더 좋아한다.
(3) 그는 2년 전에 신비학 분야의 공부를 시작했다. 동시에 병리 심리학도 기웃거렸다. 특히 신비학 책인 『별들을 향해서』라는 책을 통해서 여동생과 연결되고 있다.
(4) 그는 『프레포르스트의 예언자』에 관심이 많았다. 그러면서 어떤 의사가 그 예언자를 연구하기를 바랐으나 그 일로 인해 의사가 피해를 입게 될까 봐 그 뜻을 의사에게 전하지 않았다.

어린 소녀는 그의 아니마(anima: 남자의 내면에 있는 여성적인 면을 일컫는다. 아니마는 콤플렉스이기도 하고 여자의 원형적 이미지이기도 하다. 한편 여자의 내면에 있는 남성적인 면은 아니무스(animus)라 불린다/옮긴이)를 상징하는 아이이며, 소녀는 창조적인 에너지와 관계있다. 그리고 신비학 쪽에서 나오는 것들은 영적이다. 그는 그 책에 긍정적인 가치가 있다고 말한다. 그 책은 일종의 영적 창조물이고 공상적인 태도이지만, 그는 의사가 그 책으로 인해 나쁜 영향을 받을 수도 있다고 걱정한다. 그러면서 본인도 그 분야의 공부를 포기한다. 그것이 자신에게 나쁜 영향을 끼쳤기 때문이다.

그는 신비학을 공부하면 사람이 매우 비현실적인 존재로 변하게 된다고 생각했다. 신비학은 의심스런 구석이 아주 많으며 또 매우 사색적이면서도 대단히 강렬한 인상을 남긴다. 그렇기 때문에 신비학을 공부하는 사람들의 머리는 온갖 종류의 공허한 관념으로 채워지게 된다.

신비학 관련 글을 읽다보면 해로울 만큼 비현실적인 내용이 더러 보인다. 허구의 창작물 중에도 독자가 불편한 마음을 느끼게 만드는 작품이 있는 것과 똑같다. 그래서 그 사람의 한 측면은 2년 된 영적인 요소에 대해 걱정하고 있으며, 이 의사는 그가 이런 공상적인 요소를 공부할 때 동원하는 이성적인 측면을 상징적으로 표현하고 있다. 그의 꿈에 등장한 아이는 이 공상적인 요소를 상징하고 있다.

지난 2년 사이에 환자의 내면에서 새로운 것이 자라고 있었다. 그의 마음을 바쁘게 만들었던 이런 신비적인 것들에 대한 관심뿐만 아니라, 어떤 창조적인 관심과 의지도 살아나고 있었다. 이 창조적인 관심과 의지는 사고의 표현이 아니라 감정의 표현일 것이며, 따라서 그의 집에 색깔을 입힐 것이다.

지금, 아이의 안색이 좋지 않다. 아이의 생김새도 죽은 소년처럼 일그러져 있다. 그는 이 아이와 분명하게 연결되지 않는 말을 덧붙인다. "지금은 신비학에 관한 책을 거의 읽지 않고 있어요." 신비학에 관한 글은 그의 이해력을 벗어나 있으며, 그는 심리적 소화불량으로 고통을 받았다. 어린 소녀가 죽은 소년과 연결되어 있기 때문에, 꿈속의 소녀도 장기(臟器) 문제로 고통 받고 있다고 단정해야 한다. 소녀는 신비학에 물려 있다. 신비학은 그의 내면에서 발달하고 있는 허약하고 공상적인 영혼에 적합하지 않은 음식이다.

"누군가가 나에게 아이가 나의 아내의 이름을 발음하지 못한다고 귀띔해 주었다." 그래서 그는 아이에게 자기 아내의 이름을 발음해 보이면서 아이가 따라하도록 했다. 그는 이렇게 말한다. "아내는 조카들 모두로부터 사랑을 받았어요. 대체로 보면 아이들이 가장 먼저 배운 말이 아내의 이름이었어요." 이어서 그는 얼마 전에 다른 여동생으로부터 편지를 받았다고 했다. 그 편지에서 여동생은 어린 아들이 멜로디를 하나 만들어서 거기에 "마리아 숙모는 귀여운 소년"이라는 가사를 붙였다는 소식을 전해왔다.

현실과 정반대로, 꿈속의 아이는 그의 아내의 이름을 발음하지 못하고 또 틀림없이 그녀를 싫어할 것이다. 꿈을 꾼 사람과 아내의 관계는 오히려 단조로운 편이라는 것을 우리는 알고 있다. 지난 2년 사이에 그의 내면에서 생생한 어떤 실체가 발달하고 있었는데, 이것이 그가 아내로부터 멀어지게 만들고 있다. 그의 아니마인 아이는 신비학에 관한 관심과 일종의 과학적 혹은 예술적 활동과 연결되어 있다. 그는 이에 당혹감을 느끼고 아이에게 자기 아내의 이름을 제대로 가르치려 노력하고 있다. 그러면서 그의 내면에서 아내와 조화를 이루지 못하는 무엇인가가, 또 결혼생활과 어울리지 않는 무엇인가가 발달하고 있다는 사실에 충격을 받는다. "나의 아이나 여동생의 아이들이 단어를 제대로 발음하지 못할 때마다 바로잡아 주는 것이 습관이 되었다."

그는 적절한 형식을 상징한다. 그의 마음이나 가슴에는 잘못된 것이 전혀 없어야 한다. 따라서 그의 내면 속의 무엇인가가 아내의 이름을 제대로 발음하길 원하지 않는다는 사실은 절대로 용납될 수 없는 일이었다. 그의 아내가 주제로 등장할 때면, 당연히 그의 모든 부분들이 한목소리로 외쳐야 하는데 말이다. 이것은 그의 태도를 보여주는 정보로서 매우 중요한 디테일이 아닐 수 없다.

그의 아내의 이름은 마리아인데, 그는 이 이름에 대해 이렇게 말한다. "아내 쪽의 나이 많은 한 숙모도 마리아 숙모로 불렸어요. 그러나 그녀와의 관계는 아주 멀어요. 전혀 관계가 없다고 해도 틀리지 않아요." 이어 그는 이렇게 덧붙인다. "나는 아이에게 '마리아'라는 단어를 정확하게 가르치고 있었어요. 그러면서 나 자신이 '마리'라고 말하면서 재미를 느꼈어요. 말하자면 마리아의 끝 글자를 발음하지 않고 마지막 모음 대신에 하품을 더하는 것이 재미있었던 것이지요. 꿈에서 나는 그런 식으로 하면서 스스로 상당히 재치 있는 사람이라고 느꼈어요. 그러나 현실에서 그런 농담은 불가능하지요."

꿈속에서 가족 모두가 그의 농담에 항의한 데 대해 그는 이렇게 말한다. "맞아요. 그들의 의견이 옳아요. 아이들 앞에서 그런 식으로 행동해선 안 되지요. 어른들과 달리, 아이들은 현실과 농담을 구분하지 못하니까요." 여기서도 다시 나의 환자의 방정한 태도가 나타나고 있다. 꿈의 이 부분은 덧문이 회색으로 칠해진 집에서 충분히 예견되었다. 그 집은 회색이고, 그는 지루해 하고 있다.

그의 무의식은 그런 재미있는 암시를 통해, 말하자면 아내의 이름을 발음하면서 하품을 하는 행위를 통해 지루함을 표현하고 있다. 그래도 그는 의식적으로는 그 같은 사실을 인정하지 않을 것이다. 또 자신의 삶이 다른 방향으로 발달하고 있다는 사실도 보지 못할 것이다.

그 후의 어느 꿈에서 그는 아내와 여객선을 타고 함께 여행하고 있다. 그런데 갑자기 여객선이 정지했다. 그는 객실의 둥근 창으로 밖을 내다보았다. 해안이 가깝고, 언덕 위로 폐허가 보였다. 이어 그는 갑판에 나갔다. 그런데 그가 타고 있는 배가 원양 정기선이 아니라 강을 오르내리는 증기선인 것으로 확인되었다.

최종적으로, 그곳은 강도 아니고 오리가 헤엄치며 노는 마을의 연못이었다. 거기서 배는 꼼짝 못하고 있었다. 완전히 바닥에 처박혔다. 마을 사람들이 배로 올라왔다. 그것은 더 이상 배가 아니었다. 그는 이런 생각이 들었다. 왜 우리가 배 위에서 살고 있지?

4강

1928년 11월 28일

꿈을 분석하는 작업에 들어가기 전에, 그 동안에 일어난 일들에 대해 먼저 말하고 싶다. 여러분 중에서 직관적인 사람은 아마 두 번째 강의 시간에 분위기가 다소 소란스러웠다는 사실을 눈치 챘을 것이다. 수소에 관한 꿈 이야기가 있었고, 그것이 지니는 공동체적 성격에 대한 논의가 있었다. 그래서 우리는 고대 아테네에서 일어났을 법한 장면을 경험했다. 그때 나는 고대에 비중 있던 인물들이 자신의 꿈에 대해 보고하곤 했다는 이야기를 들려주었다. 그러면서 한 예로 어느 원로원의 딸이 꾼 꿈을 제시했다. 또 그리스 시인이 꾼 꿈도 있었다. 또 원시인 마을의 시장에서도 이와 비슷한 장면이 있었을 것이다. 원시인 사회라면 어떤 남자가 자리에서 일어나서 "간밤에 환상을 보았는데, 어떤 정령이 말하기를…" 하며 꿈 이야기를 풀어놓았을 것이다. 그러면 주위에 모인 사람들은 모두 강렬한 인상을 받을 것이다.

특별히 여기서 이런 내용을 정리하는 이유는 꿈이 살아 있는 생물이라는 점을 보여주기 위해서이다. 꿈은 바싹 마른 종이처럼 바람 부는 대로 이리저리 날리는 그런 죽은 것이 아니다. 꿈은 살아서 꿈틀거리는 하나의 상황이다. 꿈은 수많은 촉수나 탯줄을 가진 동물과 비슷하다. 우리가 꿈에 대해 이야기하는 동안에도 꿈은 무엇인가를 일으키고 있다는 사실을 우리는 깨닫지 못하고 있다. 원시인들이 자신의 꿈에 대해 보고하고 또 내가 꿈들에 대해 논하고 있는 이유는 그렇듯 꿈이 살아 있는 생물이기 때문이다.

우리는 꿈의 영향을 받는다. 꿈은 우리를 표현하고, 우리는 꿈을 표현한다. 꿈과 연결된 우연들이 있다. 그런데 우리는 우연을 진지하게 받아들이지 않는다. 우리가 우연을 놓고 인과관계로 고려할 수 없기 때문이다. 정말이지, 우연을 인과관계로 고려했다가는 큰 실수를 저지르게 될 것이다. 사건들이 꿈 때문에 일어나는 것은 아니기 때문이다. 이런 생각 자체가 터무니없어 보인다. 우리는 사건이 꿈 때문에 일어난다는 점을 절대로 보여주지 못한다. 우연적인 사건들은 그냥 일어날 뿐이다.

그러나 우연적인 사건들이 일어나고 있다는 사실을 받아들이는 것이 현명하다. 사건들이 연구실의 실험에서 확인되는 그런 규칙성을 보이지 않으면, 서양 사람들은 그런 사건들이 일어난다는 사실조차 알아차리지 못할 것이다. 동양은 과학의 상당 부분을 이 같은 불규칙성에 두고 있으며 이 세상의 바탕으로 우연을 인과성보다 더 중요하게 여긴다. 동시성(synchronism: 외부 세계의 어떤 사건이 심리 상태와 의미있을 만큼 일치하는 것을 말한다/옮긴이)은 동양의 편견이고,

인과성은 현대 서양의 편견이다. 꿈을 깊이 파고들수록, 그런 우연이 더 많이 확인될 것이다. 중국에서 가장 오래된 과학서는 삶의 우연성에 관한 책이다.

여기서 꿈을 분석하는 작업으로 돌아가자. 지금까지 꿈의 내용과 관련한 연상까지 거의 다 보았다. 이젠 해석을 시도해야 할 때이다. 모든 연상을 요약하고 정리해야 한다. 이 꿈의 경우에, 다소 어려운 작업이 될 것이다. 왜냐하면 지금까지 언급된 암시들이 너무나 많기 때문이다. '죄 드 폼'과 투우는 꿈 자체에는 없지만, 꿈을 꾼 사람의 정신이 어떤 틀에 맞춰 형성되었을 것이기 때문에 우리는 전체 맥락을 고려해야 한다.

우리의 정신은 인류 역사에 의해 만들어졌다. 인류가 생각한 것들 모두는 우리의 정신의 구조에 영향을 미쳤다. 따라서 우리의 정신작용들을 세심하게 분석하려 할 때, 다른 사람들이 과거에 생각했던 것들 속으로 반드시 돌아가야 한다. 현대인의 마음에서 이뤄지고 있는 사고 과정을 설명하길 원한다면, 과거를 보지 않고 현재만 봐서는 절대로 결실을 얻지 못한다.

인간은 겨우 중세에 이르러서야 논리적으로 생각하는 것을 배웠다. 그것도 종교 분야의 스승들을 통해서였다. 원시인은 논리적인 사고력을 갖지 못했다. 이유는 간단하다. 원시인들은 현대인이 하는 것과 같은 종류의 추상적인 추론을 하지 못했기 때문이다. 인간의 정신이 감각이나 감정의 유혹을 물리치면서 추상적인 조건을 만들어내도록 훈련이 되기까지, 엄청나게 긴 세월이 걸렸음에 틀림없다.

기술적인 문제에서, 옛날 사람들은 절대로 추상적인 사고를 오랫동안 하지 못했다. 고대인들은 언제나 놀기를 좋아하는 본능의 방해를 받았다. 1820년에 만들어진 낡은 엔진이나 기계에서도 이런 현상이 확인된다. 예를 들어, 옛날의 펌프를 보면 굴대가 2개의 도리아 식 기둥 위에 얹혔다. 어떤 기계들은 로코코 양식으로 만들어졌다. 그 모습이 너무도 우스꽝스럽지 않은가. 그래도 기계는 작동했다. 작동할수록, 당연히 기계의 효율성은 떨어졌다. 그래도 옛날 사람들은 호기심을 충족시키고 또 감각을 만족시키면 그만이었다. 그래서 그들은 진지한 종류의 사고를 발달시키지 못했다.

맞바람을 안고 항해하는 기술은 고대에 알려지지 않았다. 이 기술은 12세기 노르만 사람들에 의해 발명되었다. 그 전까지 선원들은 바람이 뒤쪽에서 불 때까지 기다리거나 노를 저어야 했다. 고대에는 용골(龍骨)이 깊거나 무거운 배도 없었으며, 바닥이 평평한 배가 전부였다. 그럼에도 고대인들은 1,500톤이나 되는 배들을 소유했으며, 로마로 밀을 실어 날랐던 이집트 배들은 1,800톤 정도 되었다. 그 후 인류가 그만한 크기의 배를 다시 건조하기 시작한 것은 겨우 19세기 들어서였다. 1840년경의 일이었다.

이것이 인간의 정신이 역사적으로 발달해온 길이다. 당연히 이 길도 고려되어야 한다. 꿈을 설명하려고 할 때, 꿈의 역사적 암시를 밝혀내는 작업도 필요하다. 개인적인 바탕에서만 꿈을 이해하는 것은 불가능하다. 그러나 실제 분석에서 역사적 경로까지 깊이 파고들기는 어렵다.

나는 꿈을 가능한 한 단순하고, 실질적이고, 개인적인 방향으로 분석하려고 노력할 것이다. 이 환자와 함께 첫 번째 꿈을 분석하면서, 나는 환자가 미트라 숭배나 '죄 드 폼' 같은 것에 관심을 두도록 유도하지 않았다. 그렇게 할 이유가 전혀 없었다. 그 꿈의 의미를 말해줄 피상적인 관념 몇 가지를 알려주는 것으로 충분했다. 그러나 세미나 형식으로 진행되는 여기선, 꿈이 무엇으로 만들어지는 지를 보기 위해 그보다 훨씬 더 깊이 들어가야 한다.

　여기서 그 꿈으로 돌아가서 전반적으로 해석해 보도록 하자. 꿈의 마지막 부분이 무엇인가를 가르쳐주는 경우가 자주 있다. 대체로 보면 꿈의 끝 부분에서, 꿈에 등장한 인물들에게 무슨 일이 일어난다. 그것을 바탕으로 하면, 꿈의 시작 부분의 상황과 시작과 끝 사이에 일어난 사건들이 상당 부분 설명된다.

　이 꿈의 경우에 분석을 끝부분에서부터 시작하기가 아주 쉽다. 거기에 전체 꿈이 가리키는 매우 중요한 사실이 있다. 꿈을 꾼 사람이 마리아라는 이름을 지겨워하고 그 이름을 발음하면서 하품을 한다는 사실이다. 다른 가족들의 항의는 그 사람 본인이 가족의 관점에서 그 일에 대해 항의하고 있다는 점을 보여주고 있다.

　그는 가정적인 사람이고, 가족은 신성한 집단이다. 또 아내의 이름을 말하면서 하품을 하는 행위는 벌을 받아 마땅하다. 거기서 금방 그의 개인적 갈등이 드러난다. 그는 자신의 의지와 반대로 아내를 지겨워하고 있으며, 그것은 그의 의도가 아니며, 그도 그런 식으로 지겨워하는 것을 혐오한다. 이런 경우에 그의 심리 상태에 대해 어떤 결론을 끌어낼 수 있을까?

　그는 자신이 아내에게 싫증을 내고 있다는 사실을 모르고 있다. 그가 그걸 알고 있다면, 그 일에 대해 꿈을 꿀 필요가 없었을 것이다. 어쩌면 그는 그런 사실에 대해 까맣게 모르고 있을 수 있다. 그걸 암시하는 꿈까지 꿔야 했으니 말이다. "여보게, 친구. 그대는 지금 싫증을 내고 있네."

우리 모두는 자신의 무의식을 잘 알고 있다고 주장한다. 당연히 터무니없는 소리이다. 우리가 알지 못하는 그것이 바로 무의식이기 때문이다. 당신도 자신이 싫증을 내게 되면 그 같은 사실을 깨닫게 될 것이라고 자신 있게 말할 것이다. 그러나 당신이 깨닫고 싶어 하지 않는 상황도 있을 수 있다. 그런 경우엔 그냥 기분이 언짢구나 하고 생각하고 말 것이다. 또 진실을 인정할 수 없는 상황도 있을 수 있다. 진실이 당신의 이익을 아주 심하게 해칠 수 있는 경우가 그런 예이다. 또 감정의 본질이 너무 충격적이어서 인정하지 못할 수도 있다.

나의 환자는 매우 친절한 사람이고 가정적인 사람이며 자상한 아버지이다. 당연히 그는 자기 아내에게도 관심을 주고 있다고 생각한다. 그렇기 때문에 꿈이 그에게 이렇게 말해줘야 한다. "그대는 지금 싫증을 내고 있어. 그게 사실이야!" 어떤 사람이 자신이 아내에게 싫증을 내고 있다는 사실을 어쩔 수 없이 깨달아야 하는 상황으로 몰리고 있을 때, 그의 생명력, 즉 그의 리비도에 무슨 일이 일어나고 있을까?

그는 지금 무엇인가를 추구하고 있다. 그러면서도 그는 여전히 자기 아내에게 싫증을 내고 있다. 창밖을 바라보고 깊이 생각에 잠겨 봐도 아무런 도움이 안 된다. 그래서 그는 그런 것은 도움이 되지 않을 것이라고 결론을 내린다.

꿈속의 몇 가지 사소한 단서가 그가 권태에서 빠져나오도록 도울 수 있을 것이다. 그러나 그는 그 단서들을 받아들이지 못한다. 그의 눈에 우스꽝스러워 보이기 때문이다. 그것들은 전혀 해답이 아닌 것 같다. 그는 다른 대답을 필요로 하고 있다. 그러다 그는 교착 상태에 빠졌다.

 이 꿈이 그의 중요한 문제에 대한 해답을 포함하고 있다고 가정하자. 그러면 꿈을 그의 무의식이 보낸 편지로 읽어야 하고 매우 진지하게 받아들여야 한다. 이 사람의 상황이 다른 많은 남자들의 상황과 비슷하기 때문에, 특히 더 그렇게 해야 한다. 남편 때문에 지겨워 죽겠다고 하는 여자도 아주 많다. 마흔 살과 일흔 살 사이의 많은 사람들은 이와 비슷한 상황에 처해 보았거나 지금 처해 있다. 따라서 이 꿈은 대단히 중요하다. 연상들을 갖고 꿈을 깊이 파고들면, 그런 상황에 처할 경우에 대처하는 방법이 나올 것이다.

 이 꿈은 먼저 나의 환자가 한때 사랑했던 여동생의 아이에 대해, 그리고 매제의 초대에 대해 말하고 있다. 함께 극장에 갔다가 저녁을 같이 하자는 초대이다. 분명히 그는 가족 중 이들과 관계를 맺고 있다.

 열한 살이나 어린 막내 여동생은 그의 특별한 사랑을 받았다. 그는 지금도 여동생을 소녀로 여기며 대단히 좋아한다. 그녀가 아이를 잃었을 때, 그는 자기 아이를 잃은 것처럼 깊은 슬픔에 빠졌다. 그렇다면 이 사람 본인과 여동생 사이에는 특별히 밀접한 관계가 형성되어 있다. 나의 환자는 여동생의 남편과도 좋은 관계를 유지하고 있다.

 그가 지금 실제로 그다지 걱정하지 않고 있는 이 사람들이 가까이 있거나 실질적으로 중요성을 지닌다면, 그들은 객관적인 차원에서 다뤄져야 할 것이다. 그러나 그들이 멀리 떨어져 살고 있기 때문에, 그들이 꿈에서 주관적인 요소를, 즉 꿈을 꾸는 사람 본인의 속성을, 말하자면 그의 개인적인 극장 무대에 등장하는 인물들을 상징한다고 단정해도 무방할 것이다.

그렇다면 여동생 부부가 그의 내면에서 상징하는 것을 찾아내야만 꿈의 이 부분이 지니는 진정한 의미가 파악될 수 있다. 아시다시피, 아이는 현실에 없는 상상의 아이이다. 현실의 아이는 죽었다. 이 상상의 아이는 한동안 옆으로 제쳐두도록 하자.

대신에 그의 매제부터 보도록 하자. 꿈을 꾼 사람은 중요한 위치에 있었다. 어느 회사의 이사였다. 젊은 그의 매제가 그의 자리를 이어받았다. 그렇다면 매제는 이 사람을 따르고 있는 것, 즉 그림자를 상징한다.

그림자가 앞설 때도 간혹 있다. 태양이 뒤에 있을 때이다. 그러나 '시노파도스'(synopados)라는 고대의 개념은 사람을 따르거나 함께하는 자(者)이다. 그것은 개인의 수호신 같은 개념이다.

빛 쪽으로 가까이 다가설수록, 그 사람의 등 뒤에 생기는 그림자도 더 커진다. 또는 눈을 의식의 빛 쪽으로 돌릴수록, 사람은 등 뒤로 그림자를 더 강하게 느낀다. 이 표현은 고대 사상과도 완벽하게 일치한다.

『페터 슐레밀의 신기한 이야기』(Peter Schlemihls wundersame Geschichte)라는 훌륭한 책이 있다. 이 작품을 바탕으로 만든 아주 탁월한 영화가 바로 '프라하의 학생'(The Student of Praque)이다. 이 작품은 돈에 쫓겨 악마와 계약을 맺는 어느 학생에 관한 이야기이다.

악마가 학생에게 금화로 90만 파운드를 제시한다. 그 돈이 학생 앞의 책상에 쌓여 있다. 학생은 악마의 유혹에 저항하지 못하고 이렇게 말한다. "당연히 반대급부를 바라겠지? 그러지 않고서야 이렇게 많은 금화를 주려 할 턱이 없으니까." 그러자 악마는 이렇게 대답한다. "아, 아주 하찮은 걸 내놓기만 하면 돼. 이 방에 있는 것이면 충분해." 그러자 학생은 헛웃음을 터뜨린다. 방에는 별것이 없다. 녹슨 칼과 침대, 책이 전부다. "마음대로 가져. 여기엔 값나가는 건 하나도 없어!" 그러자 악마가 말한다. "일어서서 거울을 한번 봐 줄래?"라고 말한다.

영화의 무기는 놀라운 효과에 있다. 학생이 일어서서 거울을 바라보고 있다. 그때 악마가 뒤에 서서 거울 속의 학생의 모습을 향해 손짓을 한다. 그러자 놀랍게도 거울 속의 학생의 모습이 밖으로 빠져나와 악마를 따라간다. 학생이 거울을 보고 있지만, 거기엔 그의 모습은 더 이상 없다. 그는 그림자 없는 사람이다. 그때 악마가 방을 나간다.

이후 영화는 학생이 그림자를 잃음으로써 처하게 되는 당혹스런 상황을 계속 비춘다. 예를 들어, 이발사가 면도를 끝낸 뒤에 학생에게 거울을 건넨다. 그러면 학생은 거울을 보며 "좋아요."라고 말하지만, 그에겐 아무것도 보이지 않는다. 그는 단지 자신의 모습이 보이는 것처럼 행동하고 있을 뿐이다. 또 한 번은 학생이 어느 여자와 함께 무도회에 간다. 계단 맨 위의 거울 앞에서 학생은 한 팔로 허공을 감고 있는 여자를 본다. 거기에도 학생의 모습은 없다. 자신의 그림자를 자각하지 못하는 사람의 상황과 아주 비슷하다.

나의 환자도 이 학생과 다소 비슷하다. 꿈에서 그의 그림자는 그를 따르고 있는 사람, 즉 매제로 표현되고 있다. 이것이 사실이라는 점을 뒷받침할 과학적 증거는 전혀 없다. 분석상 필요한 작업 가설로 받아들일 뿐이다. 매제가 나의 환자의 그림자를 상징한다면, 그림자의 아내는 그 존재가 매우 분명해진다. 이 아내는 아니마이다.

그림자와 아니마 같은 모호하고 복잡한 개념들을 보다 쉽게 이해하기 위해 도표를 하나 그리도록 하자. 논리적인 것이든 비논리적인 것이든 설명에는 도표가 최고다. 원형적인 개념에서 출발해야 한다. 전체성이라는 개념에서 시작하자.

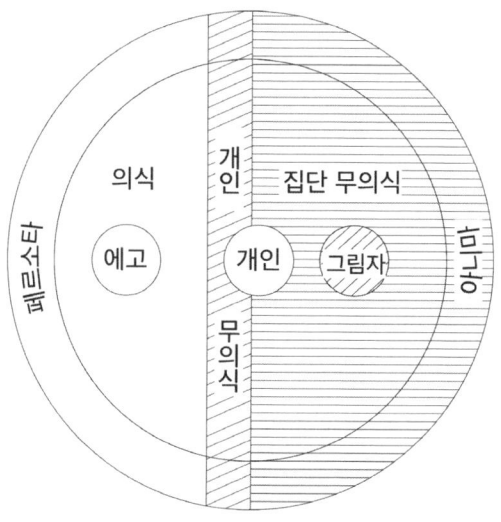

남성적인 성격과 여성적인 성격이 이루는 성격의 전체성을 하나의 원으로 표현한다. 반드시 거기엔 중심이 있을 테지만, 그 중심이 의식에 있을 것이라고 단정해서는 곤란하다. 왜냐하면 의식은 전체적이지 않고 언제나 편파적이기 때문이다.

어떤 사람이 눈 앞에 있는 것을 보고 있다면, 그 사람은 자신의 뒤에 있는 것을 보지 못할 것이다. 이렇듯, 사람은 주어진 어느 순간에 모든 것을 다 자각하지는 못한다. 의식적이기 위해선 반드시 어느 것에 집중해야 한다. 사람은 언제나 특별한 것에 관심을 두게 되어 있다.

전체 성격은 의식 플러스 무의식이라고 할 수 있다. 상습적으로 무의식적인 영역이 있고, 상대적으로 무의식적인 영역이 있다. 그렇듯, 상대적으로만 의식적인 영역도 있다. 사람이 이것을 의식하는 때도 있고 그 외의 다른 것을 의식하는 때도 있는 것이다. 의식은 들판 위를 이리저리 비추는 서치라이트와 비슷하며, 서치라이트가 비추고 있는 지점만 의식적이다.

무의식적인 부분, 다시 말해 습관적으로 무의식적인 부분은 줄이 쳐진 영역이다. 거기엔 특별한 중심 같은 것은 전혀 없다. 아니, 중심이 어디에 있는지 모른다는 표현이 더 적절할 것 같다. 물론 그림자는 일종의 중심이다. 의식적인 성격과 다른 어떤 성격이라는 점에서 보면 그렇다. 이 꿈에선 그의 매제가 그림자이다.

의식은 우리가 세상이라고 부르는 곳을 향하고 있다. 세상에서 활동하기 위해, 어떤 태도 즉 페르소나가 필요하다. 우리가 세상을 향해 쓰는 가면 말이다. 매우 강한 페르소나를 가진 사람의 얼굴은 정말 가면처럼 보인다.

이 대목에서 그런 얼굴을 가진 어떤 여자 환자가 생각난다. 그녀는 남자들에게 아니마 같은 존재였다. 그 가면 때문에 신비하고 매력적인 그런 존재 말이다. 나는 이런 이야기를 들을 때면 마음이 언짢아지는데, 모든 사람이 다 그런 것은 아니다. 영화 속의 "신비의 여인"은 아니마 형상이다.

이런 여자는 매우 부드럽고 조화로운 천성을 가진 것처럼 보이지만 내면을 들여다보면 그와 정반대이다. 무서울 만큼 분열되어 있고, 서로 모순되는 성격들이 복잡하게 뒤얽혀 있다. 가면이 없으면, 그녀는 형체가 없는 걸쭉한 죽 같은 것에 지나지 않을 것이다. 페르소나는 사람이 얼굴에 바르는 반죽 같은 것이다.

우리가 보고 있는 세상은 전체와는 거리가 한참 멀다. 세상의 겉일 뿐이다. 우리는 세상의 본질을, 칸트가 "물자체"(物自體)라고 부른 그것을 들여다보지 않는다. 우리가 들여다보지 않는 그것은 사물들의 무의식일 것이다. 그것이 무의식인 한, 우리는 그것을 알지 못한다. 그래서 우리에겐 이 세상의 다른 반이, 그림자의 세계가, 사물들의 속이 필요하다. 의식과 무의식의 분리는 세상 전반에 걸쳐 이뤄지고 있다.

의식의 세계에 적응하기 위한 가면이 있다면, 무의식의 세계에 적응하기 위한 가면도 있을 것임에 틀림없다. 남자가 미지의 것이나 부분적으로만 알려진 것에 대한 적응을 마무리하도록 하는 것이 아니마이다. 무의식의 아니마는 의식으로 치면 페르소나와 비슷하고, 또 아니마가 남자의 그림자와 연결되어 있기 때문에 언제나 어떤 특성을 지닌 여자로 나타난다고 결론을 내린 것은 최근의 일이다.

나의 환자의 경우에, 아니마가 아주 전형적인 모습을 보이고 있다. 그의 아니마는 그의 그림자인 매제의 아내로서 매제와도 연결되고, 그의 여동생, 말하자면 그가 가장 사랑하는 여자와도 연결된다. 또 그의 아니마는 그의 영혼과 매우 밀접한 존재로서 그가 깊은 감정을 느끼고 있는 아이와도 연결된다. 그러므로 아니마는 영혼의 상징이라 부를 만한 형상이다. 나는 "영혼"의 의미와 혼동하는 것을 피하기 위해 "아니마"라는 단어를 선택했다.

꿈에 나타나는 그의 여동생은 그의 그림자와 결혼한 사람이다. 꿈은 또 이 여자가 가공의 아이를 갖고 있다는 이야기를 들려준다. 가공의 사실은 존재하지 않는 사실이 아니고 다른 차원의 사실이다. 예를 들어, 공상은 매우 역동적인 사실이다. 사람이 공상 때문에 죽을 수도 있다는 사실을 기억하라. 전쟁의 포화 속에서 총에 맞아 죽는 것이나 정신이상자에 의해 죽음을 당하는 것이나 죽는 것은 똑같다.

꿈이 어떤 아이에 대해 말할 때, 그 아이는 분명한 실체이다. 그의 여동생과 매제가 분명한 실체인 것과 다를 바가 하나도 없다. 아이나 여동생, 혹은 매제는 어떤 심리적 존재를 갖고 있으며 또 그의 세상을 구성하고 있는 사실들이다.

우리 문명에서 상상이나 공상으로 시작하지 않은 것은 하나도 없다. 주택과 의자까지도 가장 먼저 건축가나 디자이너의 상상 속에 존재했다. 지난번 세계대전도 세르비아에 선전포고를 해야 한다는 여론 때문에 일어났다. 말하자면 공상과 상상력에 근거한 의견 때문에 발발한 것이다.

공상은 대단히 위험하다. 상상 속의 아이나 여자는 위험한 실체이며 또 눈에 보이지 않기 때문에 특히 더 위험하다. 나는 상상 속의 여자를 다루느니 차라리 현실 속의 여자를 다루는 쪽을 택할 것이다.

아니마는 대단히 놀라운 결과를 낳을 수 있다. 아니마는 한 남자를 세상 어디로든 보낼 수 있다. 현실 속의 여자가 할 수 없는 것을 아니마는 할 수 있기 때문이다. 아니마가 가라고 하면, 남자는 가야 한다. 아내가 지루한 이야기를 늘어놓으면, 남자가 아내를 나무랄 수 있다. 그러나 아니마가 지루한 이야기를 늘어놓으면, 저항조차 불가능하다.

아니마가 그처럼 막강한 힘을 행사하는 이유가 궁금하지 않은가? 우리가 상상의 중요성을 얕보고 있기 때문이다. 아니마와 아니무스는 엄청난 영향력을 발휘한다. 이것은 우리가 그림자를 아니마와 아니무스에게 맡겨놓고 있기 때문이다.

당신이 자신에게 그림자가 있다는 사실을 모르는 사람이라고 가정해 보자. 그럴 경우에 당신의 성격 일부가 아예 존재하지 않는다고 생각하는 것이나 마찬가지이다. 그러면 그 일부 성격은 비(非)존재물의 왕국으로 들어가는데, 이 왕국은 이 새로운 구성원 때문에 영토를 그 만큼 더 넓히면서 권력을 키우게 된다. 당신의 성격에 그런 특성들이 있다는 사실을 인정하지 않을 때, 당신은 악마들에게 먹을 것을 던져주는 꼴이 된다.

의학적인 언어를 빌리면, 정신의 각 특성은 에너지 값을 갖고 있다. 그렇기 때문에 만약에 당신이 어떤 에너지의 값이 존재하지 않는다고 선언한다면, 엉뚱하게도 그 특성 대신에 악마가 하나 나타날 것이다. 당신의 집 옆으로 강이 흐르고 있는데도 당신이 굳이 강이 존재하지 않는다고 우긴다면, 강은 범람해 자갈과 모래로 당신의 정원을 덮고 당신의 집까지 위협할 것이다. 그런 식으로 가만 내버려 두면, 자연은 마음대로 할 것이다.

소 떼나 돼지 떼가 눈에 보이는데도 존재하지 않는다고 여기면서 그냥 내버려둔다면, 가축들은 금방 온 곳을 엉망으로 만들어버릴 것이다. 소는 장미 정원의 모든 것을 먹어치울 것이고, 돼지는 당신의 침대에서 잠을 잘 것이다. 이런 식으로, 비존재물들이 살을 찌우게 되는 것이다.

오스트리아 소설가 구스타프 마이링크(Gustav Meyrink)의 『박쥐』(Die Fledermäuse)는 지극히 형편없는 인간 종(種)이 사는 세상을 아주 생생하게 묘사하고 있다. 창백하고, 슬프고, 건강하지 않은 이 인간 종의 상태는 갈수록 악화되고 있다. 그런 가운데 그들의 인구가 줄어들수록 무덤의 시체들이 살을 찌운다는 사실이 확인된다. 당신은 자꾸만 야위어 가는데, 당신이 땅에 묻은 것들은 점점 더 살을 찌우는 것이다. 만약에 좋아하지 않는다는 이유로 자신의 어떤 특성을 부정하고 제거해 버린다면, 당신 자신이 어떤 존재인지를 알 수 있는 길은 더욱 멀어져만 갈 것이다. 그러면 당신은 자신의 것들 중에서 더 많은 것을 존재하지 않는 것으로 여길 것이고, 따라서 당신의 악마들의 살을 더욱 찌우는 결과를 낳을 것이다.

그림자가 하나의 명확한 실체이듯이, 아니마 또한 명확한 실체이다. 당연히 꿈에 등장하는 아이도 명확한 실체이다. 그런데 이 아이는 눈에 보이지 않는 가상의 아이이기 때문에 훨씬 더 위험하다. 아이는 또 환자 본인의 과거가 투영되고 있어서 위험하기도 하다. 이 것도 경험에 따른 것이고 분석을 위한 가설에 지나지 않지만 받아들여져야 한다.

여기서 중요한 것은 꿈속의 아이가 두 살이고, 창백하고 아프며, 나의 환자의 그림자와 아니마의 결합에서 나온 산물이라는 점이다. 이 아이는 매우 신비로우며, 따라서 아이에 대해 설명하는 것이 대단히 어렵다. 이 아이는 두 살이고, 환자는 2년 전에 신비주의를 공부하기 시작했다. 이것은 의미 있는 사실이다. 꿈에 이처럼 명확한 시간이 언급된다면, 환자의 삶의 역사 중에서 시간적인 요소에 관심을 기울일 필요가 있다. 예를 들어 일곱 살 난 아이에 대해 꿈을 꾼다면, 그것은 7년 전에 무엇인가가 시작되었다는 의미일 수 있다.

여자 환자 한 사람은 다섯 살 난 아이를 둔 꿈을 꾸었는데, 꿈에서도 아이가 얼마나 힘들게 구는지 자신의 정신 세계에 나쁜 영향을 끼칠 정도였다며 몸서리를 쳤다. 그래서 나는 이 환자에게 "5년 전 같은 달에, 무슨 일이 일어나지 않았어요?"라고 물었다. 그녀는 처음에는 아무것도 생각해내지 못하다가 어느 순간 당황하는 모습을 보였다.

그녀는 한 남자를 사랑했으면서도 그런 감정이 존재하지 않는 것처럼 철저히 무시하며 살았다. 그녀는 그 사람이 아닌 다른 남자와 결혼해 지옥 같은 생활을 하면서 이대로 가다간 미쳐 버리는 것이 아닌가 하는 공포감에 사로잡혀 지냈다. 그런 사실을 비밀로 간직한 여자라면 정말 미칠 수도 있다.

그녀는 평범한 가정의 딸이었고 남자는 귀족 집안의 아들이었다. 그래서 그녀는 두 사람의 사랑이 이뤄질 수 없다고 판단했다. 그 남자가 자기를 진정으로 사랑할 수 있을 것이란 생각이 조금도 들지 않았던 것이다. 그래서 그녀는 다른 남자와 결혼해 아이를 둘 낳았다. 그러다 3년 전에 첫 남자의 친구를 만났는데, 그 자리에서 첫 남자가 그녀를 진정으로 사랑했으며 그 충격 때문에 결혼을 하지 못했다는 이야기를 들었다. "당신의 결혼이 그의 심장을 깊숙이 찔렀던 것이지요."

그 직후 그녀가 큰 아이를 목욕시키고 있는데, 서너 살 된 딸아이가 욕조의 물을 먹는 것이 보였다. 지저분한 물을 말이다. 첫 남자의 눈을 쏙 빼닮아서 그 남자의 아이로 여기고 있던 딸이었다. 그녀는 아이가 물을 먹는 것을 보고도 가만 내버려 두었다. 더 나아가, 아들이 욕조의 물을 먹는 것까지 그냥 두어 버렸다.

두 아이는 장티푸스에 걸렸고, 그 병으로 큰 아이가 죽고 말았다. 여자는 깊은 우울증에 빠져 정신분열증 증세를 보였으며 결국엔 정신병원에 입원했다. 내가 그녀를 치료한 것은 이 병원에서였다. 나는 곧 그 사연을 알게 되었고, 그녀를 치료할 수 있는 유일한 길은 잔인하지만 진실을 말해주는 것뿐이라고 판단했다. "당신은 결혼생활을 죽이기 위해 아이를 죽였어요."

당연히 그녀는 자신이 하고 있던 짓을 모르고 있었다. 왜냐하면 그녀가 첫 남자를 부정했고 또 존재하지 않는 것으로 치부했기 때문이다. 그 결과 그녀는 악마들의 살을 찌워주었고 이 악마들이 남편의 딸을 죽이도록 유혹했다. 이 환자의 경우에 꿈에 나타난 무서운 일은 3년 전에, 그러니까 그녀가 첫 남자의 친구로부터 첫 남자가 그녀의 결혼에 크게 상심했다는 소리를 들은 순간부터 그녀를 괴롭히기 시작한 악마의 장난이었다. 그녀는 "그녀의 악마들"을, 아니무스를 살찌웠으며, 이 악마들이 그녀의 아이를 죽인 것이다. 직후 여인은 회복되었다.

다시 나의 환자를 보도록 하자. 그가 공부한 신비주의는 사물들 중에서 미지의 어두운 부분을 상징적으로 나타내고 있다. 신비주의에 대한 관심은 그림자와 아니마의 결합에서 비롯되었다. 따라서 그 관심은 자연히 신비한 무엇인가로 표현될 것이다. 그림자와 아니마의 결합은 지나칠 정도로 신비적인 성격을 지니게 된다.

이 결합 때문에 나의 환자가 신비주의를 공부하게 되었다는 사실에 비춰보면, 그때 그가 한 경험이 어떤 종류였는지 짐작할 수 있다. 그 경험은 상상의 세계에서만 일어날 수 있는 그런 이상하고 놀라운 일이었을 것이다. 그 경험을 글로 적절히 표현하기는 어렵다. 그것은 너무 이상하고, 들어본 적이 없는 그런 경험이다. 우리는 그 경험의 반향만을 들을 수 있을 뿐이다.

나는 이 사람에게 그런 공부를 하도록 한 것이 무엇이었는지 물었다. 그도 아무 대답을 내놓지 못했다. 단지 세상에 또 다른 측면이 있을 것이라고 느꼈다고만 했다. 그는 성공이 안겨줄 수 있는 모든 것을 다 얻었다. 그러나 막연히 그게 전부는 아닐 것이라는 생각이 머리를 떠나지 않았다. 그래서 그는 신비주의 쪽을 기웃거리게 되었다. 그는 "그 무엇인가"가 숨겨진 곳을 찾기 위해 아틀란티스에 관한 책 같은 것을 읽기 시작했다. 그림자와 아니마의 결합은 어떤 식으로 나타나든 반드시 효과를 발휘하게 되어 있다.

지금 그의 무의식은 그 경험이 건전하지 않으며 그래서 아이가 아프다고 말하고 있다. 이것은 나의 환자와 나에게 똑같이 중요한 정보이다. 그렇지 않다면 내가 그를 비판적으로 대할 이유가 하나도 없을 것이다. 나뿐만 아니라 다른 어느 누구도 그의 신비주의 공부가 반드시 병적이었다고 단정하지 못한다. 그러나 꿈이 우리에게 그 공부가 병적이었고 또 잘못되었다는 점을 암시하고 있다.

그래서 그가 극장에 가고 식사를 함께 하자는 초대를 받지만, 미세스 아니마는 그곳에 없다. 그녀는 병에 걸린 아이를 돌보느라 거기에 오지 않았다. 그림자가 꿈을 꾼 사람을 극장으로 초대하고, 꿈을 꾼 사람은 거기서 그림자가 보는 모든 것을, 말하자면 무의식의 무대를 볼 것이다.

그러면 그의 매제의 은밀한 목적은 무엇인가? 그는 무엇을 추구하고 있는가? 그는 영적 교감을 이루려고 노력하고 있다. 꿈을 꾼 사람은 자신의 그림자와 함께 감으로써 그 자신 중에서 존재하지 않는다고 치부해왔던 일부와 함께 간다. 내가 누군가와 만찬에 갈 것이라고 말한다면, 그때 내가 그 사람에게 실체를 부여하게 되는 것이나 마찬가지이다.

나의 환자가 그림자와 함께 간다는 사실은 그가 그림자의 존재를 받아들이고 있다는 것을 의미한다. 그는 자신에게 그림자 측면이 있다는 점을 인정하고 있다. 말하자면 그가 싫증을 내고 있고, 또 공상을 품고 있다는 점을 인정한다는 뜻이다. 그는 극장에 가서 이미지들을 볼 것이고, 이어 그 이미지들을 동화시킴으로써 꿈의 최종 목적인 아이의 치료를 이루게 될 것이다.

아이가 아픈 것은 그가 자신의 그림자를 배우는 것으로 공부를 시작하지 않고 그릇된 방향으로 공부를 시작했기 때문이다. 얼마 전에 대표적인 어느 신지학자가 나에게 신지학에 분석을 도입해야겠다는 말을 했다. 신지학자들은 옳은 지점에서, 말하자면 그림자를 배우는 것으로 시작하지 않으면 신비주의를 추구하는 것이 병적인 방향으로 흐르게 된다는 사실을 이제 깨닫기 시작했다.

올바른 출발점은 바로 우리의 내면이다. 자신의 어두운 측면을 공부하라. 그러면 신지학을 제대로 배우게 될 것이다. 신지학은 "신의 지혜"를 의미한다. 우리 인간이 신의 지혜를 가질 수 있을까? 절대로 불가능하다. 당신 자신부터 잘 알도록 하라. 그러면 당신은 무엇인가를 깨닫게 될 것이다.

5강

1928년 12월 5일

나의 환자는 독서를 매우 폭넓게 하고 있으며, 대단히 철저한 정신의 소유자이다. 아니마를 어떤 관심을 촉진시키는 존재로 이야기할 때, 특히 신중해야 한다. 변덕은 아니마의 한 가지 증후에 지나지 않는다. 이 외에도 아주 두드러진 증후들이 많다. 아니마는 그 사람에게 매우 이상한 생각을 안겨줄 수 있다. 예를 들어, 아니마는 어떤 남자에게 일종의 모험가나 원정을 일삼는 사람으로 살게 하는 그런 특이한 자질을 줄 수 있다. 아니마의 영향을 그런 식으로 받고 있는 남자는 과업을 일생의 목표로 삼는다. 나폴레옹(Napoleon Bonaparte)이 그런 예이다. 그의 꿈은 알렉산더 대왕(Alexander the Great)처럼 되는 것이었으며, 그의 삶은 곧 원정이고 낭만적인 모험이었다. 바로 그것이 아니마의 영향을 보여주고 있다.

우리가 다루고 있는 스위스인 환자는 대단히 낭만적이다. 그는 탐구의 한 방법으로, 또 모험을 추구하는 기사처럼, 신비주의 공부를 시작했다. 그런 것이 아니마가 하는 행위이다. 아니마라고 해서 터무니없는 일로만 바쁜 것은 아니다. 아니마는 또한 '영감을 주는 여자'(femme inspiratrice)이기도 하다. 아니마는 남자의 삶을 변덕덩어리로만 만드는 것이 아니라 웅장하고 숭고하게 가꾸도록 하기도 한다. 어떤 남자의 뒤에 아니마가 있을 때 거기에 어떤 덫이 있는 것이나 마찬가지라는 말은 맞는 말이다. 아니마의 자극이 다소 잘못되었거나, 그 자극을 남자가 뇌의 반으로만 처리하거나, 그 일에 그의 인격이 완전히 투입되지 않을 수 있는 것이다.

이 남자는 상인이며, 신비주의에 빠질 때 그는 자신의 인격 전부를 사는 것이 아니라 반만을 살고 있다. 그는 어떤 취미를 가진 사람과 비슷하다. 그가 그 뒤에 꾼 꿈들은 그가 상인이고, 실용적인 정신의 소유자라는 사실을 보여준다. 그가 매우 신화적인 상황에 관한 꿈을 꾸고, 꿈속에서 그가 실용적인 상인이 되기 때문이다.

언젠가 그는 자신이 특별히 사악한 신, 말하자면 노란색 공 같이 생긴 신 앞에 있는 장면에 대한 꿈을 꾸었다. 꿈속에서 그는 그 노란색 공을 갖고 마술 같은 것을 하고 있었다. 그렇다면 굉장한 무엇인가를 기대할 수도 있을 것이다. 그러나 그것을 그림으로 그리는데, 노란색 신이 되어야 할 것이 한 조각의 돈, 금화 하나인 것으로 드러났다. 그가 노란색 공을 불에 태우고자 했으나 누군가가 전선을 끊어버렸다. 그래서 그는 화가 나서 사람을 죽이길 원했다. 그때 그가 발견한 유일한 무기는 편자였으며, 그것으로는 적을 죽이는 데 충분하지 않았다. 그러자 그는 덜컥 겁이 났으며 이어 자신은 그 문제를 해결할 수 없다고 판단하고 난간을 미끄러져 내려가 도망쳤다. 마치 그가 노란 신이 불에 타지 않도록 하기 위해 전선을 끊은 것처럼 보였다.

그 꿈은 상반된 것들이 서로 얼마나 가까이 있는지를 보여주었다. 상반된 것들 사이의 거리는 서로 맞붙어 있다고 할 만큼 가깝다. 그러나 그때도 그는 노란 신과 신비주의 공부가 의미하는 바를 여전히 까마득히 모르고 있었다. 그는 일차적으로 사업가였으며, 그러다가 신비주의 공부로 방향을 틀었다. 그것은 아니마가 남자의 도움을 받지 않고 혼자서 할 수 있는 것이다. 아니마는 이 남자가 자신의 일상적인 삶을 망각해 버릴 만큼 완전히 다른 영역에 관심을 쏟도록 만들 수 있다. 그러나 그때도 아니마는 멀찍이 떨어져 있다.

그의 매제, 즉 그의 그림자가 극장에 가자고 그를 초대했다는 점을 다시 언급해야 한다. 극장에 가는 것이 그가 떠올린 생각이 아니다. 메시지는 그의 무의식에서 왔다. 나직한 목소리가 마치 이렇게 말한 것 같다. "극장으로 가라." 어떤 목소리가 소크라테스에게 "음악을 더 많이 만들어."라고 말한 것처럼 말이다. 이 목소리는 다른 때에 소크라테스에게 "왼쪽 길로 들어가라."고 했다. 소크라테스는 자신의 다이몬의 목소리를 따름으로써 그가 방금 걸었던 그 길로 몰려오던 돼지 떼를 피할 수 있었다.

나는 최근에 그런 목소리를 듣는 어떤 부인의 상담에 응한 적이 있다. 그녀는 살짝 미쳐 있었다. 그녀는 어떤 목소리가 아래에서, 그녀의 배에서 말하면서 자신에게 탁월한 조언을 제시하고 있다고 말한다. 그녀는 그 목소리를 치료하러 오면서도 그것을 계속 갖기를 원하고 있다. 그것은 당연히 그림자의 목소리이다. 예를 들어, 그녀는 크리스마스에 아는 사람들에게 개별적으로 인사를 전하는 데 익숙했지만, 그녀의 목소리는 모든 사람에게 똑같은 내용의 인사를 전해야 한다고 주장했다.

우리의 남자 환자는 미치지 않았다. 그래서 그는 목소리를 의식 속에서 듣는 것이 아니라 잠을 자면서 듣는다. 목소리는 특별히 진부하면서도 훌륭하다. 이 대목에서 잘못을 저지를 수 있다. 소크라테스가 자신의 다이몬이 하는 소리를 글자 그대로 받아들이면서 플루트를 산 것처럼 말이다.

앞에 소개한 부인은 당혹스러워하고 있으며, 그녀는 그것이 신의 목소리인지 악마의 목소리인지 모르고 있다. 이런 경우에 두려워해야 하지만, 그럼에도 그 문제를 지나치게 진지하게 받아들여서는 안 된다.

병든 아이가 보이는 증후 중 하나는 아기가 마리아라는 이름을 발음하기를 원하지 않는다는 점이다. 그것은 가족의 모든 아이들이 그렇다는 사실과 연결되고 있다. 그의 아내는 아이들이 좋아하는 매력을 갖고 있으며, 아이 같고, 모든 아이들의 친구이다.

이것은 나의 환자 본인의 문제에 대단히 중요한 사실이다. 왜냐하면 그것이 그의 아내가 한 사람의 남자에게는 좋은 친구가 아니라는 점을 의미하기 때문이다. 아니마 유형의 여자는 언제나 한 남자를 갖고 놀 수 있으며, 따라서 그 남자의 정신적 및 영적 발달에 중요하다. 그의 연상은 그의 아내가 아이들의 좋은 친구라는 점을 설명하고 있으며, 그녀가 그에게는 좋은 친구가 아니라는 점을 암시한다. 아이가 그 이름을 부르지 않으려 하는 것은 그 아이가 아내를 좋아하지 않기 때문이며, 그의 내면에 있는 어린 소녀, 즉 신비주의 공부가 그로 하여금 아내를 멀리하며 비밀스럽게 행동하도록 만들고 있다. 그는 비밀을 원하지 않는다. 아니면 그의 어떤 부분이 아내의 이름을 좋아하지 않을 것이다. 그렇기 때문에 그가 아이에게 마리아라는 이름을 발음하는 것을 가르치면서 하품을 하지 않을 수 없다.

그 같은 사실이 그의 속마음을 드러내고 있다. 그는 자신이 권태를 느끼고 있다는 점을 더 이상 부정할 수 없다. 남자들은 창녀를 찾으면서도 자신이 옳다고 주장하고, 여자들은 악마와 놀아나면서도 충실한 아내라고 말한다. 우리는 세상이 매우 진지하면서도 매우 웃긴다는 사실을 받아들여야 한다.

꿈은 꿈을 꾼 사람에게 매우 분명하게 이 같은 사실을 받아들일 것을 강요하고 있다. 그는 자신이 훌륭한 남편이 아니라는 생각을 증오한다는 점을 나에게 솔직히 털어놓았다. 그런 사실을 인정하는 것은 그에게 혐오스런 일이다.

꿈은 오히려 한 가지 주된 생각을 갖고 있지 않아서 당혹스럽다. 꿈은 서로 완전히 다른 두 세트의 사건을 보여주고 있다. 한 세트는 대단히 개인적인 요소이고, 다른 한 세트는 대단히 비개인적인 요소이다. 꿈의 시작과 끝은 매우 개인적이며, 중간에 다른 요소가 어떤 식으로 끼어들고 또 그것이 꿈과 어떤 관계가 있는지에 대해서는 이미 밝힌 바 있다.

남편과 아내의 관계가 집단적인 것인지 개인적인 것인지 궁금해 하는 사람이 있는 것 같다. 남자는 아내와의 관계가 집단적인 관계 외에는 아무것도 아니라고 생각할 수 있지만, 그렇지 않다. 남자는 개인적인 관계를 맺어야 한다. 남편과 아내 사이에 개인적인 관계가 부족하다면, 거기엔 개인적인 적응이 전혀 없다. 남자는 그냥 완벽하게 존경할 만한 남편에 지나지 않으며, 아내는 그와 함께 결혼이라는 제도를 떠받치고 있는 여자에 지나지 않는다. 그러면 남자는 자신이 회사에서 선한 부장이 되려고 노력하듯이 남편으로서 자신의 의무를 수행하려고 노력하게 된다. 그러나 아내는 그가 특별한 관계를 맺어야 하는 특별한 여자이다.

결혼을 이해하기 위해서, 우리는 결혼을 하나의 제도로 생각해야 하고 역사적으로 거꾸로 올라가면서 그것이 의미하는 바를 알아내야 한다. 아득히 먼 옛날부터, 결혼은 대등한 사람끼리 짝을 맞추는 체계로 발달했다. 결혼은 주로 거래였으며, 여자들이 사고 팔렸다. 왕족들 사이에선 결혼은 지금도 여전히 일종의 거래이다. 매우 부유한 가문들 사이에도 결혼은 이와 똑같은 성격을 지닌다. 농민들에게도 경제적인 이유로 결혼이 그런 것으로 여겨지고 있는 것이 사실이다. 그래서 결혼은 종종 두 개의 지방덩어리인 "베이컨과 소시지"에 비유된다.

결혼은 집단적인 제도이며, 결혼 관계는 집단적인 관계이다. 그러다 시대가 보다 세련되고 문화가 생김에 따라, 개인이 무례해졌다. 개인이 욕망도 더욱 키우고, 요구사항도 더 많이 제시하고, 무엇이든 심리학적으로 이해하길 원하게 된 것이다. 그러는 과정에 개인은 자신이 진정으로 적응되어 있지 않고 진정으로 어떤 관계를 맺고 있지 않다는 사실을 확인하고 있다.

큰 재앙을 겪은 뒤, 사람은 자신이 안전할 수 있는 완벽한 방을 추구하고 있으며, 지붕이 새지 않는다면 어떠한 방도 안전을 제공할 수 있을 것이다. 그러나 사람은 그 방과 전혀 아무런 관계가 없으며, 그 방은 위가 덮이고 상대적으로 안전한 그런 구멍에 지나지 않는다. 그래서 옛날에 보다 야만적인 환경에서 원시 부족들 사이에, 어떤 여자든 다소 쓰임새가 있었을 것이다. 그것이 농민들 사이의 근친상간을 설명해준다.

스위스에 놀라운 예들이 있다. 내가 얼마 전에 들은 이야기를 들려줄 생각이다. 농사일을 하는 청년이 결혼하기를 바랐다. 그와 그의 어머니는 편안한 주거 공간을 확보하고 있었다. 그래서 어머니가 이렇게 말했다. "결혼은 왜 할려고 해? 먹여 살릴 입만 늘리게 될 텐데. 나는 다른 곳으로 가야 할 것이고, 네가 나를 부양해야 할 텐데. 여자를 원한다면, 나를 갖도록 해." 그것이 농민이며, 그것은 경제적인 이유 때문이었다. 일부 지역의 법원들은 경제적인 이유로 인한 근친상간이 너무나 많기 때문에 그런 문제로 고민하고 싶지 않다는 식의 반응을 보이고 있다.

어디서나 이런 일이 발견된다. 영국의 일부 섬들에서, 헤브리디스 제도에서, 사람들의 상태는 지나칠 정도로 집단적이고, 본능적이며, 전혀 심리적이지 않다. 그래서 결혼의 일반적인 상태는 언제나 대단히 집단적이었다. 결혼의 개인적인 요소는 문화가 발달한 시대에 와서야 성취되었다. 사람이 부도덕하다는 비난을 듣지 않고 결혼을 하나의 문제로 논의할 수 있게 된 것은 극히 최근의 일이다. 도덕은 절대로 향상될 수 없는 유일한 것이라고들 말한다. 향상이 불가능한 한 가지가 도덕인 것이다.

오늘날 중요한 문제가 하나 있다. 사람들이 결혼에서 예상하는 것이 집단적인 부부 관계가 아니고 개인적인 관계인 까닭에 생기는 문제이다. 결혼에서 개인적 관계를 창조하는 것은 대단히 어려운 일이다. 결혼 자체가 하나의 저항이다. 이 말은 그냥 진리이다. 왜냐하면 인간의 내면에서 가장 강력한 것이 '신비적 참여'이기 때문이다. 신비적 참여가 개성에 대한 욕구보다 훨씬 더 강하다.

당신이 어떤 대상과 함께 살다가 시간이 조금 지나서 둘을 보면 서로를 동화시키면서 닮아간다는 것이 확인된다. 함께 사는 모든 것은 서로 영향을 받게 되어 있으며, 거기에 신비적 참여가 있다. 한 쪽의 마나(mana: 초자연적 힘)가 상대방의 마나를 동화시키기 때문이다. 이 같은 동일시, 다시 말해 서로 결합하려는 경향은 개인적인 관계에 큰 장애가 된다.

만약에 동일해진다면, 어떤 관계도 불가능해진다. 분리가 있을 때에만 관계가 가능하기 때문이다. 결혼에서는 신비적 참여가 일상적인 조건이기 때문에, 특히 젊어서 결혼한 경우에 개인적 관계는 불가능하다. 아마 두 사람은 서로로부터 자신의 비밀을 숨기고 있을 것이다. 만약 두 사람이 비밀을 인정한다면, 그들은 어떤 관계를 확보할 수 있을 것이다. 어쩌면 두 사람이 서로 털어놓을 비밀이 하나도 없을 수도 있다. 그럴 때면 신비적 참여로부터 보호해 줄 장치는 전혀 없다. 결혼 당사자는 동일시라는 바닥없는 구덩이로 깊이 빠진다. 그러다 조금 시간이 지나면 두 사람은 더 이상 아무것도 일어나지 않는다는 사실을 깨닫게 된다.

지금 우리 환자는 이런 상태에서 무엇인가 잘못되었다는 점을, 자신이 만족하지 못하고 있다는 사실을 분명히 깨닫고 있다. 아내와의 성적 관계는 전혀 작동하지 않고 있다. 그녀는 남편을 가능한 한 멀리하고 있으며, 그에겐 나이 마흔일곱에 언제나 고된 일을 하는 것이 지겹다. 그래서 그는 모든 일을 다소 포기하고 있다. 그런 상황은 그에게 불쾌하기 마련이다. 신비주의를 공부하려는 시도도 프로이트가 말하는 승화 개념과 다소 비슷하다. 천사들과의 성교라고 할까.

신지학은 그런 측면에서 사람들에게 온갖 종류의 것들을 제공한다. 아틀란티스의 영기(靈氣)를 듣거나 옛 이집트를 엿듣거나 할 수 있다면, 나는 아내에 관한 모든 것을 잊고 나의 환자들에 관한 모든 것을 잊을 것이다. 신지학은 그런 사람에게 대단히 강력한 유혹이며, 승화는 멋진 단어라서 왠지 중요할 것처럼 들린다.

그러나 현실에서 보면 이상하게도 성욕은 절대로 완전히 승화되지 않는다. 어느 날 갑자기, 아마 파리에서 그 사람은 실수를 저지를 수 있고, 그날만은 승화가 효력을 발휘하지 못할 수도 있다. 2주일에 한 번 정도 승화가 작동하지 않지만, 그래도 승화 이론은 아주 그럴 듯하다.

그런 식으로 불만을 느끼고 있는 상황에서 이 꿈이 생겨났다. 그 림자가 나타나 이렇게 말하고 있다. "자, 정신 똑바로 차리고 무의식의 진짜 그림을 보도록 해. 돌아가는 사태를 아무런 편견 없이 그대로 그린 그림을 보란 말이다."

극장은 공공의 장소이기 때문에 이런 의미이다. 당신은 다른 모든 사람들과 비슷해. 당신도 그들과 같은 배에 타고 있어. 그러면서 모든 사람이 해야 하는 것을 하고 있어. 그는 원형 극장의 의자들과 관련해서 펠로타라는 게임이 벌어지는 어떤 룸을 떠올린다. 그럼에도 룸 안의 배치는 펠로타와 아무런 관계가 없으며, 오히려 호텔의 정식(定食) 테이블처럼 보인다. 그러나 의자들이 벽 쪽으로 놓여 있고, 그래서 사람들이 테이블에 앉지 못한다.

여기서, 우리는 역사적인 연상 속으로 발을 들여놓고 있다. 집단적인 무엇인가를 건드리고 있는 것이 분명하다. 꿈은 극장이 공적인 장소라는 점을 강조하면서 집단적인 것으로서의 극장의 중요성을 의도적으로 부각시킨다. 그 문제 중 바로 이 단계에서 집단적인 것이 끼어들어야 한다. 그 사람이 자신의 문제에 대해 개인적인 감정을 치열하게 느끼고 있는 것과 정반대로, 그의 무의식은 그것이 집단적인 문제라고 말하고 있다. 아마 문제의 형식이 집단적이라는 뜻이 아니라, 세계의 모든 곳에서 일어나고 있는 문제라는 뜻으로 그렇게 말할 것이다. 결혼생활을 겪어보지 않은 사람들만이 이 문제에 대해 착각을 품을 수 있다. 이 문제는 세계적 현상이다.

집단적인 문제는 사회의 역사와 관계있으며, 사회엔 집단적인 상징체계가 틀림없이 있다. 오늘 생겨난 집단적인 문제는 절대로 없으며, 우리의 상태는 철저히 역사적이다. 전반적인 결혼 문제를 보라. 결혼 문제는 역사와 대단히 깊이 연결되어 있다. 결혼에 관한 법들도 상당히 오래되었고, 결혼 풍습과 섹스를 다루는 도덕 체계도 아주 오래되었다. 사람들은 "이런 것들은 케케묵은 관념들이야. 모두 버려야 돼!"라고 말한다. 그러나 만약에 어떤 문제가 집단적이라면, 그 문제는 역사적이며 따라서 역사를 설명하지 않고는 그 문제를 설명하지 못한다. 불가피하게 우리는 역사를 논해야 한다.

그런 식으로 결혼하는 바보가 당신 하나만 아니다. 우리 모두가 고대의 법과 신성한 관념들, 터부 등에 따라 그런 식으로 결혼한다. 결혼은 파기 불가능한 법을 가진 성사(聖事)이며, 따라서 당신은 관습을 비판해야지 개인적인 사람을 비판해서는 안 된다.

우리가 하는 모든 일의 뒤에 일반적인 어떤 철학이 작용하고 있다. 기독교가 바로 우리의 철학이다. 기독교는 이미 초창기에 꽃을 피웠으며, 지금도 무수한 터부와 법의 뒤에 자리잡고 있다. 그래서 우리는 역사 속으로 들어가지 않을 수 없다.

우리는 꿈을 꾼 사람이 연상을 통해서 역사를 끌어들이지 않았다는 점을 인정해야 한다. 그는 그 이후에 역사를 파고들 필요성을 자각하게 되었다. 우리가 무의식적일 때엔, 당연히 우리가 하는 일에서 역사적인 것은 전혀 보이지 않는다. 우리의 언어는 우리가 자각하지 않는 특별한 것들로 가득하다. 그런 단어들을 우리는 아무런 거리낌 없이 쓰고 있다. 특별히 의미를 생각하거나 하지 않는다. 예를 들어 보자. 당신이 "나는 지금 의사의 치료(treatment)를 받고 있어."라고 말한다. 이때 당신은 '당기다'라는 뜻의 라틴어 '트라헤레'(trahere)를 쓰고 있다. 의사가 당신을 부활의 구멍을 통과하도록 당기고 있다는 의미를 담고 있는 단어이다. 의사가 당신을 완전하고 건전하게 만들 때, 당신은 "의사가 나의 병을 치료했다."(The doctor pulled me through.)라고 말한다.

콘월에 선사 시대 진료소 같은 곳이 있다. 메난트홀(Menanthole)이라 불리는 거대한 돌이다. 그런데 거기에 구멍이 하나 나 있다. 그 구멍으로 아빠들이 아이들을 잡아당겼다. 그렇게 하면 병든 아이들이 낫는 것으로 여겨졌다. 나도 그 구멍을 통과했다. 그리고 독일에서도 19세기에 병든 사람의 침대 뒤쪽의 벽에 구멍을 뚫고 환자가 그곳을 통과해 부활의 정원으로 가도록 하는 풍습이 있었다.

지금 우리 환자는 많은 사람들이 함께 모이는 어떤 룸에 대해 이야기하고 있다. 모두가 어떤 게임을 하거나 식사를 함께 하려는 것 같다. 모두가 같은 테이블에 앉아서 서로 마주보면서 똑같은 것을 하고 있다. 그래서 우리는 극장이나 식당에 있는 것처럼 그와 결합되어 있다. 우리는 모두 함께 그림들을 보고 있다.

그림자가 그에게 이렇게 훈계하고 있다. 그곳으로 와서 다른 사람들과 함께 무엇인가를 하면서 그의 특별한 문제에서 집단적인 측면을 느끼도록 하라고 말이다. 특별한 문제로 고통 받고 있는 사람은 세상에서 자기 혼자뿐이라고 생각하는 사람에게 이 훈계가 어떤 의미를 지니는지 당신은 잘 알고 있다.

그런 사람은 자신의 문제가 일반적인 문제라는 소리를 들으면 위안을 느낀다. 그러면 그 즉시 그 사람은 인류의 무릎에 안기게 된다. 그는 많은 사람들이 자신과 똑같은 경험을 하고 있다는 것을, 그들과 대화할 수 있고 자신이 혼자가 아니라는 것을 알게 된다.

예전에 그는 감히 그 문제에 대해 말을 하지 못했지만, 지금은 모두가 그 문제를 이해한다는 것을 알고 있다. '신약성경'에 제시된 특별한 처방, 즉 "잘못을 서로 고백하라."거나 "서로의 짐을 나눠져라."는 가르침은 우리가 여기 꿈에서 확인하는 것과 똑같은 심리를 보여주고 있다. 우리는 우리의 특별한 짐인 곤경 속에서 공유와 동료애를 가져야 한다. 그것이 바로 이 꿈의 훈계이다.

무엇보다 먼저 나온 것은 '죄 드 폼'과 '펠로타 바스크'(pelota basque) 연상이었다. 이 두 가지는 서로 같지 않다. '죄 드 폼'은 중세에 하던 경기이며, 라켓을 사용하지 않고 손바닥을 이용했다. '펠로타 바스크'는 기본적으로 '죄 드 폼'과 비슷하지만 공을 벽에 치는 것이 달랐다. 그렇다면 세 번째 버전은 교회에서 행해지던 '죄 드 폼' 같은 놀이이다. 성직자들이 공을 서로에게 던지던 놀이였다. 나는 그 놀이가 무엇을 상징했는지 모르지만, 모두가 똑같은 놀이를 하고 있었다. 그리고 우리도 그 놀이를 한다. 우리에겐 공놀이가 거의 하나의 비유적 표현이 되었다. 우리는 "throw the ball"(문제를 되돌리다)이라거나 "play the game"(규칙에 따라 행동하다) 같은 표현을 종종 쓴다. 그것은 단순히 함께 행동한다는 것을 의미한다. 우리 모두는 함께 하고 또 반응한다. 그렇기 때문에 우리는 모두 공동 활동 속에서 책임을 지면서 살아가고 있다. 그것이 그 꿈에 담긴 사상이다.

여기에 특별한 버전이 하나 있다. 단순한 연상에 지나지 않기 때문에, 우리는 그것을 지나치게 강조해서는 안 된다. 벽에 공을 치고 그 공을 다른 사람이 아닌 그 사람 본인이 잡는 펠로타의 경우에, 자기고립이나 자기성애적인 요소가 있을 수 있다. 파트너가 아니라 벽을 상대로 그런 식으로 공을 치는 행위에는 특별한 어떤 암시가 있다.

그러나 우리는 이 관점을 강요하지 말아야 한다. 꿈들을 아주 조심스럽게 다뤄야 하기 때문이다. 꿈을 예술 작품 다루듯이 세심하게 다뤄야 한다. 어떤 진술서를 발표할 때처럼 논리적으로나 합리적으로 다뤄서는 안 되며, 어딘가에 약간의 제한을 두는 상태에서 다뤄야 한다. 꿈을 창조하는 것은 창조적인 자연의 기술이다. 그렇기 때문에 그런 꿈을 해석하려 할 때 우리도 마찬가지로 창조적인 기술을 발휘할 수 있어야 한다.

여러 사람이 함께 하는 게임이 아니라 혼자서 하는 게임이라는 점을 가리키는 어떤 미묘한 차이가 있을 것이라는 생각은 남자가 어쨌든 그 게임을 먼저 혼자 할 것이라는 사실에서 쉽게 나온다.

그때 어떤 사람이 그것은 동료 인간을 상대로 하는 게임이 아니라 "벽을 때리는" 게임이라고 말할 것이다. 그런 말을 하는 사람들은 다소 자기성애적이며, 그들은 여러 사람이 있는 가운데서 말하고 있을지라도 자기 자신에게 말하고 있다.

만약에 이 꿈을 꾼 사람이 그림자의 암시를 따른다면, 그는 자신의 문제를 당대의 정신과 연결되는 어떤 집단적인 문제로 보면서 더 이상 그것을 숨겨야 하는 것으로 여기지 않을 것이다. 그때까지 그는 그 문제는 어디까지나 개인의 잘못이며 행복한 정상적인 가족은 자기처럼 살지 않는다고 판단하면서 자신의 문제를 숨겨왔지만 말이다. 그의 문제는 어떤 편견이, 다시 말해 이 세상은 자그마한 집에서 귀여운 아기들과 함께 살면서 오후 다섯 시에 차를 마시는 그런 단란한 가족으로 가득하다는 편견이 작용하는 상황에서 논의할 문제가 아니다. 이런 것들 아래에서 더없이 끔찍한 일들이 벌어지고 있지 않은가.

꿈의 그 부분은 그가 집단적인 어떤 문제를 건드릴 준비를 하도록 이끌고 있다. 그 문제에 대한 해결책도 마찬가지로 똑같이 비개인적인 그 무엇일 것이다. 성찬식이나 입교식, 교회의 신비극, 미트라 숭배의 핵심적인 상징체계 같은 의식이 될 것이다.

우리가 미트라 숭배에 대해 이야기할 때, 무의식이 온 곳에서 반응하기 시작하고 수소 꿈을 많이 꾸었다는 것을 당신도 기억하고 있을 것이다. 이것은 그 숭배가 지금 여기서도 실질적으로 작용하고 있다는 점을, 또 그것이 여기 있는 사람들에게 전반적으로 적용되는 문제가 될 수 있다는 점을 증명하고 있다.

이 같은 일반적인 진술은 그가 자신의 특별한 문제에 지금까지와는 완전히 다른 태도로 접근하도록 준비시키기 위한 것이다. 이런 진술이 있은 뒤에, 꿈은 다시 개인적인 측면으로 돌아간다. 아이의 병적인 상태가 나오는 것이다. 아이의 상태가 병적인 것은 신비주의 공부가 그를 어디로도 데려다 주지 않기 때문이다. 신비주의 공부는 단지 당시의 다급한 문제에 절대로 대답을 제시하지 못하는 승화를 꾀하려는 시도였을 뿐이다.

그렇다면 지금 아이를 어떻게 해야 하는가? 이것은 집단적인 문제이긴 하지만, 결국엔 자신의 정원은 스스로 가꿔야 한다. 당신 자신의 아이, 당신 자신의 문제로 돌아가서 집에서 사랑하는 아내와 함께 지내는 것이 따분하다는 점을 인정해야 한다. 심리학적으로 말하면, 그것은 그가 자신의 그림자를, 말하자면 합리적인 조건에 맞춰 살지 않는 열등한 인간을 인정해야 한다는 의미이다. 자연의 욕구에 대해 훨씬 더 잘 아는 일종의 원시인 같은 이 열등한 인간이 그에게 권태를 인정하라고 강요하고 있는 것이다.

권태를 인정하기만 하면, 그는 자신의 그림자에 대한 지식을 얻을 것이고, 자신의 자연적인 존재를 인정하고 그와 악수를 하게 될 것이며, 자신의 심리에 관한 진실을 더 이상 부정하지 않을 것이다. 그는 자신의 그림자로부터 도망치지 못하기 때문에 자신의 덜 우아한 측면을 자각하게 될 것이다. 그러면 그림자가 그의 아니마로부터 분리될 것이다. 그것은 그가 자신의 그림자를 자각함에 따라 그림자가 그의 무의식으로부터 놓여나게 되기 때문이다. 그러면 그림자와 아니마 사이에 진정한 관계가 일어날 수 있고, 아이가 정상적인 상태로 돌아가는 결과가 나타날 것이다.

그리고 그림자와 아니마가 적절한 관계를 맺고 있을 때, 그와 아내의 관계가 개선될 가능성이 생기며, 그가 아내와 개인적인 관계를 맺을 수 있을 것이다. 왜냐하면 그가 자신의 그림자를 자각할 때에만 진정한 관계를 확립할 수 있기 때문이다.

우리는 자기 자신에 대해 터무니없을 만큼 심하게 착각하면서 다른 사람들이 우리를 진지하게 받아들이고 있다고 생각한다. 그것은 나 자신이 키가 150센티미터에 지나지 않는다고 착각하고 있는 것이나 마찬가지이다. 그냥 미친 짓일 뿐이다. 그것은 사람들이 우리가 매우 도덕적이고 존경받을 만한 존재라는 식으로 믿어주길 바라는 것만큼이나 터무니없는 일이다.

그것은 진실이 아니다. 그리고 늘 그렇듯이 사람들이 진실하지 않는데, 어떻게 진정한 관계가 확립될 수 있겠는가? 사람들이 존경스럽거나 도덕적이기는 커녕 절망적일 만큼 맹목적이라는 것을 우리는 잘 알고 있다. 그런 생명체와 어떻게 개인적인 관계를 확립할 수 있겠는가? 메스껍기 짝이 없는 일이다.

나는 차라리 개와 개인적인 관계를 맺겠다. 개는 자신이 존경스런 개라거나 신성한 개라거나 터부의 개라는 식으로 짐작하지 않는다. 개는 그저 한 마리 개일 뿐이라고 생각한다. 자신이 다른 사람들보다 우수하다거나 자신은 다른 사람들과 다르다는 착각에 빠져 지내는 사람들이 있다. 마치 자신들은 다른 종류의 피를 가진 존재인 것처럼 말이다. 이런 생각은 망상이다. 그러므로 그런 사람과는 개인적인 관계가 전혀 불가능하다.

무엇보다 먼저, 우리의 환자는 망상을 버리고, 자신이 존경스런 존재가 아니라는 점을, 그리고 자신이 권태를 느끼고 있다는 점을 인정해야 한다. 그는 자기 아내에게 자신이 죽을 만큼 지겨워하고 있다는 점을, 또 동시에 "가끔 승화가 실패하고 있다."는 점을 털어놓아야 한다. 그가 자기 아내를 제대로 알기만 해도, 이 일은 훨씬 더 쉬워질 것이다. 그녀는 그의 불성실에 화를 낼 것이지만, 그녀 자신도 밤에 아니무스 악마와 외출할 것이다. 단지 그가 그 같은 사실을 모르고 있을 뿐이다. 만약에 그가 아내에게 자신이 읽고 있는 것에 관심을 가져달라고 부탁한다면, 그녀는 아마 "오, 나는 그렇게 어려운 책은 읽지 못해요."라고 대답할 확률이 높으며, 그러면 그는 그녀가 너무나 착하고 사랑스럽다고 생각할 것이다. 그가 자기 아내를 실제 모습 그대로 알기만 해도, 그는 자신의 승화가 제대로 작동하지 않는다는 점에 대해 말하기가 훨씬 더 쉽다는 사실을 깨달을 것이다.

이 모든 것을 실천에 옮기는 것, 그것은 또 다른 문제이다.

6강

1928년 12월 12일

이 꿈의 해석에서 아주 중요한 지점에 와 있다. 꿈을 꾼 사람이 제시한 연상의 역사적 성격을 논할 때이다. 나는 이 꿈에 대한 견해를 상당히 자유롭게 제시했다. 또 환자에 관한 개인적인 정보도 많이 전했고, 꿈의 전체 분위기도 전했다. 나는 환자의 개인적인 정보와 꿈의 전체 분위기를 통해서 환자의 정신의 바탕에서 작용하고 있는 역사적 경향을 이해한다. 그런데 역사적 경향이 종종 잘못 이해되고 있다.

사람들은 "역사 속의 자료들을 끌어들이는 이유가 뭔가? 대부분 이 꿈과 무관하고 공상에 지나지 않는데."라는 식으로 의아해 한다. 그러나 역사 속의 자료는 현대인의 꿈과 절대로 무관하지 않다. 대단히 중요하다. 백인들에게 특히 더 그러하다. 이유는 백인들이 인류의 조상들의 후손이라는 사실을 망각하는 경우가 자주 있기 때문이다.

현대인은 마치 이제 방금 신의 손에 빚어진 것처럼, 역사적 편향을 전혀 갖고 있지 않은 것처럼, 마치 출생할 때 마음이 '빈 서판'(tabula rasa)이었던 것처럼 행동한다. 이 같은 인식은 자유로워지고 싶고, 또 어떠한 배경에도 구속받고 싶어 하지 않는 우리의 마음이 기이하게 투영된 결과이다. 말하자면, 우리의 의식이 완벽한 자유의 느낌을 갖기 위해 품는 착각인 것이다. 마치 역사 속의 과거가 족쇄를 채우며 자유를 허용하지 않고 있다는 듯이 말이다. 이것 또한 심리학적 이유가 있는 편견이다.

우리의 내면에 실제로 존재하고 있는 정신은 수천 년, 아니 백만 년에 걸쳐 완성된 작품이다. 모든 문장들은 나름의 긴 역사를 갖고 있다. 우리가 일상적으로 쓰는 모든 단어들도 엄청난 역사를 지니고 있다.

모든 비유는 역사적 상징으로 가득하다. 그렇지 않다면, 단어나 은유가 오늘날까지 결코 살아남지 못했을 것이다. 단어들은 한때 아주 생생했고 지금도 모든 인간 존재들의 내면에 존재하고 있는 역사의 전체성을 담고 있다. 우리는 단어를 쓸 때마다 동료 존재들의 내면에 있는 어떤 역사적 정서를 건드리게 된다.

어떤 소리는 이 땅 어디서나 똑같이 중요하다. 예를 들어, 두려움과 공포의 소리는 세계적으로 통한다. 동물들은 완전히 다른 종(種)이 공포에 질려 지르는 소리까지 이해한다. 동물들이 정신의 바닥에 똑같은 구조를 갖고 있기 때문이다.

그러기에 꿈의 분위기를, 말하자면 꿈에 등장하는 중요한 이미지들의 역사를 모르면 꿈을 제대로 이해하지 못한다. 물론 꿈에 개인적인 문제도 나타난다. 환자 본인에게만 중요해 보이는 그런 문제가 꿈에 나타날 수 있는 것이다. 그러나 꿈의 구조를, 즉 언어의 상징적 표현을 깊이 파고들면, 역사적 지층으로 들어갈 것이고, 그러면 단순히 개인적인 문제로 보였던 것이 훨씬 더 깊은 의미를 지닌다는 사실이 확인될 것이다. 그래서 우리 조상들이 똑같은 문제를 표현한 방법까지 살피지 않을 수 없으며, 그러기 위해선 자연히 역사적인 문제까지 살펴야 한다.

당신이 조용한 침실에 누워 잠을 자다가 아주 개인적인 꿈을 꾸고 있다고 가정해보자. 그때 당신이 꾸고 있는 꿈과 피라미드 사이에 어떤 연결이 있을까? 얼핏 보아서, 당신의 꿈과 피라미드는 전혀 상관없는 것처럼 보인다. 그럼에도 당신의 꿈에 나타나는 상징과 거의 똑같은 상징이 고대 이집트의 문서에서도 발견된다. 아니면 영국의 이집트 전문가 월리스 버지(Wallis Budge)의 책에서 상형문자를 해석한 내용을 읽으면서 이런 식으로 생각할 수도 있다. "이건 이집트의 이야기인데 이 해석과 나의 꿈을 비교하는 것은 말이 안 되잖아. 거기엔 공통점이 없어."

그러나 그 텍스트를 새긴 필사자도 거의 모든 면에서 당신과 아주 비슷한 인간이었다. 머리카락도 있었고, 눈도 두 개였고, 코도 하나였으며, 손도 두 개였다. 그리고 타고난 기능도 똑같았고, 행복하거나 슬퍼하거나 사랑받은 것도 똑같았으며, 태어나고 죽은 것도 똑같았다. 이것들은 주요한 특징들이다. 심지어 질병까지도 거의 똑같다. 몇 가지 질병이 사라지고 몇 가지 질병이 새로 나타나긴 했지만 대체적으로 보면 다른 것이 전혀 없다.

인간의 삶의 주요 특성들은 5, 6천 년 이상 동안 똑같았다. 원시 부족의 감정도 현대인의 감정과 다를 바가 하나도 없다. 농민이 보는 지평은 다르지만, 주요 특성은 다른 사람들과 똑같고 인생과 세상을 보는 기본적인 인식도 똑같다.

우리의 무의식은 대단히 세계적인 언어로 말을 한다. 나는 소말리아 흑인들의 꿈을 분석할 때에도 취리히 주민들의 꿈을 분석할 때와 똑같은 방법으로 했다. 다른 것이 있다면, 언어와 이미지의 차이 뿐이다.

원시인들이 악어나 뱀, 물소, 하마에 대한 꿈을 꿀 때, 서구의 현대인은 기차나 자동차에 치이는 꿈을 꾼다. 두 가지 꿈은 사실 똑같은 말을 하고 있다. 현대인의 도시는 원시림처럼 보인다. 현대인이 은행가를 빌려서 표현하는 것을 소말리아 사람들은 뱀을 빌려 표현한다. 표면적인 언어는 다르지만 표현의 바탕에 깔린 사실은 똑같다. 그것이 바로 우리가 역사적으로 비슷한 것을 찾는 이유이다. 이런 식의 접근은 전혀 억지스럽지 않다. 역사적 비유는 일반적으로 생각하는 것보다 훨씬 더 생생하다.

보탄(Wotan)과 발두르(Baldur)에게 올리는 기도의 내용을 담은, 옛 게르만어로 쓴 고대 양피지가 있다. 대단히 귀중한 자료로, 오랜 세월에 바래서 누렇게 퇴색되었으며, 지금 취리히의 한 박물관에 진열되어 있다. 사람들은 이 문서 앞에서 이렇게 말하곤 한다. "정말 오래되었네. 달나라에서 온 것이나 마찬가지네!" 그러면서 문서의 내용은 오래 전에 의미를 잃었을 것이라고 치부해 버린다.

그러나 지금도 취리히의 어느 마을에 가면 농민들이 똑같은 책에 따라 살고 있다. 기도하는 대상이 보탄과 발두르가 아니고 예수 그리스도와 그의 제자들이라는 점만 다를 뿐이다. 이 책 안에 중세의 심리가 조금 들어 있긴 하지만, 깊이 들여다보면 기본적으로 고대의 심리와 똑같다. 이 마을에 사는 소년이나 소녀가 분석가를 찾아 분석을 하다가 이 책에 담긴 옛날의 것들에 관한 꿈에 대해 이야기한다면, 분석가는 꿈과 이 책을 연결시킬 것이다. 그러면 사람들은 꿈과 이 책이 시간적으로 거리가 너무 멀다는 식으로 말할 것이다. 그러나 그렇게 말하는 사람은 옛날의 미신이 지금도 그대로 작용하고 있다는 사실을 모르고 있다.

정상적인 사람 50명을 모아놓고 미신을 믿는지 물어보라. 그러면 그 사람들은 절대로 미신을 믿지 않는다고 대답할 것이다. 그럼에도 그들 중에 13호에 사는 사람은 하나도 없을 것이다. 그들은 악마나 귀신, 유령을 무서워하지 않는다고 자신 있게 말한다. 그러나 서재의 벽에서 바스락거리는 소리가 나기라도 하면, 유령을 무서워하지 않는다고 큰소리치는 그들도 화들짝 놀랄 것이다. 말과 달리, 귀신을 믿고 있는 것이다. 그러면서 옛날의 문헌에나 나올 법한 그런 생각과 공상을 떠올린다.

아마 바빌론과 메소포타미아, 중국, 인도에서도 똑같은 자료가 발견될 것이다. 이런 것들은 모두 같은 무의식의 마음에서 나왔다. 비합리적이고 영원한 상상의 보고인 집단 무의식 말이다. 이 집단 무의식은 오랜 세월을 내려오면서 일종의 불멸의 언어로 거듭 되풀이된다. 내가 미국에서 분석한 흑인들도 그리스 신화에 대한 꿈을 꾸었다. 예를 들어, 수레바퀴에 묶인 익시온이 흑인의 꿈에도 나타나는 것이다. 흑인들은 그리스 신화와 거리가 멀다는 생각은 착각에 지나지 않는다. 흑인도 그리스나 다른 곳에서 그런 상징을 만들어낸 사람과 똑같은 종류의 무의식을 갖고 있기 때문이다.

학자들은 상징들이 전파된다고 생각한다. 이것은 사실이 아니다. 상징은 꽤 자생적이다. 옛날 바빌론의 상징이 취리히의 하녀에 의해서도 만들어질 수 있다. 옛날 사람들도 우리 현대인과 똑같은 사람들이었다. 해부학적으로도 다르지 않은 사람들이었다. 오늘날에도 취리히의 전차 안에서 네안데르탈인처럼 생긴 사람이 보인다. 인간 존재들 사이에 해부학적 차이를 발견하려면, 5만 년 내지 6만 년 전까지 거슬러 올라가야 한다.

내가 이 모든 것을 분명하게 밝혀두기를 원하는 이유는 내가 '죄드 폼'이나 투우에 대해 장황하게 설명하는 이유를 모르는 사람이 있을 것 같기 때문이다. 이젠 역사적으로 비슷한 상황에도 관심을 쏟아야 하는 이유를 잘 알게 되었을 것으로 믿는다.

여기서 나의 환자의 꿈으로 다시 돌아가도록 하자. 아이의 병이 떠올리게 한 연상은 그 사람의 여동생이 이질로 아이를 잃었다는 사실이다. 이 연상에 따라, 꿈속의 아이가 아픈 것은 여동생의 실제 아이가 아팠기 때문이라고 단정할 수도 있다. 유사한 것은 언제나 있기 마련이다. 왜냐하면 꿈을 꾸는 사람은 언제나 자신의 무의식적 생각을 실제 생활이나 경험을 바탕으로 표현하기 때문이다. 개가 뼈다귀를 꿈꾸고, 물고기가 다른 물고기들을 꿈꾸는 것과 마찬가지이다. 그렇다면 직업을 모르는 사람을 분석하는데 그가 고깃덩이 같은 것에 대한 꿈을 꾼다면, 그 사람은 푸주한이거나 외과의사이거나 해부학 교수일 것이다.

그 아이가 아주 밀접히 연상되고 있기 때문에, 아이의 병은 전염된 것이지 타고난 것은 아니라고 단정할 수 있다. 아이는 그가 신비주의 공부에 새롭게 관심을 갖게 되었다는 사실을 상징적으로 표현하고 있다. 또 신비주의 공부가 반드시 잘못된 것은 아니라는 점도 상징적으로 표현하고 있다.

모든 것은 그의 태도에 달려 있다. 만약에 그릇된 태도로 신비주의 공부를 시작한다면, 누구나 신비주의에 전염될 수 있다. 신비주의라는 분야엔 은유의 덫이 너무나 많은데, 누구나 그 덫에 쉽게 걸려들기 때문이다. 그러다 보면 사람은 점성술사나 신지론자, 주술사가 될 것이다. 이 사람은 신지론자가 될 위험이 있었다.

꿈에 아이가 병을 앓은 기간을 말해주는 내용은 전혀 없다. 그러나 나의 환자가 신비주의를 공부한 기간이 길지 않았기 때문에 신비주의 공부가 아이를 오랫동안 힘들게 만들진 않았을 것이라고 볼 수 있다. 아이의 병은 아마 소화불량에 따른 질병일 것이다. 나의 환자는 시간이 조금 지나서 신비주의 책들을 던지게 되었을 때 "기이하게도 공허감을 느꼈다"고 말했다. "공허한 느낌 때문에 많이 힘들었어요."

많은 사람이 아니마와 아니무스가 무엇인지 헷갈려 하는 것 같다. 여기서 그 부분에 대해 설명하겠다. 괴테(Johann Wolfgang von Goethe)를 하나의 인간 존재로 여긴다면, 그의 한 부분은 파우스트이고 다른 한 부분은 그림자인 악마 메피스토펠레스이다. 파우스트는 괴테의 의식적인 포부를 영웅적으로 이상화한 인물이고, 메피스토펠레스는 그의 모든 단점과 결점을 의인화한 존재이다. 말하자면 메피스토펠레스는 괴테가 가진 지성의 부정성(否定性)이고 그림자이다. 그러나 이 구분은 아니무스나 아니마와는 아무런 관계가 없다.

그러나 만약에 당신이 괴테에 대한 꿈을 꾼다면, 그때 괴테는 당신의 내면에서 무의식적인 괴테 박사의 상징, 말하자면 하나의 아니무스 형상이 된다. 이것을 그림으로 그려보자. 두 개의 바다가 있고 그 사이에 산이 하나 있다. 한쪽 바다는 밝고, 다른쪽 바다는 어둡다. 이 산 위에 여자가 한 사람 서 있고, 어두운 바다에서 위대한 형상이 하나 어렴풋이 나타나고 있다. 이 형상이 바로 괴테다.

여기서 앞에서 본 도형(91페이지)을 다시 보도록 하자. 개인이 성격의 중심이 될 것이다. 줄 쳐진 무의식 쪽에 있는 작은 원이 괴테를 상징한다. 이 남자는 컴컴한 세계의 깊은 곳에서 무엇을 하고 있는가? 그는 무의식에서 어떤 메시지를 갖고 나오거나 무의식의 깊은 곳으로 어떤 의도를 갖고 들어가는 하나의 심리적 기능이다. 당신은 그에게 물을 수 있다. 그러면 그는 당신에게 필요한 정보를 알려줄 것이다. 아니면 당신이 그에게 무엇인가를 말할 수도 있다. 그는 당신의 중재자이자 사자(使者)의 역할을 할, 일종의 인간 형상이며 성격의 한 기능이다.

그 원의 다른 반(半)에도 또 다른 형상이 나타난다. 당신의 페르소나, 가면이다. 당신이 세상에 드러내 보이고 싶어 하거나 세상이 당신에게 요구하는 모습이다. 페르소나도 당신에게 정보를 준다.

오늘 아침에 이곳에 오기 전에 나는 세미나를 위해 나의 직업적 가면인 융 박사를 썼다. 나는 가면을 쓴 채 여러분 앞에 나타났으며, 그래서 여러분에게 다소 만족스럽게 비칠 것이다. 나는 여러분이 원하는 행동을 하기도 하고 또 부분적으로 여러분이 원하지 않거나 좋아하지 않는 행동을 하기도 한다. 그건 어디까지나 나의 선택이다.

개인 무의식은 의식이 될 수 있는 요소들이 쌓여 있는 하나의 층이다. 개인 무의식, 즉 무시당하는 부분을 갖고 있는 것은 절대로 불필요한 일이다.

사람들은 자연적인 사실들을 모르면 안 된다. 굶주림이나 섹스 문제, 타인들과의 관계 등을 자각하지 않는 것은 말이 되지 않는다. 이런 것들은 모두 의식되어야 한다. 어느 누구도 자신은 다른 사람들과 다르다고 생각해서는 안 된다. 또 도덕적으로나 미학적으로, 혹은 다른 측면으로 완벽한 존재라는 착각에 빠져서도 안 된다. 그런 사람들은 당연히 비(非)개인적인 무의식을 깨닫지 못하고 있다. 당연한 일이다. 왜냐하면 그들이 언제나 어둠 속에 있는 까닭에, 개인 무의식이 사라지기 전까지, 다시 말해 그들이 자신과 세상에 대한 그릇된 이론과 기대, 착각을 버리기 전까지, 비개인적인 무의식을 절대로 자각하지 못하기 때문이다. 누구도 불꽃을 통과하면서 거듭 데지 않고는 '하느님의 왕국'에 가까이 다가서지 못하는 법이다. 집단 무의식은 대상들의 내부에 있는 미지의 영역이다.

심리적 기준을 전혀 갖고 있지 않은 사람은 자신이 언제나 똑같다고 단정한다. 그러나 언제나 똑같은 존재로 남는 것은 너무나 힘든 일이다. 우리가 개인에게서 보고 있는 것은 그 사람의 페르소나이다. 지금 우리 모두는 껍데기로 여기 나와 있다. 겉모습만 보여줄 뿐이다. 우리 모두는 자신의 내면에 대해 어렴풋이만 알고 있다. 대부분의 사람들은 자기 자신에 대해 아주 조금만 알고 있으면서도 가면이 자신이라고 믿다가 결과적으로 신경증 환자가 되고 만다.

나라는 존재가 내가 행동하고 있는 그대로라고 믿는다면, 그건 정말 무서운 실수가 될 것이다. 나는 행동과 생각이 일치하는 그런 사람이 절대로 아니다. 나는 분석을 배우려는 학생들을 위해 한동안 어떤 역할을 하고 있을 뿐이라고 생각하면 마음이 편해진다. 나는 한동안 카이사르 같은 역할을 하고 있지만, 그 다음에는 아주 미천하고 중요하지 않은 역할을 하게 될 것이라는 점을 알아야 한다.

그렇다면 사람이 각자 갖고 있는 껍데기는 언제든 버릴 수 있고 또 마음만 먹으면 언제든 다시 찾을 수 있는 어떤 기능이다. 나는 아침에 "나는 왕이로소이다!"라고 말했다가 밤에는 "제기랄! 전부 터무니없는 짓이잖아!"라고 말할 수도 있다. 껍데기와 동일시하는 사람은 남에게 읽힐 전기(傳記)를 살고 있을 뿐이다. 그런 사람들에겐 영원한 것은 하나도 없다. 그들은 신경증 환자가 될 것이고, 그러면 악마가 그들을 물고 늘어질 것이다.

리하르트 바그너(Wilhelm Richard Wagner)는 위대한 예술가이고 위대한 창조자였다. 그는 위대한 예술가라는 십자가에 못 박힌 사람이었다. 그가 친구들을 초대하면, 친구들은 직접 술을 가져와야 했다. 그런 그가 빈의 어느 부인에게 분홍 비단 실내복에 대한 편지를 썼다니!

이 같은 페르소나가 매우 매력적일 수도 있다. 어쩌다 그런 매력적인 페르소나를 갖게 된 사람은 페르소나와 자신을 동일시하며 페르소나가 자신이라고 믿다가 페르소나에 희생당하고 말 것이다.

꿈은 종종 페르소나를 대단히 불쾌한 대상으로 그린다. 만약에 겉으로 드러나는 모습을 나 자신이라고 생각한다면, 나는 나의 페르소나를 상징하는 허수아비에 대한 꿈을 꿀 것이다. 왜냐하면 우리가 이 페르소나나 관계들 안에서만 사는 것이 아니라 음식을 먹거나 잠을 자거나 옷을 입거나 목욕을 하는 등 온갖 종류의 일상적인 길로도 살아가고 있기 때문이다.

바그너는 밤낮으로 위대한 작곡자는 절대로 아니었다. 그도 다른 역할을 수행할 때에는 아주 인간적인 모습을 보였다. 그런 역할을 하는 동안엔 특별한 구석이 전혀 보이지 않았다. 밤낮으로 위대했다면, 그것이 오히려 도착(倒錯)으로 불리었을 것이다. 그래서 페르소나와 동일시되는 사람은 그에 대한 보상 심리 때문에 저급한 신들에게 공물을 바치기 위해 막후에서 놀라운 일을 하지 않을 수 없게 된다.

페르소나의 반대가 아니마와 아니무스이다. 우리가 어두운 측면을 갖고 있다는 사실을 눈으로 확인하는 것은 대단히 힘든 일이다. 당연히, 어두운 측면은 머릿속으로만 그릴 수 있을 뿐이며, 대단히 은유적이고 비유적이다.

간단히 말하면 이렇다. 당신이 어떤 행위를 하기 위해 의식의 세계로 주의를 기울인다고 하자. 그때 당신은 가면, 즉 페르소나를 통해, 그리고 당신이 평생 동안 힘들여 구축해온 적응 체계를 통해 그 행위를 하게 된다. 그러다가 당신이 이 세상으로부터 잠시 벗어나게 되면, 당신은 뒤로 멀찍이 물러나면서 당신 자신하고만 있다고 생각하지만, 동양의 가르침은 그런 순간에도 "당신의 가슴 안에 살고 있으면서 모든 것을 지켜보고 있는 지혜의 노인을 잊지 말라."고 일러준다. 그렇게 홀로 있다 보면, 당신은 임계점(臨界點) 같은 것에, 말하자면 개인 무의식에 이르게 된다.

외향적인 사람들, 그리고 자신의 페르소나와 동일시하는 모든 사람들은 홀로 있는 것을 싫어한다. 이유는 홀로 남을 때 자기 자신을 보기 시작하기 때문이다.

서구 사회는 언제나 최악이다. 서양인들에겐 혼자 남을 때에 모든 것이 매우 못마땅해 보인다. 개인 무의식이 크면, 집단 무의식에 지나치게 큰 부담이 가해지게 된다. 이것은 우리가 자각해야 할 것들이 집단 무의식에 압박을 가하면서 집단 무의식의 불가사의한 성격을 더욱 강화하기 때문인 것 같다.

집단 무의식에는 공포나 공황 같은 것이 있는데, 이것은 집단 무의식의 특징이다. 숲속에 홀로 있을 때 엄습하는 그런 '숲속의 공포'와 비슷하다. 집단 무의식에 있는 공포는 숲속에 혼자 있을 때 몸을 오싹하게 만드는 그런 기이한 느낌이다. 혹은 당신에겐 보이지 않지만 당신이 어딜 가든 따라다니는 그런 눈으로부터 사방으로 감시당하고 있는 것 같은 느낌이다.

아프리카에서 지낼 때, 나는 숲속을 반시간 동안 돌아다니면서 계속 주변을 살피느라 원을 그리며 걸었던 적이 있다. 나를 보고 있는 것 같은 눈들에 등을 보이지 않기 위해서였다. 그런데 거기엔 틀림없이 나를 지켜본 눈이 있었을 것이다. 아마 표범이었을지도 모른다. 철저히 혼자가 될 때, 당신은 어쩔 수 없이 자신을 깊이 들여다보게 되고 당신의 배경을 자각하게 된다. 그럴 때 개인 무의식이 클수록, 집단 무의식도 더 강하게 당신을 압박할 것이다.

만약에 개인 무의식이 말끔하게 정리된다면, 거기에는 어떠한 압박도 없을 것이고, 따라서 당신은 어떠한 두려움도 느끼지 않을 것이다. 홀로 책을 읽고, 산책을 하고, 담배를 즐길 것이다. 그리고 당신에게 아무 일도 일어나지 않을 것이다. 모든 것이 "잘 정리되고", 당신은 세상과 평화로운 관계를 유지할 것이다.

당신이 미학적 혹은 도덕적 결점을 자각하고 있는데도, 당신의 의식적인 태도가 다소 잘못되어 있을 수 있다. 예를 들어, 당신이 스스로 그다지 신뢰할 만한 존재가 아니라는 사실을 알고 있기 때문에 이런 식으로 생각할 수도 있는 것이다. "신뢰를 받지 못하는 사람이 되어서는 안 돼. 지금까지 잘못한 것을 속죄하고, 오늘 이후로 신뢰할 만한 인간이 되어야겠어. 다시는 믿을 수 없는 존재가 되지 않을 거야. 이젠 죄를 다 씻었어." 그러나 그게 마음처럼 쉽지 않다. 이튿날 당신은 옛날과 똑같이 행동하고 있을 것이다. 기독교의 전형적인 신앙 고백이 그런 식이다. '오늘부터 이런 짓은 다시는 안 할 거야.'

어느 교회의 아버지(敎父)는 신심이 깊은 신자들이 세례를 받고 죄의 사함을 받은 뒤에도 곧잘 죄를 짓는다는 사실 앞에서 깊은 고민에 빠졌다. 최종적으로 그는 세례가 옳지 않다고, 의식(儀式)에 뭔가 잘못된 것이 있다고, 따라서 죄를 짓는 사람은 다시 세례를 받아야 한다고, 도덕적으로 나쁜 짓은 아예 생각도 하지 못하게 해야 한다고 결론을 내렸다. 그러나 그렇게 했는데도 또 다시 죄를 짓는 나쁜 교인들이 있었다. 그러자 그는 그들을 가망 없는 인간으로 포기하고 지옥으로 떨어질 길 잃은 영혼으로 치부했다. 이것이 바로 단 한 번의 큰 도약으로 천국에 간다는 기독교 사상이다. 이것은 '진리'가 아니다. 돌연한 개혁이라는 생각은 틀렸다. 당신은 자신의 죄로부터 갑자기 뛰쳐나오면서 죄의 짐을 벗어던지지 못한다. 그런 식의 생각은 잘못이다.

죄의 정확한 의미는 당신이 그걸 짊어진다는 뜻이다. 만약에 죄라는 것이 당신 마음대로 내려놓을 수 있는 것이라면, 죄가 무슨 소용이란 말인가? 자신의 죄를 온전히 자각한다면, 당신은 그것을 짊어지고 다녀야 하고, 그것과 함께 살아야 한다. 죄가 당신 자신인 것이다. 그렇게 하지 않으면, 당신은 당신의 형제를, 당신의 그림자를, 다시 말해 당신의 내면에서 당신을 따르며 당신이 싫어하거나 두려워하는 모든 일을 하고 있는 불완전한 존재를 부정하게 된다.

당신의 그림자는 죄를 저지른다. 당신이 그런 동료를 부정한다면, 그림자는 집단 무의식을 압박하며 거기에 혼란을 야기할 것이다. 왜냐하면 당신이 당신의 동료를 부정하는 것은 자연에 반하는 일이고, 또 당신은 자신의 그림자와 항상 접촉해야 하기 때문이다. 당신은 이렇게 말해야 한다. "그래, 너는 나의 형제야. 너를 기꺼이 받아들이겠어."

그림자를 부정하는 것은 잘못이다. 그림자를 부정하면, 집단 무의식에서 반발이 일어나고 이어 어두운 무의식에서 어떤 상징이 나타날 것이다. 그러면 위선적인 사람은 스스로에게 "아니야, 저건 아니야!"라고 외치면서 그림자를 쫓아내고 꽤 만족해할 것이다. 그러다 갑자기 기이한 그림들이, 이를테면 성적 공상들이 심연에서부터 그의 마음으로 들어오기 시작할 것이다.

위선적인 사람일수록, 그 사람에게 닥치는 일들은 더욱 사악해진다. 그는 성 안토니오(St. Anthony) 같은 사람이며, 그런 독실한 사람은 무서운 환상에 시달릴 것이다. 아마 여자가 머리에 떠오를 것이다. 대체로 발가벗은 여자일 것이다. 아니마가 모습을 드러내고 있는 것이다.

이것은 자연이 터부를 깨뜨리는 현상이다. 말하자면 집단 무의식의 복수인 셈이다. 집단 무의식은 진짜다. 그렇기 때문에 집단 무의식에서 아니마나 아니무스가 나타날 때, 그것도 진짜다. 그리고 모든 사람은 다른 모든 사람들에게 집단 무의식이 될 수 있다. 말하자면 사람이 사람에게 늑대가 될 수 있는 것이다.

 심지어 당신이 혼자 있고 또 무엇이든 마음먹은 대로 할 수 있다고 생각할 때조차도, 만약에 당신이 자신의 그림자를 부정한다면, 언제나 존재하고 있는 정신으로부터, 말하자면 당신의 내면에 있는 백만 살 된 그 노인으로부터 반응이 나올 것이다.

 당신은 절대로 혼자일 수 없다. 왜냐하면 세기(世紀)들의 눈이 당신을 지켜보고 있기 때문이다. 당신은 백만 살 된 노인이 지켜보고 있다는 느낌을 받음과 동시에 세기들에게도 역사적 책임을 느껴야 한다. 오랫동안 내려오는 계획에 반하는 무엇인가를 하자마자, 당신은 불멸의 법칙을 어기는, 보편적 법칙을 어기는 죄를 짓게 될 것이다. 그러면 그 죄가 당신을 불편하게 만들 것이다. 그것은 당신이 자신의 소화기관에 맞지 않는 무엇인가를 섭취한 경우와 비슷하다. 그래서 당신은 마음대로 행동해서도 안 되고 마음대로 생각해서도 안 된다. 마음대로 할 경우에 백만 살 된 노인이 감정을 다치며 돌연 반응할 것이기 때문이다.

 백만 살 된 노인이 반응하는 길은 아주 다양하다. 아마 당신은 그 반응의 영향을 즉각 알아차리지 못할 것이다. 그러나 무의식을 더 강하게 자각할수록, 또 불멸의 법칙을 준수하는 감각을 더 강하게 키울수록, 당신은 넘지 말아야 할 선을 혹시라도 건드리게 될 때 그 건드림을 한층 더 강하게 느낄 것이다. 그 선을 넘어서면, 당신은 직접적으로나 간접적으로 어떤 반응을 느끼게 될 것이다. 잘못을 저지르게 되면, 매우 강력한 반응이 당신 자신을 통해 당신에게 닿거나 아니면 당신의 발이 걸려 넘어지거나 머리를 부딪치게 될 것이다. 그러면 당신은 그것을 단지 우연한 사고로만 여길 것이다. 당신이 잘못한 일이나 잘못한 생각은 전혀 떠올리지 않고 말이다.

이런 식의 반응은 오히려 단순하다. 이보다 훨씬 더 복잡한 반응도 있다. 반응이 당신의 동료들을 통해서, 당신의 환경 안에 일으키는 파동을 통해서 당신에게 닿을 수도 있는 것이다. 반응은 당신의 내면에서만 일어나는 것이 아니라 당신이 속한 전체 집단 안에서도 일어난다.

당신은 아무런 반응을 하지 않을 수 있지만, 당신 옆에 있는 누군가 혹은 환경 속의 누군가, 당신과 가까운 누군가, 예를 들어 당신의 아이들이 반응을 할 수 있다. 당신이 선을 넘어섰기에, 그들의 반응은 정당하다. 아니면 당혹스러워진 환경이 복수에 나설 수도 있다. 이것은 집단 무의식이 당신의 머리 안에 있는 어떤 심리적 기능이 아니고 대상 자체의 그림자 측면이기 때문이다. 우리의 의식적인 성격이 가시적인 세상의 일부이듯이, 우리의 그림자 측면은 집단 무의식의 일부이고 또 사물들 안에 있는 미지의 부분이다. 그러기에 그림자를 통해 당신에게 닿을 수 있는 모든 것이 집단 무의식이다. 모든 반응이 심리적 효과를 일으키며 당신에게 닿는 것은 아니다. 반응이 다른 사람들이나 환경의 행위로 나타나기도 한다.

이 환경들이 아주 넓은 범위에 걸쳐 서로 연결되어 있다는 것은 하나의 가설이다. 그러나 모든 시대의 미신은 이 가설을 받아들였다. 누군가 잘못을 저지르지 않으면, 나쁜 일이 일어나지 않는다는 인식이 어느 시대에나 팽배했던 것이다. 환경이 나쁘면, 어딘가 잘못되어 있다고 단정해도 별 무리가 없다.

예를 들어, 바다에서 폭풍우를 만나면 틀림없이 배에 사악한 사람이 타고 있는 것이 아닌가 하는 생각부터 먼저 들 것이다. 평범한 마음은 기상을 탓하지 않고 사악한 사람부터 탓하게 되어 있다. 그것은 내가 이런 식으로 말하는 것이나 마찬가지이다. "이 약은 잘 듣지 않을 테지만 그래도 먹으면 한결 나아질 거야." 그런데 약이 듣는다. 배가 가라앉고 있는 상황에서 나쁜 짓을 한 사람을 찾는 것은 형편없는 미신처럼 들린다. 그래도 일이 잘못되고 있을 때 누군가가 죄를 범하고 있다고 생각하는 것이 현명하다. 왜냐하면 그런 식의 생각이 무의식을 만족시키고 우리의 심리와 소화기관이 부드럽게 돌아가도록 하기 때문이다.

그 이유는 모르지만, 그래도 우리 안에 있는 '노인'을 만족시키는 방향으로 생각하는 것이 현명한 것은 사실이다. 그렇게 하지 않을 경우에 당신 혹은 당신의 합리성은 만족하겠지만, 그런 식의 사고는 세상에서 무엇인가를 배제하게 된다.

열정이라는 악마에 얽힌 유태인의 전설이 있다. 아름다우면서도 수치스런 구석이 있는 전설이다. 너무나 선해서 신의 사랑을 듬뿍 받은, 신심 깊은 어떤 노인이 인생에 대해 깊이 생각한 결과 인간의 모든 악은 열정이라는 악마에서 비롯된다고 이해하게 되었다. 그래서 그는 하느님 앞에 엎드리면서 세상에서 열정이라는 악을 제거해달라고 간청했다. 매우 경건한 노인이었기 때문에, 하느님은 그의 청을 들어주었다. 그래서 그는 마치 자신이 위대한 일이라도 한 것처럼 대단히 행복해했다.

그는 그날 밤에도 여느 때와 마찬가지로 그윽한 장미 향기를 즐기기 위해 장미 정원으로 들어갔다. 그런데 장미 정원의 모습은 여느 때와 똑같았으나 뭔가 잘못되어 있었다. 향기가 예전 같지 않았던 것이다. 무엇인가가 빠져 있었다. 중요한 본질 일부가 사라진 것이다. 마치 소금을 전혀 넣지 않은 빵 같았다.

그는 자신이 지쳐서 그럴지 모른다고 생각하면서 지하실에 간직하고 있던 묵은 포도주를 황금 잔에 부었다. 지금까지 기대를 저버린 적이 한 번도 없었던 포도주 맛도 이번에는 밋밋했다.

당시에 노인은 매우 아름답고 젊은 아내를 두고 있었다. 아내가 그의 마지막 테스트의 대상이었다. 그런데 아내와 키스를 했을 때, 그녀도 포도주와 장미 향기처럼 밋밋했다.

그래서 그는 다시 지붕 위로 올라가 하느님에게 슬픔을 털어놓았다. 이어서 열정을 빼앗아 가달라고 기도한 것이 잘못되었을지 모른다고 생각하면서, 그걸 도로 돌려달라고 간청했다. "열정의 악령을 도로 내려보내 주실 수 있을까요?" 그가 매우 독실한 사람이었기 때문에, 신은 그가 원하는 대로 들어주었다. 그러자 그는 그 악령을 다시 맛보면서 악령인데도 이상하게 달콤하다는 사실을 알게 되었다. 장미는 예전의 경이로운 향기를 다시 피웠고, 포도주는 정말 맛있었으며, 아내와의 입맞춤은 그 전 어느 때보다 더 달콤했다.

이 이야기는 다음과 같은 메시지를 전하고 있다. 합리적인지 여부를 떠나서, 노인 현자의 영원한 법칙을 어길 때, 결과적으로 뭔가가 이 세상에서 배제된다는 뜻이다.

이 세상과 인간의 존재는 절대적으로 비합리적이다. 세상과 우리의 존재가 합리적이어야 한다는 점을 당신은 절대로 증명하지 못한다. 분명히, 우리가 고려해야 할 합리적인 것들도 있다. 유럽의 중앙에 알프스 산맥이 자리잡고 있다. 우리는 이 같은 사실을 반드시 고려해야 한다. 알프스가 교통의 흐름을 막기 때문에, 우리는 거기에 터널을 뚫어야 한다.

그렇듯, 우리의 심리는 비합리적인 어떤 법의 지배를 받는다. 우리의 심리적 대륙의 중앙에 알프스 산맥 같은 것이 있을 수 있다. 우리는 그 같은 사실에 맞춰 살아야 한다. 그렇게 하지 않으면, 악령이 사라져버릴 것이다. 비합리적인 사실이 존재한다는 것을 확신하는 것이 현명하고 또 대단히 중요하다.

심리적 진리의 기준을 알기를 원한다면, 대체로 우리가 생각하는 바를 노인 현자에게 물어보면 된다. 노인 현자가 동의하면, 우리는 아마 올바른 길을 걷고 있을 것이며 또 진리로부터 그다지 멀리 벗어나 있지 않을 것이다. 그러나 노인 현자가 동의하지 않는다면, 우리는 자신만의 길을 걷고 있을 것이며 따라서 큰 위험을 감수하게 될 것이다. 실험은 누구나 해볼 수 있다. 큰 위험을 감수하며 자신만의 길을 가고자 하는 데에 반대할 이유는 하나도 없다. 당신이 손으로 걷기를 원한다면, 그렇게 하면 그만이다.

여기서 아니마로 다시 돌아가도록 하자. 아니마는 여과기 같은 역할을 한다. 아니마는 영향을 받기도 하고 영향을 주기도 한다. 우리는 페르소나를 통해 다른 사람의 영향을 받고 다른 사람에게 영향을 미치기도 하는데, 이 말은 아니마에게도 똑같이 유효하다.

아니마를 당신의 내면에서 일어나는 특별한 감정 반응으로 이해할 때, 당신도 자신의 심리 안에서 아니마 같은 것을 느낄 수 있다. 당신이 세상에 드러내고 있는 측면에 혐오감을 느끼면서 스스로를 바로잡기 위해 노력하고 있고, 따라서 반대쪽 측면으로 가까이 다가서고 있다고 가정해보라. 그때 당신은 내면에서 어떤 특이한 감정 반응을 느끼게 될 것이다. 바로 그것이 아니마이다.

중국의 한 고전은 남자가 아침에 일어났는데 기분이 무겁고 좋지 않을 경우에 그 기분이 그 남자의 여성적인 영혼, 즉 아니마라는 이야기를 들려주고 있다. 그 남자에게, 그리고 그의 어두운 면인 무의식에 영향을 미치고 있는 특이한 기분이 바로 그의 아니마이다. 그 특이한 기분이 아니마라는 것은 그 기분의 효과에 의해 입증된다.

예를 들어, 오늘 아침에 나는 집단 무의식에 깊이 잠겨 있다가 365개의 계단을 올라와 문턱을 넘어서 나의 집으로, 나의 의식 속으로 들어왔다. 거기서 나는 밀랍 인형 박물관 마담 투소에서 인형을 고르듯이, 미리 준비되어 있던 융 박사의 가면을 발견한다.

그때 만약에 집단 무의식에서 대단히 불쾌한 무엇인가를 접했다면, 나는 그걸 저주하면서 매우 기분 나쁜 상태에 빠져 있을 것이다. 이어 나는 기분이 나쁜 상태에서 행동하며 주위 사람들에게 영향을 미칠 것이며, 거꾸로 주위 사람들도 나에게 영향을 미칠 것이다. 그러면 나는 혐오감을 느끼며 집으로 돌아가서 그 기분으로 집단 무의식에 영향을 미칠 것이다. 이제 집단 무의식은 일련의 기이한 이미지로 반응을 보일 것이다. 이때 나 자신이 창의적인 공상이 작동하도록 허용한다면, 이 이미지들은 틀림없이 나에게 나타날 것이다. 이미지들은 마치 시인처럼 야상곡 같은 장면을, 폭풍우가 몰아치는 거친 바다 같은 장면을 창조해낼 것이다.

이때 만약에 내가 나 자신을 그 장면 속에 집어넣는다면, 이미지들은 매우 특별해지고 매우 많은 의미를 지닐 것이다. 지금 난 어떤 상황에 처해 있지? 나 자신이 망망대해의 거친 파도에 난파한 배 안에 갇혀 있는 이미지가 나타날 수도 있다. 그럴 때면 나는 무의식의 영향을 받으며 그 이미지들을 완전히 달리 보게 될 것이다.

이런 공상들을 통해서 당신은 당신의 기분이 집단 무의식 안에 낳은 것들을 볼 수 있다. 이 공상들은 집단 무의식의 본질에 대해, 또 집단 무의식이 작동하는 방식에 대해 많은 이야기를 들려준다. 당신은 당신의 기분이 의식에 미치는 영향에 대해서도 공부할 수 있다. 당신에게 나타나는 영향을 주의깊게 살피면 그런 공부도 가능하다. 이것은 타인들의 반응을 통해서 당신의 페르소나가 외부 세계에 미치는 영향을 공부할 수 있는 것과 똑같은 이치이다.

타인들의 반응을 통해서만 자기 자신에 대해 아는 사람이 많다. 어떤 사람이 나를 찾아와 "어떤 사람이 나에 대해 이런저런 소문을 퍼뜨리고 다녀요."라며 불평을 토로했다. 사실은 나를 찾은 사람이 먼저 그런 반응을 부를 만한 짓을 했으면서도 말이다. 그 사람에게 그런 반응이 나오기 전에 어떤 행동을 했는지를 물어보면, 그 같은 사실이 금방 확인된다.

자신의 페르소나가 진정 어떤 모습인지 알고 싶다면, 반드시 페르소나가 일으키는 효과를 봐야 한다. 자신의 아니마가 무엇인지를 알고 싶을 때에도 마찬가지이다. 어떤 기분의 본질을 파악하라. 그리고 무의식에서 돌아오는 그림들을 보라. 일부 기분은 진정하고 또 필요하다. 그러나 만약에 일부 기분이 설명도 되지 않고 지나치게 강하고 또 비합리적이라면, 무의식의 어떤 요소가 활성화되었다는 뜻이다. 만약에 당신이 공상의 나래를 펴며 그 기분 속을 깊이 파고든다면, 집단 무의식은 당신이 처한 상태를 설명해줄 일련의 기이한 그림이나 이미지를 내놓을 것이다.

7강

—

1929년 1월 23일

같은 환자가 꾼 꿈들을 차례로 분석할 경우에 꿈을 분석하는 과정이 더 잘 보인다. 그래서 여기서도 앞에 소개한 환자의 꿈을 계속 살필 것이다.

꿈을 분석하는 작업에 들어가기 전에, 먼저 분석과 관련한 편견을 몇 가지 소개하고 싶다. 가장 먼저 고려할 사항은 분석 대상이 되고 있는 사람의 연령이다. 개인의 나이에 따라 분석가의 태도도 크게 달라져야 한다. 인생의 후반에 중요한 것은 인생의 전반에는 완전히 무시될 수도 있다.

그 다음으로 고려해야 할 사항은 그 개인이 삶에 대한 적응을 성취했는지, 삶을 평균 수준 이상으로 영위하고 있는지, 그리고 합리적인 기대를 충족시키고 있는지 여부이다. 마흔 살이 다 된 사람이라면 뿌리를 내리고, 지위를 얻고, 가정을 꾸려야 하며, 심리적으로 표류하지 말아야 한다. 나이 마흔에도 목표가 없고 결혼하지 않고 정착하지 않은 사람은 유목민의 심리를 갖고 있다. 그런 사람은 가정을 이루고 가족을 꾸리며 정착해 사는 사람들과 다른 목표를 갖고 있다. 그런 경우에 던져야 할 질문은 이것이다. 이 사람이 정상적으로 적응하고 있는가, 제대로 적응하지 못하고 있는가?

젊은이들은 너무 젊어서 적응을 이루지 못할 수 있다. 다른 이유 때문에 적응을 이루지 못한 사람도 많다. 장애에 봉착했거나 저항하고 있거나 기회를 누리지 못했을 수도 있다. 어떤 형식의 공상은 적절히 적응하지 못한 사람에게 아주 나쁜 독(毒)이 될 수 있다. 그러나 자신의 환경에 뿌리를 확고히 내린, 말하자면 자신의 환경에 갇혀 있을지 모르는 사람에게서 공상의 씨앗이 보인다면, 그 씨앗은 아주 소중한 자료로 다뤄져야 한다. 그 사람을 해방시켜줄 씨앗으로 다뤄야 한다는 뜻이다. 왜냐하면 이 자료로부터 자유를 끌어낼 수 있기 때문이다.

모든 젊은이들이 공상을 품지만, 젊은이들의 공상은 달리 해석되어야 한다. 젊은이들의 공상은 종종 아름다워 보이지만 대부분의 경우를 보면 부정적인 방향으로 중요성을 지닌다. 그래서 젊은이들은 매우 조심스럽게 치료를 받지 않으면 공상에 갇혀 버리게 된다. 분석가가 젊은이에게 상징 세계의 문을 열어주면, 청년은 현실의 삶을 살지 않고 상징의 세계를 살 수도 있다.

며칠 전에 나를 찾아온 젊은 여자는 동거하고 있는 남자를 사랑하고 또 결혼까지 약속했다. 그녀는 1주일에 5일씩, 4년 동안 분석 치료를 받고 있는 중이었으며 1년에 3주일씩 분석을 쉬었다. 나는 그녀에게 결혼을 하지 않는 이유를 물었다. 그녀는 분석을 끝내야 하기 때문이라고 대답하면서 분석이 제일의 의무라는 점을 강조했다. 그래서 나는 "누가 분석을 의무적으로 끝내야 한다고 했죠? 당신의 의무는 삶을 사는 것인데!"라고 지적해주었다.

그녀는 분석의 희생자이다. 그녀의 의사도 마찬가지로 분석의 희생자이다. 바로 이 소녀가 삶이 그녀를 기다리고 있는데도 엉뚱하게 공상 속에서 살고 있는 예이다. 그녀는 아니무스에 붙잡혀 있다. 그녀는 바보 같은 짓을 하면서도 그런 사실을 깨닫지 못하고 있다. 그러다 보니 현실 감각이 떨어지게 마련이다. 그 결과, 그녀는 심한 혼란을 겪고 있다. 그녀의 분석가는 어떤 이론을 따르고 있고, 그녀는 삶을 살 생각은 하지 않고 분석에만 매달리고 있다.

인생 후반으로 접어든 여자라면, 치료도 완전히 달라야 한다. 그녀의 성격을 똑바로 세우는 치료가 되어야 한다. 나는 그녀를 치료하는 의사의 동기를 의심하지 않는다. 그러나 환자를 치료하는 방법은 나와 많이 다르다. 나는 환자를 일주일에 두세 번밖에 만나지 않는다. 그리고 환자에게 1년에 5개월은 나를 찾지 않도록 한다.

여기서 지금까지 분석하던 환자의 예로 돌아가자. 그 꿈을 꾼 사람은 나이가 마흔 일곱 살이고, 신경증이 없고, 비즈니스를 대규모로 하는 사업가이며, 매우 인습적이고 올바르며, 대단히 지적이고 교양을 갖추고 있다. 그는 결혼해 아이를 여럿 두고 있다. 그의 문제는 적응이 과도하게 되어 있다는 점이다. 그는 자신의 환경과 세상에 대한 의무에 얽매여 지내고 있다. 그러다 그만 자유를 완전히 잃고 말았다.

그러기에 이 환자의 경우엔 상상력의 흔적이 조금이라도 비치면, 그것을 대단히 소중히 다뤄야 한다. 그는 나름대로 "진실한" 사람이 되기 위해 창의적인 상상력을 모두 희생시켰다. 그러기에 그를 치료하는 데 있어서 그의 공상은 아주 소중하다.

지금 그의 문제는 대단히 미묘하다. 그는 의식의 차원에서 자신의 문제를 보지 못했다. 그는 여자들과 연애도 몇 차례 했지만 그것도 만족스럽지 못했다. 그 후 그는 인생엔 그보다 더 소중한 무엇인가가 있음에 틀림없다는 생각을 품게 되었다. 그는 신지학에 관한 글을 읽기 시작했으며, 분석 관련 책도 읽었다. 그러던 중에 그는 내가 도움을 줄 수 있을 것 같다는 생각이 들어 나를 찾아왔다.

나는 그 후로 이 환자를 2년 동안 드문드문 만나고 있다. 첫 번째 꿈을 분석하는 과정에, 그는 자신이 전반적으로 삶에 대해, 구체적으로 아내에 대해 싫증을 느끼고 있다는 사실을 깨달았다. 나흘 뒤에 꾼 두 번째 꿈은 첫 번째 꿈에 관한 지식 위에 꾸어진 것이다.

"나의 아내가 나더러 재단사로 일하는 가난한 젊은 여자를 방문하러 자기와 같이 가자고 부탁한다. 젊은 여자는 결핵을 앓으면서도 불결한 집에서 살며 일하고 있다. 나는 거기로 가서 소녀에게 안에서 일을 해서는 안 되고 트인 곳에서, 밖에서 일을 해야 한다고 말한다. 그녀에게 나의 정원에서 일을 해도 좋다고 말한다. 그런데 그녀가 재봉틀이 없다고 대답한다. 그래서 나는 아내의 재봉틀을 사용하면 된다고 말한다."

이 꿈을 꾼 사람은 꿈 중에서 중요한 부분을 망각했다는 느낌을 받았다. 그래서 연상을 하는 과정에 이렇게 말했다. "꿈에 에로틱한 구석이 전혀 없었는데도, 거기에 그런 분위기가 있다는 느낌이

들었어요. 아내가 소녀를 방문하러 가자고 제안했을 때, 나는 무슨 일이 일어나겠구나 하고 느꼈어요." 호텔 로비에서 기다리고 있는 남자들의 얼굴에서 이와 똑같은 기대감을 읽을 수 있다. 소시지가 코 위로 떨어지기를 기다리는 개의 표정 같은 것 말이다.

이 꿈을 꾼 사람은 그런 식으로 뭔가 일어날 수 있겠다는 기대를 품고 있었다. "나의 아내가 철저히 수동적인 역할을 했지만, 나는 분명 나 혼자인 것처럼 행동하고 있었어요. 재단사인 그녀는 검은 계통의 옷을 입고 있었는데, 결핵에 걸린 사람들이 섹스를 밝힌다는 소리를 들었던 기억이 났어요. 사람들이 리비도를 발산하지 못할 때, 에로틱한 면이 나타나잖아요. 재봉틀은 아내의 것이고, 그래서 나는 아내가 무슨 말인가를 해야 한다고 생각하고 있었어요."

그는 자신의 갇힌 삶을 소녀의 삶과 연결시키고 있다. 그는 자신의 감정을 공개적으로 드러내지 못한다. 그래서 그가 할 수 있는 것이라곤 소녀가 자신의 정원에서 자기 아내의 재봉틀로 일을 하게 하는 것 뿐이다. 고상한 남자는 감정을 겉으로 드러내서는 안 된다. 따라서 "나의 정원에서"라는 말은 결혼생활에도 자신의 감정을 속으로 꾹꾹 누르고 있다는 뜻이다. 그가 존경할 만한 태도를 보여야 한다고 생각하는 이유 하나는 성병이 건강을 해칠 수 있다는 두려움이다.

첫 번째 꿈을 분석한 결과 얻은 결실은 그가 자신의 결혼생활이 지루하다는 점을 인정하게 되었다는 것이다. 합리적인 남자가 자신의 에로스를 실제 모습 그대로 인정하는 것은 지극히 어려운 일이다. 여자는 관계성이라는 에로스의 원칙을 깨닫는 데에 특별히 어려움을 느끼지 않는다. 그러나 로고스가 원칙인 남자에겐 관계성을 깨닫는 것이 대단히 어려운 일일 수 있다. 반면에 여자는 자신의 정신이 어떤 상태인지를 깨닫는 데에 어려움을 느낀다.

남자의 내면에서 에로스는 열등하다. 여자의 내면에서 로고스가 열등한 것이나 마찬가지다. 남자가 관계성을 깨닫기 위해선 내면에 상당한 정도의 여성성이 필요하다. 에로스는 여자의 일이다. 남자가 자신의 감정을 인정하도록 만들려면 아마 반년 동안 다퉈야 할 것이다. 여자가 자신의 마음을 인정하도록 하는 일도 마찬가지로 어렵다.

나의 어머니의 마음은 분열되어 있었다. 나는 어머니를 통해서 여자의 타고난 마음을 배울 수 있었다. 어릴 때 나는 말썽꾸러기였다. 나는 어머니가 좋아하던, 품행 방정한 소년들을 아주 싫어했다. 옷을 말쑥하게 차려 입고 손을 깨끗이 씻는 그런 아이들이 딱 질색이었던 것이다. 그래서 나는 기회 있을 때마다 그런 아이들을 때리거나 골려 주곤 했다.

나의 어머니는 "걔는 착한 애야. 가정교육도 잘 받았어."라는 말을 입에 달고 살았다. 이웃의 어떤 가족이 그런 아이들을 두었고, 어머니는 언제나 그 아이들을 본보기로 제시했다. 내가 이 착한 아이들에게 특별히 못된 짓을 한 어느 날, 나의 어머니는 나를 꾸짖으면서 내가 계속 그런 식으로 못되게 굴면 자신의 인생을 망쳐놓고 말 것이라고 한탄했다. 그 소리에 나는 마음이 울적해져서 방구석에 처박혀 있었다. 그런데 그때 어머니가 내가 거기 있는 줄도 모르고 "하기야 애들을 그런 식으로 키워서도 안 되지."라고 하는 게 아닌가. 즉시, 나는 어머니를 미워하던 마음을 풀었다.

여자는 두 개의 마음을 갖고 있다. 전통적이고 인습적인 마음이 있는가 하면, 진실을 말하는, 자연이 부여한 냉혹하고 분별 있는 마음이 있는 것이다. 여자의 이런 마음은 아나톨 프랑스(Anatole France)의 『펭귄 아일런드』(Penguin Island)에 매우 아름답게 그려지고 있다.

펭귄에게 세례를 하려 할 때, 펭귄에겐 영혼이 없기 때문에 그렇게 하는 것이 불경스런 짓이 아닌가 하는 문제가 제기되어 논쟁이 벌어졌다. 펭귄은 새일 뿐이고 영혼은 어디까지나 인간의 것이기 때문에, 새들은 불멸의 영혼을 가질 수 없다. 논쟁이 대단히 뜨겁게 전개되자, 교부(敎父)와 현자들이 하늘에서 위원회를 열었다. 그러나 이 위원회마저도 해결책을 찾지 못하고 성 카타리나에게 지혜를 구하기로 했다. 성 카타리나는 양측 모두에게 경의를 표하면서 이렇게 말했다. "동물인 펭귄이 불멸의 영혼을 가질 수 없는 것은 사실이지만, 세례를 통해 동물이 불멸을 얻을 수 있는 것 또한 사실이다. 그러니 펭귄에게 영혼을 주되 작은 영혼을 주도록 하자."

나의 환자가 자신의 권태를 인정할 수 있게 되는 것은 큰 성취이다. 그는 자신의 문제를 홀로 끌어안고 있다. 모든 사람은 자연스런 정신의 터부를 느낀다. 당연히 나의 환자도 이 모든 것을 아내 몰래 간직하고 있다. 그 꿈이 그에게 위안이 되었을 것이라는 식으로 결론을 내릴 수도 있지만, 사실은 그렇지 않다. 위로의 말을 하는 것은 친절이 아니다. 왜냐하면 친절은 자연스럽지 않기 때문이다. 친절과 잔인성은 인간의 범주이지 자연의 길은 아니다. 꿈에서 "나의 아내가 나더러 소녀를 만나러 가자고 부탁할 때", 그 꿈은 남자의 고민을 누그러뜨린다. 이 사람이 자기 아내가 남편을 싫어하지 않는다는 것을 느낄 수 있다면, 그 느낌이 그를 덜 외롭게 만들 것이다. 이 문제에 관한 진실을 보여줄 길은 절대로 없기 때문에, 우리는 그냥 이 꿈이 그의 내면에 어떤 태도를 활성화시켰다고 단정해야 한다.

꿈에서 아내는 무엇인가? 소녀는 밖으로 나가는 그의 감정을 상징하고, 아내는 집에 두고 다니는 그의 감정, 그러니까 고상한 감정을 상징한다. 이에 대한 그의 해석은 "아내와 함께 있는 나의 감정이 밖으로 나가는 나의 다른 감정들을 다루는 문제에 관심을 두고 있어요."라는 것이다. 사실 그의 아내는 남편이 다른 여자들에게 느끼는 감정 따위엔 전혀 관심을 두고 있지 않지만, 꿈은 그가 밖으로 갖고 다니는 다른 감정들을 잘 해결하면 그가 아내에게 느끼는 감정이 보다 개인적이게 되고, 보다 진정해지고, 보다 따뜻한 쪽으로 변할 것이라고 말하고 있다.

나의 환자는 지금까지 자신의 감정에 엄격했기 때문에 자기 아내에 대해서도 마찬가지로 엄격하게 생각해 왔을 것이다. 그가 엉뚱한 방향으로 떠돌려는 감정을, 말하자면 창조적인 성격의 감정을 다루는 방법을 배운다면, 그와 아내의 관계도 생생하게 살아날 것이다. 이유는 둘의 관계에 회의(懷疑)가 작용하게 될 것이기 때문이다.

회의는 삶의 절정이다. 회의엔 진실과 실수가 함께 나타나기 때문이다. 회의는 살아 있고, 진실은 간혹 죽음과 정체(停滯)이다. 회의에 빠져 있을 때, 당신은 삶의 어두운 면과 밝은 면을 결합시킬 기회를 누리게 된다. 그가 집 밖에서 갖고 다니는 감정을 다루기 시작하게 되자마자, 아내와의 관계는 의심스러워지면서 오히려 더 생생해질 것이다. 꿈은 그를 도울 뜻을 갖고 있지는 않다. 그러나 꿈은 감정 관계를 새롭게 정리하기만 하면 아내와의 관계가 크게 개선될 수 있다는 점에 관심을 기울일 것을 그에게 요구하고 있다.

여자에게 어떤 것만을 생각하라고 요구하면, 그 여자는 아무것도 생각하지 못하게 된다. 당신은 다른 사람에게 특정한 방식으로 행동하라고 강요하지 못한다. 당신이 누군가의 감정이나 사고를 방해하고 나서면, 그 사람은 더 이상 자신의 기능을 적절히 발휘하지 못하게 될 것이다. 어떤 교리를 믿게 되어 있다면, 당신은 그것을 놓고 이런저런 생각을 하지 못하게 된다. 감정도 다른 모든 기능과 마찬가지로 적절한 공간을 가져야 한다.

나의 환자는 좀처럼 감정을 허용하지 않는다. 이 같은 사실 때문에 그와 아내의 관계가 훼손될 것이다. 밖으로 나가는 감정을 잘 다룰 수만 있다면, 그는 아내와의 관계를 제대로 지킬 수 있을 것이다. "의심하지 말라."라는 가르침은 큰 실수이다. 이제 우리는 틀에 얽매이지 않는 그의 감정을 제대로 다루기만 하면 그와 아내의 관계가 살아나게 되는 이치를 제대로 이해할 수 있게 되었다.

그는 자신의 감정에 관심을 기울이면서 그 감정이 중병에 걸린 어느 소녀와 연결되어 있다는 것을 발견한다. 감정과 사고도 병에 걸려 죽을 수 있다.

며칠 전에 어느 여인이 상담을 위해 나를 찾아왔다. 15년 전에 나의 치료를 받은 환자였다. 사실들을 직시하지 않으려 들고 정정당당하게 행동하지 않으려 하면서 나를 꽤 힘들게 만들었던 여자였다. 한마디로 말해, 아이로 남기를 원한 환자였다. 어떤 사람은 마치 자신이 영원히 어린아이로 살 운명을 타고 났다는 듯이 삶을 진지하게 받아들이지 않는다. 당뇨병을 앓는 환자가 자신의 증후에 관심을 두지 않거나 나의 조언을 받아들이지 않는다면, 내가 그 환자를 위해 할 수 있는 일은 아무것도 없다.

옛 여자 환자는 끔찍해 보였으며, 나는 그 같은 사실에 큰 충격을 받았다. 그녀도 자신의 모습을 잘 알고 있던 터라 이렇게 말했다. "정말 형편없죠? 그래도 이제 더 이상 문제는 없어요." 그녀는 내가 자기 남편에게 자신이 더 이상 히스테리 증세를 보이지 않는다고 말해주길 원했다.

그녀에게 문제가 전혀 없다는 말은 맞는 말이었다. 그녀가 문제를 모두 삼켜서 자신의 육체 속으로 녹여 버렸기 때문이다. 그런 환자들을 보면, 심리적인 이유로 심장이 뛰고 그 결과 전쟁 신경증과 비슷한 신경증이 나타난다. 온갖 일에 깜짝깜짝 놀라고, 행동에 대한 통제가 전혀 되지 않는다.

문제가 육체 속으로 스며들면, 외부로 나타나던 문제는 사라지지만 대신에 육체가 썩게 된다. 신경증이 심리 작용 속으로 깊이 파고들고 있다면, 끔찍한 재앙이 불가피하다. 어쩌면 생명을 위협할 수도 있다. 대체로 채광창이 영원히 닫혀버리게 된다.

고대 철학자 중에서 가장 지적이었던 헤라클레이토스(Heraclitus)는 "영혼에겐 물이 되는 것이 곧 죽음이다."라고 말했다. 무의식이 되는 것은 영혼의 죽음이라는 뜻이다. 인간은 신체의 죽음보다 먼저 죽는다. 영혼의 죽음이 있기 때문이다. 나는 자신의 마음을 마치 과육(果肉)처럼 걸쭉하게 만들어버린 남자도 보았다.

당신은 자신의 문제를 회피할 수 있다. 충분히 오랫동안 문제를 외면하기만 하면 된다. 당신은 도망칠 수도 있다. 그러나 그것은 곧 영혼의 죽음이다.

나의 환자는 자신의 감정 문제에 관심을 두지 않을 경우에 영혼을 잃고 말 것이다. 아무 호텔에나 한번 들어가 보라. 가면을 쓴 얼굴들이 로비에 수두룩할 것이다. 죽은 것이나 다름없는 이런 인간들은 종종 문제를 회피하기 위해 여행을 하고 있다. 그들은 쫓기는 표정을 짓고 있고 공포의 마스크를 쓰고 있다.

얼마 전에 나는 세계 일주 여행을 세 번째 하고 있던 여인을 만났다. 내가 뭘 위해 여행을 하느냐고 묻자, 그녀는 나의 질문에 깜짝 놀라면서 이렇게 물었다. "여행 아니고 딱히 뭘 하죠?" 아프리카에서 포드 자동차를 타고 여행을 하던 또 다른 여인을 만났다. 그녀는 공포에 질린 눈을 깜박이면서 자기 자신으로부터 달아나고 있었다. 그녀는 자신이 삶을 포기하게 된 사연을 털어놓고 싶어 했다. 정작 그녀 자신에 대한 기억은 옛날 기억밖에 없었다. 그녀는 자신이 잃어버린 것을 좇고 있었다. 눈에서 생기가 사라질 때, 그 사람의 신체 어딘가의 기능이 잘못되고 있다고 보면 틀림없다.

꿈속의 소녀는 재단사이다. 옷을 만드는 사람, 새로운 태도를 만드는 사람이란 뜻이다. 새로운 태도의 탄생은 긴 역사적 배경을 갖고 있다. 모두가 불멸일 때, 말하자면 모두가 허물을 벗을 수 있던 때에 관한 흑인들의 신화가 있다. 어느 날 사람들이 목욕을 하고 있었는데, 늙은 여인이 그만 허물을 잃어버리고 말았다. 그래서 그녀는 죽게 되었는데, 이것이 세상에 죽음이 생겨나게 된 사연이다.

유추하면, 사람들은 뱀처럼 옛날의 옷을 벗어야 한다. 가톨릭 견진 성사를 보면, 어린 소녀들이 흰옷을 입는다. 아프리카에서 나는 성년식에서 할례를 하는 소년들이 대나무로 온 몸을 감는 것을 보았다. 이 대나무는 정신적 새살, 즉 영혼의 옷이다. 폴리네시아 사람들은 봄의 소생을 알리는 가면을 쓴다. 카니발이 벌어지는 동안에 사람은 새해의 옷을 걸친다. 사람은 새해에 다시 태어난다.

분석가에겐 재단사로 불리는 것이 최고의 찬사이다. 환자의 꿈에 분석가가 재단사로 나타날 때, 그것은 분석가가 새로운 신체를, 새로운 살갗을 만드는 존재라는 뜻이다. 분석가가 새로운 불멸성을 일으키는 존재이기 때문이다. 밖으로 떠돌며 부정당하고 있는, 나의 환자의 무의식적 감정들은 새로운 탄생의 가능성을 담고 있다. 틀에 박히지 않는 감정, 즉 재단사 소녀는 새살을 만드는 존재이자 불멸의 창조자이다. 나의 환자가 그런 새로운 감정의 길을 걷는다면, 새로운 삶이 활짝 열릴 것이다.

당신이 하는 모든 것은 충분히 많이 되풀이할 경우에 결국 시들고 죽게 되어 있다. 마흔을 넘어선 여자들은 자신의 남성성을 깨닫기 시작하고, 마흔을 넘어선 남자들은 자신의 여성성을 깨닫기 시작한다. 이 남성성이나 여성성이 그때까지 이용되지 않아서 새롭기 때문이다. 마니투(Manitou: 북미의 알곤퀸 인디언들이 영적 생명력을 일컫는 표현이다/옮긴이)가 나타나서 여자들과 함께 식사를 하고 여자처럼 옷을 입으라고 명령하는 소리를 듣는다는 인디언 추장에 관한 전설이 있다. 심리학적으로 재미있는 직관이 아닐 수 없다.

일부 지역, 예를 들어 스페인에서는 늙은 여자들이 턱수염을 기르기도 하는데, 이 여자들은 그걸 대단히 자랑스러워한다. 간혹 여자들은 목소리까지 굵어지기도 한다. 유럽에서도 농부들 사이에 남자가 나이가 들면 매사에 지배력을 잃고 여자가 일을 대신하고 나서는 예가 보인다. 여자가 자그마한 가게를 열고 생계 수단을 버는 것이다.

남자는 여자가 되고, 여자는 남자가 된다. 그 동안 고려되지 않았던 것이, 말하자면 경멸되어 왔던 것이 구원자의 역할을 맡고 나설 것이다. 그러므로 나의 환자에게 가장 거북하게 느껴지는 감정에 새로운 태도를 낳을 씨앗이 담겨 있다.

꿈엔 기계가 두 개 등장한다. 말하자면 두 가지 방법이 있다는 뜻이다. 하나는 소녀의 것이고, 다른 하나는 아내의 것이다. 재봉틀은 어떤 심리적 요소이다. 사용하는 방법을 배움으로써 결과를 얻을 수 있는 그런 심리적 요소이다.

재봉틀은 방법을 의미한다. 방법을 택한다는 것은 곧 어떤 명확한 길을 따른다는 뜻이다. 이제 여기서 우리는 꿈속으로 더 깊이 들어간다. 소녀는 "나에겐 나만의 길이 있어요."라고 말한다. 그러자 나의 환자는 자기 아내의 길을 제시한다.

그렇다면 새로운 방법은 어떤 식으로 나올까? 바느질은 물건들을 서로 연결하는 방법이다. 목적은 무엇인가를 붙이는 것, 떨어져 있는 것을 결합시키는 것이다. 나의 환자의 내면에서 심리적으로 서로 결합되어야 할 것은 의식과 무의식이다. 분석은 의식과 무의식을 서로 결합시킨다. 그것이 바로 통합이다.

8강

1929년 1월 30일

지난번 세미나는 재봉틀에 관한 이야기로 끝났다. 재봉틀의 본질은 아주 특별한 방법을 암시한다. 바로 여기서 나의 이론은 프로이트의 이론과 다르다. 꿈속의 상징은 무엇인가를 숨기고 있는 겉모습에 불과하다는 식으로 말하면 곤란하다.

상징은 하나의 사실이다. 이 꿈의 경우에 재봉틀도 하나의 사실이다. 재봉틀이 의미하는 바를 이해해야만 이 꿈을 더 깊이 이해할 수 있다. 단순히 재봉틀은 새 옷을 만드는 방법을 의미한다는 식으로 말해서는 안 된다. 왜냐하면 새 옷을 마련하는 방법도 아주 다양하기 때문이다. 신비적인 방법도 있을 것이고, 마법적인 방법도 있을 것이다.

재봉틀로 옷을 만드는 방법의 특징은 순전히 원인과 결과의 기계적인 방법, 영혼이 없는 방법이라는 점이다. 이 환자의 연상을 연구하면, 기계적인 방법이 의미하는 바를 파악할 수 있다. 꿈에 나타나는 상징은 그것 자체로 해석되어야 한다. 환자의 소변에서 당(糖)이 검출될 경우에, 의사가 그걸 두고 겉모습에 지나지 않는다는 식으로 해석하면 안 된다.

아직 재봉틀의 의미를 완전히 파악하지 못했다. 나는 재봉틀이 기계라는 점을 특별히 강조할 것이다. 꿈을 꾼 사람은 연상을 하면서 이렇게 말한다. "결핵에 걸린 소녀가 나의 병든 감정을 상징할 수도 있을까요? 병든 감정은 컴컴한 구멍 속에 갇혀 있어야 한다는 뜻일까요? 재봉틀이 정말로 나의 아내의 것이라는 느낌이 들고, 아내가 무슨 말인가를 해야 한다는 느낌이 들었어요." 이 연상에서 재봉틀은 뭘 의미하는 걸까?

나의 환자는 그 방법을 순수하게 기계적인 것으로 이해하고 있으며, 그가 섹스를 대하는 방식도 그렇다. 이 방식은 남녀 사이에 끊임없이 오해를 불러일으키는 원인이다. 대부분의 남자에게 성욕은 순전히 기계적이고 비(非)심리적인 것으로 여겨지는 반면, 여자들에게 성욕은 감정과 연결된다.

비합리적인 것들 중에도 사실로 받아들여야 할 것이 있다. 예를 들면, 섭씨 4도에서 물의 밀도가 가장 높아진다는 점이다. 이것은 비합리적이지만 하나의 사실이다.

나의 환자는 이런 자료를 받아들여야 하는지를 물었다. 그래서 나는 사실로 받아들일 것을 권하면서 이렇게 덧붙였다. "당신의 악마 또는 천사가 그렇게 하라고 암시했는지는 알 수 없어요. 그러니 이런 식의 해석이 어떤 효과를 낳는지 지켜보도록 해요. 당신이 이 소녀를 사랑하면서 결혼생활에 파탄을 부른다는 식의 해석이 대단히 불편하게 느껴질 것입니다. 그러나 당신은 감정을 겉으로 드러낸다는 생각에 강하게 끌리고 있어요. 인내심을 갖고 결과를 기다려야 합니다." 컴컴한 구석에 갇힌 이 가련한 존재를 구하는 구원자의 역할이 그에게 대단한 호소력을 발휘한다. 그런데 구원자 역할에 저항할 수 있는 남자는 거의 없다.

꿈은 합리적이라는 것이 프로이트의 생각이다. 그러나 나는 꿈은 비합리적이라고 생각한다. 꿈은 그냥 일어날 뿐이다. 꿈은 마치 한 마리 동물처럼 걸어서 들어온다. 내가 숲에 앉아 있는데, 사슴이 나타나는 식이다. 꿈은 사전에 조정된다는 것이 프로이트의 이론이지만, 나는 거기에 동의하지 않는다.

이 꿈의 전반적인 의미는 우리가 지금까지 해 오고 있는 일을 계속하라는 뜻이다. 나의 환자의 감정은 내면을 밖으로 드러내는 것을 허용하지 않는다. 재봉틀이 그의 아내의 것이기 때문에, 섹스는 그의 아내와 관계있다.

남자는 온갖 사악한 생각은 다 인정해도 감정은 절대로 인정하지 않을 것이다. 반면에 여자는 생각을 인정하지 못한다. 웰스(H. G. Wells)의 『크리스티나 알베르타의 아버지』(Christina Alberta's Father)에 멋진 예가 나온다.

이 작품 속의 소녀는 낮 동안에 온갖 터무니없는 짓을 다 해놓고는, 밤이 되면 양심의 법정에 선다. 그러면 양심의 법정이 그녀가 낮에 한 일을 죄다 들려준다. 이것은 냉혹한 사고이며, 그녀는 이 사고로부터 달아나지 못한다. 당신도 자신의 마음 안에 이런 분열이 있다는 사실을 받아들여야 한다. 당신이 타고난 마음을 두고 할 수 있는 유일한 것은 그 마음을 그냥 받아들이는 것밖에 없다.

우리 모두는 하나의 신을 갖기를 원하고, 하나의 영혼을 갖기를 원한다. 또 삶의 이중성으로부터, 삶의 모순으로부터, 우리 본성의 분열로부터 달아나기를 원한다. 그러나 우리는 그렇게 하지 못한다. 한쪽엔 완벽하게 순진해 보이는 겉모습이 있고, 다른 한쪽엔 타고난 사고가 있다.

젊은이들은 삶의 이중성을 무시해도 별로 문제가 되지 않는다. 그러나 나이든 사람에겐 자기 자신과 세상이 모호하다는 진리를 아는 것이 매우 중요하다. 회의를 품는 것이야말로 지혜의 시작이다. 나이든 사람이 존재의 가치에 대해 회의를 품기 시작하는 것은 대단히 중요하다. 그래야만 자기 자신을 세상으로부터 해방시킬 수 있기 때문이다.

젊은 사람들은 회의를 품은 상태에서 살지 못한다. 삶에 대한 회의가 지나치게 깊은 사람은 세상 속으로 들어가지 못한다. 그러나 성숙한 사람은 세상으로부터 자신을 더 많이 떼어놓을 수 있어야 한다. 사람이 중년으로 접어들 때, 세상을 어느 정도 멀리하는 것은 완벽하게 정상이다. 일찍부터 삶에 대한 통제력을 잃는 사람은 좌절을 겪게 마련이다. 이 사람이 훗날 새로운 태도를 습득하지 못할 경우에 문제를 일으키는 존재가 될 것이다.

원시의 세계로 다시 돌아갈 수 있다면, 거기엔 당신의 내면에서 일어나는 일보다 당신 밖에서 일어나는 일들이 월등히 더 많을 것이다. 세상 모든 것이 진기하게 행동하기 시작할 것이다. 나무들은 속삭일 것이고, 동물들은 이상한 짓을 할 것이고, 귀신들이 나타날 것이다. 그 상태에서 당신의 의식을 키워보라. 그러면 이 같은 현상은 모두 사라질 것이다. 나무도 더 이상 속삭이지 않을 것이고, 귀신도 더 이상 돌아다니지 않을 것이다.

　바로 이것이 인간의 진보이다. 말하자면, 외부 세계의 힘을 약화시키는 것이 인간의 진보인 것이다. 마지막까지 남는 것은 절대적인 신이라는 관념이나 아니마와 아니무스 같은 형상들이다. 의식을 키워갈수록, 그런 것들은 덜 존재하게 된다. 이것이 바로 동양 사상이 말하는 바이다. 동양인들은 지속적인 삶의 경험을 통해서 이 같은 진리에 닿았으며, 나는 심리학을 통해 거기에 닿았다.

　내가 유물론을 제시한다는 비난의 소리가 종종 들린다. 나의 이론은 절대로 유물론이 아니다. 나의 이론은 단지 정신이라 불리는 실체의 중요성을 강조하고 있다. 우리는 아직 정신에 대해 아는 것이 거의 없다. 또 인간이라는 존재에 대해서도 아는 것이 거의 없다. 우리는 그런 것에 대해 모른다. 그러면서도 알고 있다는 식으로 말하는 것은 유치한 짓이다.

　여자가 진정한 생각을 표현하도록 하는 것은 절대로 불가능하다. 남자가 진정한 감정을 표현하도록 하는 것이 불가능한 것과 똑같다. 이 경우에도 예를 제시하는 것이 이해를 돕는 최선의 방법이다. 그럼에도 많은 예들은 지극히 개인적이다. 타고난 마음은 대단히 직관적이며 곧장 핵심을 파악한다.

　아들은 타고난 마음이라는 개념을 종종 어머니를 통해 배운다. 타고난 마음의 특성을 한 가지 더 말하고 싶다. 아들이 충분히 강하고 악을 가득 품고 있을 경우에는 어머니의 타고난 마음에 저항할 수 있지만, 그렇지 않을 경우엔 어머니의 타고난 마음에 완전히 짓밟히면서 그 영향에 마비될 수 있다는 사실이다.

　어머니들은 타고난 마음을 그대로 풀어놓음으로써 아들을 해칠 수 있다. 내가 소년일 때, 나의 아버지는 보수적이기로 유명한 도시의 성직자였다. 만약에 그런 환경에서 계속 살았더라면, 나는 아마 완전히 질식당하고 말았을 것이다. 그곳 주민들은 조상들이 몇 백 년 동안 살던 방에서 그대로 살았다. 벽에 알브레히트 뒤러(Albrecht Dürer)와 한스 홀바인(Hans Holbein)이 그린 조상의 초상화들이 걸려 있는 그런 방이었다.

나의 친구 하나는 1680년부터 1790년까지 서재로 썼던 방을 갖고 있었다. 이 친구는 새로운 것을 하나도 더 더하지 않은 채 그 서재를 옛날 모습 그대로 지켰다.

이런 삶의 전반적인 분위기는 대단히 아늑했다. 타고난 정신은 소년에게 그런 분위기에서 벗어나서는 안 된다고 말하고 있었다. 물론 나는 나 자신의 전체 삶을 완전히 새로 창조해야 했고, 또 그 삶을 현실로 구현해야 했다.

내가 열심히 공부하던 때에, 그러니까 나의 인생에 매우 중요한 시기에, 어머니가 나를 보러 왔다. 어머니는 나를 깊이 사랑하고 또 도와주길 원했지만 타고난 마음 때문에 나의 속을 뒤집어놓기도 했다.

그때 나는 연상 실험에 빠져 지내고 있었다. 방의 벽에는 온갖 종류의 차트가 가득 붙어 있었다. 그때 어머니가 예고도 없이 나를 찾아온 것이다. 어머니는 벽을 둘러보면서 "저런 것도 의미 있는 거니?"라고 물었다. 어머니의 말은 새털처럼 가벼웠지만 나에겐 몇 톤의 납보다 더 무겁게 느껴졌다. 그 후 3일 동안 나는 펜을 들지 못했다. 아마 심약한 소년이었다면, 나는 어머니의 말에 짓눌려 "당연히 아무런 가치가 없지요."라며 포기했을 것이다. 그러면 어머니는 나를 사랑한다면서 아무 생각 없이 한 말이라는 식으로 변명했을 것이다.

그러나 남자는 개화된 존재이며, 남자에게 가장 위험한 상대는 자연이다. 많은 남자들은 벽에 걸린 초상화 속의 착한 유령으로 남고, 그들의 내면에 있던 악마들은 다 죽음을 당했다. 그들의 어머니가 타고난 마음으로 그 악마들을 먹어치웠기 때문이다. 훌륭한 아버지가 타고난 마음을 딸에게 쏟지 않듯이, 훌륭한 어머니는 타고난 마음을 아들에게 쏟지 않는다. 당시에 나는 화를 냈으나 시간이 좀 지나면서 다시 공부를 열심히 할 수 있게 되었다.

나의 환자가 그 다음에 꾼 꿈을 보자.

"나는 공중의 어느 지점에서 스팀롤러 같은 것을 보고 있는 것 같다. 기계는 앞으로 나아가면서 길을 닦고 있는 게 분명하다. 그러면서 미로 같은 특이한 무늬를 그리고 있다." 그는 꿈속에서 "저건 나의 분석 작업이야."라고 생각한다. 이어 그는 자신이 위에서 내려다본 그림 안에 들어가 있다. 그는 숲속의 두 갈래 길에 서서 어디로 가야할지 몰라 망설이고 있다. 그는 처음에는 스팀롤러가 그리고 있던 아라베스크 풍의 무늬에 그다지 많은 관심을 주지 않았다.

환자가 공중에서 내려다보고 있는 그 위치와 관련해 떠올린 연상은 가까이서 보면 기계만 특별히 크게 보이지만, 멀리서 보면 덜 개인적으로 보이면서 사물들의 진짜 관계가 보인다는 것이었다.

길을 닦는 기계에 대해 그는 이렇게 말한다. "전문 분야의 논문을 읽다가 이런 기계들이 매커덤 도로(1820년경 스코틀랜드 엔지니어 존 매커

덤(John McAdam)이 개발한 공법으로 닦은 도로, 즉 포장 도로를 말한다/옮긴이)를 비교적 짧은 시간 안에 만들 수 있다는 내용을 읽은 기억이 나요."

아라베스크 풍의 무늬와 관련해 떠올린 연상은 이렇다. "어디로도 가지 않는 길을 닦는 것은 터무니없는 일이에요." 그래서 나는 이 길이 만들어내는 특별한 무늬는 어딘가에 닿을 수 있다고 대답했다. 그러자 그가 이렇게 말했다. "이 무늬는 퍼즐 같아요. 아마 인내심을 갖고 풀다 보면 목적지를 발견할 수 있을 겁니다. 아마 내가 분석을 통해 결실을 끌어내려면 인내심을 가져야 한다는 점을 암시하는 것 같아요. 두 갈래 길은 그 전의 꿈에 관한 대화에서 비롯되었을 수 있어요. 박사님께서 문제가 너무 어려워 보이면 분석을 하고 싶은 충동이 사라진다고 하셨잖아요." 나는 그에게 분석에 저항감이 느껴지는지, 아니면 분석을 계속하고 싶은 마음이 생기는지를 물었다.

그는 숲속에 있는 대목에서 단테(Dante)의 『신곡』(Divine Comedy)을 연상한다. 이 작품은 너무나 잘 알려진 중세의 상징이다. 이 연상은 무의식으로 내려간다는 것을 의미한다. 단테는 길을 잃었다가 무의식으로 내려가는 길을 발견한다. 나의 환자는 또 다른 옛날이야기를 생각해낸다. 1450년경의 이야기로, 어떤 수도사가 어두운 숲에서 길을 잃었는데 늑대가 나타나 그를 저승으로 안내했다는 이야기이다.

한 가지는 꽤 분명하다. 그가 "기계"가 나타난 동기에 신경을 쓰고 있다는 점이다. 어느 꿈이 그 앞의 꿈의 문제를 다룬다면, 그것은 그 전의 꿈의 분석이 완전하지 못했다는 것을 의미한다. 그의 문제는 섹스 문제이다. 남자가 급박한 무엇인가와 맞닥뜨릴 때, 그것은 언제나 섹스를 표현하고 있다. 그의 무의식은 이렇게 묻고 있다. "지금 섹스는 어떤가?" 그렇다면 그 문제는 아직 마무리되지 않았다. 남자는 성욕을 긴급히 해결해야 한다. 여자는 그렇지 않다. 여자는 인생 후반으로 접어들어야 그렇게 된다. 초반에는 그렇지 않다. 남자의 경우에 성욕은 자신의 진정한 모습을 찾고 싶어 하는 충동을 상징한다.

그가 기계 위 높은 곳에 위치해 있다는 사실은 그가 덜 개인적이고 덜 어려울 수 있다는 것을 의미한다. 그는 자기 자신을 볼 수 있고 또 자신의 문제를 보다 객관적으로 볼 수 있다. 큰 스팀롤러조차도 비행기에서 내려다보면 아주 작아 보인다. 높은 곳에서 보면, 아래의 모든 것은 난쟁이 나라처럼 보인다.

충분히 높이 올라가면, 더 이상 스팀롤러의 영향을 받지 않게 될 것이며 길을, 즉 들어가는 입구를 볼 수 있을 것이다. 그러나 가까이 서 있으면, 기계의 힘을 확인하고 지저분한 먼지와 소음을 비롯해 온갖 것을 다 보게 되겠지만 스팀롤러가 닦고 있는 것을 보지는 못한다.

아주 높은 곳에서 내려다보면, 대칭적인 무늬가 보일 것이다. 꿈속에서 무늬는 언제나 어떤 방식을 의미한다. 그는 이렇게 말한다. "겉보기에 아무런 의미가 없어 보이는 것이 미로라는 사실이 아주 재미있어요." 그가 마음에 담고 있는 것이 바로 그것임에 틀림없다. 들어가기만 하면 나오는 길이 없는 미로 말이다. 그가 그것을 피하는 이유도 바로 거기에 있다.

물론, 누구도 퇴로가 없는 곳으로 들어가고 싶어 하지 않는다. 그러나 직시해야 할 것은 바로 그것이다. 분석을 계속하겠다면, 그는 그 길을 통과해야 한다는 사실을 알아야 한다. 자기 자신으로부터 도망칠 수 있는 길은 어디에도 없다. 그는 퇴로가 없는 뭔가의 속으로 들어가고 있다. 그는 "그런 게 분석이야."라고 생각한다.

꿈의 다음 부분에서 그는 두 갈래 갈림길 앞에 선다. 계속 가야 하는 것일까? 그는 '신곡'에서 본 것처럼 자신이 숲속에 있다는 사실을 알아차린다. 그것은 남자의 신곡이다.

그 무늬를 그림으로 그리면, 길은 어디서나 시작된다. 그는 마지막에 자신이 더 이상 스팀롤러가 만든 길 위에 서 있지 않고 나선형의 오솔길을 걷고 있다는 사실을 알아차렸다. 전체적인 구성은 대칭적이다. 바깥 부분은 굉장히 헷갈리는 길인데도 누구나 알아볼 수 있는 그런 무늬를 엮어내고 있다. 안쪽은 그 사람 본인의 발자국으로 그린 나선형 무늬이다.

무늬는 거의 정방형에 가까우며, 자연의 다산성과 남녀, 양과 음의 힘을 의미하는 남녀 생식기의 상징으로 이뤄져 있다. 무늬에는 또한 특이한 리듬이 있다. 들어갔다 나오기를 반복하면서, 중심을 향하다가 다시 중심에서 벗어난다. 사람들이 춤을 출 때, 그 동선을 바닥에 그린 것 같다.

앞에서 살핀 꿈에서, 공을 주고받던 방식을 기억하고 있는가? 여기서 우리는 이 무늬가 의미하는 바를, 또 이 무늬가 나온 무의식의 원천이 무엇인지를 어느 정도 간파할 수 있다. 동시에 스팀롤러가 상징하는 것도 대략 감이 잡힌다.

자연스런 발달의 근본적인 법칙 하나는 발달이 나선형으로 이뤄지고, 자연의 진정한 법칙은 언제나 미로를 거친 다음에야 얻게 된다는 점이다. 나선형의 수학(數學)을 발견한 사람이 나의 마을에 살았는데, 그의 묘비에는 이런 글이 새겨져 있다. "항상 같은 방향으로 변화하면서도 늘 올라왔노라."

심리학적으로 보면, 사람은 누구나 나선형으로 발달한다. 사람은 언제나 예전에 들렀던 곳을 거치게 되지만, 그곳은 옛날과 똑같은 곳은 아니다. 그곳은 예전에 들렀던 곳의 위이거나 아래이다. 어떤 환자가 "3년 전에 왔던 바로 거기에 와 있어요."라고 말하면, 나는 "당신은 적어도 3년 동안 길을 걸었어요."라고 대답해준다.

우리가 관심을 둬야 하는 것은 무늬이다. 무늬가 암시하는 것은 스팀롤러가 만드는 길이 그 자체로 어떤 목표를 가질 수 있다는 것이다. 바로 나선형으로 안내하는 것이다. 어느 지점에서 나선형이 가지를 치고 나오면서 자체의 목적지에 닿을 것이다. 스팀롤러가 만드는 "길"은 나왔다가 들어갔다 하기를 반복한다. 이것은 남자와 여자의 기능을 암시하지만, 나는 여기서 섹스 문제를 옆으로 제쳐

놓고 단지 생명의 리듬으로, 능동적인 단계와 수동적인 단계로, 또 높이와 깊이를 의미하는 것으로 받아들여도 무방하다고 생각한다.

길가메시(Gilgamesh) 신화를 보면, '완벽한 인간'은 3분의 2는 신성하고 3분의 1은 인간인 그런 존재로 여겨진다. 완벽한 인간은 비애와 기쁨을 느낄 줄 아는 인간이고, 두 가지의 운동을, 말하자면 높이 올라갔다가 깊이 떨어지는 운동을 하는 존재이다. 길가메시는 대단히 기뻐하다가 깊은 절망에 빠지고, 아주 높은 곳으로 올라갔다가 아주 낮은 곳까지 내려가는 인물로 나온다. 완벽한 삶은 높은 곳에서 낮은 곳으로, 낮은 곳에서 높은 곳으로, 외향에서 내향으로, 내향에서 외향으로 크게 이동하는 그런 삶이다.

상반된 것들을 담아내지 못하는 삶은 그냥 직선의 삶일 뿐이다. 그런 삶은 마치 호흡을 하지 않는 것이나 마찬가지이고 삶을 살지 않는 것이나 다름없다.

심장 확장과 심장 수축처럼 리듬을 타며 사는 사람은 온전한 삶을 살 것이고, 따라서 완전에 가까이 다가서고 있다. 그래서 나의 환자가 자기 자신을 3차원적으로 볼 때, 삶은 들어갔다 나왔다를 반복한다. 그러나 만약에 그가 '영원이라는 관점에서' 자신을 본다면, 그는 하나의 세포가 되어 생명수 안을 떠다니며 호흡할 것이다.

삶의 변화를 상징하는 스팀롤러가 할 일을 다 완수했을 때, 들어갔다 나오기를 반복하던 이 특별한 움직임이 가지를 치면서 나선형이 된다. 그 안쪽 공간에서 나의 환자는 앞뒤로 움직이는 것을 포기할 수 있고, 그러면 리듬은 식물의 생명과 비슷해진다. 이 무늬는 대단히 의미 있는 무엇인가를 암시한다. 이 꿈은 틀림없이 이런 말을 하고 있다. "신화적으로 보면, 지금 그대는 헤라클레스처럼 미로에 갇힌 영웅의 처지일세. 그대는 지금 '신곡'의 숲에 와 있어." 단테가 천국에서 지옥으로, 지옥에서 천국으로 어떻게 이동했는지를 기억하라.

　꿈들은 대단히 신기하다. 꿈들은 위대한 작가가 드라마를 끝내는 바로 그 지점에서 멈춘다. 이 사람에게 운명적인 물음이 던져진다. 당신은 주인공인가? 어느 길을 택할 것인가? 여기서 우리는 이 사람의 대답을 기다려야 한다.

　우리는 아직 모든 가능성을 다 파고들지 않았다. 멜로디가 적어도 2개는 있다. 하나는 크고, 다른 하나는 작다. 그것이 무슨 의미인지 나는 모른다. 만약에 그것이 생명의 리듬을 의미한다는 나의 가설이 맞다면, 거기엔 진폭이 다른 파장이 있다.

　우리에겐 진폭이 두 개 있다. 남자는 능동적인 길로나 수동적인 길로, 남성적인 길로나 여성적인 길로 삶을 살 수 있다. 남자는 운명의 영향으로 인해 완전히 여성적인 존재로 변할 수 있다. 남자에게도 여성의 파장이 있기 때문이다. 남성의 진폭은 보다 크다. 여성의 내면에서 남성의 진폭은 보다 작다. 여자는 화도 덜 내고, 세상 속에서 길을 잃는 경우도 드물다. 그러나 길을 잃는 날이면, 여자는 자신을 완전히 잃어버린다. 여자가 그렇게 되는 경우는 무척 드물다. 남자는 세상에 적응하기 위해 더욱 큰 위험을 무릅쓰면서 세상에 뛰어들 수 있다. 여자들은 남편이 사업을 하면서 하는 행동을 지켜보면서 종종 충격을 받는다.

9강

1929년 2월 6일

나의 환자가 그린 그림에 다시 주목해 주길 바란다. 왜냐하면 그를 분석하는 작업에 이 그림이 대단히 중요하기 때문이다. 이 그림은 분석의 전체 과정과 목적을 처음으로 암시하는 자료이다. 구도의 세부사항을 전부 다 파고들 수는 없지만, 그래도 구도에 대한 일반적인 생각을 몇 가지 제시할 수 있다.

거기에 서로 얽힌 길이 두 개가 있다. 두 개의 길이 서로 만나는 지점에서 나선형이 시작되며, 이 나선형은 한가운데에서 끝난다. 환자는 이 무늬를 미로라고 부르고 있으며 또 스팀롤러의 비합리적인 길은 분석의 길과 닮았다고 생각하고 있다.

첫 번째 꿈에서 분석을 암시하는 것들이 종종 나타난다. 나의 환자도 분석에 대해 나름대로 생각을 갖고 있었다. 분석은 어떤 뿌리 콤플렉스를 파고들려고 노력하는 것이며, 그러다 보면 그 콤플렉스가 뿌리 뽑힐 것이라고 생각하고 있었던 것이다.

그런데 실제의 분석은 그 생각과 맞아떨어지지 않았다. 그래서 그는 혼란을 느꼈다. 꿈에서 느낀 혼란의 감정이 그림에 표현되어 있다. 미로를 만들어내는 선들의 무늬에 끝나는 지점이 없다. 이 무늬는 비합리적인 선들을 끝이 보이지 않게 서로 엇갈리게 해 놓은 것에 지나지 않는다.

나는 환자에게 이 무늬의 대칭성에 주목하라고 부탁했지만, 그는 거기서 아무것도 떠올리지 못했다. 만약 이 무늬를 동양 철학자에게 보여준다면, 철학자는 아마 "당연히, 만다라(曼茶羅: 범어(梵語)로 원(圓)을 뜻한다. 모든 것을 두루 갖추었다는 뜻을 상징적으로 표현한다/옮긴이)지요."라고 대답할 것이다.

서양 사람들은 이런 형상에 대한 개념을 전혀 갖고 있지 않다. 서양인들은 그것을 마법의 원이라고 부를 것이다.

서유럽에도 몇 가지 예가 있다. 영국의 박물관에도 그런 전시물이 하나 있고, 리하르트 빌헬름(Richard Wilhelm) 교수는 나에게 도교 수도원에서 구한 작품을 하나 보여주었다. 이 작품을 분석하면, 4개의 부분으로 구성되어 있다는 사실이 확인된다. 종종 한가운데에 원을 하나 포함하고 있는 정방형이며, 4개의 부분은 다시 8개 이상의 부분으로 구분될 것이다.

동양의 만다라는 명상에 이용된다. 서양인이 이해하고 있는 명상은 동양의 명상과 많이 다르다. 예를 들면, 가톨릭교회에 로욜라 수련이 있다. 이 수련의 경우에 사람들은 미리 정해진 주제에 대해 깊이 생각하고, 교리와 관련 있는 이미지가 묵상하는 사람의 마음이 어떤 목표 쪽으로 집중할 수 있도록 돕는다.

서양에 만다라가 알려져 있지 않은 것은 아니다. 자주 나타나는 만다라의 형식은 예수 그리스도가 한가운데에 있고 복음 전도사들이 네 구석에 있는 그런 만다라이다. 네 구석에는 천사와 독수리, 수소와 사자가 마치 호루스의 네 아들처럼 배치되어 있다.

호루스 신화는 아주 특별한 역할을 했지만, 이 신화에 대한 설명은 아직 완벽하게 이뤄지지 않고 있다. 호루스 신화를 보면, 호루스는 사악한 것을 본 탓에 눈이 멀게 된 자기 아버지에게 자신의 눈을 하나 주었다. 낮의 빛을 회복하기 위해, 아버지의 시력을 회복하기 위해 자신의 눈을 내놓은 것이다. 그래서 그는 구원자의 역할을 한다. 눈도 하나의 만다라이다.

노르만 민족의 예술에도 만다라가 그려진 고문서가 있다. 쾰른 성당의 서고에 있는, 1150년경에 제작된 문서가 바로 그것이다. 멕시코에도 만다라가 있는데, 그 유명한 '달력 돌'(Calendar Stone)이다. 이 돌엔 한가운데에 얼굴이 있고, 주위에 탑 모양의 형상이 4개 있다. 전체 만다라는 하나의 원으로 둘러싸여 있고, 역법(曆法)은 원 속의 교차점 안에 적혀 있다.

나의 환자가 그린 무늬는 그의 분석이 나아갈 길을 암시한다. 동시에 그 무늬는 그의 정신을 집중시키는 수단이다.

도교의 도사(道士)가 만다라를 놓고 명상하면서 점진적으로 자신의 리비도를 중심 쪽으로 집중시킬 때, 그 중심은 무엇을 의미하는가? 의식의 중심은 에고이지만, 만다라에서 표현되고 있는 중심은 에고와 일치하지 않는다. 그 중심은 의식 밖에 있다. 그것은 또 다른 중심이다. 순진한 사람은 그 중심을 우주에 둔다. 그러면서 그 사람은 중심이 세상의 다른 어딘가에 있다고 말한다. 이 수련의 목표는 자신을 이끌 요소를 에고에서 떼어내서 무의식에 있는 비(非)에고의 중심으로 옮기는 것이다. 이것은 또한 분석의 일반적인 목표이기도 하다.

이 같은 이치는 내가 발명한 것이 아니다. 나도 그런 이치를 발견했을 뿐이다. 10년 전에 이 그림을 보았다면, 나도 마찬가지로 그 의미를 몰랐을지 모른다.

인생의 어느 지점까지는 의식의 에고가 우리를 안내하는 요소가 되어야 한다. 그러나 인생 후반으로 들어서면, 또 다른 중심이 있어야 하는 것 같다. 에고는 단지 나의 의식 안에 있는 부분일 뿐이지만, 우리의 정신 체계는 그보다 훨씬 더 넓으며 당연히 무의식도 포함한다.

우리의 정신 체계가 어디까지 닿는지, 우리는 모른다. 지구가 태양계의 중심에 있다고 말하지 못하듯이, 우리는 우리의 에고가 정신의 중심이라고 말하지 못한다. 만약에 의식 밖에서 어떤 중심을 창조한다면, 그 중심은 우리의 에고보다 훨씬 더 진정한 중심이 될 것이다. 그러나 여기서 이 문제를 더 깊이 파고들다 보면, 우리는 깊은 물에 빠져 허우적거리고 말 것이다.

북미의 푸에블로 인디언도 동양의 만다라와 비슷한 만다라를 모래로 그린다. 이것은 아마 푸에블로 인디언들의 기원이 동양임을 말해주는 자료일 것이다.

나의 환자는 그 다음날 밤에 꾼 꿈 이야기를 들려준다.

"나의 마차에 우리 같은 것이 있다. 아마 사자나 호랑이를 가둘 우리일 것이다. 우리에는 칸이 여러 개 있다. 그 칸들 중 하나에 병아리가

4마리 들어 있다. 병아리들은 늘 달아나려 하고 있다. 그래서 나는 병아리들을 지켜야 한다. 정말 열심히 지켰는데도, 병아리들은 뒷바퀴 쪽으로 달아나고 있다. 나는 얼른 병아리들을 손으로 잡아서 우리의 다른 칸에 집어넣는다. 가장 안전할 것 같은 칸이다. 거기엔 창이 하나 있지만 방충망으로 막혀 있다. 방충망의 아랫부분이 단단히 조여져 있지 않다. 그래서 나는 병아리들이 달아나지 못하도록 돌을 주워 방충망 아래를 눌러야겠다고 생각한다. 이어서 나는 병아리들을 깊은 대야에 넣는다. 그만한 높이면 병아리들이 달아나지 못할 것 같다. 병아리들은 대야의 바닥에 가만히 앉아 있다. 그런데 한 마리가 움직이지 않는 것 같다. 그래서 나는 병아리를 너무 꼭 쥐어서 그런가 보다 하고 생각한다. 병아리가 죽으면 먹지 못하겠구나 하는 생각이 든다. 그렇게 생각하면서 병아리를 유심히 지켜보고 있는데, 병아리가 움직이기 시작한다. 그때 닭 튀기는 냄새가 난다."

그가 이 꿈과 관련해서 떠올린 연상은 별로 없다. 동물의 우리와 관련해 그는 이렇게 말한다. "서커스단의 동물은 우리에 갇혀 있어요. 인간은 각자의 생각을 지키는 존재이지요. 생각이 달아나지 않도록 신경 써야 합니다. 생각이 달아날 경우에 다시 잡기가 매우 어렵기 때문이지요." 그러면서 그는 이렇게 묻는다. 새들은 자유롭게 해방되려고 애쓰는 생각이나 감정 또는 심리적인 요소들을 상징하는 것일까? 또 새들은 그가 지나치게 세게 눌러 죽일 위험을 감수하면서까지 붙잡아두려는 심리적인 요소들을 상징하는 것일까? 그러나 꿈에 나타난 것이 동물이라는 사실은 그것이 본능적인 무엇인가를 가리킨다는 점을 암시하는 것 같다.

뒷바퀴와 관련해, 자동차의 뒷바퀴는 동력을 내고 또 자동차에 없어서는 안 되는 부품이기 때문에 매우 중요한 부분이라는 말이 나왔다.

숫자 4도 피타고라스(Pythagoras)의 철학에서 중요한 역할을 한다. 4는 비밀의 숫자이고, 존재하는 모든 것의 정수(精髓)이며, 기본적인 숫자이다. 대부분의 만다라는 4를 바탕으로 하고 있다.

그 다음으로 중요한 것은 무엇일까? 병아리들이 끊임없이 달아나려고 애를 쓰면서 그를 힘들게 만드는 이유는 무엇일까? 만약에 병아리들이 만다라를 상징한다면, 이 장면은 특히 이상하다.

병아리들은 인격의 분열을 상징한다. 그 사람의 내면에 집중을 방해하는 무엇인가가 있다. 그는 틀림없이 자제에 싫증을 내고 있다. 그는 인생을 살면서 자제를 너무 많이 하고 있다. 이것이 그가 분열을 겪고 있는 원인이다. 그는 자신이 자제를 충분히 많이 하고 있다고 생각하고 있으며 이젠 그 이상으로 자신을 억제하길 원하지 않는다.

그의 무의식은 그가 이 동물들을 모두 가두려고 노력하는 모습을 보여주고 있다. 그렇다면 무의식은 분명히 그가 개성을 온전히 지키기를 원하고 있다. 그가 병아리를 한곳에 가둬두려고 애를 쓰는 것이 마치 그의 삶과 비슷하다는 결론도 가능할 것이다. 그러나 꿈에는 그런 결론을 뒷받침할 내용이 전혀 없다.

그는 개성의 중심에 집중할 필요가 있다. 이 중심은 에고 중심이 아니다. 개성의 중심이 꼭 에고 중심과 같아야 할 필요는 없다.

개성은 우리가 인간이라고 부르는 그 완전한 존재의 특성이다. 그렇기 때문에 개인의 중심은 자기(self: 무의식 깊은 곳에 있는 정신의 중심을 일컫는다. 여기엔 우리의 생각이 닿지 못한다. 자아와는 비교도 안 될 만큼 큰 세계다/옮긴이)의 중심이고, 4마리의 병아리는 분명히 그 중심에 속한다. 나의 환자는 언제나 간섭과 주의를 게을리하지 말아야 한다. 간섭과 주의를 게을리하면, 중심이 해체되고 분리될 것이기 때문이다. 나는 그의 의식적인 자제와 저항의 문제를 자기의 자제의 문제와, 다시 말해 의식의 영역 밖에 있는 중심의 통합이라는 문제와 분리시킨다.

나의 환자는 의식적으로 자제를 지나치게 많이 하고 있는 탓에 속박이나 자제 같은 단어에 저항할 수 있다. 꿈이 의미하는 바는 그의 의식의 문제와 아무 관계가 없다. 꿈이 의미하는 것은 언제나 의식 밖에 있는 중심과 관계있다. 그것은 대야 안에 모아둬야 하는 4마리의 병아리와 관계있으며, 튀긴 닭이라는 생각과 관계있다. 자꾸만 달아나려 하는 병아리들은 이 중심을 상징적으로 재미있게 표현하고 있다.

『역경』에 솥이라는 뜻의 "정"(鼎) 괘가 있다. 빌헬름 교수에 따르면, 발이 3개인 솥은 요가에서 새로운 사람을 낳는 기술을 상징한다. 솥 안에 아주 중요한 것이 들어 있다. 왕을 위한 식사다. 솥 안에 꿩고기가 있다.

나의 환자의 꿈엔 병아리들이 나타났다. 꿈의 이 부분은 비(非)에고의 중심은 저절로 존재하는 것이 아니라는 점을, 그 중심은 환자 본인이 대단히 많은 주의를 기울이며 창조해내야 하는 것이라는 점을 암시하고 있다.

제50괘의 일부를 보자. "나무 위에 불이 있는 것이 정(鼎)괘의 상이니. 군자가 자리를 바로 해서 천명을 완수한다. … 발이 달린 솥이 엎어지니. (모든 것이 버려지고 솥이 쓰일 준비가 되어 있다) 솥에 음식이 있으니. 나의 친구들은 부러워하지만 나를 해치지 못하리라. … 솥귀가 고쳐지고. 삶의 길에 방해를 받고. 꿩의 기름을 먹지 못하니. 마침내 비가 내리고, 뉘우침이 깊어지니라. … 솥의 다리들이 부러지고. 공(公)의 밥이 엎질러지니. … 솥이 누런 귀에 금 고리이니. … 솥이 옥고리를 가졌으니. 길하지 않을 게 없도다."

솥에 관한 이런 생각은 도교의 조상 숭배에 이용되는 제기(祭器)에서 나온다. 솥은 새로운 것이 형성되는 영적 자궁을 상징한다. 그것은 초기 기독교인들의 크라테르(Krater: 고대 그리스 시대에 포도주와 물을 섞는 데에 사용한 단지를 일컫는다/옮긴이)와 똑같다. 혹은 새로운 물질이 만들어지는 연금술사의 증류기와 같다.

보통 상태에서 서로 섞이지 않는 물질들도 불 속에선 서로 결합하여 금을, 새로운 사람을 만들어내는 것으로 여겨진다. 그래서 솥은 금과, 돌 중의 돌인 옥으로 된 귀를 가졌다. 여기서 중세 연금술에서와 똑같은 관념을 확인한다. 돌 중의 돌은 바로 철학자들의 돌(philosopher's stone: 연금술에서 값싼 금속을 금으로 바꾸는 능력을 가진 물질을 의미한다. 심리학적으로는 완전성의 원형적 이미지를 뜻한다/옮긴이)인 것이다.

『역경』에는 사냥의 상징이 많다. 이 상징들은 모두 인간의 본능 덩어리, 즉 혼란스런 본능의 집합은 전혀 통합되어 있지 않다는 것을 의미한다. 본능들은 서로 대단히 모순적이며, 사람은 본능 때문에 분열되어 있다. 본능들은 동물원의 동물들과 같아서 서로를 절대로 좋아하지 않는다. 본능들은 언제나 서로 물어뜯고 달아나려고 애를 쓴다. 그래서 혹시라도 자신이 본능을 위해 무슨 일이든 하길 원한다면, 먼저 당신은 본능들을 쏘아 쓰러뜨린 다음에 그것들을 한데 모아서 변화시켜야 한다.

그것은 곧 당신이 세상 온 곳에서 희소한 것들을 수집해서 솥에 모두 집어넣고 요리를 해야 한다는 뜻이다. 그러면 무엇인가, 아마 금이 나타날 것이다. 꿈에 나타나고 있는 생각이 바로 그런 것이다.

꿈에는 달아나려고 애를 쓰는 동물이 4마리 등장한다. 이 동물들은 언제나 사냥해야 하고 단지에 넣어져야 한다. 나의 환자에겐 이미 이 동물 중 한 마리가 먹힐 준비가 되어 있는 것처럼 보인다. 식사는 완벽한 인간을 위해 준비되어 있다. 본능들은 불을 이용해서 변화시켜야 할 음식이다. 이것은 임금의 식사로 준비되고 있다. 이 과정을 거치고 나면, 사람은 더 이상 상반된 것들로 인해 분열되지 않고 자신과 하나가 된다.

이전의 꿈에는 이런 내용이 하나도 없다. 무늬는 꿈을 꾼 사람이 어디든 갈 것이라는 점을, 무늬에 따라 사방으로, 그것도 한 번이 아니라 두 번 갈 것이라는 점을 암시한다. 그는 모든 것을 두루 경험하기 위해 망상의 세계에서 실수의 위대한 여행을 해야 한다. 그러면 그에게 일어나는 모든 것은 그의 것이 된다.

이 여행은 사냥이다. 여행이 마무리될 때, 요리 과정이 시작되고 또 분열되지 않고 완전한 존재를 만드는 작업이 이뤄진다. 우리 자신의 중요한 부분들은 세상 속에서 우리를 기다리고 있고, 우리는 그 특성을 경험하기 위해 특별한 운명을 만나야 한다. 우리가 그것을 경험하면, 그것이 우리에 갇히게 되고, 그러면 우리는 닭을 맛보게 될 것이다. 우리 자신의 다른 측면들을 경험한 다음에 통합을 이루기 위해선, 우리는 운명을 그런 식으로 살아내야 한다.

환자는 "병아리"와 관련해 먹는 것 외에는 어떠한 연상도 떠올리지 못했다. 병아리는 전혀 중요하게 여기지지 않는 동물이다. 병아리는 보통 무서워하고, 맹목적이고, 어리석은 생명체이다. 자동차가 달려오는 것을 보고도 길로 뛰어드는 그런 생명체이다.

병아리들은 억눌려 있는 단편적인 성향들을 상징한다. 혹은 우리가 모르고 있는 가운데 꽤 자율적으로 활동하고 있어서 우리와 좀처럼 맞닥뜨려지지 않는 성향들을 상징한다. 영혼의 이런 단편적인 파편들은 병아리처럼 터무니없는 것들을 꾸며낸다. 그러면 똑똑한 사람도 온갖 바보 같은 짓을 다 하게 된다. 이처럼 자신의 성격과 완전히 어긋나는 짓을 하는 사람의 예를 들어보라면 누구나 쉽게 제시할 수 있을 것이다. 우리의 통제와 관찰을 빠져나가는 모든 것은 "병아리들"이다.

간혹 보면 저항 때문에 연상을 떠올리지 않는 경우도 있지만, 너무나 당황한 나머지 연상을 떠올리지 못하는 경우도 있다. 나의 환자가 이 꿈에 대해 지금과 다른 태도를 취했다면, 그는 연상을 떠올릴 수 있었을 것이다.

가끔 나도 너무나 터무니없는 일 앞에서 화가 나서 연상을 전혀 떠올리지 못하기도 한다. 그런 경우엔 나의 감정이 연상을 가로막고 있다. 그렇듯, 이 환자도 자신이 직전에 아름다운 꿈을 꾸었는데 이번에 바보 같은 병아리 꿈을 꾼 데 대해 화를 내면서 연상을 떠올리지 못하고 있다.

그가 병아리를 죽은 것처럼 보일 만큼 심하게 누른 이유는 무엇일까? 병아리는 틀림없이 도피하려 드는 그의 기능 중 하나이다. 그래서 우리는 그것이 그의 열등 기능이라고, 그의 통제력을 거의 벗어나 있는 기능이라고 단정해도 좋을 것이다.

그는 지적인 유형의 사람이며, 그의 열등 기능은 감정이다. 그는 자신의 감정을 심할 정도로 억눌렀다. 그는 자기 아내를 편안하게 해 주기 위해 감정을 억눌러 왔지만, 거기서 얻는 이득은 그만한 가치가 없다. 그렇다면 그가 자신의 감정을 붙잡아 거의 죽을 만큼 짓누른 다음에 그것을 가만 지켜보고 있다고 해석해도 별 무리가 없을 것이다.

여기서 고대의 주술 같은 것이 끼어든다. 어떤 사물을 바라보며 거기에 신경을 집중하거나 묵상함으로써 그것이 자라게 하거나 부화하도록 할 수 있다. 그는 자기 자신에 대해 골똘히 생각하고 있다. 신들은 무엇인가를 만들어내길 원할 때 그것에 대해 깊이 생각하고 묵상한다. 그렇듯 나의 환자가 죽었다고 생각되는 병아리를 보기 시작할 때, 병아리는 다시 생명을 얻는다. 감정이란 것은 아무리 세게 억눌러도 그것에 대해 생각하기만 하면 다시 생명을 얻게 되어 있다.

여기서 무의식은 도덕적 의도 같은 것을 전혀 갖고 있지 않다는 점을 다시 강조해야 한다. 무의식은 그냥 자연이다. 무의식은 일어나고 있는 일이 무엇이든 가리지 않고 그것을 하나의 객관적인 사건으로 말한다.

꿈은 무엇을 해야 한다거나 하지 말아야 한다는 식으로는 절대로 말하지 않는다. 꿈을 바탕으로 우리가 어떤 결론을 끌어낼 수 있어야 한다. 무의식은 우리에게 뭘 하길 원한다거나 뭘 하지 않길 원한다는 식으로 말하지 못한다. 우리는 꿈을 바탕으로 "어떤 일들이 그런 식으로 벌어지고 있으니 조심하는 게 좋겠어"라거나 "일들이 그런 식으로 일어나고 있으니 다행이야"라는 식으로 말할 것이다. 꿈은 단지 실제로 일어나고 있는 일들에 대한 진술일 뿐이다.

병아리가 달아나거나 튀겨지는 것이 좋은 일일 수도 있고 나쁜 일일 수도 있다. 모든 것이 가능한 것이다. 우리는 "병아리"에 대해, 저 밖의 세상 속에, 다른 사람들의 내면에 있는, 뇌를 갖고 있지 않은 파편적인 영혼 혹은 성향으로 이야기하고 있다. 우리 안에 있는 파편적인 모든 것들은 무의식으로 남아 있는 한 틀림없이 다른 사람들의 내면에서 발견될 것이다.

나의 환자는 아직 잘못을 다 저지르지 않았다. 그는 마흔일곱 살이지만 그에겐 잘못을 저지를 시간이 앞으로 아직 많다. 이 병아리가 도망쳐야 할 파편적인 영혼인지, 나는 모른다. 일부 병아리들은 달아날 것이고, 일부 병아리들은 충분히 강하지 못해서 달아나지 못할 것이다.

너무 약해서 나쁜 행동을 하지 못하는 사람도 있다. 그들에겐 나쁜 짓을 할 특별한 재능이 전혀 없다. 나쁜 존재가 되는 것도 하나의 재능이다. 일부 사람들은 그런 재능을 갖고 있으며 그들의 목적지는 교도소이다. 다른 사람들의 목표가 왕립학회인 것과 똑같다.

교회의 기둥으로 여겨지면서 존경을 받던 어느 시민에 관한 재미난 이야기를 들은 적이 있다. 이 사람은 점점 자신의 삶에 불만을 품게 되었다. 그러다 급기야 한밤중에 잠을 자다가 깨어나서 "나라는 인간의 본질이 어떤지 이제 알았어. 나는 악마야."라고 말하기에 이르렀다. 그날 이후로 그는 악마 같은 존재로 변했다.

그렇듯, 병아리는 달아나고 싶어 하는 영혼의 한 조각에 지나지 않을 수 있다. 나는 나의 환자에게 이렇게 물을 수밖에 없다. "병아리가 탈출에 성공한다면, 당신은 그것을 어떻게 할 건가요?"

언젠가 자신이 경찰관이 되어 범인을 체포하는 과정에 어떤 집을 감시하는 꿈을 꾼 사람을 상담한 적이 있다. 그 집에는 악질 범죄자는 하나도 없고, 떠돌이와 사기꾼만 있었다. 그는 문을 잠갔다고 생각했지만, 그가 그곳을 벗어 나 있는 사이에 "새들"이 모두 날아가 버렸다.

그 사람은 꿈에 대해 이야기하면서 모든 것이 달아나 버린 것을 매우 재미있게 생각했다. 그런 그를 보면서, 나는 "이상하군. 저 사람한테 뭔가 잘못 돌아가고 있어."라고 생각했다.

나의 생각이 맞았다. 1년 뒤에 그에게 나쁜 일이 생겼다. 완전히 파산한 것이다. 이 사람의 꿈은 병아리 같은 것과 차원이 달랐다. 그것은 심각했으며, 그의 무의식은 그에게 이렇게 말했다. "조심해. 그대의 무의식엔 방랑자들이 가득한데 그들이 달아날 거야."

이 남자는 부랑자와 기이한 사람들에게 특별한 관심을 보였다. 그는 그런 사람들에 대한 이야기를 들려주고 그들과 함께 있는 것을 즐겼다. 그 점이 나에겐 이상해 보였다. 그의 삶이 그런 태도와 일치하지 않았기 때문이다. 그의 무의식은 방랑과 무책임으로 가득했다. 이 사람은 매춘부들에게 그와 비슷한 관심을 보였던 목사의 예를 많이 닮았다. 이 목사는 심지어 파리까지 여행했으며, 매춘부들을 구하기 위해 온갖 매음굴을 다 돌아다녔다. 그런데 그의 행동에 이상한 구석이 있어 보였다. 결론은 이 목사가 매독에 걸려 심하게 아팠다는 것이다.

병아리들과 관련해서 병아리들이 달아나야 하느냐 아니면 구조되어야 하느냐 하는 것이 문제이다. 이 대목에서 분석을 맡은 의사에게 기술이 요구된다.

내가 우리에 백조나 독수리를 가둬두고 있다고 가정해보자. 이런 경우에 나는 이렇게 말할 수 있을 것이다. "물론 이 동물들은 풀려나야 한다. 독수리는 날아야 하니까." 그러나 병아리를 놓고 똑같은 차원에서 말하는 것은 부조리하다. 독수리에겐 자유롭게 풀려나는 것이 이롭다. 그러나 병아리들이 달아나 곳곳을 맹목적으로 돌아다니게 하는 것은 터무니없다. 이것은 아직 자신의 실력을 확신하지 못하는 분석가에게 좋은 기회가 될 수 있다. 분석가에게 환자가 걱정이 가득한 사람으로 느껴진다면, 병아리들을 풀어놓는 것이 더 바람직할 수 있다. 이 환자가 꿈에서 병아리들을 가둬두려고 애를 쓰면서 스스로를 조롱하고 있다고 보는 것도 가능하다.

그러나 나는 이 환자에 대해 아직 자신 있게 말하지 못한다. 그의 본성은 매우 복잡하다. 그가 한 마리의 병아리가 아니라고 나는 확신하지 못한다. 그는 신경증이 전혀 없으며 지적 관심이 대단하다. 만약에 그가 사자나 호랑이들을 쇠창살 안에 가둬두고 있었다면, 사자나 호랑이들이 으르렁거렸을 것이다. 내가 그를 안 것도 2년이나 되지만 아직 포효 같은 것은 전혀 들리지 않았다.

이 사람은 매우 조용한 영혼이며, 나는 그를 짜증나게 만드는 벼룩들이 어디서 튀어나오는지 아직 잘 모른다. 이 병아리들이 벼룩들과 비슷해서 "없어져야" 할 존재일 수도 있다. 꿈에 나타난 그의 감정은 병아리들이 달아나서는 안 된다는 쪽이다. 이 점이 나로 하여금 의심을 품게 만든다. 그의 내면에 해방을 외치는 소리 같은 것은 전혀 없다고 나는 단정한다.

이 사람은 정말 존경할 만한 사람이다. 그가 세상을 떠나면, 사람들은 그를 두고 흠잡을 데 없는 삶을 살았고 또 모범적인 남편이었다고 말할 것이다. 그럼에도 그는 삶의 길에서 고급 창녀(성병에 걸리지 않기 위해 100프랑을 대가로 지급했다)를 경험했다. 그러는 과정에 그 같은 행위도 삶의 고민을 해결하지 못한다는 것을 서서히 깨닫게 되었다. 그는 어떤 소녀에게 감정을 품고 있을지 모른다. 아마 그 소녀가 나이가 들어 파리에서 만난 늙은 창녀처럼 쉰 살이 되면 어떤 모습으로 변할 것인지에 대해 상상하고 있을지도 모른다. 그런 것들이 그의 내면에 떠오르면서 매우 불쾌한 감정을 불러일으킬 수 있다. 그는 소년처럼 맹목적이었으며, 달아나려 하는 병아리들은 그가 저지른 분별없는 짓들을 의미할 수도 있다.

그렇다면, 병아리가 달아나려 하는 행위에 그의 보상 심리가 작용하고 있는 것일까? 이에 대한 대답은 그가 그 일을 어떤 식으로 받아들이느냐에 따라 달라진다. 예를 들어, 만약에 그가 달콤한 젊은 아내와 함께 행복하게 살고 있는 순진한 젊은이라면, 병아리들은 달아나서 세상이 진짜 어떤 곳인지를 경험해볼 필요가 있다. 그러나 이 사람은 순진하지 않다. 그는 냉혹한 사업가이며, 그런 한편으로 이상주의자의 기질도 갖고 있다. 그에겐 인간적인 면모도 있다. 그래서 그는 분석을 계속하고 있다.

병아리를 잡는 사람은 인습적인 사람이 아니다. 매춘부를 찾아다니는 사람이 인습적인 사람이다. 그의 인습적인 겉모습은 매춘부와 어울린다. 그런 짓은 인습이다. 병아리들은 탈선행위를 조장하는 무의식적인 영혼의 파편들이다.

이 남자는 철학도 있고 또 책도 많이 읽었다. 그는 분별없는 짓을 추구하지 않지만, 포도주 한 병이면 철학 같은 것은 금방 없어지고 만다. 매춘은 관행이고, 많은 사람들은 발각되지 않는 이상 별로 신경을 쓰지 않는다. 많은 여자들조차도 자기 남편이 매춘부를 찾거나 동성애자이거나 온갖 추잡한 짓을 하더라도 신경을 쓰지 않는다고 말한다. 여자들은 남편이 기품 있는 여자와 사랑에 빠질 때에만 신경을 쓴다. 나의 환자도 간혹 의문이 들지 않는 것은 아니지만 매춘은 괜찮다고 생각했다.

언젠가 대단히 인습적인 사람이 나에게 이런 말을 한 적이 있다. "아내와 이혼해도 괜찮을까요? 22년 동안 결혼생활을 해오고 있고, 아직도 아내를 충분히 사랑하고 있지만 젊은 여자가 생겼어요. 그 여자와 결혼하고 싶어요. 아내와 법적으로 결혼했는데, 법적으로 이혼할 수도 있어야 하지 않나 하는 생각이 듭니다." 이 남자는 꽤 논리적이었지만 그에겐 감정이 전혀 없었다.

나의 환자의 꿈을 요약하면, 꿈은 새로운 사람을 만들 재료들을 제시하고 있다. 따라서 『역경』에 비슷한 내용이 발견될 것이다. 그가 병아리를 놓아주든 아니면 죽여서 튀겨 먹든, 그것은 실질적으로 똑같은 행위이다. 만약에 병아리들이 달아난다면, 그는 넓은 세상에서 일련의 병아리의 모험을 겪은 뒤 돌아와 그 모험들을 통합시켜야 한다. 혹시 그런 모험을 하는 것이 그 만한 가치가 없다면, 그는 그 성향들을 통합시켜야 한다.

예를 들어, 내가 취리히의 반호프슈트라세 거리를 걷다가 어느 매장에서 특별히 아름다운 지팡이를 보고는 바로 내가 원하는 것이라고 생각했다가 다시 '내가 저걸 바라는 이유가 뭐야?' 라고 자문한다고 가정하자. 그때 이런 생각이 든다. 이건 나에게 어울리지 않아. 나에겐 이미 물건들이 많아. 이 지팡이도 금방 버리게 될 거야. 그런데 나는 그 짓이 어리석다고 생각하면서도 어쨌든 지팡이를 100프랑에 사놓고는 금방 구석으로 던져 버린다.

　이런 경우에도 지팡이를 산 경험만은 나에게 남는 것이 아닌가. 나는 그 경험을 나에게 유리한 방향으로 입력시키거나 아니면 그런 짓을 다 하다니 이런 바보 멍청이가 있나 하고 나 자신을 탓할 수도 있다. 아니, 이런 지팡이를 사다니, 나라는 존재는 얼마나 모순인가 하고 말할 수도 있다. 그러나 나는 이 깨달음도 역시 나에게 유리한 쪽으로 입력할 수 있다.

　나의 환자도 마찬가지이다. 그가 매춘을 직접 경험한다면, 그 짓이 그에게 훨씬 더 분명하게 다가올 수 있다. 아니면 "이것도 하나의 망상일 뿐이야."라고 말하면서 병아리들을 우리에 가둔 다음에 튀길 수도 있다.

　중요한 것은 그가 자기 자신을 들여다보아야 하고 또 분열된 자신을 하나로 통합시키는 방법을 배워야 한다는 점이다. 그가 가족과 친척과 친구들 사이에 꽤 매력적일 수 있지만, 그런 그도 잘은 몰라도 사업에서는 지저분한 속임수를 동원할 것이다.

　정확히 아는 바는 아니지만, 나는 그가 상당히 산만한 성격의 소유자라는 인상을 받았다. 그는 어떤 기술을 통해서든 자신을 보는 법을 배우고 스스로를 조화시키는 법을 배워야 한다. 어떤 사람들은 세상 온 곳으로 자신을 확장시킴으로써 자신에 대해 잘 알게 되는가 하면, 또 어떤 사람들은 자신을 가둠으로써 자신에 대해 잘 알게 된다. 어떤 방법을 택하는가 하는 문제는 기질에 좌우된다. 이런 차이를 낳는 원인도 외향성과 내향성, 가족 전통 등 다양하다.

10강

1929년 2월 13일

이 대목에서 여러분이 제기한 질문을 다뤄야 한다. 『역경』에 관한 질문이 대부분이다. 이 동양 고전이 일반적인 관심을 불러일으키는 것 같다. 깁(Andrew Gibb) 씨의 질문이 전체 문제의 바탕을 건드리고 있다. 그의 질문은 이렇다.

"앞에 소개한 꿈에 나타난 무늬에 관한 질문입니다. 그런 꿈과 공상이 어떤 특별한 형식의 철학이 진리라는 점을, 예를 들어 4가지 기능이라는 사상에 바탕을 둔 철학이 진리라는 점을 뒷받침한다고 봐도 무방합니까? 아니면 그런 꿈과 공상을 어떤 종류의 철학에 대한 무의식적 욕망을, 말하자면 경험의 완전한 통합을 이룰 수 있는 길을 발견하고 싶어 하는 욕구를 표현하는 것으로 받아들여야 합니까? 나에겐 그런 것들이 자연과학의 추상관념이 아니라 정신적 경험에 바탕을 둔 어떤 철학에 대한 욕구가 있다는 것을 암시하는 것처럼 느껴집니다.

내가 의미하는 바를 보여줄 예를 제시한다면, 인도의 파테푸르 시크리라는, 옛 무굴 제국의 수도에 가면 무굴 제국의 아크바르(Akbar) 황제의 디바니카스(Divan-i-Khas: 접견실)가 있습니다. 이 건물은 지금 우리가 논하고 있는 그 무늬를 이루도록 지어졌지요. 아크바르가 그 공간의 한가운데에 있는 일종의 받침 접시 같은 곳에 앉은 가운데, 세계 도처에서 온 학식 있는 사람들이 그에게 온갖 종류의 종교와 철학에 관한 이야기를 들려주고 또 그 내용을 놓고 그와 토론을 벌였다고 합니다. 거기서 아크바르 황제는 자신을 위해서 통합을 이루려고 노력했지요.

붉은 사암으로 만든 받침 접시는 사각형 홀의 한가운데에 새까만 기둥 위에 얹혀 있습니다. 4개의 귀퉁이에서 받침 접시 쪽으로 통로가 하나씩 나 있고, 이 통로는 귀퉁이에서 홀의 4개 면을 따라 난 회랑과 만납니다. 받침 접시를 올려다보면, 검은 기둥이 사실상 보이지 않는 것이나 마찬가지이기 때문에 전부가 공중에 떠 있는 것처럼 보입니다."

우리가 만다라와 만다라의 가능한 의미에 대해 이야기하고 있는 것이 마치 철학처럼 들린다는 점을 나는 인정한다. 그러나 그것은 철학이 아니다. 그것은 피타고라스와 그의 숫자 4와 비슷하다. 만다라는 원리들과 관계있지만, 그 자체로 철학은 아니다. 단순히 무의식적 사실들을 표현한 것에 지나지 않는다.

많은 사람들이 철학보다 종교를 더 좋아할 것이기 때문에, 나는 그것이 철학에 대한 무의식적 욕구를 표현한다고도 말하지 않을 것이다. 이 도형들은 단순히 무의식에 의해서 만들어지는 것이며, 따라서 당신은 그 같은 도형을 세계 온 곳에서 발견할 수 있다.

내가 아는 것 중에서 가장 오래된 것은 치첸이트사 유적지에 있는 마야 신전에서 발견되었다. 미국 탐험가가 피라미드의 외벽을 뚫은 결과 그것이 원래의 신전이 아니라는 사실을 발견했다. 그 안에 그보다 훨씬 더 오래된 작은 신전이 있었던 것이다. 두 개의 신전 사이의 공간은 잡동사니로 채워져 있었다. 이것을 치우자 오래된 신전의 벽이 나왔다.

미국 탐험가는 바닥 밑에 일종의 부적 같은 것으로 의식용 보물을 묻는다는 것을 알고 있던 터라 경사면의 바닥을 팠으며, 거기서 30센티미터 정도 높이의 원통형 석회암 단지가 발견되었다. 단지 안에 나무판이 들어 있었는데, 거기에 모자이크 무늬가 그려져 있었다. 그것은 8의 원리에 바탕을 둔 만다라였다. 초록과 청록색 영역들이 있고 안쪽에 원이 하나 있다. 이 영역들에는 파충류의 머리와 도마뱀 발톱 등이 채워져 있었다. 나의 환자 한 사람도 이와 비슷한 만다라를 그렸다. 비슷한 구획까지 있었지만 거기를 동물이 아니라 식물이 채우고 있었다.

이런 것들은 너무나 자연스런 표현이기 때문에 세계 어디서나 발견된다. 깁 씨가 아름다운 예를 하나 제시하고 있다. 그것도 똑같은 생각을, 말하자면 접견실에 있는 무굴 황제 아크바르를 표현하고 있다. 그 건물의 양식은 꽤 분명하게 하나의 만다라를 형성하고 있다. 무굴 황제는 붉은 사암으로 만든 받침 접시 같은 곳에 앉아 있고, 그 접시는 가느다란 기둥에 의해 떠받쳐지고 있기 때문에, 받침 접시는 하늘에 내걸린 것처럼 보인다. 늙은 남자가 자신의 만다라 한가운데에 그런 식으로 앉아 있는 것은 아주 멋진 아이디어이다. 그러면 지혜가 세상의 사방에서 올 것이니까.

중국 철학에서 만다라는 '불멸의 육체'를 의미하고, 만다라를 구축하는 것은 불멸의 육체를 세우는 것을 의미한다. 영국 역사학자이자 저술가인 G.R.S. 미드는 인간이 물질적인 육체 외에 신비의 어떤 육체를 소유하고 있다는 이론에 대해 매우 흥미로운 논문을 썼다. 신비의 육체는 옛날 철학이 '엔텔레키아'(entelechia)라고 부른 것, 즉 현실로 존재하려고 노력하고 있는 것이 들어 있는 곳이다. 중국인의 생각은 만다라가 이 신비의 육체를 상징한다는 것이다.

동양의 이론에 따르면, 만다라를 놓고 명상하면 신비의 육체를 구성하는 모든 요소들이 밖으로부터 철수하여 '가장 깊은 인간'의 속으로 집중되며, 여기서 이 요소들은 불멸의 육체를 건설한다. 성 바오로의 초기 기독교 가르침에 등장하는 '새로운 사람'(新人)이 신비의 육체와 똑같다. 그것은 불멸의 원형들의 영역에 속하는 원형적인 개념으로, 대단히 심오하다. 그 안에 무엇인가가 있을 수 있다. 그것이 진리일 수도 있다. 그러나 나는 정확히 모르겠다. 나는 모든 것을 아는 그런 신이 아니다. 나는 심리학의 세계를 벗어나서는 안 된다.

아무튼, 동양의 이론과 동양의 상징들은 아주 놀라운 방식으로 우리의 작업과 맞아떨어지고 있다. 어느 중국 텍스트는 신비의 육체를 구축함으로써 생명을 연장하는 기술에 대해 설명하고 있다. 그 텍스트를 보면, 내가 환자들을 통해서 보는 상징 중 많은 것이 확인된다. 이 상징이 나에게는 익숙함에도 불구하고, 나는 동양에서 하는 그런 과감한 해석을 감히 하지 않는다. 동양은 "영혼의 윤회" 같은 표현을 과감하게 쓴다.

초기 기독교인들에겐 어떤 사람을 "신의 아들"이라고 부르는 것은 아무런 문제가 되지 않았다. 그런 식의 표현은 다반사로 일어나는 일이었으며, 일용하는 빵이나 다름없었다. 수천 년 동안 이집트의 왕은 라의 아들이었으며, 따라서 그리스도가 신의 아들이라 불렸을 때 그것을 믿는 데 전혀 어려움이 없었다. 그러나 우리 현대인에겐 그리스도가 신의 아들이라는 것이 믿기지 않는다. 신에 대한 우리의 믿음이 하나의 추상관념에 지나지 않기 때문이다.

현대인은 철학적인 존재가 되었다. 그래서 불멸의 원형들을 두고 불멸에 대한 이야기를 깊이 할수록, 불멸을 믿기가 더욱 어려워진다. 심지어 골수 정신주의자에게도 그렇게 느껴진다. 그 오랜 세월이 흐르는 동안에 이 땅에서 살았던 그 많은 인간들은 어떻게 되며, 동물과 곤충, 개와 빈대 같은 것은 또 어떻게 되는가? 불멸은 금방 터무니없어지며, 우리 모두가 들어갈 천국과 지옥을 상상하는 것이 어려워진다.

형이상학적인 문제에서 당신은 어떤 것이 진리라는 식으로 절대로 결정하지 못한다. 유일한 기준은 그것이 다른 것들과 "부드럽게 조화를 이룬다는 점"을 보여주는 신호뿐이다. 그런 신호가 감지되면, 나는 나 자신이 생각을 제대로 하고 있다고 느낄 수 있다. 또 그런 식으로 생각하면서 나는 나 자신이 기능을 적절히 발휘하고 있다고 판단할 수 있다. 그 외에 다른 증거는 전혀 없다. 소위 정신적인 경험은 모두 쉽게 비판의 대상이 될 수 있다. 귀신을 증명할 수 있는 길은 절대로 없다. 정신적 경험의 경우엔 자기기만의 구멍이 너무도 많다.

분석과 요가의 유사점에도 관심이 많은 것 같다. 요가에 대해 말하는 것은 어떤 형태의 분석 방법에 대해 말하는 것이다. 이런 것들은 거의 알려져 있지 않기 때문에 저항을 불러일으킨다. 저항은 대체로 무지 때문에 일어난다. 유럽인 중에 요가에 대해 아는 사람은 거의 없다.

서양인들은 엄청난 과대망상증에 빠져 있다. 서양인은 동양 사람들은 무지하고 서양 사람들은 어떤 위대한 진리를 발견했다고 단정한다. 예를 들면, 많은 사람들은 점성술이 터무니없다고 단정한다. 점성술이 별들과 전혀 아무런 관계가 없는 것은 사실이다. 별점은 당신이 황소자리에 태어났다고 말하지만, 오늘날엔 별자리가 이동해서 별점은 실제 별들의 위치와 더 이상 일치하지 않는다.

B.C. 100년 이후로 우리의 시간 측정 체계는 꽤 자의적으로 정지 상태에 있다. 춘분점은 지금 물고기자리의 29도 쯤에 있으며, 더 이상 양자리에 있지 않다. 그럼에도 별점은 춘분점이 양자리에 있는 것을 전제로 이뤄진다. 춘분점은 이제 물병자리로 들어가려 하고 있다. 그러나 많은 사람들은 마치 점성술이 별들과 어떤 관계가 있는 것처럼 점성술을 비판하고 있다.

만약에 누군가가 요가에 대해 언급하면, 사람들은 당장 탁발승이나 7년 동안 거꾸로 물구나무서 있는 사람, 하여간 온갖 부류의 괴짜부터 떠올린다. 요가 수행에 관한 진정한 지식은 서양에 매우 드물다. 나는 이런 것들을 알게 되면서 나 자신이 아주 작아지는 것을 느꼈다.

다음 그림은 중국 베이징의 "백운관"이라는 사원에 있는 그림을 베낀 것이다. 이 사원은 중국 도교에 속한다. 분석 심리학의 길을 그린 그림 같다. 이 그림은 발표되지 않았지만, 설령 발표되었다 하더라도 아무도 그 의미를 알지 못했을 것이다. 만다라와 요리용 솥이라는 개념이 그 안에 담겨 있다. 이 모든 세부사항을 이해하기 위해선 무의식적 상징들을 엄청나게 많이 경험해야 한다.

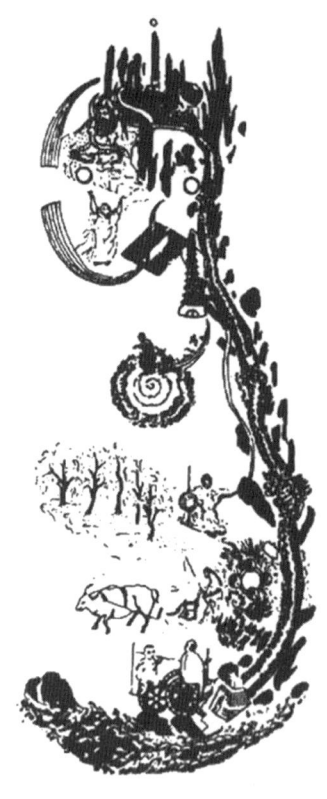

이 그림은 인간의 척추를 보여주고 있다. 머리, 눈, 심장 부위가 있고 그 아래로 다른 센터들과 부위들이 있다. 강의 둑에 서 있는 바위들이 척추를 대신하고 있으며, 이 강은 물의 영역으로부터 산

쪽으로 위로 흐르고 있다.

도교의 요가는 분석과 비슷한 점이 많다. 최근에 1,000년 된 텍스트가 중국인에 의해 발견되어 프랑크푸르트에 있는 중국 연구소에서 해독되었다. 빌헬름은 이 텍스트가 여기서 우리가 끌어내고 있는 결과와 비슷한 자료를 포함하고 있다고 나에게 말한다. 그것은 동양과 서양을 잇는 일종의 심리학적 다리이다. 서양인이 동양의 것들과 관련해서 일종의 과대망상증 같은 것을 품어야 할 이유는 전혀 없다. 중국인은 백치이고, 서양인은 대단히 지적이라고 단정해서는 안 된다. 상대를 깔보는 것은 언제나 잘못이다.

만다라는 마법을 암시하는 원이나 궤도를 의미한다. 당신도 만다라를 그릴 수 있고, 만다라를 건축할 수 있고, 만다라를 춤으로 출 수도 있다. 힌두교도의 춤 "만다라 느리티아"(Mandala Nritya)는 만다라를 묘사하는 춤이다.

우리의 환자는 혼동을 일으키며 당혹해 하고 있었다. 그래서 그에게 전체 상황에 대한 설명을 명쾌하게 전할 무슨 일이 일어나야 했다. 이 만다라는 그의 정신을 명쾌하게 정리해 주기 위해 무의식이 그에게 띄운 일종의 편지이다.

이 경우에 만다라의 기능은 혼동 상태에서 질서를 끌어내는 것이며, 이 질서는 특별한 만다라 문양에 확실히 표시되어 있는 것 같다. 그것은 일종의 부적이다. 부적은 종종 만다라 형식을 취한다.

청동시대에 제작된, 다수의 선사 시대 만다라가 발굴되어 스위스 국립 박물관에 소장되어 있다. 이 만다라들은 태양 바퀴라 불리며 옛날의 기독교 십자가처럼 4개의 바큇살을 갖고 있다. 이것은 또한 가톨릭교회에서 쓰는 성찬용 빵의 무늬이며, 미트라 숭배에 이용된 빵의 무늬이기도 하다. 미트라교가 남긴 기념물에서 확인되듯이, 미트라 숭배에 쓰인 빵은 일종의 "만다라 빵"이다. 빵을 먹는 것은 신을 먹는 것이고 구세주를 먹는 것이다. 이것은 화합의 상징이다. 토템 동물을 먹는 것은 전체 부족의 사회적 단결을 강화하는 것을 상징한다. 이것은 시대를 내려오면서 영원히 되풀이되고 있는 원형적인 사상이다.

호루스의 네 아들에 대해 설명하고 싶다. 호루스는 한가운데에 있고, 그의 아들은 4가지 속성이다. 4명의 복음전도사들의 경우와 마찬가지로, 호루스의 경우에도 중앙의 형상은 사람이고, 4개는 단지 속성일 뿐이다. 그리스도뿐만 아니라 호루스도 3가지 무의식적인 기능과 의식에 이른 한 가지 기능을 가진 자기를 상징하고 있다. 그래서 호루스의 아들들은 종종 3개의 동물 머리와 한 개의 사람 머리를 가진 것으로 묘사된다. 기독교 만다라도 마찬가지이다. 4가지만을 따로 만나게 된다면 그것을 해석하기가 꽤 어려워질 것이다. 그러나 호루스 없이 그것들만 따로 발견되는 경우는 절대로 없다. 복음전도사들도 마찬가지이다. 그들만 따로 있는 경우는 절대로 발견되지 않고 언제나 구세주와 함께 있다.

숫자와 기하학적 무늬를 놓고 분석할 때엔 특별히 조심해야 한다. 신화학적으로 비슷한 것을 동원해 우리의 만다라 모티프를 설명하고 우리의 심리학적 관찰을 바탕으로 신화학적인 도형을 해석하면서, 나는 단지 짐작만 할 뿐이다. 한가운데가 없는 4마리의 동물들은 4가지 기능으로 이뤄진 무의식을 나타내는 것처럼 보이는 반면, 3마리의 동물과 인간의 머리를 한 형상은 3가지 기능은 무의식이고 하나의 기능만 의식이라는 사실을 나타낼 것이다. 중앙에 있는 다섯 번째 형상은 인간의 전체를, 말하자면, 어떤 신 혹은 "비(非)에고 센터"의 통제 아래에 있는 4가지 기능을 나타내고 있다.

우리 환자의 경우에 가장 강력한 자극이 여자들에 관한 공상인지 아니면 신비주의 공부인지가 분명하지 않다. 만약에 그가 여자들과의 경험보다 신비주의에 더 많은 시간을 투입한다면, 그가 신비주의 공부에 더 많은 관심을 쏟고 있다고 보면 된다. 나는 환자가 어떤 일에 들이는 돈과 시간의 양을 정확히 측정하려고 노력한다. 그러면 그 일이 환자에게 어느 정도 중요한지가 파악된다.

여자는 대체로 당신이 그녀에게 쏟는 감정의 치열함을 계산하지 않고 당신이 그녀에게 쏟는 시간을 계산한다. 경이로운 말을 쏟아내며 15분간만 함께하는 것보다 감정의 아름다움에 신경을 덜 쏟으면서 4시간을 함께하는 것이 여자에겐 훨씬 더 중요하다. 여자들은 냉혹하지만, 이것은 매우 효과적인 수단이다. 나는 그것을 여자들로부터 배웠다. 분석의 4분의 3은 여자들에 의해 이뤄진다. 나는 그들로부터 배운다.

우리 환자의 경우에 환자를 자극하고 있는 리비도가 성적 공상보다 신비주의 공부와 더 관계 깊은지 알 길이 없다. 그러나 적어도 우리는 리비도가 환자가 의식하지 못하는 사이에 새고 있다고 단정할 수는 있다. 분석에서 이런 누출이 아주 중요하다. 분석 대상이 되고 있는 동안에 환자가 일종의 성채 같은 것을, 말하자면 아무 일도 일어나지 않고 아무것도 움직이지 않는 그런 섬 같은 것을 만들려고 노력하는 경우가 종종 있기 때문이다.

환자가 그런 섬을 구축해도, 나는 그것을 파괴하려 하지 않는다. 그런 섬은 행복하고 중요한 하나의 상징이다. 그러나 많은 사람들이 판단을 유보하거나 무엇인가를 고수함으로써 그 섬을 잘못 이용하고 있다. 예의 때문에, 이런 유보도 항상 합리화된다. 분석을 받는 사람은 그런 구실을 통해서 자신이 빠져나갈 수 있는 안전한 곳을 창조한다.

어떤 여자가 분석을 위해 나를 찾아놓고는 금방 다른 남자와 사랑에 빠진다. 그러면 사람들은 어떻게 저런 일이 일어날 수 있지, 하고 궁금해 한다. 그 남자는 특별히 그녀의 관심을 끌 만한 그런 부류가 아니다. 그 사랑은 단순히 그녀를 위한 안전장치일 뿐이다. 그녀는 전이로부터 자신을 보호하고 있다. 그 다른 남자는 그녀의 리비도가 새는 곳이다. 환자는 자신이 사랑에 빠졌다는 점을 인정하지 않을 것이다. 그러면서 그녀는 "오, 공상일 뿐이에요."라고 할 것이다. 그러나 거기서 그녀의 리비도가 새고 있다. 분석에서 아무 일도 일어나지 않는다. 리비도가 모두 새고 있기 때문이다. 그러면 분석가는 물에 젖은 옷을 놓고 그렇게 된 배경을 찾아내려고 노력해야 한다. 그런 상황에선 환자에게서 전혀 아무런 반응이 나오지 않는다. 모든 것이 리비도의 누출에 의해서 안전한 곳으로 넘겨지고 있기 때문이다.

그런 사람을 다뤄야 할 때, 당신이 할 수 있는 것은 아무것도 없다. 당신이 무엇인가를 잡으려 할 때마다, 그것이 꽁무니를 뺀다. 당신은 일종의 잠정적 분석을 한다. 그것은 인생에서 아들이 하나의 안전 금고로서 아버지의 내면에 남아 있는 상황이나 마찬가지이다. 당신은 이런 사람들이 리비도의 누출이 일어나는 안전 금고 같은 것을 갖고 있다는 사실을 발견할 것이다. 그런 경우에 분석가의 영향은 저절로 일어나는 무엇인가에 의해 지속적으로 상쇄될 것이다. 그러다가 분석가는 최종적으로 환자가 구축하고 있는 성채 같은 것을 발견하게 된다.

그렇듯 이 남자는 분석의 그 단계에서 기이한 요령을 부리는 경향을 보였다. 이 같은 요령을 쉽게 설명할 예를 든다면, 어느 농민의 사유지를 얻길 원한 18세기의 수도원에 관한 이야기가 있다. 수도원은 그 사유지에 대한 권리가 전혀 없었는데도, 그것을 얻기 위해 온갖 조치를 다 취했다. 그때 수도원장은 어느 현명한 남자로부터 들은 조언에 따라 자신의 정원의 흙 한 줌을 자기 신발에 넣은 다음에 농민의 땅으로 가서 "지금 내가 서 있는 곳은 나의 땅이니라."라고 선언했다.

나의 환자의 경우에 이런 식으로 말할 수 있을 것이다. "예, 지금 나는 분석을 하고 있습니다. 분석이 정말로 대단히 흥미롭긴 하지만, 다른 방식으로 설명될 수도 있겠지요. 예를 들면, 융 박사를 일종의 영매로 볼 수도 있지요. 융 박사가 하는 훌륭한 말은 티베트의 수도원에 있는 위대한 혼들의 고무를 받은 것이지요. 융 박사가 하는, 그 외의 다른 말은 아무것도 아니지요."

이런 가정이 작용하고 있는 한, 내가 할 수 있는 것은 아무것도 없다. 그는 이런 유보 사항을 전혀 갖고 있지 않았지만, 그런 성향은 갖고 있었다. 이런 일은 분석 도중에 언제나 일어난다. 아니무스와 아니마는 그런 일로 바쁘다. 언젠가 정말로 분석가를 미치게 만드는 그런 환자를 경험한 적이 있다. 나는 그 여자 환자에게 무엇인가를 설명하려고 노력하고 있었다. 나는 그 문제를 강조하느라 에너지를 엄청나게 많이 쏟았지만, 그녀는 갈수록 둔감해져만 갔다. 그러다 나는 그녀가 나의 말을 듣지 않고 있다는 사실을 확인했다.

그녀는 내가 그녀를 사랑하면서 성적으로 흥분하고 있다고 생각하고 있었던 것이다. 내가 그녀의 문제에 관심을 너무 많이 보이고 있다는 이유에서였다. 그녀는 내가 하는 말에서 전혀 아무런 중요성을 보지 않았다. 환자에게서 리비도가 새고 있다고 말하는 때가 바로 그런 경우이다. 그런 상황에서 내가 할 수 있는 일은 아무것도 없었다.

지금 논하고 있는 남자 환자의 경우에, 나의 판단은 신비학 공부가 그의 리비도가 누출되는 경로라는 쪽이다.

11강

1929년 2월 20일

나의 환자의 꿈을 계속 분석할 것이다. 이젠 병아리 얘기는 더 이상 없다. 다음 꿈은 이틀 후에 꾼 꿈이다.

"나는 어떤 성자를 숭배하는 곳으로 가고 있다. 아픈 사람이 이 성자의 이름을 부르면 병이 낳는 것으로 알려진 곳이다. 내가 거기에 가는 것은 좌골신경통 때문이다. 다른 사람들도 많다. 사람들과 함께 계속 길을 걷고 있다. 그때 누군가가 나에게 어떤 환자가 완치되었다는 이야기를 들려준다. 나는 성자의 이름을 부르는 그 이상의 뭔가가 필요하다고, 그래서 바다에서 목욕을 할 필요가 있다고 생각한다. 나는 바닷가로 가다가 육지 쪽을 향해 서 있는 큰 바위를 본다. 큰 바위들과 돌투성이 언덕 사이로 계곡이 보인다. 만(灣) 같은 곳이다. 바다는 차분하면서도 큰 파도로 만을 치고 오르다가 후미 쪽으로 느리게 사라진다. 한동안 나는 장엄한 파도가 부풀어 오르는 것을 보고 있다. 나는 돌이 많은 높은 언덕을 오르고 있다. 막내아들도 나와 함께 있다. 둘이 더 높이 올라가려 하는데, 우리가 오르고 있는 언덕 너머에서 물이 차오르면서 물보라를 일으키는 것이 보인다. 순간, 반대편의 파도가 엄청나게 세게 쳐서, 언덕이 씻겨나가는 게 아닐까 하는 두려움이 생긴다. 땅 속 깊이 박힌 바위로 형성된 언덕이 아니라 자갈과 돌이 쌓인 언덕이니까. 언덕이 무너지면 파도가 씻어 가버릴 것 같다. 그래서 나는 막내를 다른 곳으로 데리고 간다."

이 꿈의 그림은 매우 선명하다. 바로 눈앞에서 펼쳐지고 있는 듯 생생하다. 평평한 해안이지만 육지 쪽으로 돌들이 쌓여 있다. 그가 자갈과 돌이 쌓인 언덕에 다가서고 있는데 언덕이 곧 파도에 씻겨 나갈 것처럼 위태로워 보인다.

환자의 연상을 보자. 성자와 관련해서 환자는 이렇게 말한다. "성자의 이름을 정확히 기억하지 못하지만, 파파테아논 아니면 파파스테아논이었던 같아요. 그리스식 또는 로마식 이름인데 그 뜻은 모르겠어요." 루마니아에는 그리스어가 아주 많다. 로마 제국 전역에 걸쳐 농민의 언어에 그리스어가 많이 섞였기 때문이다. 스위스에서는 지금도 그 언어가 로만슈어라는 이름으로 통용되고 있다.

마법의 치료와 관련한 연상은 이렇다. "이것은 루르드(프랑스 남서부 지방에 있는 마을로, 성모 마리아가 기적의 치료를 한 것으로 알려진 가톨릭 성지가 있다/옮긴이)나 북아프리카와 이집트 등 이슬람 세계 전역의 무덤에서 행해지는 치료와 비슷합니다. 나는 이 치료의 실체를 부정하지 못하는데, 치료에 대한 설명은 오직 치료 효과에 대한 믿음과 자기암시로만 가능하지요. 사람들이 신비의 치료 효과를 보는 곳인 루르드의 분위기는 엄청난 암시 효과를 발휘합니다." 나의 환자는 군중의 믿음이 발휘하는 암시가 어떤 식으로 작용하는지에 대해 이야기하고 있다.

이어서 그는 자신이 그런 치료의 가능성에 대해 의심하고 있다는 사실을 꿈에서도 떠올린다. "다른 사람이 나았다는 사실에도 불구하고, 기적이나 맹목적 믿음이 병을 치료할 수 있다는 확신이 서지 않아요. 그래서 나는 바다에서 목욕을 하고 낮 동안에 파도의 강력한 움직임에 대해 깊이 생각하면 도움이 될 것이라고 생각하고 있어요."

이젠 바다와 관련한 연상을 보자. 이 대목에서 그는 생명의 최초 매개체를 의미하는 독일어 단어를 쓰고 있다. 진화는 바다에서 시작되었으며, 생명의 첫 씨앗도 거기서 생겨났다. 그렇다면 바다를 자연의 자궁이라 불러도 좋을 것이다.

바다에서 굴러오는 장엄한 파도에 대해 그는 이렇게 말한다. "우리의 무의식이 그렇다고 할 수 있어요. 무의식은 규칙적으로 의식으로 거센 파도를 보내고 있어요. 의식은 만(灣)을 품고 있는 계곡과 비슷하지요." 나의 환자들이 종종 하는 말을 이 환자도 하고 있다. 의식은 마치 바다와 연결되어 있으면서도 댐이나 반도에 의해 분리되어 있는 만과 같다거나 무의식 속의 빈틈 같다는 것이다.

그는 이렇게 덧붙인다. "파도를 바라보고 있으면 마음이 차분해지는 한편으로 흥분도 일어나요. 그런 식으로 우리의 의식은 위아래로 움직이는 무의식의 영향을 받지요." 이것은 원생동물 안에서 일어나는 움직임과 같은 그런 최초의 움직임이다. 외향과 내향의 움직임이 바로 그가 뜻하는 바이다.

나의 환자는 이렇게 말한다. "하지만 폭풍우가 몰아치는 날, 바다에 가까이 다가서는 것은 대단히 위험해요. 바다의 폭력성은 바다의 벽을, 바다 자체가 쌓은 해안과 모래 언덕을 파괴할 수 있어요. 많은 것들이 막강한 파도 앞에서 꼼짝 못해요."

그는 소년에 대해 말한다. "소년은 나의 막내아들이에요. 아이는 나와 자신을 동일시하며 아버지처럼 되길 바라고 있어요. 다른 아이들에 대한 질투가 대단히 강한 아이랍니다. 형들에게 지는 것도 참지 못해요." 그는 대양의 장엄한 움직임에 대해 얼마 동안 깊이 생각한 뒤에 언덕을 더 높이 올라가길 원한다. 그는 반대편에서 물보라가 솟아오르는 것을 보고는 언덕이 무너질 수도 있겠다고 걱정한다.

이에 대한 그의 연상은 이렇다. "반대편에 재앙을 일으킬 수 있을 만큼 압력이 강하게 작용하고 있는 게 틀림없어요. 따라서 언덕 꼭대기까지 올라갔다가 바다로 떨어지는 그런 일이 일어나지 않도록 조심해야 해요." 여기서 그의 표현이 모호해진다. 그는 "반대편의 압력은 위험하다."는 뜻으로 부분적으로 꿈의 은유로 말하고 또 부분적으로는 심리학적으로 말하고 있다.

독일어를 영어로 옮길 때, 전체 의미를 고스란히 전달하는 것은 사실상 불가능하다. 반드시 무엇인가를 잃게 되어 있다. 왜냐하면 독일어는 지금도 원래의 모호함을 많이 간직하고 있기 때문이다. 그래서 독일어는 심리학적 의미를 그 명암과 뉘앙스까지 표현하는 데 특별히 적절하다.

과학적이고 인위적인 사실들을 명확히 설명하는 문제라면, 독일어는 그다지 훌륭하지 않다. 독일어는 지나치게 많은 의미를 갖고 있다. (영어나 프랑스어는 그렇지 않다. 법률적 혹은 철학적 언어로는 프랑스어가 이상적이다.) 마크 트웨인(Mark Twain)이 말했듯이, 'Zug'라는 독일어 단어는 무려 27가지 뜻을 갖고 있다. 그럼에도 'Zug'라는 단어를 사용하는 독일인은 그때 이 단어로 자신이 표현하고자 하는 그 뜻만을 생각하고 있지 다른 가능한 의미에 대해서는 조금도 생각하지 않는다. 이 점은 원시인의 언어와 비슷하다. 원시인의 언어를 보면 흑색이나 흰색을 같은 단어로 표현하는 경우가 종종 있다. 독일어로 한 모금도 Zug이고, 기차도 Zug이고, 경향도 Zug이고, 옷에 다는 리본도 Zug이다. 이 점은 상당히 원시적이다.

이 꿈에 대한 당신의 인상이 어떤지 궁금하다. 먼저 성자와 관련해서, 이전의 꿈을 기억하는가? 꿈을 해석할 때, 지금 해석하고 있는 꿈과 이전의 꿈을 서로 연결하는 것이 첫 번째 의무이다. 이전의 꿈에 나타난 병아리와 성자 사이에 혹시 어떤 연결이 가능하지 않을까? 둘 사이의 거리는 아주 먼 것 같다. 이전 꿈의 모티프는 제물로 바칠 음식들을 솥 안에 모은다는 원형적인 모티프였다. 말하자면 새로운 사람을 복원하기 위한 연금술의 과정이 모티프였던 것이다.

이것은 개인을, 그러니까 구원과 속죄와 치료를 필요로 하는 사람을 변형시킨다는, 역사 깊은 관념이다. 그 사람은 낡아서 고장 난 기계와 비슷하다. 그는 넝마와 뼈로 이뤄져 있다. 그는 "그 옛날의 아담"의 죄와 조상들의 죄를 짊어지고 있다. 온갖 모순된 불행이 전부 퇴적된 것이 바로 그 사람이다.

그는 솥 안으로 던져져 삶아지거나 녹여져 새롭게 만들어질 것이다. 병아리 꿈이 아주 흐릿하게 암시하고 있는 것이 바로 이것이다. 성분들을 모두 모아서 요리하는 것은 일종의 치료이다. 독일어로 'heilig'(신성한)는 'heil', 즉 "완전해지다"는 뜻과 연결되어 있고, 'geheilt'는 치료하다라는 뜻이다. 치료하는 것은 완전하게 만드는 것이고 완벽한 조건을 되찾아주는 것이다. 그렇다면 병아리들을 모아서 튀기는 것은 치료하거나 새롭게 부활시킨다는 의미이다.

여기서 주술사라는 개념이 등장한다. 구원자는 언제나 새로운 사람을 만드는 불멸의 약을 주는 주술사이다. 연금술사의 '위대한 약'을 받는 사람은 영원히 치료될 것이고 다시는 병에 걸리지 않을 것이다. 연금술의 과정 혹은 변형의 솥이 신화적으로 암시하는 것이 이런 것이다. 그렇기 때문에 그 다음 꿈이 성자로 시작하는 것은 전혀 이상하지 않다.

그런데 왜 굳이 성자일까? 주술사나 마법사도 될 수 있었을 텐데, 그 사람은 왜 성자를 택했을까? 성자라는 이미지는 나의 환자의 심리의 한 조각이다. 성자는 박사이다. 그는 나에게 전화를 걸어 이렇게 말했다. "융 박사님이시죠? 저를 치료해 주실 수 있을까요? 시간은 얼마나 걸리죠?" 그는 융 박사를 한 사람의 성자로 불러내고 있다.

물론 환자는 나를 성자로 생각하지 않는다. 그러나 그의 무의식은 이렇게 말하고 있다. "그대는 어떤 성자의 이름을 간곡히 부르고 있어." 어떤 사람이 구세주에게 호소하고, 인디언이 주술사에게 호소하고, 아랍인이 수도승에게 호소하듯이 말이다. 가톨릭 신자는 성 안토니오의 치유력을 얻기 위해 그의 무덤을 쓰다듬는다. 무의식이 그런 식으로 말하는 이유는 무엇이며, 또 그런 말은 어떤 소용이 있을까?

믿음에 도움이 되기 때문이다. 믿음은 믿으려는 의지, 말하자면 일종의 기대 외에 다른 어떤 것도 의미하지 않는다. "나의 믿음과 희망은 주님 안에 있다." 꿈은 환자가 옛날과 똑같은 원형적인 상태에 있다고 말하고 있다. 원형적인 상태가 일으키는 효과 한 가지는 그런 상태로 들어갈 때 엄청난 감정이 일어난다는 점이다. 무의식이 심하게 휘저어질수록, 일들이 옳은 길로 들어설 것이라는 기대도 그만큼 더 커지게 된다. 우리가 원형을 건드릴 때, 우리의 심리에 어떤 일이 벌어질까?

원형은 집단 무의식의 구조에 속한다. 그러나 집단 무의식이 우리의 내면에 있기 때문에, 원형은 또한 우리의 구조이기도 하다. 원형은 우리의 본능적 본성의 기본 구조 중 일부를 이루고 있다. 이 본능적 원형 속으로 다시 들어온 것들은 모두 치료되게 되어 있다. 인간의 이 구조는 완벽하게 적응된 동물, 말하자면 완벽하게 살아갈 수 있는 놀라운 동물이 되게 되어 있다.

정신적인 병들 대부분은 본능적인 원형에서 벗어난 탓에 생긴다. 본능적인 원형에서 벗어나면, 사람은 돌연 자신이 허공에 붕 떠 있다는 사실을 깨닫게 된다. 그러면 그 사람은 뿌리 뽑힌 나무처럼 땅으로부터 더 이상 영양소를 공급받지 못하게 된다. 그렇기 때문에 원형적인 상황으로 다시 돌아갈 때, 그 사람의 본능적인 태도가 정상으로 돌아가게 된다.

사람이 땅을 딛고 살면서 영양소를 제대로 공급받기를 원한다면, 그 사람의 본능은 원형적인 상태로 돌아가야 한다. 원형은 언제나 본능적이고 자연적이다. 옛날의 성직자들과 주술사들은 지식이 아니라 직관을 통해 이것을 잘 이해했다. 그들은 병에 걸린 사람을 원형적 상황으로 되돌려 놓으려고 노력했다.

뱀에 물린 사람이 있으면, 현대인은 혈청 주사를 놓는다. 그러나 옛날의 이집트 성직자들은 서재로 가서 이시스 이야기가 담긴 책을 찾아 환자에게 태양신 라에 대한 내용을 읽어주었다. 라가 이집트 전역을 돌아다니고 있을 때, 그의 아내 이시스가 무시무시한 벌레를, 주둥이만 모래 밖으로 내민 채 몸을 숨기고 있는 뱀을 만들었다. 그녀는 라를 물게 하기 위해 라가 다니는 길에 이 뱀을 풀어놓았다. 아무것도 모르던 라는 독이 있는 벌레를 밟았다가 심하게 물려 턱과 사지가 덜덜 떨리는 고통을 겪었다. 신들은 라를 보고 죽어가고 있다고 판단했다. 그래서 신들은 그를 낫게 할 어머니 신 이시스를 불렀다. 그런 다음에 라를 놓고 찬가를 불렀으나, 어머니 신의 마법도 그를 완전히 치료하지는 못했다. 그래서 그는 천상의 암소의 등에 실려 물러나고 젊은 신에게 자리를 내놓아야 했다.

그렇다면 라를 놓고 찬가를 부르는 것이 어떻게 뱀에게 물린 상처를 낫게 할 수 있었을까? 그런 어리석은 행위가 무슨 소용이 있었을까? 나는 당시의 사람들이 절대로 바보가 아니었다고 생각한다. 그들은 자신이 하는 일에 대해 매우 잘 알고 있었다. 그들은 현대인만큼 지적이었다. 그들은 그런 방법으로 좋은 결과를 얻을 수 있었고, 그래서 그 방법을 이용했다. 그것은 "훌륭한 의학"이었다.

A. D. 2세기의 의사 갈레노스(Galen)가 남긴 글을 읽는 사람은 예외 없이 지저분하다는 느낌을 받을 것이다. 쓸데없는 것들만 잔뜩 모아놓았다는 인상도 들 것이다. 그럼에도 갈레노스는 탁월한

의사였다.

그 시대의 약학은 현대인의 기준에서 보면 너무나 터무니없다. 그러나 그 시대의 사람들은 내면을 바탕으로 약학을 공부했고, 우리 시대의 사람들은 외부 세계를 바탕으로 약학을 공부한다. 현대인은 내면에서 비롯되는 치료의 힘을 절대로 보지 않는다. 크리스천 사이언스가 내면적인 치료의 힘을 인정하긴 하지만, 이 시대의 임상 의학까지도 외적 사실들을 바탕으로 하고 있다.

앞에서 말한 옛날의 이집트 성직자가 하고자 했던 것은 환자에게 그 고통은 인간의 운명일 뿐만 아니라 신의 운명이기도 하다는 점을 전하는 것이었다. 그렇게 해야 했다. 독을 만든 어머니 신 이시스는 독의 영향을 (완벽하진 않지만 거의 완벽하게) 치료할 수 있다. 따라서 환자가 어머니 신이 초래한, 뱀이 문 상처라는 원형적인 이미지의 영원한 진리를 봄에 따라, 환자의 본능적인 힘들이 일깨워지고 이것이 환자에게 큰 도움을 준다.

여기서 나의 환자로 돌아가자. 만약에 원형적인 힘들이 일깨워진다면, 그는 큰 도움을 받을 것이다. 그러나 현대인이 원형적인 힘의 도움을 받는 것은 그리 간단하지 않다. 현대인들이 그런 이미지로부터 너무나 멀리 벗어나 있기 때문이다.

누군가가 절망에 빠져 있거나 대단히 깊은 슬픔에 빠져 있는데, 교구 목사가 와서 "십자가에 못 박힌 예수 그리스도를 생각하라. 그 분이 어떻게 해서 그런 고통을 당했는지, 그리고 어떻게 해서 우리 모두를 대신해 그 짐을 짊어졌는지를 생각해 보라."고 한다고 가정해보자. 현대인은 이런 종류의 기법을 이해하지 못한다. 예수 그리스도의 원형적인 이미지가 여전히 큰 의미를 지니는 사람들에겐 이 처방은 분명히 효력을 발휘하겠지만, 원형에서 벗어나 있는 사람들에게 그건 무의미한 말에 지나지 않는다.

이런 모든 기술은 자연히 무의식에서 시작되었다. 갈레노스 같은 고대 의사들은 환자들에게 꿈에 대해 물었다. 꿈은 의학적 치료에서 큰 비중을 차지했다. 고대의 어떤 의사는 자신의 다리가 돌로 변하는 꿈을 꾼 사람이 이틀 뒤 뇌졸중으로 한쪽 다리가 마비되었다는 이야기를 들려주고 있다. 어떤 꿈들은 환자의 진단에 대단히 중요하다. 꿈을 이용하는 치료 기법의 핵심은 환자가 원형적인 상황을 경험하도록 하는 것이다. 말하자면 환자가 고통 당하는 신인(神人)의 상황이나 인간적인 비극의 상황을 떠올리도록 하는 것이다. 그리스 비극의 효과도 바로 그런 것이었다.

지금 이 꿈에선 돌연 나의 환자가 어떤 성지를 여행하는, 말하자면 파도바의 성 안토니오의 무덤이나 루르드 같은 곳을 여행하는 순례자가 되었다. 그는 모든 시대의 보통 사람들이 경험한 상황에 처해 있으며, 이를 통해 그는 인간의 근본적인 성격에 보다 가까이 다가서고 있다. 인간의 근본적인 성격에 가까이 다가설수록, 올바른 길 쪽으로 더 가까이 다가서게 된다. 그러면 그 치료가 일부 사람에게 효력을 발휘할 것이다.

본능적인 힘들은 부분적으로 심리적으로 방출되고 부분적으로 생리적으로 방출된다. 이 방출을 통해서, 육체의 전체 성향이 변할 수 있다.

나의 제자 하나는 분석의 각 단계마다 환자를 대상으로 혈액의 점착성을 측정하는 실험을 실시했다. 그 결과, 환자가 혼란을 겪고 있거나 저항하고 있거나 나쁜 정신 상태에 있을 때 혈액의 점착성이 떨어지는 것으로 나타났다. 그런 마음 상태에 있는 사람들은 감염과 육체적 장애가 쉽게 일어나는 조건에 처해 있는 셈이다. 위(胃)와 정신 상태 사이에 밀접한 관계가 있다는 사실은 모두가 다 잘 알고 있다. 나쁜 상태가 습관적으로 이어진다면, 위장 상태가 크게 나빠지고 심각해질 수 있다.

똑같은 단어가 서로 상반되는 것들을 의미하기도 한다. 이것은 서로 반대되는 것들도 마음 안에서 아주 가까울 수 있다는 뜻이다. 그러면 원시적인 마음 안에서 상반된 것들을 서로 그렇게 가깝도록 만드는 것은 무엇인가?

그것은 사물들이 존재하면서도 존재하지 않는 곳인 무의식에 그래도 여전히 남아 있는 사물들의 불가해한 상징이다. 그것은 당신이 꿈과 무의식에서 종종 발견하게 되는 그 무엇이다. 그것을 쉽게 설명하면 이렇다. 당신의 주머니에 100달러짜리 지폐가 들어 있고, 또 당신도 그런 사실을 알고 있고 그 돈으로 지급해야 할 청구서도 있는데, 당신이 그 돈을 찾지 못하는 상황과 아주 비슷하다. 무의식의 내용물이 꼭 그렇다. 사물들은 있기도 하고 없기도 하며, 좋기도 하고 나쁘기도 하며, 검기도 하고 희기도 하다. 아마 당신의 무의식에 당신이 알지 못하는 어떤 가능성이 있을 것이다.

세상에는 고상한 특성과 저급한 특성이 있다. 고상하면서 저급한 특성은 있을 수 없다. 특성은 고상하거나 저급하다. 선한 사람이나 나쁜 사람이나 똑같이 도덕적 문제를 안고 있다는 점에서 본다면, 선한 사람도 나쁜 사람과 비슷한 점을 갖고 있다.

예술가의 내면에서 보듯, 원시성과 성취는 나란히 함께할 수 있다. 아프리카의 흑인들은 모두가 뭔가를 만들어낸다는 점에서 보면 경이로운 예술가이다. 모든 예술가들은 성격과 삶의 방식에서 매우 원시적인 면을 보인다. 예술가들의 무의식에는 모호한 어떤 상태가 있다.

이것은 전혀 새로운 발견이 아니다. 그노시스파 사람들도 그런 생각을 품고 있었으며 그것을 '플레로마'(Pleroma)라고 표현했다. 플레로마는 상반된 것들의 짝, 예컨대 긍정과 부정, 낮과 밤이 함께 하는 충만의 상태를 일컫는다. "생성되고 있을 때"(become), 그것들은 긍정이나 부정 중 어느 하나, 혹은 낮과 밤 중 어느 하나가 된다. 그러나 그것들이 무엇인가가 되기 전에 "약속"(promise)의 상태에 있을 때, 그것들은 존재하지 않는다. 말하자면 흰색도 없고 검정색도 없으며, 선한 것도 없고 나쁜 것도 없는 것이다.

이 짝들은 꿈에서 종종 두 마리의 불명확한 동물이나 서로를 먹고 있는 동물로 상징된다. 이것은 무의식의 내용물의 한 특징이다. 이탈리아의 북부 롬바르디아에 가면, 서로를 잡아먹는 동물들이 새겨진 프리즈 장식을 볼 수 있다. 또 12세기와 13세기의 고문서에도 서로를 먹으며 뒤엉켜 있는 동물들의 그림이 보인다.

인간의 마음이 처음에 무의식적이었고 또 언어의 기원이 사물들이 걸어온 길을 보여주기 때문에, 언어에는 지금도 그런 모호한 면이 느껴진다. 어슴프레하게 계몽된 마음에는 검은 것도 거의 희다는 느낌을 줄 것이다. 일부 원시인들의 마음에도 똑같은 현상이 나타날 것이다. 아마 현대인도 마찬가지일 것이다.

무엇인가가 당신의 속을 뒤집어놓으면서 상반된 감정을 일으킬 때, 당신도 매일 모호한 반응을 확인할 수 있다. 당신의 하인이 귀중한 조각 작품을 깨뜨렸다고 가정해보자. 그러면 당신은 머리끝까지 화를 내며 "제기랄!"이라거나 "아뿔싸!" 같은 뜻으로 "Oh Hell!" "The Devil!" "Oh God!"라는 표현을 쓸 것이다. 이런 경우에 "God"은 어떤 의미로 쓰이고 있는가? 놀라거나 화가 나거나 절망할 때, 사람들은 "God"이라는 단어를 쓴다. 어느 원시인이 온갖 종류의 상황에 "물룽구!"(Mulungu)라고 하는 것이나 다를 바가 없다. 이 원시인은 축음기 소리를 들을 때에도 "물룽구"라고 한다. "마나"(Mana)라는 모호한 개념은 스와힐리 사람들 사이에 중요성이나 의미를 뜻하는 것으로 쓰인다. 그렇듯, "God"은 서양인들 사이에 상반된 것을 의미할 뿐만 아니라 그런 용도로 쓰일 때에는 전혀 구분이 되지 않는다. 이 단어는 모호하고, "물룽구"와 비슷하며, 특별히 효과적이거나 강력한 뭣인가를 의미한다. 무의식에 대해 생각할 때, 우리는 역설적으로, 또 종종 모호하게 생각해야 한다.

서양인들은 좋은 무엇인가가 나쁠 수도 있다는 식으로 생각하는 방법을 배워야 한다. 선(善)에 대해 생각할 때, 서양인들은 상대성이라는 관점에서 생각할 줄 알아야 한다. 꿈의 해석에 매우 중요한 원칙이다. 어떤 것이 좋거나 나쁜 것은 전적으로 당신의 의식의 관점에 달려 있다. 심리학적으로 보면, 좋은 것은 반드시 나쁜 것과 연결되어 있다.

선과 악의 감정은 원래 유리하거나 불리한 것을 의미했다. 예를 들어 보자. 언젠가 원시인 부족의 추장에게 좋고 나쁜 것의 차이에 대해 물은 적이 있다. 그때 추장은 이렇게 대답했다. "내가 적의 아내를 빼앗으면, 그건 좋은 일이다. 하지만 다른 추장이 나의 아내를 빼앗으면, 그건 나쁜 일이다." 이것은 도덕적인 것과 비도덕적인 것의 차이가 아니고 유리한 것과 불리한 것의 차이이다.

미신적인 태도는 언제나 "이게 나에게 좋을까?"라고 묻는다. 인간의 마음은 자신에게 유익한 것에 아주 민감하게 반응한다. 도덕 개념은 매우 늦게 생겨났다. 원시인들의 내면에도 좋거나 아름답다고 부를 만한 것이 아주 많다. 그러나 원시인들은 그런 식으로 생각하지 않고 오직 유리한지 여부만을 근거로 생각한다. "나는 이 일이 나를 해치지 않게끔 처신했는가?"

앙리 위베르(Henri Hubert)와 마르셀 모스(Marcel Mauss)가 쓴 『종교사 논총』(Mélanges d'histoire des religions)을 보면, 신화적인 마음의 기본 개념들은 창의적인 공상의 범주에 속하는 것으로 인식되고 있다. 칸트가 "순수 이성(pure reason: 이마누엘 칸트 철학의 근본 개념으로, 경험과 별도로 어떤 것을 선천적으로 인식하는 능력을 일컫는다/옮긴이)의 범주"라고 부른 범주와 비슷하다. 추론의 범주는 단지 원형들을 지적으로 응용하는 것에 불과하다. 원형은 심리적이거나 정신적인 모든 것을 표현해내는 원초적인 그릇이다. 원형으로부터 달아나는 것은 절대로 불가능하다.

나의 환자는 치료에 대해 생각하다가 영적 지도자 혹은 구원자를 떠올리고 있다. 치료의 과정은 스승이나 주술사, 안내자, 구루, 말하자면 고대의 성인식에서처럼 통과 의례의 과정을 지켜보는 사람이 없는 가운데서는 절대로 일어나지 않는다.

꿈에서 성자가 파파테아논이라 불린다는 흥미로운 사실은 아버지를 암시하고 있다. 나이 많은 "아버지"는 안내자의 상징이기 때문이다. 그런데 나의 환자에게 직접적으로 아버지가 떠오르지 않은 이유는 무엇일까? 왜 파파테아논이라는 성자가 떠오른 것일까?

어떤 사람은 나의 환자가 입교식에 관한 오페라 '마술피리'(The

Magic Flute)의 영향을 받았을지 모른다고 말할 것이다. 이 오페라에 앵무새를 뜻하는 독일어 단어인 파파게이(Papagei)가 나온다. 폴리네시아인들의 단어에서 나온, 이국적인 기원을 가진 단어이다. 나의 환자가 이 오페라를 떠올렸을 수도 있고 또 그런 것을 전혀 떠올리지 않았을 수도 있다. 그는 그리스어와 루마니아어를 강조하고 있다.

그래도 아버지로는 충분하지 않다. 그는 특별히 상징적인 형식을 더하길 원한다. 나의 환자는 이탈리아어를 할 줄 알고 고대 그리스어와 라틴어도 안다. 그래서 'papa'나 'papas' 같은 단어는 그에게 절대적인 아버지인 교황(Pope)을 암시한다.

죽음과 부활의 신 아티스를 숭배하던 사람들은 로마의 성 베드로 성당이 있는 자리에 신전을 두었으며, 이 교단의 고위 성직자는 "Papas"라 불렸다. 말하자면 바티칸에 교황이 있기 수백 년 전에 이미 거기에 "Papas"가 존재했던 것이다.

환자는 또한 이 자리에서 공개하기 곤란한 어떤 연상을 떠올렸다. 이 연상 역시 그 그리스 형상과 연결될 것이다. 그렇기 때문에 그 그리스 형상은 족장 또는 교황이라는 개념을 포함하고 있다고 해도 무방할 것이다. 루마니아에 관한 암시는 제대로 설명되지 않는다. 그러나 시간을 두고 파고든다면 그것도 틀림없이 설명 가능할 것이다. 환자는 루마니아어를 안다. 그러기에 루마니아 암시가 그에게 어떤 의미를 지닐 것임에 분명하다.

그래도 성자가 구루나 리더, 안내자, 영적 조언자라는 점을 뒷받침할 자료는 충분하다. 따라서 환자는 원형적인 상황에 처해 있다고 할 수 있다.

그 다음 연상은 그가 루르드 같은 성지에 가 있다는 것이다. 성자의 이름을 부르는 것은 일종의 원시적인 치료를 암시한다. 예전에 기선을 타고 나일 강 상류 지역을 여행하던 때의 기억이 난다. 그때 우리가 탄 배 가까이 있던 한 거룻배에 말라리아에 걸린 아랍인이 누워 있었다. 그날 밤 내내 그가 "알라여!"라고 외치는 소리가 들려왔다. 기도는 그 사람이 병을 치료하기 위해 신의 이름을 간절히 부르던 소리였다.

미트라 숭배에 관한 고대 그리스 파피루스를 보면, 입교식에 관한 묘사와 새로 신자가 된 사람에게 하는 훈계가 기록되어 있다. 이 자료에 따르면, 신자가 된 사람은 두 손으로 허리를 잡고 미트라의 이름을 최대한 크게 외쳐야 했다. 의식에서 매우 중요한 부분이다.

나의 환자는 동양을 여행했으며, 그의 무의식은 틀림없이 이런 것들을 동화시켰을 것이다. 그는 좌골신경통을 앓고 있다는 사실과 그걸 치료하려면 기도 이상의 노력이 필요하다는 점을 떠올린다. 그는 평범한 사람이며 의사가 아니다. 그렇기 때문에 그는 다리의 통증이 신경증과 전혀 아무런 관계가 없다고 생각한다. 다리의 통증이 머리나 뇌와 아무 관계가 없는 것처럼 보이기 때문이다. 사람들은 보통 좌골신경통을 육체의 병으로 보며, 따라서 그걸 고치기 위해선 육체적인 무엇인가가, 예를 들면 바다에서 목욕하는 행위 같은 것이 필요하다고 생각한다.

나의 환자는 좌골신경통을 육체의 병으로 보고 있다. 그것은 기계가 움직이지 않을 것이라는 점을 암시한다. 그는 앞으로 나아갈 수 없으며, 따라서 발달이 일어나지도 못한다. 다리의 병이나 부상은 그 점을 암시하며, 그런 상징은 꿈에 자주 이용된다. 이 환자의 경우에 그것은 모든 일이 정지되어 있다는 것을 암시한다. 또한 정신적인 문제만 아니라 육체적인 문제도 있다는 것을 암시한다. 그렇다면 육체적인 문제는 무엇일까?

성적 관심의 결여이다. 말하자면 생리적인 문제이다. 그는 아내와 육체적 관계를 전혀 갖고 있지 않다. 복잡한 상황이다. 이런 육체적인 문제가 그로 하여금 바다에서 목욕을 하는 생각을 떠올리게 한다. 성지로 가는 길에, 누군가가 그에게 이미 순례자 한 명이 치유되었다는 이야기를 들려준다.

환자는 이 대목에서 군중의 암시적인 분위기를 떠올린다. 만약에 군중 중에서 누군가가 치료되었다면, 그것은 고무적인 일이다. 그렇다면 꿈은 그의 분석 작업에도 무엇인가가 이미 일어났다는 점을 말해주고 있다. 꿈은 그가 이미 마법에 걸린 상태라는 점을 보여주고 있다.

그의 무의식이 이 점을 암시하는 이유는 무엇일까? 그에게 나아갈 방향을 제시하기 위해서이다. 그가 어떤 사람 혹은 상황의 영향을 받고 있다는 사실을 아는 것이 그에게 대단히 중요하다. 분석을 하면서 그걸 깨닫지 못할 경우에 환자는 자기 자신으로부터 멀어지게 된다.

원시인들은 악마의 눈을 두려워한다. 원시인을 예리한 눈길로 한 번 째려보라. 그러면 원시인은 당신을 신뢰하지 않을 것이다. 원시적인 마음은 언제나 마법이나 주문에 걸릴 기회를 찾고 있다. 그리스에서 당신이 손가락 하나로 어떤 사람을 가리키면 그 사람은 손가락 두 개를 내밀 것이다. 그러면 손가락이 모두 세 개가 되어 마법이 풀리는 것으로 여겨진다.

자신이 마법에 걸려 있으면서도 그것을 의식하지 못하는 경우가 종종 있다. 나는 다른 사람들의 영향을 받고 있는 사람들을 아주 많이 보았다. 나의 상담을 받은 한 젊은 여자는 다른 사람의 공상을 알아맞히는 놀라운 능력을 갖고 있었다. 심지어 사람들은 자신의 이익을 해쳐가면서까지 다른 사람의 공상을 삶으로 살 수도 있다. 어떤 사람에게 "이 일을 하고 싶어서 했어요?"라고 물어 보라. 그러면 그 사람은 "해야 될 것 같아서 했어요."라고 대답할 것이다.

원시인들은 이 점을 잘 알지만 현대인은 잘 모른다. 사람은 마법에 걸린 상황에서는 마법을 보지 못한다. 그러나 그런 상황에서 벗어난 뒤에도 그 사람은 자신이 어쩌다 그렇게 되었는지 이해하지 못한다.

다른 사람들에겐 아주 분명하게 보이는데도 환자 본인만 모르고 있는 전이를 나는 자주 확인한다. 누구나 매우 사악한 사람의 마법에 걸릴 수 있다. 상황을 암시하는 꿈들이 우리가 서 있는 곳을 알려 주기 위해 그렇게 자주 나타나는 이유도 바로 거기에 있다. 그런 꿈들은 터무니없어 보이지만 아주 중요하다.

나의 환자에겐 자신이 마법에 걸려 있다는 사실을 아는 것이 중요하다. 그렇지 않으면, 그는 나중에 그것을 발견하고는 거기에 사악한 무엇인가가 있다고 생각하면서 그걸 멀리하려 들 것이다. 그 상황을 제대로 이해하지 못하면, 그는 강하게 저항하게 된다.

꿈과 공상을 분석할 때, 꿈을 꾼 사람 본인의 자료뿐만 아니라 이웃의 자료까지 분석해야 하는 경우가 간혹 있다. 꿈을 전혀 꾸지 않는 환자가 있었다는 이야기를 앞에서 들려준 바 있다. 이 환자의 경우에, 나는 아들의 꿈을 분석했다. 그런 상황이 몇 주일 동안 이어졌다. 그러다 마침내 아버지가 꿈을 꾸기 시작했다.

당신이 어느 방에서 잠을 자고 있는데, 이웃 방에서 무엇인가가 그 방으로 기어들어올 수 있다. 인간은 군집성 강한 동물이다. 그렇기 때문에 인간은 환경에서 일어나는 약간의 정신적 변화까지도 쉽게 파악한다. 무리를 지어 헤엄쳐 다니는 물고기와 아주 비슷하다. 물고기의 경우에 어느 한 마리가 방향을 틀면 다른 물고기도 전부 똑같이 방향을 돌린다. 나의 환자가 들어가고 있는 곳은 암시가 강하게 작용하는 환경이다. 그는 분석을 하고 있는 사람들의 집단으로 들어가 거기서 마법에 걸린다. 그는 이 같은 사실을 알아야 한다. 그렇지 않으면 나중에 저항을 일으킬 것이다. 이 저항이 정말 희한한 방식으로 일어나는 경우도 간혹 있다.

교육 수준이 높고, 매우 고상하고, 합리적인 젊은 여자가 분석을 위해 나를 찾아왔다. 스스로 나를 찾아왔으면서도, 그녀는 분석 작업을 계속하지 못했다. 얼마 뒤 그녀는 나이 많은 다른 환자에게 이렇게 말했다. "융 박사님과 분석을 계속하지 못한 것은 박사님이 성적으로 접근했기 때문입니다." 이 말을 들은 나의 환자는 그녀에게 왜 그렇게 생각하느냐고 물었다. 그러자 그녀는 "내가 박사님과 관련해 성적인 꿈을 자주 꾸었거든요."라고 대답했다. 그녀는 자신이 성적 공상을 할 수 있다는 생각은 전혀 하지 못했다. 그러다 보니 내가 그런 공상을 하는 것으로 여겨진 것이다.

12강

1929년 2월 28일

지난번 꿈을 다시 보도록 하자. 바다에서의 목욕과 파도에 대해 깊이 생각하는 대목까지 왔다.

꿈속의 그림은 만(灣)이다. 말하자면 바다가 힘차게 밀려와서 포말을 일으키며 부서지는, 후미진 곳이다. 꿈을 꾼 사람은 해안에 서서 이 장관을 바라보고 있다. 그는 이 장면과 관련한 연상에서, 대양이 좁은 만으로 파도를 보내듯이, 무의식이 의식으로 파도를 보내고 있다고 말했다. 이론적인 관점에서 흥미로운 설명이다. 당신도 이 장면을 머릿속으로 그려보도록 하자.

의식과 무의식이 규모 면에서 엄청나게 다르다는 인상이 들 것이다. 우리는 무의식에 대해 의식의 아래쪽에 있는 무엇인가로, 말하자면 외진 곳에 남겨진 불결한 것으로 생각하기 쉽다. 그런데 꿈은 이와 완전히 다른 그림을 펼쳐 보이고 있다. 의식이라는 어린 소년은 대양의 거대함에 비하면 아무것도 아니다. 언덕을 올라가는 것은 무의식에 다가가는 것이다. 그렇다면 무의식에서 나오는 파도는 무엇일까?

　꿈을 꾼 사람의 감정이다. 그가 파도를 감정으로 받아들이는 것이 결정적으로 중요하다. 그런데 파도가 그의 감정이라는 사실 자체가 그를 크게 놀라게 만들 것이다. 그 파도가 사랑의 감정인지 여부를 확인하기는 대단히 어렵다.

　환자는 감정이라는 것을 대체로 부정한다. 그로서는 감정을 인정할 수 없다. 그래서 그것이 감정이라는 점을 뒷받침할 증거가 더 많이 필요하다. 당분간, 파도는 틀림없이 공포이다. 대양이 공포의 파도를 보내고 있는 것으로 보자는 뜻인데, 정말로 그렇다면 그가 어떻게 파도에 감탄할 수 있을까?

　당연히, 파도의 율동에서 "자연의 자궁"과 "최초의 씨앗의 발생"이 읽힌다. 이것은 생물학이 아니라, 예스럽고 낭만적이기까지 한 원형적인 철학이다. 그가 바다의 움직임에 대해 깊이 생각할 때, 그의 마음에서 틀림없이 철학적인 관념이 일어나게 되어 있다. 그는 일종의 철학적 감정을 품은 채 바다를 바라보고 있다.

　그의 분석 중 첫 부분을 보면, 그는 성욕에 대해 구석에 묻어둬야 하는 불편한 것으로, 말하자면 공개적으로 다루고 싶지 않은 개인적인 문제로 여겼다. 무의식이 그가 보다 개방적인 성 관념 또는 비전에 눈을 뜨도록 하기 위해 서서히 노력하고 있다. 재봉틀의 사소한 상징이 지금은 거의 우주적일 만큼 중요해졌다. 재봉틀의 리듬은 이제 섹스에 나타나는 생명의 수축과 확장이 되었다. 그래서 그는 섹스를 바다의 리듬, 최초의 어머니의 리듬, 자연의 자궁의 율동적인 수축으로 보아야 한다. 이것이 그에게 성욕의 또 다른 측면을 보여주고 있다.

성욕은 더 이상 그의 불행한 개인사도 아니고 구석에 처박아둬야 할 일도 아니며 아주 중요한 생명의 문제이다. 그것은 지저분한 음모가 아니라 인간이 보편적으로 겪는 중대한 문제이다. 그래서 그는 자신의 성욕을 법원으로 넘길 문제로 여길 때와 꽤 다른 관점에서 다룰 수 있을 것이다.

지금 그는 자신의 문제를 생명의 위대한 리듬으로, 자연의 문제로 보고 있다. 말하자면 철학적으로 보고 있는 것이다. 그러면서 내면에서 그 문제가 창조적으로 기능을 하도록 허용하고 있다.

그의 문제는 처음에는 작동하지 않던 재봉틀로 상징되었다가, 그 다음에는 만다라 무늬의 신비한 길을 닦는 스팀롤러로 상징되었으며, 지금은 보편적인 상징인 바다로 표현되고 있다. 이런 변화가 그에게 철학적 태도를 안겨주고, 따라서 그는 자신의 문제를 보다 넓은 관점에서 다룰 기회를 누리고 있다. 성욕에 대해 개인적인 태도를 취한다면 환자 본인에게 절대로 도움이 되지 않을 것이다.

젊은 사람이라면 그 문제를 개인적으로 다뤄야 할 테지만, 그 사람 정도의 나이가 된 사람은 개인적으로 다룰 수 없다. 그는 가족의 증식이 아니라 자신의 영적 발달을 위해 무엇인가를 얻는 것으로 그 문제를 해결해야 한다.

꿈의 그 다음 부분을 보면, 그는 자갈이 쌓인 언덕을 막내아들과 함께 오르려 하고 있다. 바로 그때, 바위 위로 파도가 하얗게 부서지는 것이 보인다. 그는 언덕이 위험하다고 생각한다. 언덕이 파도에 씻겨 사라질 수 있다는 생각이 들자, 그는 뒤로 물러선다. 이것은 자신을 막강한 파도의 위험에 노출시키면서, 지금 작동 중인 무의식에 가까이 다가서려는 시도이다. 심리학적으로 말하면, 그가 자신의 문제를 해결하려 한다는 뜻이다. 그가 자신의 문제에 어떤 조치를 취하려 노력하고 있는 것이다. 그렇다면 그와 함께 있는 막내아들은 어떤 의미일까?

막내아들은 아버지(환자)의 대리자이다. 환자는 막내 아이가 자신을 쏙 빼닮았다고 말한다. 원시적인 관념에 따르면, 아이는 순전히 아버지의 연장(延長)이고, 아버지의 복제이다. 육체적으로나 영적으로나 아이는 아버지인 것이다.

다 성장한 아들에게도 야단을 치는 아프리카 흑인 노인에 관한 이야기가 있다. 이 노인은 아들이 매사에 덤벙거리며 조심하지 않는 모습을 보이자 이렇게 소리를 질렀다. "너 혼자가 아니야! 나의 육신도 너와 함께 있단 말이다. 그래도 내 말을 듣지 않을 텐가!" 그렇듯, 나의 환자는 지금 새로운 시도(소년)를 하고, 희망을 걸고, 전진을 꾀하고 있다. 그는 바다로 가자고 해놓고는 공포를 느낀다. 꿈속의 공포는 과연 무엇일까?

그건 무의식에 대한 공포이다. 그는 틀림없이 자연의 엄청난 힘을 과소평가했을 터인데, 지금 보니 자연이 자신이 딛고 선 땅까지, 자신의 확고한 바탕까지 허물어 버릴 것처럼 보인다. 그것은 곧 자연의 힘이 그의 사회적, 육체적, 철학적 입장을 무너뜨릴 수 있다는 뜻이다.

그는 지금 의식과 무의식 사이에 서 있다. 무의식의 힘이 그가 서 있는 언덕을 씻어 버릴 수도 있다. 왜냐하면 언덕이 자갈과 돌로 되어 있어 약하기 짝이 없기 때문이다. 언덕은 바다에 의해, 자연의 힘에 의해 퇴적되어 생긴 것이다. 그것이 바로 우리 인간의 존재 방식이다. 응집력이라곤 하나도 없는 상태에서 자연의 힘에 맥없이 씻겨나갈 수 있는 자갈 같은 것이 바로 우리의 존재 방식인 것이다. 그것은 절대로 강점이 아니다. 우리는 이 자갈들을 서로 굳게 할 시멘트 같은 것을 발견하지 못했다. 이 시멘트를 발견하도록 하는 것이 꿈의 과제이다.

만다라에 대해 설명할 때, 이 물렁한 물질에 대해서도 이야기했다. 그때 나는 다양한 물질의 알갱이들이 일종의 연금술 같은 과정을 거쳐 서로 결합되어야 한다고 말했다. 그런 과정을 거쳐 나온 것은 바다의 폭력성에도 파괴되지 않을 것이다.

나의 환자는 아직 분열되어 있다. 모든 것이 느슨하게 풀려 있다. 그러기에 그가 언덕을 믿지 않는 것은 잘한 일이다. 왜냐하면 언덕이 너무나 쉽게 씻겨나갈 수 있기 때문이다. 이것은 곧 그가 아직 개성을 전혀 갖추지 못했다는 점을 보여주고 있다. 그의 내면에 서로 단단하게 결합된 것은 아무것도 없는 것이다. 그러기에 그는 잘못하다가 무의식의 힘에 해체될 수 있다. 그래서 그에겐 예전으로 돌아가는 것이 훨씬 더 편하다.

나의 환자는 자신의 성욕에 관해 노처녀의 철학 같은 것을 가지려고 노력하고 있었다. 그는 본성을 고려하지 않은 채, 이제 막 입교한 11,000명의 처녀(4세기 잉글랜드 왕국의 공주였던 우르술라와 그녀를 추종하던 처녀 11,000명이 함께 로마로 성지 순례를 갔다가 돌아오는 길에 훈족에게 집단으로 피살되었다는 이야기가 전해온다/옮긴이) 중 한 사람이 되려고 노력했다. 그는 아이와 다소 동일시되고 있으며, 아이는 그와 동일시되고 있다. 그는 자신의 문제를 다소 유치한 열정으로 해결하려 들고 있다. 환자들은 종종 그런 식으로 문제에 덤벼들다가 다리를 부러뜨리곤 한다.

바다에서 목욕하는 것은 정화(淨化)의 의미를 지닌다. 우리는 자연을 건드릴 때마다 깨끗해진다. 야만은 지저분하지 않다. 우리 인간만이 지저분할 뿐이다. 길들여진 동물은 지저분하지만 야생 동물은 절대로 지저분하지 않다. 엉뚱한 곳에 놓인 것은 모두 지저분하다. 지나친 문명화 때문에 지저분해진 사람들은 숲에서 산책을 하거나 바다에서 목욕을 한다. 사람들은 이런저런 해석으로 그 같은 행위를 합리화하지만, 그것은 사람들이 스스로 족쇄를 풀고 자연이 자신을 건드리도록 하려는 노력이다.

정화는 내적으로도 이뤄지고 외적으로도 이뤄진다. 숲속을 거닐거나, 풀밭에 드러눕거나, 바다에서 목욕을 하는 것은 외적으로 정화를 이루는 것이다. 무의식 속으로 들어가거나 꿈을 통해서 자신의 내면으로 들어가는 것은 내적으로 자연과 접촉하는 것이다. 외적으로 정화를 이루는 것이나 별로 다를 게 없다. 이런 과정을 거치면 일들이 다시 제자리로 돌아오게 된다.

고대의 성년식에서 이 모든 방법들이 이용되었다. 자연의 고독 속에 묻히거나, 별들을 응시하거나, 꿈을 통해 어떤 대답을 얻기 위해 신전에서 잠을 자는 등, 옛날의 신비 의식에도 이런 방법들이 포함되었다. 몰타에서 신석기 시대의 지하 신전이 발견되었는데, 거기엔 입교자들을 위한 공동 침실이 있고, 꿈을 청하는 잠을 자는 선사시대 여성들을 보여주는 작은 조각상들이 있다. 이 조각상들은 프랑스에서 발견된 상아 조각 '브라상푸이의 베누스'(Venus of Brassempouy)를 연상시키는데, 구석기 시대에 제작된 이 상아 조각은 부차적인 성적 특징, 즉 엉덩이와 가슴 등이 두드러지게 과장되어 있다.

몰타에서 발견된 신전에 있는, 꿈을 청하는 잠을 자는 공동 침실에서, 당시에 입교자들은 갱생을 위해 무의식 속으로 빠져들었다. 정말 흥미롭게도, 꿈을 청하는 잠을 자는 이 침실에서부터 바닥에 2미터 깊이로 파서 물을 채운 사각형 구덩이까지 복도가 하나 나 있었다. 신전 자체가 아주 어두웠기 때문에, 입교자들은 복도를 걷다가 차가운 물에 빠졌을 것이며, 그 결과 그들은 꿈을 청하는 잠과 목욕 의식을 한꺼번에 치를 수 있었다.

나의 환자가 이 꿈을 꾼 다음에, 매우 특이한 반응이 따랐다. 환자가 자기 가족에 대한 글을 몇 차례 간단히 적은 것이다. 그에겐 아이가 셋이 있는데, 메모에 아이들에 대한 관찰이 적혀 있다.

"며칠 동안 나는 아이들에게 뭔가 잘못된 것이 있다는 점을 관찰할 수 있었다. 아내에게 문제가 뭐냐고 묻자, 아내는 망설이다가 아이들이 엄마 아빠와 살면서 그다지 행복해 하지 않는 것이 아닌지 두렵다고 대답했다. 아내는 딸이 이상하게 행동한다고 했다. 갑자기 울면서 방을 뛰쳐나가기도 하는데 그 이유를 모르겠다고 했다. 이어 아내는 아들이 기침을 하는 것으로 봐서 결핵에 걸린 것이 아닌지 걱정된다고 했다. 막내아들은 심리적으로 정상이 아닌 것 같다고 했다. 이기적이고 다소 신경증적이라는 것이다. 막내아들도 울곤 하는데, 그렇게 울고 나면 막내아들의 기분이 좋아지는 것 같다고 했다."

이 메모는 나의 환자가 마지막 분석 그 이튿날 쓴 것이다. 실용 심리학의 좋은 예이다. 가족들의 반응을 어떻게 설명해야 할까? 환자는 이런 나쁜 상황에 대해 크게 놀라고 있었다. 그의 아내도 기분이 좋지 않았다.

나의 환자는 지금 가족과 자신의 심리적 조건 사이에 어떤 관계가 있다는 느낌을 받고 있다. 그렇다면 그가 지난번 꿈을 꾼 뒤에 이런 느낌을 받은 이유는 무엇일까? 아내의 무의식이 그의 문제에 영향을 받고 있기 때문이다.

그는 한 동안 이 문제를 해결하려고 노력하고 있다. 재봉틀, 스팀 롤러, 만다라, 바다. 그는 며칠 사이에 아내의 기분이 점점 더 나빠지는 것을 관찰했다. 지난번 꿈을 꾼 뒤에, 아내에게 이유를 묻자, 아내가 아이들에 대한 두려움을 토로했다. 아내가 남편 문제에 전염되고 있는 것이다. 그는 지금까지 자신의 문제를 놓고 아내와 논의한 적이 한 번도 없었으며, 그녀는 심리적인 모든 것을 금기시하는 그런 단계에 있다.

그렇다면 그가 이 모든 것을 투사하고 있다고 볼 수도 있지만, 그렇지 않다. 이것은 투사가 아니고 현실이다. 그는 매우 객관적인 사람이다. 그는 아내의 두려움과 불평을 그대로 전하고 있다.

분석 자체가 더욱 깊어지고 또 그에게 더욱 중요하게 됨에 따라, 그의 아내가 남편에게서 이상한 낌새를 느끼게 되었다. 그가 아내에게 그 문제에 대해 언급했다는 말이 아니다. 그가 문제를 철학적으로 고찰하면서 새벽의 신선한 공기를 느끼게 되고, 더 이상 억눌리지 않게 되고, 더 이상 분열되지 않게 되자, 그녀가 그의 영향을 받게 된 것이다.

어쨌든 그의 문제는 분위기를 통해서 아내에게 전달된다. 결혼관계에 이런 현상이 나타나는 예가 아주 많다. 자신의 문제를 새로운 각도에서 보게 된 날, 그는 다소 쾌활해 보였을 수 있고, 그때 아내는 다소 기분이 처져 있었을 수도 있다.

그래도 그녀는 남편에게 무슨 일이 벌어지고 있다는 것을 알지 못했다. 그래서 그녀는 자신의 기분이 가라앉은 탓을 아이들의 문제로 돌렸다. 엄마들은 남편이나 아이들과 관련해서 이런 모습을 자주 보인다. 아내가 볼 때, 문제가 남편이 아닌 것은 너무나 분명하다. 그러므로 문제는 아이들에게 있을 수밖에 없다. 왜 아이들에게 문제가 있다고 보게 될까?

이 경우에 아이들은 어머니의 상징들이다. 아이들은 그녀의 내면에서 제대로 발달하지 못한 것들을 상징한다.

그녀는 그릇된 길을 향하고 있다. 그녀는 남편에게 유익할 수 있는 분석에 저항하고 있다. 그녀는 자신의 두려움을 아이들에게로 투사하고 있으며, 그로 인해 아이들을 해치고 있다.

진정한 엄마는 절대로 나쁘지 않다. 진정한 엄마가 어떻게 나쁠 수 있어? 그녀는 엄마이고, 아이를 셋 두고 있고, 결혼한 몸이다. 만약에 잘못된 것이 있다면, 그 잘못은 어디까지나 남편이나 아이에게 있다. 아이들은 나쁘지 않다. 그래서 아이들은 아파야 한다.

엄마들은 아이들을 즉시 아프게 할 수 있다. 악마는 결핵뿐만 아니라 어떤 것이든 일으킬 것이다. 아이들을 그릇된 억측의 무시무시한 해악으로부터 구하기 위해 가족으로부터 격리시켜야 하는 경우도 종종 있다. 중요한 것은 아내에게 뭔가 잘못되어 있다는 점이다. 그래서 나의 환자가 크게 놀라고 있다.

그는 매우 친절하고 가정적인 남자다. 아내는 남편을 방해하기 위해 일종의 심리적 소란을 일으키고 있다. 그녀는 아이들의 병에 대한 이야기를 들려줌으로써 남편이 분석에 주의를 집중하지 못하도록 막고 있다. 그래서 그는 앓지도 않는 아이의 병 때문에 나와 함께 30분 이상을 허비했다. 나는 아이들을 위해 의사를 불러주고 그 문제에 대해선 신경을 끊으라고 말했다. 그는 시간을 낭비하고 있었으며, 아이의 병은 그가 신경 쓸 일이 아니었다.

이렇듯, 남편이 하는 일에 관심을 갖기를 거부하는 아내에 의해서도 분석이 방해받을 수 있다. 아내는 무서운 힘을 갖고 있다. 그녀는 온 곳을 지옥으로 만들 수 있다. 그녀는 아이까지 죽일 수 있다. 그녀는 언제나 완벽하게 옳은데도, 어쨌든 자기 아이를 죽일 수 있다. 실제로 귀여운 아이를 죽인 여자를 치료한 적이 있다. 그런 일이 실제로 일어나고 있는 것이다.

아이들이 밤에 엄마를 두려워하는 것도 전혀 터무니없는 현상은 아니다. 원시인 엄마들은 자식들을 죽일 수 있다. 아이를 죽이는 행위는 밝은 낮과는 전혀 어울리지 않는다. 낮 시간에 엄마들은 더없이 헌신적인 엄마가 되기 때문이다. 그러나 밤이 되면 엄마들은 낮의 가면을 벗고 마녀가 된다. 그들은 아이들을 정신적으로 어지럽히고 심지어 죽이기도 한다. 나쁜 방향으로 아이들에게 몰입하는 엄마일수록 아이에게 더 두려운 존재가 될 것이다.

나는 환자에게 아내와 대화하면서 분석이 무엇인지를 알게 해 주라고 일렀다. 그렇게 하지 않으면 아이들이 정말로 병에 걸리게 될 것이고, 그러면 아내는 훗날 그것이 자신의 잘못이라는 사실을 깨닫고 정신적으로 무너질 것이다. 그런 상황은 초기 단계에 파악되기만 하면 바로잡아질 수 있다. 그녀가 모든 것을 중단시키고, 아이들을 전염시키고, 남편이 아직 해결책을 찾지 못한 상태에서 분석을 그만두게 할 것이라고 나는 확신했다.

이 말이 미신처럼 들릴지 모르지만, 나는 그런 일이 일어난다는 것을 알고 있다. 자기 아이가 오염된 물을 마시도록 내버려 두고, 한 걸음 더 나아가 아이들이 죽었으면 좋겠다는 은밀한 바람을 품은 채 막내 아이가 오염된 물을 먹게 한 엄마도 있지 않았는가.

나의 환자 중에 자기 아내를 세 번째 시도 끝에 간접적으로 아주 아름다운 방식으로 죽인 환자가 있었다. 아내가 죽은 뒤, 그 사람은 지독한 신경증 증세를 보였다. 나는 이야기의 전모를 알아낸 다음에 그 환자에게 그가 아내를 죽였다고 일러주었다. 그러자 그의 정신병이 말끔히 나았다. 그 이후로 나는 여자가 이런 식으로 나오면 남편이 조심스럽게 그런 행동을 중단시켜야 한다는 확신을 품게 되었다.

나흘 뒤 나의 환자는 이런 꿈을 꾸었다.

"매제가 사업에 문제가 생겼다는 이야기를 나에게 하고 있다. [매제는 회사에서 환자의 자리에 앉았다.] 오래 전에 계약을 체결한 제품이 출고해야 하는 시점에 나가지 못했다는 것이다. 지금이 6월인데, 5월에 나갔어야 했던 것이라고 한다. 5월에도 까먹고, 6월에도 까먹었다고 한다. 나는 화가 나서 매제에게 구매자가 불만을 제기하면 보상을 해줘야 한다고 말했다."

제품을 인도하는 것을 망각한 것과 관련해, 그는 이런 이야기를 들려준다. "나는 언제나 의무를 완수하려고 노력했어요. 사업을 매우 진지하게 받아들였지요. 회사를 그만둘 때, 매제가 나만큼 세심하게 주의를 기울일까 하는 걱정이 앞섰어요. 만약에 꿈에서처럼 내가 그 자리를 떠난 직후 일들이 그런 식으로 망각되었다면, 사업에 문제가 생기고 피해가 아주 컸을 거예요. 매제는 나의 그림자 같은 존재이고, 나보다 젊고, 나의 뒤를 이어 회사에 들어와서 나의 자리를 물려받았어요." 나의 환자의 그림자인 매제가 그에게 사업에 문제가 있어서, 다시 말해 삶에 혼란이 있어서 의무를 다 이행하지 못하는 상태에서 살고 있다는 사실을 알려주는 것 같다. 그런 망각은 피해에 대한 보상을 함으로써만 바로잡아질 수 있다.

이전의 꿈에서, 그는 보다 완전한 삶을 추구하려고 노력하고 있었다. 자연의 충만함과 사랑의 바다로 자신을 던지려고 노력했다. 그러다 자신의 상황이 다소 위험하다는 것을 깨닫고 뒤로 물러섰다. 자신이 서 있는 언덕에 느슨하게 쌓인 자갈과 돌들이 파도에 씻겨나가지 않을까 하는 두려움 때문이었다.

이건 당연한 과정이다. 그의 아내는 낌새를 채고 아이들을 죽이겠다고 위협하고 있다. 이것은 그녀의 복수이다. 이것은 그녀가 "아! 그래? 당신이 변하겠다면, 난 아이들을 죽여 버리겠어!"라고 말하는 것이나 다름없다. 당연히 그는 아내의 태도에 신경을 쓰게 될 것이고, 그러면 분석을 멀리하게 될 것이다. 그는 아이들을 걱정한 나머지 분석을 그만둘 것이다.

그는 자신의 바탕을 단단히 굳히는 임무에 더욱 박차를 가할 수 있었고 또 그 임무에 관심도 두고 있었다. 그러다가 아내의 협박에 밀려 분석을 중단했다. 그러자 꿈이 이렇게 말한다. "그건 그대의 사업에 일어난 장애야. 그 일은 그대의 그림자에게 맡겼잖아. 그림자가 의무를 망각한 것이잖아. 그대가 다뤄야 할 것은 바다야. 그대

12강 1929년 2월 28일

는 바다를 직시해야 해. 그대의 섬을 강화하고, 그대 자신을 확고히 해야 해. 그대가 할 일은 사소한 질병에 있는 게 아니야. 그건 늙은 간호사에게 맡겨." 그는 아내가 질투를 하고 있다는 사실을 알아야 한다. 그게 전부다. 그 꿈은 그가 하던 일을 계속 하도록 몰아붙이고 있다.

이 꿈이 아내를 무시하고 있는 데 대한 양심의 가책을 표현하는 것일 수도 있지만, 사실 그는 자신이 할 수 있는 일을 모두 다 했다. 그는 언제나 옳게 행동하려고 노력하고 있다. 아내와도 대화하려고 노력했다. 또 자신의 문제를 해결하기 위해 분석을 계속하고 있다. 이런 노력은 당연히 아이들에게도 유익할 것이다. 보다 훌륭한 아빠를 두게 될 테니까.

그의 잘못은 아마 유치한 열정으로 다소 무모하게 대들고 있다는 점일 것이다. 파도가 꽤 높았다. 아내의 반응이 시작된 것은 그가 평소와 다른 모습을 보이면서였다. 그는 정의롭고, 신뢰할 만하고, 마음도 맑다. 그러다 보니 그가 분석 작업을 벌이면서 평소와 크게 다른 모습을 보였을 것이다. 분석을 하다 보면 더 이상 외부 환경이 앞으로 나아가지 못하게 발목을 잡는 예가 자주 있다. 그가 다음 단계로 넘어갈 준비가 되어 있지 않을 수도 있고, 아니면 저항하고 있을 수도 있다.

그는 하루 뒤 이런 꿈을 꾸었다.

"특이하게 생긴 기계가 보인다. 잡초를 뽑는 새로운 장치이다. 생김새가 말로 표현하지 못할 만큼 기이하게 생겼다. 꿈속에서 나는 단지 그 기계를 이용해야 한다는 것만 알고 있다."

이 꿈과 관련해 그가 떠올린 연상은 이렇다. "최근에 신문에서 길을 닦는 늙은 노동자에 관한 감상적인 기사를 보았어요. 노동자는 거리를 청소하는 새로운 기계를 바라보고 있었지요. 작업을 노동자보다 100배 이상 효율적으로 처리할 수 있는 기계였어요. 따라서 이 꿈의 의미는 나에게 아주 분명해요. 이 기계를 나에게 적용시켜야 한다는 것이지요."

그는 다시 기계를 이용해야 한다. 이전의 꿈은 "구매자가 불만을 제기할 경우에 피해를 보상해줘야 한다."고 말했다. 아주 많은 시간이 낭비되었다. 그래서 잡초 뽑는 기계가 준비되어 있다. 사람보다 100배 더 효율적인 기계다.

이 꿈은 피해가 일어난 곳이 어딘지를 보여준다. 그가 주춤했던 것은 아내와 관계있었다. 아내에게 전염된 것이다. 그는 자신의 잡초를 뽑을 수 있다는 생각을 품었으며, 그렇게 하고 나면 가족에게 어떠한 문제도 일어나지 않을 터였다. 꿈은 그에게 분석을 포기할 것이 아니라 이 기계를 이용해 잡초를 더 효율적으로 뽑아내는 것이 좋겠다는 뜻을 전하고 있다.

언제나 라의 찬가를 기억하도록 하라. 라의 사랑스런 아내 이시스가 남편의 길에 놓기 위해 독을 품은 뱀을 만들었다지 않는가.

하루 뒤에 또 꿈이 꾸어졌다.

"자동차를 타고 리비에라 근처를 여행하고 있다. 그때 누군가가 나에게 그 나라에서 2개월 머무는 사람에게만 북쪽으로 향하는 도로와 남쪽으로 향하는 도로를 이용할 수 있다고 말한다. 또 모든 자동차들이 위쪽으로든 아래쪽으로든 한쪽 방향으로만 달릴 수 있다고 한다. 방향은 매일 반대로 바뀐다고 한다. 월요일에 이쪽 방향으로 달리면, 화요일엔 저쪽 방향으로 달리는 식이다. 그래야만 모든 방향에서 아름다운 경치를 두루 즐길 수 있을 테니까. 어떤 사람이 두 개의 길이 그려진 지도를 보여준다. 초록색과 흰색 원은 요일과 방문객이 지켜야 할 방향을 알려주고 있다.

단기간 거기에 머무는 방문객들은 그 규정을 지킬 필요가 없다. 그래서 나는 단기 방문객이 마음대로 돌아다닐 수 있도록 하는 것은 비합리적이라고 생각했다. 또한 이 규정에 항의하는 방문객이 있다는 소리도 들렸다. 이 길을 6년 이상 여행하는 허가를 받을 경우에 돈을 내야 하기 때문이다.”

그는 이 꿈과 관련해 이런 연상을 떠올렸다. "나는 리비에라에 간 적이 없어요. 그러나 이 지방에 대해 아름다운 공상을 품고 있어요. 극락도(極樂島) 같은 곳에서나 누릴 영원한 봄날이라고나 할까요. 나는 자동차를 타고 그곳을 여행하는 생각에 빠지곤 해요. 여행은 정말로 멋질 것 같아요. 거기에 정말로 길이 두 개 있는지 모르겠어요. 이 길들을 여행하는 것은 인생을 상징하는 것이 아닐까 싶어요. 사람이 길을 지나치게 자주 바꾸지 않고 체계적으로 산다면, 그것이 인생의 길이 아닐까요. 2개월 동안 머무는 사람은 규정을 지켜야 하지만 그곳에 며칠 머무는 사람은 자기 마음대로 할 수 있다는 사실은 나의 삶과 맞지 않지만 무의식을 여행하는 데엔 어울릴 것 같아요. 무의식을 여행하는 것도 리비에라를 여행하는 것만큼이나 재미있고 아름다울 것 같아요. 2개월 이상 머물기를 원하는 사람은 누구나 그다지 논리적이지 않은 규정을 지켜야 해요. 단기간 머무는 사람은 지킬 필요가 없는 그런 규정을 말이에요. 규정만 제대로 지키면, 누구나 북쪽 지방의 산지와 남쪽 지방의 계곡을 두루 여행할 수 있어요. 그곳에서 풍경을 제대로 보고 떠날 수 있지요. 흰색과 초록색은 자유롭게 다닐 수 있는 코스를 보여주고 있어요. 빨간색만 정지를 의미하지요."

6년 동안 하는 여행의 경우엔 허가를 받아야 한다는 내용과 관련해, 환자는 내가 태도를 완전히 되살리는 데 6년 걸린다는 말을 했다고 밝혔다. 그러나 나는 그런 말을 한 기억이 없다. 아마 치료에 6년 정도 걸린 어느 환자에 대한 이야기를 들려주었는지 모르겠다. 분석에 걸리는 시간은 절대로 정해져 있지 않다. 어쨌든 태도를 완전히 되살린다는 것은 무슨 뜻일까? 그도 그 말의 뜻을 제대로 이해했는지 모르겠다. 하지만 여기서도 기계가 등장한다는 사실에 주목하자.

전체 꿈은 그의 분석과 관계있다. 길이 등장한 만다라 꿈에서와 똑같은 종류의 저항이 보인다. 여기서 그는 길을 여행하고 있다. 기계는 자동차다. 그는 다시 떠돌고 있다. 잡초 뽑는 기계는 부차적이다. 스팀롤러처럼 느리다. 그런 기계로는 여행을 하지 못한다. 그러나 자동차를 이용하면 빨리 또 멀리까지 여행할 수 있다.

길을 이용한다는 것은 곧 어딘가에 닿기를 원한다는 뜻이다. 목적지는 불멸의 존재들이 산다는 "극락도"나 "아틀란티스"이다. 그러나 여행은 다소 불편하다. 그 나라에 이상한 규정이 있기 때문이다. 이 규정은 그 나라가 그에게 강요하는 것 같다. 그가 가기를 원하는 곳은 무의식이다. 그가 이 특이한 길을 따라야 하는 것은 그 나라의 본질이다.

만다라를 보면, 길은 언제나 구불구불하다. 이 꿈에서, 길은 처음에는 이쪽으로, 다음에는 저쪽으로 달린다. 말하자면 이런 충동이 있고, 다음에는 그와 반대되는 충동이 있다. 이거야말로 무의식을 너무도 정확히 표현한 것이 아닐까.

종종 무의식은 좌우로, 아래위로 마구 흔들리는 충동과 같다. 무의식의 특징이다. 무의식에 상반된 짝들이 있을 뿐만 아니라 오른쪽과 왼쪽을 오가는 충동도 있다. 한쪽 길을 따르다가 반대쪽 길을 따를 때, 그는 사방에서 그 나라를 볼 시간을 충분히 갖게 된다. 여기서 무의식이 아주 낙관적으로 표현되고 있다.

우리가 환자의 입장이 되어 보는 것도 중요하다. 그는 지극히 세속적인 사람이며, 뛰어난 사업가이다. 그는 일을 정확히 처리하고 시간을 낭비하지 않는 것을 철칙으로 삼고 있다.

그런 그가 갑자기 자신이 무의식 속에 있는 것을 발견한다. 무의식에선 모든 것이 아래위로, 앞뒤로 흔들리고 또 모순적인 충동과 의견도 전혀 이상하지 않다. 그는 그것들이 도대체 무슨 뜻인지 이해하지 못한다. 그는 길을 잃었고, 그는 그런 자신을 혐오한다. 그는 이 특이한 경험이 중요하다는 사실을 이해하지 못한다.

나의 환자는 일련의 장애에 자신을 노출시킬 때까지 결코 성숙하지 못한다. 그 장애들은 옛날의 성인식에서 행해지던 테스트나 다름없다. 말하자면 헤라클레스가 겪어야 했던 12노역(勞役) 같은 것이다. 가끔은 그 테스트들이 아이게우스의 외양간을 치우거나 히드라의 목을 가진 뱀을 잡는 것처럼 무익해 보인다. 이 사업가는 외양간을 치우거나 어딘가에 숨어 있는 사자를 죽이는 것은 자기 일과 아무 상관이 없다는 식으로 말하곤 했다.

그러나 무의식의 세계에서 그는 앞뒤를 오가는 더딘 진전을, 일종의 고문을 감수해야 한다. 오늘 명료한 결정에 이르렀다고 생각했는데, 내일 그 결정이 어디론가 사라질 수도 있다. 그러면 당신은 바보 같다는 생각이 들면서 그런 자신을 저주할 것이다. 그러다가 당신은 이것은 상반된 짝들의 문제일 뿐이라는 것을 배울 것이다. 이 진리를 배우고 나면, 당신은 충분한 가르침을 받은 존재가 될 것이다. 이 환자는 아직 이 진리를 배우지 못했다.

13강

1929년 3월 6일

지난번 꿈은 리비에라에 있는 두 개의 길에 관한 것이었다. 하나는 위쪽으로 향하는 길이고 다른 하나는 아래쪽으로 향하는 길이었다. 나의 환자의 문제는 현재 어떤 상황일까? 일련의 꿈들은 연극의 전개와 비슷하다. 실제 목표가 무엇인지 우리는 알지 못한다. 우리는 그냥 드라마가 전개되는 과정을 지켜보고 있을 뿐이다.

재봉틀과 병에 걸린 몸으로 누추한 집에서 살고 있는 여자 재단사에 관한 꿈이 있었고, 그 다음에 무늬를 만들어내는 스팀롤러에 관한 꿈이 있었다. 이어 잡초 뽑는 새로운 기계에 관한 꿈이 있었다. 지금은 리비에라에 관한 꿈이 있다. 그렇다면 이런 꿈들을 연속적으로 꾸고 있는 환자의 실제 상황은 어떨까? 리비에라에 관한 꿈은 무엇을 보여주고 있는가?

나의 환자는 문제를 해결하기로 마음을 먹고 나름대로 노력하다가 느닷없이 아내의 반발에 봉착했다. 아내의 반발이 어떤 결과를 부를지 짐작이 되었다. 그러자 그는 깜짝 놀라며 뒤로 주춤했다. 그러는 중에 그의 내면에 일어나고 있는 장애를 제거하려면 잡초 뽑는 기계가 필요하다는 점을 암시하는 꿈이 나타났다.

그의 실수는 문제를 지나치게 간단하게 받아들였다는 점이다. 그는 스위치를 올리기만 하면 모든 일이 술술 풀릴 것이라고 생각하고 문제 해결에 꽤 열정적으로 임했다.

분석은 조심스럽게 실험적으로 여러 단계를 거치는 화학 실험과 비슷하다. 각 단계를 거칠 때마다 거기에 따른 결과가 나타난다. 대포의 기능을 테스트할 경우에, 화약의 양을 2킬로그램이 아닌 200그램으로 할 수 있다. 그렇게 하면 별다른 위험을 감수하지 않고도 대포가 작동하는 과정을 눈으로 확인할 수 있다. 나의 환자는 그런 식으로 단계를 밟아나가다가 느닷없이 어려움에 봉착했다. 이 어려움은 그가 현실에서 실제로 조치를 취할 경우에 일어날 수 있는 일들을 암시했다. 이 어려움 앞에서 그는 크게 놀랐으며, 이어 뒷걸음질을 쳤다.

그는 지금 여기서 다시 앞으로 나아가면서 극락도, 말하자면 리비에라를 향해 가고 있다. 거기서 그는 자신의 노력이 생각한 만큼 간단하지 않다는 사실을 배운다. 그는 거북한 상황을 발견한다. 교통 법규가 영 이상하다. 2개월 동안 머무는 사람은 지켜야 하지만, 며칠 머무는 사람은 지킬 필요가 없는 그런 법규이다. 마지막에, 그는 6년 동안 서약해야 한다는 말을 듣는다. 무의식이 말하는 6년은 그냥 긴 시간이다.

나이지리아에서 한때 이런 이야기가 회자되었다. 천 명의 독일군

이 영국령을 가로질러 행군했다. 그래서 영국 군대는 일단의 군인들을 보내 진상을 조사하도록 했다. 이 군인들이 돌아와서 보고한 내용은 길을 잃은 병사 6명이 지나갔다는 것이었다. 이에 대한 설명은 그곳 원주민들의 언어로 6은 많은 수를 의미한다는 사실이다.

그곳의 원주민들은 다섯까지만 헤아릴 수 있었다. 그래서 여섯은 다섯을 넘어서는 모든 숫자를 의미했다. 1,000명도 6명이었고, 10,000명도 6명이었다. 나와 함께 일한 주술사는 100까지 헤아릴 수 있다고 했다. 그는 막대기를 갖고 셈을 하다가 70개에 이르자 "칠십, 백!"이라고 외쳤다. 그는 칠십 이상을 헤아리지 못했다.

문명화 과정에, 1과 9사이의 모든 숫자는 신성한 대상이 되었다. 예를 들어, 종교 언어를 보자. 삼위일체의 3, 초를 7개 꽂는 촛대의 7, 7 곱하기 7 등이 있다. 2와 1도 신성한 숫자이다. 인도 종교에서 신성한 숫자는 4이다. 이집트에선 8과 9가 신성한 숫자이다. 3 곱하기 4는 12. 12도 신성한 숫자이다.

이 숫자들이 모두 신성하다는 사실은 단지 그것들이 어떤 터부를, 말하자면 신비적인 가치를 갖고 있다는 의미일 뿐이다. 원래 이 숫자들은 수였을 뿐만 아니라 어떤 특성까지 지녔다. 추상적인 양만을 의미했던 것은 아니었다. 우리의 무의식이 셋을 말할 때, 그것은 양보다 어떤 특성을 의미한다.

원시인은 사물을 숫자로 하나 둘 헤아리는 것이 아니라 미학적으로 구분하는 방식으로 셈을 한다. 예를 들어, 늙은 추장은 6개 이상을 헤아리지 못하면서도 자신의 가축 600마리가 모두 울타리 안에 있는지 여부를 알 수 있다. 가축 모두를 이름으로 한 마리 한 마리 구분할 수 있는 것이다. 그래서 어린 프리츠가 아직 돌아오지 않았다는 것을 알 수 있다. 셈은 가축들이 들어가 있는 땅의 넓이로도 이뤄지고, 가축들이 서로 섞이며 이루는 무늬로도 이뤄진다. 이때 숫자는 어떤 특성적인 가치를, 시각적이고 미학적인 형태의 가치를 지닌다.

기하학적 도형은 심리학적 가치를, 따라서 신비적인 성격을 지닌다. 3 곱하기 3이 성소(聖所), 즉 신성한 곳 중에서도 가장 신성한 곳으로 여겨지듯, 숫자들도 서로 다른 성격을 지닌다. 숫자 7은 신성한 숫자 중 하나로 꼽힌다. 따라서 7개의 점이나 7개의 각 혹은 7개의 단위를 가진 도형은 특별히 강력하다.

그러기에 "6"에 대해 말하는 꿈은 그 안에 그 같은 암시를 담고 있다. 나의 환자에겐, 다수의 운전자들이 잠시 머물 계획인데도 6년 체류 허가를 받는 사람이나 똑같이 돈을 내야 한다는 사실에 항의하고 있는 것처럼 보인다. 그는 리비에라를 유람할 생각을 하고 있으며 그 여행을 무의식으로의 여행과 연결시킨다. 그는 잠시 재미있는 시간을 가진 뒤 돌아올 생각이지만, 그것이 여의치 않다는 사실을 발견한다.

그의 무의식은 "기다려! 6년 동안 체류하는 데 대해 돈을 지불하고, 오랫동안 또 치열하게 여행하겠다고 다짐해!"라고 말한다. 무의식이 그에게 그런 식으로 이해할 것을 강요하면서 그를 혼란스럽게 만든다. 그러니 그로서는 무의식을 좋아하기 어려울 것이다. 그는 일을 단순하고 합리적으로 처리하길 원한다. 그래서 이 꿈에 다소 의심스런 눈길을 보낸다. 그 다음 꿈을 보자.

그는 아내와 함께 다소 친밀한 상태에 있다. 그는 아내에게 부드러운 면을 보이길 원하지만 아내는 상당히 냉랭하다. 그는 매우 진지하게 아내와 대화를 시작하면서 아내에게 합리적으로 행동해줄 것을 요구한다. 아내에게 적어도 한 달에 한 번은 성관계를 허락해 줘야 하는 것이 아니냐고 묻는다. 그가 아내에게 이런 말을 하는 사이에, 아이들 모두가, 아니 열다섯 살쯤 된 맏아들이 방으로 들어온다. 그래서 그는 아내와 더 이상 대화를 잇지 못한다.

그는 이 꿈과 관련해 이런 연상을 떠올린다. "이따금 아내와 대화하려고 시도해요. 그러다가도 아내가 약간이라도 저항한다는 느낌이 들면 금방 포기하고 말아요. 아내의 말을 통해서 아내가 섹스에 저항하고 있다는 것을 알 수 있어요. 아내는 X-레이로 종양을 치료하면서 불임이 된 뒤로 섹스에 강하게 거부 반응을 보이고 있어요. 아이들이 들어오면, 더 이상의 대화는 불가능하지요."

맏아들은 그에게 이런 연상을 떠올리게 한다. "큰아들은 언제나 아내의 총애를 받고 있으며, 지금까지 아내에게 많은 슬픔을 안겨 줬어요. 아이가 8개월 되었을 때 장염으로 거의 죽을 뻔한 일이 있었거든요. 세 살 이후로는 천식을 앓고 있어요. 큰아들에겐 좀 기이한 구석이 있어요. 이 애가 약간이라도 버릇없이 굴면, 나는 이상하게 화가 나요. 내가 봐도 나 자신이 좀 비이성적인 것 같아요. 다른 아이들이 그러면 그런 식으로 짜증을 내지 않거든요. 아내는 나에게 이 점에 주의하라고 해요."

이 꿈은 그에게 분석이 매우 진지한 과제라는 점을 알려주고 있다. 그는 자기 아내와의 문제를 합리적으로 해결하려고 다시 노력하고 있다. 따라서 그가 리비에라 꿈을 받아들였다고 봐도 무방할 것 같다.

그는 먼저 아내의 사랑을 얻으려고 노력하고 있다. 그러나 그가 그런 식으로 문제를 해결하려고 노력하는 것은 어리석은 짓이다. 이성적으로 행동해서는 절대로 여자의 가슴을 열지 못하기 때문이다. 모터를 설득시켜 작동하게 하고 재봉틀을 설득시켜 돌아가게 만들 수는 있을지 몰라도, 그런 식으로 여자를 설득시키는 것은 불가능하다. 이 꿈이 그가 아주 어리석다는 점을 말해주고 있다.

물론 그가 실제로 그런 식으로 행동한 것은 아니다. 그가 제대로 시도했더라면 어떤 일이 벌어졌을지, 우리는 알지 못한다. 그의 아내를 본 적은 없지만, 고집이 센 사람인 것 같다. 조금 있으면, 악마들이 그녀를 조종하고 나설 것이다. 그녀는 전체 상황을 좌우할 미지수 X이다. 거기엔 뭔가 잘못된 것이 있다. 이 환자의 결말이 어떤 식으로 끝날 것인지, 나는 알지 못한다. 꿈은 그가 취하고 있는 길이 잘못되었다는 점을 보여주고 있다. 아이들이 부부의 대화를 방해하고 나서는 이유는 무엇일까?

장남은 아픈 상태이다. 장남은 부모 사이에 벌어지고 있는 갈등을 상징하고 있다. 아이는 분명히 신경증을 보이고 있으며, 부모의 불행한 관계에 짓눌려 힘들어 하고 있다. 아이는 세 살 때부터 천식을 앓고 있다. 이건 무슨 뜻일까?

아내가 남편을 그런 식으로 거부할 때, 둘 사이엔 틀림없이 심각한 문제가 있다. 아이가 세 살 되던 때부터 두 사람 사이에 뭔가 뒤틀렸다고 말해도 틀리지 않을 것이다. 아이를 억누를 듯 덮고 있는 시커먼 장막이 밤이면 공포의 구름이 되어 아이를 짓누르면서 호흡 장애를 일으킨다. 천식은 일종의 질식 공포증이며, 공포가 클수록 질식이나 어두움, 무의식은 더욱 강하게 다가온다.

낮에는 모든 것이 합리적이고 괜찮아 보이지만, 밤만 되면 억눌린 성욕이 공포 분위기를 조성한다. 그런 상황이 벌어지고 있는 집 안으로 들어가면, 당신도 공기 속에서 공포 분위기를 느낄 수 있다. 집안 공기나 억제, 두려움, 금기, 귀신들을 통해서 그런 분위기를 파악하게 되는 것이다. 마찬가지로, 아이도 그런 분위기를 느끼게 된다.

3세 된 아이는 절대로 스스로 정신적인 문제를 일으키지 않는다. 그 나이의 아이들은 분열되어 있지 않다. 아이들은 한 순간 아주 친절하고 사랑스럽다가도 다음 순간에 몹시 귀찮은 존재가 될 수 있다. 그래도 아이들은 그런 일로 분열되지 않는다.

그 나이의 아이들은 도덕적 가치를 전혀 갖고 있지 않다. 왜냐하면 그때까지 아이들이 충분히 의식적이지 않기 때문이다. 그 나이의 아이들은 심리적 갈등을 전혀 겪지 않지만 부모의 문제의 영향으로부터는 자유롭지 못하다. 어머니뿐만 아니라 아버지도 환경 안에서 진동을 일으키고 있으며, 따라서 아이는 환경의 영향을 온몸으로 받는다.

어른이 그런 환경에서 산다면, 언제든 탈출이 가능하다. 그러나 아이는 그렇게 하지 못한다. 아이는 독이 가득한 공기를 호흡해야 한다. 이 꿈속의 아이는 '죽음을 기억하라'(memento mori)라고 외치는 죽음의 상징, 말하자면 잘못되고 있는 것의 상징이다. 아이는 주위를 침묵시키는 존재이다. 아이가 방에 들어오면, 침묵시키는 존재가 앞으로 나선다. "입을 닫도록 해. 이 문제는 당신들의 이성적인 논쟁보다 훨씬 더 깊은 문제야."

나의 환자는 이튿날 밤에 또 꿈을 꾸었다. 그의 문제는 계속되고 있고, 우리는 그의 문제가 사랑의 문제와 거리가 멀다는 사실을 확인하게 될 것이다. 그가 들려주는 꿈의 내용은 다음과 같다.

"누군가가 나에게 기계 같이 생긴 것을 갖다 준다. 그런데 기계에 문제가 있다. 그래서 제대로 돌아가지 않는다. 나는 기계를 분해하면서 잘못된 곳을 찾는다. 부품 하나가 이중의 심장처럼 생겼다. 앞쪽 심장과 뒤쪽 심장은 강철 스프링으로 서로 연결되어 있다. 꿈속에서 나는 스프링에 문제가 있음에 틀림없다고 생각한다. 기계는 앞뒤 압력이 서로 맞지 않아 돌아가지 않고 있다. 한쪽은 압력이 12이고, 다른 한쪽은 압력이 4인 것 같다."

이 꿈과 관련해, 환자는 이런 연상을 제시한다. "대체로 보면 스프링은 기계의 영혼과 비슷해요. 이 물체가 심장 모양을 하고 있다는 사실은 아마 인간의 작용이라는 점을 알려주는 신호일 거예요. 예를 들어, 나는 사고와 머리를 동일시하고, 직관과 교감신경계를 동일시하고, 감정과 심장을 동일시하고, 감각과 사지를 동일시해야 할 것입니다. 이 꿈에서 나는 당연히 결혼생활에 대해 생각하고 있지요. 문제는 감정의 압력 차이에 있음에 틀림없어요. 아마 바로 거기서, 감정을 의식의 차원으로 끌어올리려 노력해야 할 거예요. 아내가 미묘한 주제에 대해 감정을 배제한 상태에서 생각하도록 이끌어야 한다는 뜻이지요."

이 환자는 그 전의 꿈에서 이성적인 방법이 제대로 먹히지 않는다고 말했다. 지금은 자신이 이성적인 메커니즘을 다루는 것이 아니라 인간의 심장을 다루고 있다는 사실을 확인하고 있다.

심장을 그 메커니즘의 영혼으로 본 것은 탁월한 비유다. 흔히 심장을 생명의 자리로 본다. 심장은 언제나 감정의 상징으로 여겨져 왔다. 푸에블로 인디언들은 심장으로 생각한다고 말한다. 물론 사고와 감정을 동일시한다는 뜻이다. 푸에블로 인디언들은 머리로 생각하는 백인을 두고 미쳤다고 생각한다.

아프리카 흑인들은 종종 위(胃)로 생각한다고 말한다. 위에서 감각과 직관이 섞이고, 위로 모든 기능들이 모인다는 뜻이다. 아프리카 흑인들은 꿈에 대해 현실이라고 말한다. 이 흑인들이 꿈과 현실 중 어느 세계에 살고 있는지를 꼬집어 밝히기는 대단히 어렵다. 그래서 그들에겐 생각이 위에서 이뤄질 수도 있다. 문명화된 사람의 경우에는 분명히 사고가 머리에서 일어난다. 그렇다면 같은 스프링으로 연결된 이중의 심장은 무엇을 상징할까?

그것은 환자 본인과 아내의 감정을 상징한다. 환자의 압력은 12이고, 아내의 압력은 4이다. 그는 사고의 속박에서 벗어나야 한다. 그는 스스로를 위해, 그리고 성공을 위해 분투해야 하는 힘든 사업가의 삶을 살고 있다. 그래서 모든 것을 합리적인 사고로 압축해 왔으며, 자신의 지성을 다루는 방법을 잘 알고 있다. 그는 자신을 지성과 동일시한다. 그러다 보니 지금 지성의 손아귀에 꽉 잡혀서 스스로에게 자유로운 움직임을 전혀 허용하지 않고 있다.

그는 한쪽으로 치우쳐 있으며, 따라서 지성의 속박에서 벗어나 인간의 심장으로 돌아갈 때까지 시간이 꽤 많이 걸릴 것이다. 그는 스스로 감정이 풍부한 존재라고 생각하고 있지만 그건 어디까지나 감상일 뿐이다. 그에겐 생각만 있고 감정은 전혀 없다.

남자들만 감상적이다. 여자들은 대체로 자신의 아니무스와 좋은 관계를 유지할 경우에 감상적이지 않을 수 있다. 감상은 약함이고 탐닉이고 또 언제나 열등감의 신호이다.

어떤 사람은 눈물을 잘 흘린다고 해서 스스로 감정이 풍부한 사람이라고 믿는다. 영화관에서 우는 사람이 많다. 그렇다면 그들 전부가 감정이 풍부한 것일까? 그렇지 않다.

이중적인 심장의 반쪽이 아내의 심장이라는 설명은 만족스럽지 못하다. 이 설명은 현실과 맞아떨어지지 않는다. 하나의 침대, 하나의 접시, 하나의 컵, 하나의 스푼 등에 대해 생각하는 것은 나의 환자의 감상이다. 완벽한 결혼생활에 대한 그의 생각은 하나의 심장, 하나의 마음, 하나의 영혼 등이다. 나는 서로 같지 않은 압력이 그의 내면에 있다는 해석에 더 끌린다.

그의 심장은 여전히 강철로 만들어진 장치이다. 정말 단단한 물질인 강철 말이다. 그는 강철의 진동을 자신의 감정이라고 생각한다. 실제로 보면, 그것은 얼음처럼 차갑고 딱딱한 그의 압력일 뿐이다. 그래서 그는 두 개의 심장을 갖고 있지만, 실제로 보면 그것은 서로 압력이 다른 두 개의 반쪽을 가진 하나의 심장이다. 압력이 높은 반쪽은 사업과 돈과 권력이고, 압력이 낮은 다른 반쪽은 결혼생활이다.

아내는 스스로 세상을 헤쳐 나가게 되어 있고, 결혼생활은 저절로 부드럽게 돌아가게 되어 있다는 것이 훌륭한 남자들의 생각이다. 남자들에게 있어서 저절로 돌아가지 않는 유일한 것은 사업이다. 그러나 아내의 생각은 완전히 다르다. 저절로 돌아가지 않는 유일한 것은 결혼생활이다. 아내에겐 결혼생활이 곧 사업인 셈이다.

여기서 확인하듯, 남편과 아내의 관점은 서로 너무나 많이 다르다.

이 꿈에 대한 해석은 아주 정확한 것 같다. 나는 해석이 꿈과 맞아떨어질 때 만족감을 느낀다. 기계적인 생각은 이성적인 마음의 편향이다. 자연은 그런 고정관념을 싫어한다. 꿈은 무의식이 그런 기계적인 생각을 뿌리 뽑을 것이라는 점을 일러주는 것 같다. 잡초 뽑는 기계가 의미하는 것이 바로 그것이다. 이성적인 생각만을 바탕으로 사는 남자는 삶을 살기를 중단한 것이나 마찬가지이다.

환자는 하루 뒤에 또 꿈을 꾸었다.

"나는 바닷가에서 목욕을 하고 있다. 해안으로 밀려오는 높은 파도를 향해 다이빙을 하고 있다. 거기에 어느 왕자의 아들이 있다." (그는 사업상 왕자와 거래를 해야 한다. 이 왕자를 그냥 오마르 왕자라고 부르도록 하자. 그는 왕자는 알지만 왕자의 아들에 대해서는 아는 것이 없다.) "이어 나의 아버지가 나타나는데, 무서울 정도로 살이 쪘고 형체가 영 엉망이다. 아버지는 계단에서 거의 넘어질 뻔했다면서 자신을 물로 데려다 줄 것을 요구한다. 아버지는 턱수염을 덥수룩하게 기른, 왕자의 사유지의 지배인과 이야기를 나누고 있다." (현실 속의 이 남자는 수염을 전혀 기르지 않았다.) "이어서 오마르 왕자가 나타나 우리를 점심에 초대한다. 우리는 많은 사람들과 함께 테이블에 앉아 있으며, 나의 아버지는 지배인에게 스위스 말을 하고 있다." (물론 이 남자는 스위스 말을 이해하지 못한다. 여기서 그 사업에 대해 설명해야 한다. 왕자의 사유지에서 목화를 많이 수확하는데, 그는 지배인과 사업적으로 연결되어 있다.) "나의 아버지는 목화를 구입하는 철이 되면 우리 회사도 다른 회사들과 경쟁할 수 있지만 가격이 너무 높아서 다른 회사에 양보하곤 한다고 말한다. 그러면서 아버지는 이 사유지가 우리 회사보다 다른 회사와 더 좋은 관계를 유지하고 있다고 단정한다. 다른 회사에 비해 우리 회사에 더 비싼 가격을 제시하는 경우가 종종 있기 때문이다. 그러나 이번처럼 차이가 많이 났던 예는 없었다. 그래서 아버지는 지배인에게 대놓고 항의한다. 누군가가 지배인에게 돈을 먹여 우리 회사에 높은 가격을 제시하도록 한다는 주장이다. 그런 예는 면화 거래에 흔하다. 왕자는 그런 거래에 대해 모르고 있었다. 나의 아버지는 나에게 그 같은 상황을 왕자에게 소상히 설명해야 한다고 말한다. 나도 같은 뜻이긴 하지만, 그렇게 할 경우엔 더 이상의 거래는 불가능할 게 분명하다. 목화 씨앗은 그래도 우리 회사에서 살 터이지만 말이다. 그래서 나는 많이 망설이고 있으며, 지배인의 마음을 상하게 하지 않고 설명할 방법을 아직 찾지 못하고 있다. 그럼에도 나는 프랑스어로 왕자에게 상황을 설명하려고 노력한다." (실제로 지배인은 꿈을 꾼 사람의 회사가 파는 목화 씨앗의 품질이 우수했기 때문에 그 회사에서 씨앗을 샀지만 목화는 이 회사에 팔지 않았다.) "나는 목화 선적까지 사유지 사람들이 다 해줄 경우에는 다른 회사보다 높은 가격에도 목화를 살 수 있다고 말한다." (플랜테이션에서 물건을 구입할 때, 물건을 파는 것과 선적은 따로 이뤄진다. 포도원에서 포도주를 구입할 때, 수집과 운송, 저장 등에 대한 비용을 따로 지불하는 것과 똑같다.) "지금까지 목화를 구입해 왔던 사람들의 경우에는 선적이 비교적 쉬울 것이라고 나는 생각한다. 이것은 충분히 이해할 만한다. 다른 회사들이 사유지 근로자들에게 잘 알려져 있기 때문이다. 우리 회사는 그들에게 생소하다. 이전에 이 사유지로부터 목화를 구입한 적이 한 번도 없기 때문이다. 선적 조건은 왕자의 사유지보다 다른 사유지가 언제나 훨씬 더 합리적이었다. 문제의 핵심을 간파한 왕자는 상황을 면밀히 조사해서 바로잡겠다고 말한다."

바다에서 목욕을 하는 대목에서, 나의 환자는 이런 연상을 떠올린다. "종종 나는 바다를 나의 무의식이라고 생각해요. 해안으로 밀려오는 파도는 무의식 중에서 의식으로 들어오고 있는 부분이지요."

파도 속으로 다이빙하는 장면에 대해서는 이렇게 말한다. "파도가 밀려오는 가운데 수영을 하면, 쉽게 파도에 휩쓸리게 되지요. 그러나 파도 속으로 다이빙을 하며 뛰어들면, 파도에 휩쓸리지 않아요. 무의식을 뚫고 다이빙을 하는 방법을 배우게 되면, 무의식에서 올라오고 있는 파도를 다룰 수 있을 것 같아요."

그러면 아버지와 관련해 떠올린 연상은 무엇일까? "(그의 아버지는 사업가가 아니라 목사였으며 오래 전에 세상을 떠났다.) 나의 아버지는 꿈에 기형으로 나타나고 있어요. 살이 찌고 형체가 일그러진 사람들은 대체로 육체적으로나 정신적으로 다소 느리고 열등해요. 분명히 꿈은 모든 면에서 아버지를 꼴사납게 만들고 있어요. 아버지는 실제로는 전혀 그렇지 않았어요. 꿈은 아버지를 상당히 열등한 존재로 묘사하고 있어요. 꿈이 전개되는 것을 보면, 아버지는 지배인과 문제를 논의하는 대목에서 아주 무뚝뚝한 모습을 보이고 있어요. 자칫 우리 회사에 엄청난 피해를 안길 수도 있을 것 같아요. 꿈은 내가 무의식에서 나 자신을 아버지보다 훨씬 더 높은 곳에 놓고 있다는 점을 분명히 보여주고 있어요. 나라면 절대로 그런 식으로 일을 처리하지 않을 테니까요. 그런데 의식적으로는 내가 아버지보다 우월하다는 느낌을 가진 적은 한 번도 없었어요."

덥수룩한 턱수염에 관한 연상은 이렇다. "지배인은 수염이 없어요. 반대로 내가 어렸을 때 아버지가 수염을 길렀으며 아버지의 수염은 나중에 회색으로 셌지요." 오마르 왕자와 관련해서 그는 이런 연상을 떠올린다. "그는 매우 유명한 귀족이에요. 키도 훤칠하고, 진정으로 왕족의 기품을 풍기는 아름다운 사람입니다. 정식 직위를 갖고 있지는 않지만 정치에도 중요한 역할을 맡고 있어요. 틀림없이 막강한 인물이에요."

길게 이어지는 비즈니스 논의는 다소 교활하며, 나의 환자는 혼란을 느끼고 있다. 자신이 아버지와 지배인을, 자기 자신과 왕자를 서로 뒤섞어 놓았다는 사실을 깨닫고 있기 때문이다. 나의 환자는 이렇게 묻는다. "전체 꿈은 나의 아버지가 자신과 갈등을 빚는다는 그런 내용인가요? 아버지와 지배인은 서로 의견 일치를 이루지 못하고 있고, 갈등은 자칫 싸움으로 이어질 수도 있어요. 그래서 아버지는 사유지 지배인으로서 자기 자신과 갈등을 빚고 있고, 그런 가운데 내가 왕자에게 상황을 설명하고 갈등을 해결하고 나섬으로써 아버지가 이 문제에서 손을 떼도록 하려는 것인가요?"

분명히, 아버지와 지배인은 불화를 빚고 있고, 따라서 왕자가 개입해 어떤 조치를 취해야 한다. 그럼에도 나의 환자와 왕자가 같은 인물이라는 암시는 전혀 없다. 그러나 환자는 자기 아버지가 생전에 지배인처럼 턱수염을 길렀기 때문에 두 사람이 다소 동일하다고 느끼면서 왕자가 자신과 동일하다는 결론을 끌어내고 있다. 하지만 그는 이 해석이 맞다고 확신하지 못한다. 그는 자신이 여덟 살

때부터 열 살까지 부모가 오마르 왕자의 저택 맞은편에서 살았기 때문에 자신과 왕자를 동일시할 수도 있다고 말한다.

비즈니스 거래의 세부사항은 현실 그대로이다. 사유지 지배인은 언제나 나의 환자의 회사에 다른 회사보다 높은 가격을 제시했다. 그래서 나의 환자는 그것이 지배인의 부정과 관계있을 것이라고 의심했다. 그러나 지배인은 목화 씨앗만은 언제나 그의 회사에서 구입했다. 그의 회사의 씨앗이 품질 면에서 시장에서 가장 훌륭했기 때문이다. 이것은 어떻게 해석해야 할까?

꿈에 아버지의 형체가 일그러진 상태로 나타나는 것은 환자가 어릴 적에 아버지를 과도하게 존경하고 평가한 것에 대해 보상 심리가 작용했기 때문이다. 그의 아버지는 교육 수준이 아주 높은 목사였다. 이 환자는 장남으로서 아버지를 대단히 존경했다. 아버지는 학식이 높았고, 아들은 사업을 했다. 그래서 아버지는 높은 자리에 그대로 남아 있었다. 불변하는 현자로 말이다. 아버지는 평생 높은 곳에 있었다.

그런 아버지가 꿈에 부정적인 이미지로 나타나고 있다. 나의 환자는 지배인을 철저히 경멸하면서 지배인과 아버지를 동일시한다. 그렇게 함으로써 아들은 아버지를 하찮은 인물의 범주에 넣는다. 그는 또한 현실에서 아주 훌륭했던 아버지의 육체적 아름다움을 망가뜨려 놓는다. 그래서 그의 내면에 있는 아버지의 지위가 크게 추락한다.

꿈속의 아버지는 형체가 심하게 훼손되어 있다. 그것은 비유적인 표현이다. 심리적으로 무슨 의미일까? 그의 아버지는 오래 전에 세상을 떠났다. 만약에 아버지가 지금도 가까운 곳에서 살고 있거나 사업적으로 연결되어 있다면, 무의식이 그에게 아버지를 평가 절하하고 있다는 점을, 그리고 아버지도 지배인처럼 부정을 저지르고 있다는 점을 말해주고 있다고 볼 수 있다. 그러나 그의 아버지는 이미 돌아가셨고 또 사람들은 죽은 자를 좀처럼 낮춰보지 않는다.

그렇다면 아버지의 뒤틀린 이미지는 아버지가 남긴 무엇인가를 나타내고 있음에 틀림없다. 아마 아버지에 얽힌 아름다운 기억일 것이다. 그런데 그가 꿈에서 아버지에 대해 그런 식으로 생각하고 있다는 것은 무슨 의미일까?

아버지가 죽을 때 정신적 붕괴를 겪는 아들의 예를 두 번 보았다. 이 아들들은 그때까지 '잠정적 삶'(provisional life: 현실에 뿌리를 내리지 못하고 다소 엉뚱하고 유치하게 사는 삶의 태도를 일컫는다/옮긴이)을 살고 있으면서도 그것이 현실이라고 믿었다. 그러다 보니 아버지가 자신의 삶에서 사라져 버리는 순간, 그들은 붕괴하지 않을 수 없었다.

이 꿈은 알퐁스 도데(Alphonse Daudet)의 『타라스콩의 타르타랭』(Tartarin de Tarascon)을 떠올리게 한다. 타르타랭은 마을에서 유명한 사기꾼이다. 그는 산악회에 소속되어 있지만 스위스의 산을 오른 적은 한 번도 없다. 그래서 리기산을 오르기로 마음을 먹는다. 그는 햇빛 가리개용 헬멧을 쓰고 전문 산악인의 장비까지 갖춰 리기산에 도착한다. 그런데 거기서 그는 산꼭대기까지 올라가는 철도와 영국인 관광객들을 발견한다. 그는 술에 취해서 세상에 어떻게 이런 어리석은 짓이 있을 수 있느냐며 화를 낸다. 그러다 리기산이 가장 높은 산이 아니라는 소리를 듣는다.

그는 융프라우에 도전해야 한다. 그래서 그는 가이드 2명과 함께 융프라우를 오른다. 마찬가지로 여기도 위험한 요소라곤 하나도 없다. 영국과 스위스의 합자회사가 관광객들을 위해 모든 것을 잘 정비해 놓은 것이다. 그는 너무나 수월해서 비웃었다. 그래 놓고는 집에 가서 자신의 모험에 대해 온갖 거짓말을 다 늘어놓는다.

그의 친구 하나가 그의 이야기의 진실성에 의문을 제기하며 가이드 없이 몽블랑을 같이 오르자고 제안했다. 그래서 두 사람은 몽블랑을 향해 출발했고, 타르타랭은 곧 몽블랑 등반은 죽음을 각오해야 하는 진짜 등반이라는 사실을 깨달았다. 둘은 메르 드 글라스에서 길을 잃었는데, 그때 안개구름이 자욱이 끼며 사위가 컴컴해졌다. 발을 헛디디기라도 하면 두 사람 모두 죽을 판이었다. 정말 위험천만한 등반이었다.

그래서 그들은 로프로 서로를 묶고 빙벽 위를 걸으려고 애를 썼다. 그런데 갑자기 로프에 당겨지는 힘이 전해왔다. 즉각 타르타랭은 주머니칼로 로프를 끊었다. 그는 짧은 로프를 꼬리처럼 달고 거기 서 있었다. 간발의 차이로 위험에서 벗어난 그는 기다시피 해서 샤모니까지 내려왔다. 타라스콩의 집으로 돌아온 그는 친구들에게 무용담과 용기, 그리고 동료가 자신의 품에 안겨 죽었다는 이야기까지 늘어놓았다.

며칠 지나서, 그와 함께 갔던 동료가 나타나 "아니, 안 죽었잖아!"라며 놀랐다. 수수께끼는 훗날 그곳을 오르던 가이드들이 양쪽 끝이 모두 잘린 로프를 발견하고서야 풀렸다. 이것은 잠정적 삶의 한 예이다. 타르타랭은 영국과 스위스의 합자회사를, 즉 자기 아버지를 믿었다. 그때 그에겐 아무것도 현실이 아니었다.

그렇듯 어떤 사람이 자기 아버지가 살아 있을 때 몸에 익힌 태도를 계속 유지하며 잠정적인 방법으로 삶을 사는 것도 가능하다. 우리 모두 그렇게 살아왔다. 당신도 이 말이 맞지 않는지 곰곰 생각해 보라. "누군가가 해결해 줄 거야."라고 생각하면서 그런 식으로 잠정적으로 살고 싶은 마음을 강하게 느낄 것이다. 이것이 아버지 콤플렉스다. 그래도 이건 긍정적인 아버지 콤플렉스다. 부정적인 아버지 콤플렉스를 갖고 있는 사람은 인생에 자신을 위해 준비된 것은 아무것도 없다는 식으로 믿을 것이다.

14강

1929년 3월 13일

다소 길고 복잡한 이 꿈에서 우리가 뭘 끌어냈는지 보도록 하자. 첫 번째 상징은 나의 환자가 헤엄을 쳐 뚫으려 하는 높은 파도의 상징이다. 그는 대양에서 의식으로 밀려오고 있는 파도를 자신의 무의식과 동일시하고 있다. 이 연상은 사고 유형 사람이 흔히 제시하는 해석이다. 감각과 직관 유형의 연상은 설명적인 성격을 보이지 않고 주로 꿈속의 장면과 연결된다.

예를 들어 보자. 벽(壁)에 관한 연상이라면, 감각 유형이나 직관 유형은 벽 가까이에 있던 의자를 떠올릴 것이다. 이것은 비합리적인 유형의 연상이다. 합리적인 유형의 사람들은 설명의 성격이 강하게 느껴지는 연상을 제시할 것이다.

합리적인 유형의 사람이 비합리적인 연상을 하려고 노력할 경우에, 거기서 나오는 연상은 언제나 엉터리일 것이다. 연상이 꿈과 맞아떨어지지 않는 것이다. 그래서 나는 합리적인 유형의 사람에겐 꿈속의 장면에 대한 생각을 말해 달라고 부탁한다.

이 꿈을 꾼 사람은 파도가 자신이 서 있는 땅을 허물어 버릴까 걱정했다. 그런데 그가 실제로 두려워한 것은 무엇일까?

파도는 감정적이고 역동적이다. 합리적인 유형의 사람은 사물의 비합리적인 특성을 좋아하지 않는다. 비합리적인 특성에는 안전한 것이 하나도 없기 때문이다. 그래서 합리적인 유형은 비합리적이거나 감정적인 요소를 배제한다.

심지어 연상에서조차도, 나의 환자는 무의식에서 솟아나오고 있는 이 파도가 감정적이라는 사실에 관심을 두지 않는다. 그는 상황을 아주 유능하게 다루는 모습을 보여주고 있다. 그는 파도 속으로 다이빙을 하고 있다. 연상을 하는 동안에도 파도를 향해 직접 다이빙을 하면 파도에 휩쓸리지 않는다고 말한다.

바닷가에서 목욕을 하는 꿈은 그의 용기를 북돋우고 있다. 그 전의 꿈은 파도가 그가 서 있는 땅을 허물어버릴 수 있다고 말했다. 그러나 이번의 꿈은 "그대는 상황을 잘 다룰 수 있으며, 상황도 그다지 위험하지 않다."고 말한다.

꿈은 아주 긍정적이다가 다시 부정적인 방향으로 흐른다. 그는 왕자의 아들(그가 개인적으로 모르는 존재이다)을 본다. 왕자는 매우 중요한 인물이고, 귀족이며, 자기 나라에서 큰 역할을 맡고 있다. 꿈에서 그런 인물은 틀림없이 매우 중요하고, 거의 이상적인 인물을 의미한다. 이 왕자의 아들이 꿈에 나타나지만, 나의 환자는 이 아들과 관련해 어떠한 연상도 떠올리지 못한다.

환자가 아무런 연상을 떠올리지 못할 때, 분석이 어려운 상황에 처하게 된다. 꿈에서 그 다음 이미지를 찾아보라. 그의 아버지가 나타난다. 따라서 왕자의 아들은 그의 아버지와 어떤 연결이 있음에 틀림없다. 무슨 연결일까?

꿈에 나타난 인물들이 꿈을 꾼 사람에게 심리적으로 중요한 인물은 아닌 것 같다. 나의 환자는 지배인과 더 이상 비즈니스 관계를 맺고 있지 않다. 그래서 지배인은 하나의 상징이다. 그러므로 왕자의 아들은 심리적으로 중요한 인물일 수 없다.

꿈에서 왕자의 아들이 나타난 직후에 그의 아버지가 등장하기 때문에, 왕자의 아들은 아마 그의 아버지의 아들을 의미할 것이다. 그렇다면 꿈에서 아버지가 왕자라는 것이 확인된다. 이것은 나의 환자가 뒤의 연상에서 자신이 왕자라고 한 것과 정반대이다. 그렇다면 그가 자기 아버지를 대단히 이상적인 인물로 묘사하고 있는 것일까?

그는 왕자라는 인물을 통해서 자기 아버지를 표현하고 있다. 긍정적인 아버지 콤플렉스를 갖고 있으면서도 꿈에서 자기 아버지가 뚱뚱하고 지독히도 못생긴 사람이라고 말하고 있다. 계단에서 굴러 떨어질 뻔했고 또 다른 사람의 도움을 받아야만 물가로 갈 수 있는 그런 사람으로 말이다. 아버지가 매우 부정적인 모습으로 그려지고 있다.

나의 환자는 연상에서 그처럼 뚱뚱하고 못생긴 사람은 대체로 열등하다고 말한다. 꿈에서도 그의 아버지는 지배인을 다루면서 대단히 무능한 모습을 보인다. 그래서 그의 회사에 큰 손해를 끼칠 수 있는 상황이 벌어진다. 그렇다면 꿈은 그의 아버지를 모든 면에서 열등한 사람으로 표현하고 있다. 정말로 아버지를 욕하고 있다. 왜 그럴까?

지나치게 긍정적인 아버지 콤플렉스에 대한 보상 심리가 무의식적으로 작용하고 있다. 긍정적인 아버지 콤플렉스 또는 어머니 콤플렉스도 부정적인 콤플렉스만큼 해를 끼칠 수 있다. 긍정적인 아버지 콤플렉스도 사람을 옭아매는 것이다.

무의식은 사랑과 증오를 구별하지 않는다. 사람은 사랑에도 발목이 잡히고 증오에도 발목이 잡힌다. 사랑이냐 증오냐 하는 문제는 오직 의식에만, 말하자면 에고에만 중요할 뿐이다. 증오도 사랑만큼 열정적인 힘이 될 수 있다. 순수한 증오에서 서로에게 매달리는 사람들에 관한 이야기도 많다. 그렇다면 꿈은 긍정적인 아버지 콤플렉스를 공격하고 있다. 왜 그럴까?

아버지 콤플렉스 또는 어머니 콤플렉스는 어떤 비개인적인 형태에 에너지를 투사한다. 이것은 나 자신의 어떤 특성을 다른 사람의 것으로 돌리는 것과 비슷하다. 마치 그 특성이 나의 것이 아니고 다른 사람의 것인 양 말이다. 사람들이 그런 식으로 투사하는 이유는 무엇인가? 투사에 어떤 이점 또는 손해가 있는가?

훌륭한 특성을 다른 사람에게 투사하는 사람은 삶을 살면서 그 특성을 실천하지 않아도 된다. 그러면 그 사람은 잠정적인 삶을 살 수 있는 이점을 누린다.

만약에 내가 큰 재산을 물려받았는데 그걸 다른 사람에게 나눠 준다면, 나는 재산을 잃긴 하겠지만 재산에 대한 책임은 지지 않아도 될 것이다. 그렇듯이 당신이 자신의 특성을 아버지에게로 투사한다면, 당신은 그 특성에 대한 책임으로부터 자유로워질 것이며 따라서 잠정적인 삶을 살 수 있게 된다. 당신은 자신이 책임져야 할 모든 특성을 아버지에게로 넘겼기 때문에 아무런 구애를 받지 않고 옛날 모습 그대로 살 수 있게 되는 것이다.

나의 환자의 아버지는 목사였다. 그렇다면 그가 자기 아버지에게 무엇을 투사했을 것 같은가? 당신이 뭔가를 투사하려 하는 대상은 그 투사가 걸릴 낚싯바늘 같은 것을 갖고 있어야 한다. 바보한테 천재성을 투사할 수는 없지 않는가.

진짜 거짓말쟁이는 당신인데, 당신이 거짓말쟁이의 특성을 누군가에게 투사한다고 가정하자. 이때 당신은 그에 걸맞은 특성을 가진 사람에게만 그런 투사를 할 수 있다. 나는 이 점을 잘 알고 있으며, 투사를 당할 준비도 되어 있다. 당신도 마찬가지이다. 누군가가 당신에게 투사할 수 있는 것이다. 우리 모두는 그런 투사가 걸릴 낚싯바늘을 갖고 있다. 그렇기 때문에 당신도 나처럼 내면에서 낚싯바늘을 찾아 내려고 노력해야 한다.

투사는 무시무시한 힘을 발휘한다. 사람들은 투사의 영향을 받고 있으면서도 그 이유를 잘 모른다. 투사의 영향은 당신에게 마치 당구공처럼 온다. 투사를 통해서 정말 무서운 일이 벌어질 수 있다. 내면에 투사가 걸릴 낚싯바늘이 있거나 열린 문이 있다는 것을 모르고 있으면, 악마가 투사를 통해 아무도 모르게 조용히 기어 들어와 엄청난 영향을 미칠 것이다.

당신은 절대로 투사에 무관심하면 안 된다. 내가 누군가에게 투사를 하든 다른 누군가가 나에게 투사를 하든 똑같이 중요하다. 두 경우 모두 투사의 효과는 거의 기계적으로 나타난다. 투사를 통해 놀라운 일들이 벌어지고 설명 불가능한 일들이 일어난다. 마리 헤이(Marie Hay)의 '악마의 포도밭'(The Evil Vineyard)을 보면, 남자가 여자의 무의식적 투사에 끌려 살인을 저지른다. 이것은 아니무스 투사에 관한 이야기이다.

독일에서 있었던 아른슈타인(Arnstein) 사건이 이와 비슷할 것이다. 한 남자가 하룻밤에 사람을 8명이나 죽였는데도, 동기나 이유가 전혀 확인되지 않았다. 정신이 멀쩡한 남자가 그런 끔찍한 범죄를 저지른 이유는 무엇일까? 살인 행위를 벌일 시점까지, 그는 잠을 제대로 이루지 못하고 늘 부담감에 짓눌려 지내면서도 그 이유를 알지 못했다. 살인을 저지르고 교도소에 갇힌 뒤, 그는 마치 늙은 쥐처럼 잠을 늘어지게 잤다. 음식도 잘 먹었고, 몸무게가 5킬로그램이나 늘어났으며, 교도소 생활에 대단히 만족하는 것처럼 보였다. 범인은 무고한 사람을 8명이나 죽였다. 자기 아내와 장모를 포함해 가족 모두를 죽였다. 또 정원사들과 자신이 키우던 개까지 죽였다.

나는 이 살인사건을 조사하면서 그의 아내가 기도원 같은 곳에 소속되어 있었다는 사실을 알게 되었다. 사람이 기도원에 나가는 데는 다 이유가 있다. 이 사건도 아내의 행위를 분석해야 한다. 나의 생각은 이 여자가 일종의 악마가 되어 모든 것을 투사했고 그도 그런 분위기에서 영매처럼 모든 것을 받아들이지 않았을까 하는 쪽이다.

범인은 약하고 해를 끼치지 않는 사람이었다. 그의 형은 그 사건을 도무지 이해하지 못했다. 그가 투사의 영향으로 인해 그런 살인행위를 저질렀을 수 있다. '악마의 포도밭'에 그려진 사건처럼 말이다. 그는 약했지만 아내는 강했으며, 따라서 아내의 무의식이 남편에게 해야 할 일을 암시했을 수 있다(기도원에 나가는 아내도 그런 무의식을 갖고 있을 수 있다). 그런 상황에서 범인도 아마 몇 년 동안 무의식적으로 어떤 가설을 만들어 내려고 노력했을 수 있다.

이 범인은 언제나 자신의 안에 또 다른 사람이 있다고 느끼면서 이 사람과 협상을 벌여야 한다고 생각해왔다. 그는 일기를 적었는데, 일기는 무의식이 생생하게 살아 있음을 보여주는 신호이기도 하고 또 누군가와 대화의 필요성을 느끼고 있다는 사실을 보여주는 신호이기도 하다. 그는 자신의 또 다른 삶의 이야기를 글로 적어야겠다는 느낌을 받았다. 범행을 저지르기 몇 주 전의 일기에 무의식을 암시하는, 긴 칼에 관한 내용이 몇 차례 나온다. 그 칼은 "준비해. 사람들이 너에게 기대하고 있는 행동이 바로 그거야."라는 뜻이었을 것이다. 그렇다면 아내의 무의식이 그에게 투사되었을 수 있으며, 그는 '악마의 포도밭'에 나오는 남편처럼 투사를 받아들일 준비가 되어 있었을 것이다. 물론 그에게도 낚싯바늘 같은 것이 있었을 것이다.

나의 환자에 대해 말하자면, 그의 투사가 자기 아버지에게 미친 영향은 알 길이 없다. 그러나 투사의 대상이 된 부모는 대체로 전지전능한 신과 비슷한 역할을 맡게 된다. 많은 분석가들도 구원자의 역할을 맡는데, 이때 분석가들은 자칫 현실 감각을 잃는 불행을 겪을 수 있다. 이것이 분석가가 경험하는 전형적인 병이다.

이런 현상이 나타나는 이유는 분석가가 사람들의 영혼에 대해 걱정함으로써 환자가 투사할 그런 낚싯바늘을 드러내기 때문이다. 의사는 자신을 전염에 노출시켜야 한다. 그렇듯, 분석가도 자신을 투사에 노출시켜야 한다. 하지만 자신이 쓸려나가는 일은 벌어지지 않도록 신경을 많이 써야 한다. 그러면 나의 환자가 자기 아버지에게 투사한 결과 누릴 수 있었던 이점은 무엇인가?

모든 문제는 나의 환자가 신비주의 공부를 하면서 시작되었다. 그때 신비주의가 그의 도덕적 및 지적 가치를 대체하게 되었다. 그렇다면 지금 그의 무의식은 아버지에게 투사한 것들을 파괴하기 위해 도덕적 및 지적 가치의 성채인 아버지를 비판하고 있는 것 같다. 이 투사들을 파괴하고 나면, 어떤 일이 벌어질까?

그가 모든 책임을 스스로 져야 하고, 따라서 더 이상 잠정적인 삶을 살 수 없게 된다. 이제부터 그는 자기 아버지에게 기대지 않고 옳고 그른 것에 대한 판단을 스스로 해야 한다. 잠정적 삶을 사는 사람은 자기 앞에 제시된 가치와 결정을 그저 따르기만 하면 된다. 이것이 바로 가톨릭교회가 신자들에게 안겨주는 혜택이다. 영원한 법은 이미 결정되어 있다. 그렇기 때문에 가톨릭교회에 나가는 사람은 이런 문제들에 대해 스스로 결정할 필요가 전혀 없다.

지금 나의 환자는 자기 아버지가 된다. 그러나 지금 우리는 여전히 아버지의 이미지를 훼손시키는 과정에 있다. 내가 나의 도덕적 가치들을 누군가에게 투사하는 경우에, 그때 나의 책임도 그에게로 투사된다. 나는 책임이나 자기비판의 부담을 지지 않아도 되고, 따라서 실수를 저질러 놓고도 나 자신을 탓하지 않고 또 결과에 대해 고민하지도 않게 된다. 그때 아마 나는 "정말 미안하지만, 모르고 그랬어요. 용서해 주세요. 어떻게 해 드릴까요? 실수에 대해 보상을 하겠어요."라고 말하지만, 그 후로도 옛날과 똑같이 행동할 것이다.

이런 식으로 실수를 하는 사람들이 주변에 많다. 누구나 그런 예를 목격할 것이다. 그들은 구덩이에 빠졌다가 다른 사람의 도움으로 빠져나올 것이다. 그런 다음에 그들은 마치 아무 일도 없었던 것처럼 똑같은 구덩이에 다시 빠질 것이다. 그런 모습을 보고 있으면, 실수가 체질로 굳어진 것 같다는 생각이 든다. 그들은 터무니없는 짓을 똑같이 저지르면서도 자신의 실수를 절대로 보지 않는다. 자신의 책임을 의식하지 않고 잠정적 삶을 사는 사람들이 바로 그런 사람들이다.

아버지 콤플렉스가 허물어지자, 나의 환자는 책임과 자기비판을 넘겨받는다. 지금 아버지는 사유지의 지배인과 대화하고 있는데, 이 지배인은 그의 아버지가 생전에 실제로 길렀던 턱수염을 기르고 있다. 분명히 이 지배인은 아버지와 동일시되고 있다. 과도하게 살이 찐 모습으로 나타나는 것은 혐오스럽게 보이기 위해서다. 그의 아버지의 실제 모습은 전혀 그렇지 않았다. 지금 아버지는 부정한 짓을 일삼는 사람과 혼동되고 있다. 이건 심리학적으로 무엇을 의미하는가?

꿈을 꾼 사람의 내면적 분열이 아버지의 두 가지 측면으로 표현되고 있다. 그러나 이 아버지는 실제의 아버지가 아니고 꿈을 꾼 사람의 다양한 요소들이 투사된 아버지일 뿐이라는 점을 기억해야 한다.

아버지의 이미지에, 꿈을 꾼 사람이 실제로 가진 것들, 말하자면 악만 아니라 가치까지도 나타나고 있다. 따라서 그의 아버지는 한편으로 보면 왕자이고, 다른 한편으로 보면 부패한 지배인이다. 나의 환자는 자기 아버지를 우수한 사람으로, 말하자면 왕자로 이상화하는 한편으로 자기 아버지를 부패한 지배인으로 평가절하하고 있다. 왕자와 지배인은 아버지에게 투사된, 꿈을 꾼 사람 본인의 일부이다.

　나의 환자는 자신을 아버지보다 더 큰 성공을 거두고 더 지적인 사람으로 묘사하지만, 그는 또한 아버지보다 더 부패한 사람이다. 이 점을 그는 보지 않는다. 그는 자신의 도덕적 가치들을 투사할 경우에 자신의 악까지 인정하지 않아도 될 것이다. 세상의 높은 것들 중에서 낮은 것 위에 세워지지 않은 것은 하나도 없다. 프리드리히 니체(Friedrich Wilhelm Nietzsche)가 말하기를, "가지가 천국을 찌르는 나무도 그 뿌리는 지옥에 내리고 있다."고 했다.

　왕자는 지금 사업에 관한 대화를 나누기 위해 나의 환자와 지배인, 아버지를 점심에 초대했다. 이때 왕자의 역할은 무엇일까? 왕자는 아버지에 대한 과대평가를 상징한다. 그런데 이 탁월한 사람이 매우 심리적일 게 분명한 사업에 대한 의견을 나누기 위해 그들을 초대하고 있다.

　사업엔 신뢰성과 정의가 수반되기 때문에, 꿈에서 사업 이야기는 매우 긍정적인 것으로 여겨진다. 그런데 비즈니스에 불공평한 측면이 너무 많고 투사도 아주 혼란스럽다. 그래서 마치 무의식이 이렇게 말하고 있는 것 같다. "자, 이제 차분히 앉아서 전체 상황에 대해 논하자."

　꿈의 나머지 부분은 설명이 필요한 것들을 말끔히 정리해주고 있다. 아버지가 전혀 사업가처럼 행동하지 않는다는 점이 강한 인상을 남긴다. 심지어 아버지는 지배인에게 대놓고 부정한 거래를 하는 것 같다고 지적한다. 이것은 사업을 시작하는 상황과 절대로 어울리지 않으며, 그의 아버지가 사업가로서 아주 형편없다는 점을 보여주고 있다. 나의 환자는 "아버지는 사업가의 소질이 전혀 없으며, 따라서 그 책임은 나에게 떨어져요."라고 말한다. 그럼에도 지배인은 최종 분석에서 꿈을 꾼 사람 본인으로, 정당하지 않은 짓을 하고 있는 존재로 확인된다.

이따금 나의 환자의 왼손은 오른손이 하는 짓을 잘 모르고 있으며, 그래서 그는 스스로 양심이 선한 사람이라고 곧잘 생각한다. 여기서 중요한 것은 지배인이 부패해서 공정한 조건을 제시하지 않기 때문에 나의 환자가 사업을 성공적으로 해내지 못한다는 점이다. 이것이 꿈을 꾼 사람이 왕자에게 설명해야 하는 부분이다. 다른 회사에 매수당한 지배인과 거래하는 것이 불가능한 이유를 설명해야 하는 것이다.

긍정적인 아버지의 이미지인 왕자는 높은 도덕적 가치들을 가진 탁월한 사람이다. 이 도덕적 가치들은 지금 아버지에게서 빠져나와서 나의 환자에게로, 다시 말해 그의 내면에 있는 탁월한 존재로, 그의 탁월한 '자기'로 돌아오고 있다. 이 말이 다소 복잡하게 들릴지 모르지만, 실제로 보면 매우 간단하다.

예를 들어 보자. 사이좋게 지내던 두 남자가 서로 다투다 싸움을 하게 되면, 그 중 한 사람이 이렇게 말할 것이다. "우리는 멍청이가 아니잖아. 그런데 왜 개처럼 붙어 싸우지? 이성을 되찾고 문제를 차분히 보도록 하자." 그러면 그들의 탁월한 측면이 전면으로 나서게 된다. 이 탁월한 측면이 바로 왕자와 나의 환자일 것이다.

왕자와 나의 환자는 서로 힘을 합쳐 지배인의 부정한 방법을, 말하자면 효과적인 심리 작용을 간섭하는 행위를 차단하려 한다. 지배인은 나의 환자의 내면에 있는, 사악하고 열등한 부분일 것이다. 그러니까 미래를 보는 안목을 전혀 갖고 있지 않은 채 일시적 이익을 위해 부정한 수단을 동원하려 드는 그의 저급한 자기가 바로 지배인으로 표현되고 있는 것이다.

장기적으로 보면, 큰 사업은 오직 정직을 바탕으로 할 때에만 번창할 수 있다. 부패는 스스로를 갉아먹기 때문에, 부패를 바탕으로 해서는 어떠한 번영도 불가능하다. 꿈은 나의 환자의 심리 상태를 정상적인 상태로 돌려놓으려고 애를 쓰고 있다. 왜냐하면 그가 다시 직면한 문제, 말하자면 파도로 표현되고 있는 무의식의 맹공은 부정적인 수단이 아니라 오직 정직에 의해서만 해결될 수 있기 때문이다. 그의 문제는 오직 그의 탁월한 자기에 호소함으로써만 해결이 가능하다. 그러나 그 사람 자체가 탁월한 자기가 되지 않는 이상, 말하자면 그의 소중한 가치들이 아버지에게로 투사되고 있는 한엔, 그리고 그가 잠정적 삶을 살고 있는 한엔, 그 같은 호소도 아무런 소용이 없을 것이다.

잠정적 삶을 살고 있는 사람은 금속상자 안에 갇힌 상태에서 살고 있는 것이나 마찬가지이다. 그런 사람에게 접근할 길은 어디에도 없다. 그렇기 때문에 그 사람의 무의식이 타인에게로 투사한 모든 악과 미덕을 직접 다시 거둬들여야 한다. 그런 다음에 자기 자신을 온전히 의식할 때, 그 사람은 정직한 거래를 시작할 수 있게 된다. 여기서 말하는 정직한 거래가 분석이 아니고 무엇이겠는가!

어떤 사람은 분석을 매사가 부드럽고 단순하게 돌아가게 만드는 기법으로 여긴다. "박사님, 저를 분석하실 수 있을까요? 저는 지금 아버지 콤플렉스 때문에 힘들어 하고 있어요. 저의 정신세계에서 아버지 콤플렉스를 뿌리째 뽑아 버릴 수 없을까요?" 이런 기법은 부정한 싸구려 수단이나 마찬가지이다. 그것은 신체에서 장기 하나를 제거해 버리는 것과 비슷하다. 그런 식으로 처리해서는 안 된다. 콤플렉스를 하나 제거하는 식으로는 절대로 치료가 안 된다. 그런 식으로 분석 기술을 소개하는 책들이 너무 많다. 그런 방법은 부정한 방법에 지나지 않는다. 나의 환자가 꾼 꿈은 그 맥락만 파악하면 꽤 단순해진다.

나의 환자가 투사한 것들 중에서 그의 사생활에 나타나는 분열 때문인 것이 어떤 것인지를 말하기는 어렵다. 나는 그에게 아버지 콤플렉스가 늘 있었을 것이라고 생각한다. 외부로 투사되는 것은 언제든 분열되어 있다. 그는 자기 아버지를 과대평가함과 동시에 과소평가하고 있다. 그것은 찬성과 반대이고, 플러스와 마이너스이고, 부정과 긍정이다. 심리적인 사실들을 이해하길 원한다면, 이런 식의 역설적인 사고를 잘 알아야 한다.

상반된 것들의 짝도 마찬가지다. 열등감은 과대망상을 의미하고, 사디즘은 마조히즘을 의미한다. 그래서 나는 나의 환자가 언제나 분열되어 있었다고 생각한다. 다만 최근에 성숙이 긴급히 필요해진 때에 와서야, 그가 잠정적 삶을 버렸다는 것이 나의 판단이다.

그는 자기 자신이 인생을 살아가는 주체라는 사실을 직시해야 한다. 인생에는 정해진 길 같은 것은 절대로 없다. 그의 인생길은 아직 전혀 밟지 않은 상태로 남아 있다. 나는 그의 콤플렉스가 결혼생활에서 겪는 어려움 때문이라는 식으로 설명하지 않는다. 그보다는 아버지 콤플렉스 때문에 그가 아내와의 관계에 책임을 충분히 지지 않았다는 설명이 더 적절할 것 같다.

아버지가 모든 일을 돌보았을 것이다. 그래서 사람들은 에로스 문제를 뒷전으로 밀어놓는다. 아버지 콤플렉스를 가진 사람들은 가톨릭교회에 나가는 사람들과 아주 비슷하다. 선한 가톨릭 신자는 이런 식으로 말한다. "철학이나 심리학 문제를 놓고 고민하는 이유가 뭐야? 2,000년 전에 이미 현자들이 로마에서 비밀회의를 열고 다 해결해 놓았는데." 그런 사람들은 양심의 가책을 조금도 느끼지 않고 놀라운 일들을 할 수 있다.

분명히, 나의 환자의 삶엔 사업이 전부였다. 해결되지 않은 거래는 중대한 장애이다. 그의 회사가 큰 사유지와 거래를 하지 못하고 있기 때문에, 그의 사업은 발전하지 못하고 있다. 그의 무의식은 그에게 삶을 위해 다른 규칙을 확립할 필요가 있다는 점을, 이 사업은 비열한 방식으로는 성공하지 못하고 오직 고상한 가치를 바탕으로 할 때에만 성공할 수 있다는 점을 전하려고 애를 쓰고 있다.

나의 환자가 같은 날 밤에 연이어 꾼 꿈을 보자. 다음 꿈과 그 전의 꿈 사이에 놀라운 차이점이 있다.

"나의 아내와 함께 침실에 있다. 그런데 다른 방으로 연결되는 문이 서서히 열리는 것이 보인다. 나는 즉시 문 쪽으로 가서 활짝 연다. 다른 방에 어린 소년이 발가벗은 몸으로 서 있다. 그래서 소년을 침실로 데려오는데, 꿈속에서도 아이가 자연스런 소년이 아니라는 생각이 든다. 소년이 빠져나가지 못하게 하기 위해(소년은 나의 팔에 안겨 버둥거리고 있다), 나는 소년을 나의 몸에 바짝 밀착시키고 있다. 소년의 체온에서 놀랄 정도로 깊은 만족감이 느껴진다(성적인 감정은 전혀 아니다). 마치 이 진정한 존재가 나의 감정의 욕망을 만족시키는 것 같다. 아내가 아이를 위해 여러 가지 음식을 갖고 온다. 흑빵도 보이고 흰 빵도 보인다. 아이는 흑빵을 먹지 않고 흰 빵만 먹으려

한다. 그러다 갑자기 아이가 창을 통해 밖으로 날아가면서 높은 곳에서 우리를 향해 손짓을 하고 있다."

문이 서서히 열리는 장면은 '파우스트'의 2부, 즉 파우스트가 나이 들어 합리적인 삶을 살려고 노력하던 때의 어느 대목을 암시한다. 거기 보면, 파우스트가 낮의 합리적이고 과학적인 방향에 따라 사고하는 것을 좋아한다는 사실을 밝히는 독백이 있다. 그런 다음에 밤이 찾아오고 모든 것이 달라진다. 문이 열리는데도 아무도 들어오지 않는다. 마법이 아니고는 그럴 수 없다. 나의 환자의 꿈에서도 문이 열리는데 아무도 들어오지 않는다. 그것은 초자연적인 무엇인가를 의미한다. 그는 신비주의를 공부했고, 또 '외면화'라는 단어를 쓰고 있다. 그의 생각은 벽 속의 소음이나 테이블이 한쪽으로 기우는 현상 등은 귀신에 의한 것이 아니고 우리 내면의 무엇인가에 의해 일어난다는 쪽이다. 말하자면 심리적인 요소들이 밖으로 나타난 것이 그런 현상이라는 뜻이다.

나의 환자는 그런 사실들을 굳게 믿고 있다. 꿈속에서 그는 문이 괴상하게 열리고 있다는 느낌을 받고 있다. 그래서 그는 무슨 일인지 확인하러 갔다가 다른 방에서 소년이 발가벗고 서 있는 것을 발견한다.

소년과 관련해서 나의 환자가 떠올린 유일한 연상은 발가벗은 어린 소년은 전통적으로 에로스의 표현이라는 점이다. 그가 소년을 자신의 몸 쪽으로 바짝 당길 때, 소년은 그의 감정에 이상한 만족감을 준다.

빵과 관련한 연상은 이렇다. 흑빵엔 곡식 껍질의 단백질이 그대로 들어 있기 때문에, 흑빵이 흰 빵보다 영양이 더 좋다. "사랑스럽고 귀여운 소년은 나의 아내로부터 제대로 된 것을 얻어 먹지 못했어요. 그래서 소년은 멀리 날아가며 우리를 향해 손짓을 하고 있어요." 여기서 우리는 남성 심리의 중요한 조각 하나를 보고 있다. '나는 섹스를 열심히 하려 하는데!' 이 꿈은 약간의 수정을 요구한다. 이 꿈은 길한 꿈이다. 또 친밀하고 개인적인 꿈이다. 객관적인 꿈을 꾼 다음에 나타난 이 꿈을 어떤 식으로 해석해야 할까?

나의 환자는 꿈속에서 아내와 함께 침실에 있다. 그것은 아내와 성관계를 가질 수 있는 상황에 있다는 것을 의미한다. 그 전의 꿈에 있었던 내용, 즉 비열한 가치가 아니라 고상한 가치를 갖고 사업을 해야 한다는 내용이 그로 하여금 아내와의 개인적인 문제를 생각하도록 만든다. 사업도 뭔가 제대로 돌아가지 않고 있고, 아내와의 관계도 원만하지 않다. 잠정적인 삶을 사는 남자는 에로스를 다루지 않는다. 그의 아버지가 에로스에 관한 모든 것을 잘 알고 있기에 그로서는 그 문제로 괴로워할 필요가 없다. 그는 에로스 측면에 눈을 감고 있고 또 아내에게도 전혀 적응하지 않고 있다.

어떤 남자도 객관성만으로는 여자를 다루지 못한다. 그래서 꿈에 장애물이 등장한다. 꿈은 그를 곧장 침실로 이끈다. 그것이 섹스의 문제이기도 하기 때문이다. 섹스는 관계성을 아주 분명하게 표현하는 수단이다. 이 상황에서, 무의식의 어떤 요소들이 외면화되는 것 같다. 내가 아는 한, 무의식 중에서 의식과 대단히 가깝거나 밀접하여 의식처럼 보이는 요소들이 외면화되는 경향을 보인다. 이 요소들은 의식으로 튀어나올 준비가 거의 다 되어 있지만 어떤 장애물이 그 길을 가로막고 있어서 외면화된다.

여기서 우리는 작은 기적을 하나 보고 있다. 나는 이런 작은 기적들을 절대로 무시하지 않는다. 그런 특이한 일들은 이따금 일어난다. 그러나 그 기적들이 우리 인간의 심리와 어떤 식으로 연결되어 있는지에 대해서는 신(神)만 알고 있다. 나는 절대로 모른다. 오직 바보들만 모든 일이 설명 가능하다고 생각할 것이다. 세상의 진짜 본질은 절대로 설명될 수 없다.

나의 환자는 아내와의 사이에 부족한 것이 에로스라고 판단하고 있다. 그가 지금까지 그런 사실을 보지 않았던 것은 거의 기적에 해당한다. 그와 아내 사이에 있어야 할 것은 에로스이다. 그가 문을 열지만, 아무도 들어오지 않는다. 이어서 그는 다른 방에서 어린 소년을 발견하고는 잠시 아이를 팔로 안는다. 아이를 지그시 자기 몸에 밀착시키면서 특이한 만족감을 느낀다. 그는 그것이 성적 감정이 아니라는 것이 이상하다고 생각한다. 그것은 남자들이 흔히 품는 바보 같은 생각이다.

남자들은 에로스가 곧 섹스라고 생각한다. 절대로 그렇지 않다. 에로스는 관계성이다. 여자는 그 점에 대해 할 말이 있다. 남자는 그것이 성적인 문제라고 생각하고 싶어 하지만, 절대로 그렇지 않다. 그것은 에로스의 문제이다.

흑빵이 영양분이 더 좋은데도, 아이는 흑빵을 거부하고 흰 빵을 먹는다. 빵은 음식을 암시한다. 우리의 정신과 심장, 신체, 그리고 모든 기능은 계속 살아 남기 위해 나름의 특별한 먹이를 필요로 한다. 마찬가지로 에로스도 영양 공급을 받지 않고는 살아가지 못한다. 에로스에게 주어지는 음식이 여기선 빵이라 불리고 있다.

검정색과 흰색은 일반적으로 도덕적 가치를 상징한다. 흰색은 순진무구함과 순수를 상징하고, 검정은 현세의 지저분함과 밤, 지옥을 상징한다. 흑빵은 대단히 거칠어서 소화시키기가 쉽지 않다. 곡식을 빻는 기술이 원시적이어서 껍질을 그대로 담고 있는 것이 흑빵이다. 흑빵은 촉촉하고 거칠긴 하지만 영양은 흰 빵보다 훨씬 더 풍부하다. 그런데 소년은 흑빵을 마다하고 흰 빵만 받는다. 이건 무슨 의미일까?

꿈을 꾼 사람은 자신이 먹는 음식의 종류에 관심이 아주 많다. 그는 음식에 어떤 콤플렉스를 갖고 있다. 그 콤플렉스를 깊이 연구하면, 콤플렉스의 뒤에서 아주 흥미로운 사실들이 발견될 것이다.

흰 빵은 곡식의 속으로 만든다. 껍데기는 버리거나 돼지에게 준다. 그러기에 흰 빵은 사치와 귀족 혹은 영혼의 개념을 떠올리게 한다. 흰 빵은 곡식의 "영혼"으로 만든다. 흰 빵만을 먹는 사람은 고귀하고 세련된 사람이고, 흑빵만을 먹는 사람은 거칠고 통속적이고 평민이다.

이제 문제는 아이가 땅의 거친 음식을 먹는지 여부이다. 기독교인의 의식에, 땅의 거친 음식은 악마와 지옥의 음식을 의미한다. 현세의 것 중에서 저속한 것은 무엇인가? 당연히 성욕이다. 그러나 에로스는 성욕을 먹고 자란다는 일반적인 생각은 틀렸다.

참으로 이상하게도, 에로스는 흰 빵만을, 곡식의 핵심만을 먹는다. 나의 환자에게 "아내와 성관계를 갖는 것은 당신이 아내와 연결되어 있다는 것을 증명하는 길이 아니다."라는 식으로 말하면, 그는 이 말의 뜻을 제대로 이해하지 못할 것이다. 왜냐하면 그에겐 아내와의 성관계가 아내와의 관계를 증명하는 것으로 여겨지기 때문이다.

사람은 감정을 통해, 훌륭한 관계를 통해 관계성을 유지한다. 에로스를 키우는 것은 바로 이 관계성이다. 성관계를 가진 후면 영혼이 슬퍼하지 않을 것으로 여겨진다. 그러나 결혼생활에서 최악의 싸움이나 오해가 성교 직후에 일어나는 경우가 자주 있다. 성욕이 에로스를 먹여 키우지 못하기 때문에 벌어지는 일이다. 이 같은 오해가 종종 다툼과 별거의 직접적인 원인이 된다.

이렇듯, 지금까지의 꿈은 매우 중요한 깨달음을 하나 주고 있다.

에로스는 기적처럼 왔다가 똑같이 기적처럼 사라진다. 창을 통해 날아가는 것이다. 이건 무슨 의미일까?

에로스가 충분히 오랜 시간 머물렀다면 거기서 무슨 행동을 했을 것인지, 우리는 모른다. 에로스는 시간이 조금 지난 뒤 흑빵을 먹었을 수도 있을 것이다. 그러나 에로스는 거기에 충분히 오랫동안 머물지 않는다. 에로스는 "아무것도 안 하고 있군. 그럼 안녕!"이라고 말한다. 재미있는 농담이지만 무서운 진리이다. 에로스는 약속의 땅이지만, 환상처럼 오직 잠시만 분명하게 나타난다. 그런 다음에 에로스는 흑빵을 먹지도 않고 날아가 버린다.

분석은 종종 그런 식으로 진행된다. 한 동안 앞길이 선명하게 보이다가도 금방 길이 사라지고 안개가 몰려들면, 당신은 다시 혼동에 빠진다. 구체적인 모습을 선명하게 보이지 않은 채 나타났다가 다시 사라지는 것이 진리의 환상이다. 그의 집에서 빵을 먹는 것은 환대의 상징이다. 그러나 에로스는 모든 빵을 다 먹지 않고 흰 빵만을 먹고 사라진다. 그러면서 높은 곳에서 손짓을 하고 있다. "안녕, 만나서 반가워. 확실한 건 아니지만, 아마 다시 보게 될 거야."

소년이 에로스만을 상징하는 것이 아닐 수도 있다. 그러나 꿈을 꾼 사람이 그 꿈의 전반적인 성격에 대해 잘 모르고 있었기 때문에, 나는 에로스만을 강조했다. 그가 처음에 파우스트를 연상했다는 사실을 고려한다면, 에로스는 '푸에르 아이테르누스'(Puer Aeternus: '영원한 소년'이란 뜻의 라틴어. 신화학에서 영원히 젊은 아이 신을 의미한다. 일반적으로는 정신적 삶의 수준이 청년기에 머무르고 있는 사람을 뜻한다/옮긴이)를 상징하는 3가지 형식인 소년 마부나 호문쿨루스(Homunculus: 연금술을 통해 인공적으로 만든 '작은 인간'을 의미한다. 16세기 연금술과 19세기 픽션에서 큰 인기를 끌었던 소재이다/옮긴이)나 오이포리온(Euphorion: '파우스트' 2부에 등장하는, 파우스트와 헬레네의 아들/옮긴이)을 가리킨다고 할 수도 있다. 나의 마음엔 소년이 이런 상징으로 다가온다.

아버지 콤플렉스 뒤에 반드시 유아 콤플렉스가 나타난다. 먼저 그는 자기 아버지에게로 눈을 돌렸다. 그래서 그는 아들이고 여덟 살 혹은 열 살 소년의 심리 상태에 있다. 그렇다면 에로스의 형상은 꿈을 꾼 사람의 유아적인 측면일 수 있다.

그러나 그런 식으로 말하면 유아적인 측면이 그의 아내와의 관계와 얽히게 되는데, 그는 아직 그런 상황을 받아들일 준비가 되어 있지 않다. 세련되지 못한 그의 타고난 감정이 아내와의 관계에 영향을 미치고 있다고 볼 수 있다. 아이가 꿈을 꾼 사람의 유아적인 측면인 것은 사실이지만, 이 아이는 또한 그의 내면에 있는 희망적인 무엇인가를 표현하기도 한다.

어떤 사람이 발달시킨 것은 이미 마무리된 상태이지만, 아직 제대로 발달하지 않은 것은 여전히 미래의 약속으로 남는다. 그렇다면 소년은 앞으로 개발될 것을, 이 남자의 내면에서 스스로 소생할 것을 상징한다. 이것을 적절히 표현한 것이 바로 '푸에르 아이테르누스'이다.

옛날에 '푸에르 아이테르누스'는 기적적으로 나타났다가 사라지기를 되풀이하는 신성한 어린이로 여겨졌다. 발가벗은 어린 소년인 에트루리아의 타게스는 농부가 밭을 갈고 있는 이랑에 나타나 사람들에게 법과 기술과 문화를 가르친다. 아도니스도 그런 소년이었다. 수메르의 식물의 신 탐무즈는 해마다 봄이 되면 여자들에게 나타난다. 바빌론의 물고기 신 오아네스는 일출 때 물에서 나타나 낮 동안 사람들에게 농업과 법률을 가르치다가 밤이 되면 다시 바다로 사라진다.

독일의 신비사상가 마이스터 에크하르트(Meister Eckhart)는 발가벗은 어린 소년이 자신을 방문하는 환상을 보았다. 빛을 발하는 소년에 관한 영국의 동화도 있는데, 이 동화 속의 소년은 언제나 불행하며 가끔은 파멸적이다. 아직 이유를 밝혀내지 못하고 있지만, 어린 소년 신이 보편적으로 등장하는 데에는 틀림없이 어떤 이유가 있을 것이다.

푸에르 아이테르누스는 단지 나의 환자의 유아적인 측면을, 말하자면 유치하다는 이유로 억눌려 있는 측면을 상징할 뿐이다. 만약에 나의 환자가 그런 유아적인 요소가 끼어드는 것을 허용한다면, 그것은 자신이 사라졌다가 발가벗은 어린 소년으로 다시 돌아온 것이나 마찬가지이다. 그때 만약에 그의 아내가 남편을 그런 존재로 받아들인다면, 모든 것이 잘 돌아갈 것이다. 어린 소년은 키워지고 교육을 받고 아마 엉덩짝도 맞을 것이다. 만약에 열등한 요소가 삶 속으로 들어갈 수 있다면, 미래 삶에 대한 약속이 있게 되고, 많은 것이 발달하게 되고, 또 진전이 이뤄질 것이다.

신화학에서, 발가벗은 어린 소년의 형상은 신성하고 창조적인 성격을 갖고 있다. 푸에르 아이테르누스로서, 소년은 기적처럼 나타났다가 똑같이 기적처럼 사라진다. '파우스트'에서 푸에르 아이테르누스는 3가지 형태로, 소년 마부와 호문쿨루스, 오이포리온으로 나타난다. 이들은 모두 불에 파괴되는데, 괴테에겐 푸에르 아이테르누스가 격정적인 감정의 폭발로 사라지는 것으로 다가왔다.

불은 모든 것에 종지부를 찍는다. 심지어 세상에도 종지부를 찍는다. 문화의 핵심인 불은 폭발하면서 모든 것을 파괴할 수 있다. 수시로 그런 일이 벌어진다. 볼셰비키 혁명도 그 한 예이다. 당시에 문화는 에너지의 압력을 더 이상 견뎌낼 수 없어 폭발했으며, 거기서 불이 일어나 러시아 문명을 파괴했다.

15강

1929년 3월 20일

앞의 꿈을 다시 보는 것이 좋을 것 같다. 이 꿈은 매우 어려운 꿈이다. 왜냐하면 거기에 서로 많이 다른 요소가 두 가지 있기 때문이다. 첫 번째 요소는 이 꿈을 꾼 사람의 개인적인 상황, 즉 결혼생활에 나타난 섹스의 결여, 에로스의 결여이다. 이와 꽤 다른 두 번째 요소는 초자연적인 간섭이다. 이 요소가 그 상황의 개인적인 측면을 더욱 복잡하게 만들고 있다.

  우리 환자가 처한 상황은 개인적인 차원에서 풀 수 없는 문제이다. 개인적인 것처럼 보이는 증후로 인해 고통 받는 사람이 개인적인 차원에서 자신의 문제들을 풀지 못하는 경우가 종종 있다. 문제의 중요성이 어떤 집단적인 사실에 있기 때문이다. 개인적 상황은, 구체적인 문제를 야기하는 원인들이 이런저런 것임에 틀림없다는 일반적 믿음으로 인해 완전히 뒤집어질 수도 있다. 그런 경우에 그 사람이 그런 상황에 처하게 된 것이 자신의 개인적 잘못 때문이라는 생각으로 인해 고통을 받고 있는 한, 그 상황은 절대로 바로잡아질 수 없다.

그것은 이런 상황과 비슷하다. 사람들이 집을 가볍게 지었는데, 겨울에 이례적으로 몹시 추운 한파가 닥쳤다. 그래서 집 안의 온기를 적절히 지킬 수 없었다. 그러면 사람들은 집을 그런 식으로 지은 자신들이 잘못이라고 생각한다. 실제 문제는 겨울이 유난히 추웠다는 사실에 있는데도 말이다. 그것은 그들의 잘못이 아니다.

의견에도 이와 똑같은 현상이 나타난다. 일반적인 확신이 개인의 문제의 원인이 될 수도 있다. 인도인들은 건강에 전혀 좋지 않은 기이한 종교적 관념을 갖고 있다. 그래서 인도인들의 경우에 일반적인 잘못 때문에 개인적인 문제가 일어나기도 한다. 그런 인도인들에게 왜 그런 관념을 갖고 있느냐고 묻는다면, 그것은 그들에게 왜 도덕적이고 종교적이냐고 묻는 것이나 마찬가지다. 그 관념들이 바로 그들의 종교이기 때문이다. 그들은 일종의 이상주의적인 태도 때문에 스스로를 해치고 있다. 하나의 미덕으로 고려되어야 하는 선이 최악의 결과를 낳는 원인이 될 수도 있는 것이다. 그것을 미덕으로 만드는 바로 그 요소가 불행한 결과를 낳기 때문이다.

나의 환자의 꿈을 해석하면서, 만약에 우리가 에로스 상징의 집단적 성격을 고려하지 않는다면 우리는 그의 꿈을 이해하지 못한다. 우리는 개인적인 해석을 최대한 살려 내려고 노력할 것이다. 당신은 꿈을 꾼 사람이 침실에서 자기 아내와 매우 친밀한 상황에 있다는 것을 기억할 것이다. 그런데 그때 초자연적인 요소가 끼어든다. 문이 열리는데, 아무도 들어오지 않는다. 그러나 그가 옆방에 갔을 때, 거기에 발가벗은 소년이 있다. 그가 소년을 침실로 데려오는데, 여기까지는 사랑이 결여되어 있다고 분명히 말할 수 있다. 그러나 그렇지 않다. 왜냐하면 어떻게 보면 그가 아내를 사랑하고 있고 그녀의 아내가 남편을 사랑하고 있기 때문이다.

제대로 작동하지 않고 있는 것은 섹스이다. 사람들은 보통 섹스와 사랑을 구분하지 않으며, 두 가지 단어는 서로 바꿔 쓸 수 있는 것으로 여겨진다. 프랑스어로 'Faire l'amour'는 성교하다는 뜻이다. 그렇다면 꿈에 등장하는 에로스 형상은 섹스라고 말할 수도 있다. 왜냐하면 그것이 그의 결혼생활에서 명백히 부족한 것이기 때문이다. 그럼에도 남자는 소년을 껴안으면서 자신의 감정이 성적인 것이 아니라고 느낀다. 그는 다른 종류의 사랑을 느낀다. 그 꿈은 이 점을 강조하고 있다. 그러므로 소년은 섹스일 수 없다.

꿈에서 이어서 아내가 아이가 먹을 것을 가져온다. 대부분이 흰 빵과 검은 빵이다. 아이는 검은 빵을 거부하고 흰 빵만 먹는다. 그러자 꿈을 꾼 사람은 자기 아내가 적절한 종류의 음식을 주지 않아 아이가 가버렸다고 단정 짓는다. 소년이 섹스를 의미한다고 짐작하면서, 그는 자기 아내가 그 점에서 다소 부정적인 탓에 에로스에게 적절한 음식을 주지 않았으며 그래서 소년이 가버렸다는 식으로 말할 수 있다.

틀림없이, 이 같은 그의 개인적인 해석은 그를 어디로도 데려다주지 않는다. 그렇기 때문에 우리는 그 꿈을 더 깊이 파고들어야 한다. 무엇보다 먼저, 이 환자가 사고 유형이라는 것을 기억하고 있을 것이다. 그래서 그는 주로 해석적인 연상을 하고 있다. 사고 유형은 그런 식으로밖에 연상을 하지 못한다. 일부 분석가들은 그런 해석을 거부하면서 환자에게 "설명을 제시할 것이 아니라 사실들을 제시해야 해요."라고 말한다.

만약에 사고 유형이 사실들에 근거한 연상을 제시하려고 노력한다면, 그 사람은 길을 벗어나며 정확한 사실과 전혀 연결되지 않을 것이다. 따라서 그의 연상은 엉터리가 될 것이다. 그렇기 때문에 당신은 그의 설명적인 연상을 받아들여야 한다. 그의 연상은 적절하지 않을 수 있지만, 그것은 비합리적인 유형의 사람에게도 똑같이 적용된다. 비합리적인 유형의 사람도 분석가가 길을 잃게 만드는 그런 사실과 감정을 제시할 것이다. 분석가는 이런 점을 고려해야 한다.

그러나 이 꿈을 꾼 사람은 발가벗은 어린 소년을 고대의 형상과 연결시키고 있는데, 우리는 이 형상을 에로스라고 부를 수 있다. 그러나 에로스는 다양한 해석이 가능한 고대 그리스의 한 관념이다. 그것은 섹스만을 의미하지 않는다. 꿈속에서, 그 남자의 감정은 사랑의 감정이다. 그는 연상을 떠올리면서 "거기엔 섹스가 전혀 없었다."고 말한다.

그렇다면 꿈에서도 그는 성적인 무엇인가를 기대했다. 성적인 것은 그의 아내와의 부자연스런 관계에서, 말하자면 섹스가 없는 관계에서 기대될 수 있다. 그 남자는 자신이 사랑을 이해하고 있는 방식 그대로 아내를 진정으로 사랑하고 있으며, 그의 아내도 그를 사랑하고 있다. 사람들에게는 그들이 이해하는 범위 밖의 무엇인가를 기대하기 어렵다.

그 남자는 섹스를 제외하곤 자신이 할 수 있는 범위 안에서 최대한 열심히 한다. 꿈은 아내도 아이들을 양육하기 위해 자신이 할 수 있는 것을 하고 있다고 말하고 있다. 그렇다면 그의 아내가 아이에게 적절한 음식을 주지 않는다는 그의 설명은 전혀 맞지 않는다.

그와 아내는 밤에 자신의 방에 함께 있으며, 그때 기적적인 어떤 상황이 벌어진다. 문이 열리는데, 거기서 아무도 들어오지 않는 것이다. 더없이 오싹한 분위기를 불러일으킬 것이지만, 남자는 용감하게 다음 방으로 들어가서 소년을 발견하고는 자신의 침실로 데려온다. 이어 그의 아내도 자신의 몫을 하며 아이에게 먹을 것을 갖다 준다. 원시적인 형태의 환대를 하는데도, 그것이 제대로 먹히지 않고 아이가 창문으로 사라진다. 아이가 그들에게 이렇게 말하는 것 같다. "두 사람은 각자 할 수 있는 것을 하고 있지만 섹스가 제대로 되지 않고 있어." 그렇다면 이 소년은 다른 무엇이다. 소년은 무엇일까?

소년은 섹스가 아니다. 꿈속의 사실들이 그것과 모순되기 때문이다. 소년이 사랑일 수는 있어도, 섹스 하나만은 아닌 것이 확실하다. 우리는 꿈에서 도움이 될 만한 다른 힌트를 하나 더 발견한다. 소년이 발가벗고 있다는 점이다. 소년이 발가벗어야 하는 이유는 무엇인가?

꿈을 꾼 사람은 에로스 신이 전통적으로 그런 식으로 표현된다고 말한다. 그렇다면 그의 연상은 신이라는 개념을 가리키고 있다. 내가 신성에 대해 논하더라도 놀라지 않기를 바란다. 사람들은 내가 형이상학적인 갈고리로 올림포스 산으로부터 무엇인가를 아래로 끌어내리고 있다는 식으로 생각한다. 어떤 것에 대해 생각한다는 것은 그것이 진실이라는 의미도 아니고, 그것이 존재한다는 의미도 아니다. 우리는 가설에 대해 생각할 수 있다.

지금 여기서 우리는 어떤 관념에, 말하자면 물려받은 어떤 정신적 사실에 관심을 두고 있다. 정신은 언제나 해 오던 대로 기능하는 경향을 갖고 있다. 정신은 지금까지 한 번도 하지 않았던 방법으로 작동하기보다는 5,000년 내지 10,000년 동안 해오던 대로 기능을 계속할 가능성이 훨씬 더 크다. 수많은 세기를 내려오고 있는 관념들은 거듭 나타나고 작용할 가능성이 아주 크다. 그것들이 바로 원형이고, 기능의 역사적인 길이며, 따라서 일반적인 길이다.

기상학자들은 지난 며칠 동안의 날씨를 근거로 기상을 예측한다. 날씨가 며칠 좋지 않았다면, 내일의 날씨 예보가 역시 날씨가 좋지 않을 것으로 나올 확률이 아주 높다. 관성 때문에 지속성이 자연스럽다. 우리의 사고방식도 마찬가지다. 인간의 마음이 몇 세기 동안 똑같은 방식으로 작동했기 때문에, 그 마음이 계속 똑같은 방식으로 작동할 가능성이 가장 크다.

꿈이 꿈을 꾼 사람의 의식에 어떤 신성을 끌어들일 때, 그것은 그 사람에게 일종의 비유적인 표현 외에 아무것도 의미하지 않는다. 나는 포도주에 대해 일종의 비유적인 표현으로 "신성하지 않아?"라고 말할 수 있다. 그것은 포도주에 대한 칭송을 과장하는 한 방법일 뿐, 신이 포도주 안에 깃들어 있다는 뜻은 아니다.

그렇듯 에로스도 여기서 하나의 비유적인 방식으로 끌어들여지고 있다. 사랑이라 불리는 것을 시적으로 의인화하고 있는 것이다. 그럼에도 무의식에는 신성의 개념이 들어오는 것 자체가 신성의 부속물들까지 모두 갖춘 신성한 어떤 사실로 받아들여진다. 신성이라는 개념이 정신의 기능 속에 나타날 때, 거기엔 그리스인들이 '데이시다이모니아'(deisidaimonia: 악령에 대한 두려움)라 부른 것이 작용하고 있다.

　문이 열리고 아무도 들어오지 않는다. 그러면 귀식이나 악마를 찾아야 한다. 신은 언제나 두려움과 공포, 신성한 현존의 느낌, 특이한 분위기를 앞세우며, 신과 함께 일종의 감정적 경계선 같은 것이 나타난다. 이 점이 우리 환자의 꿈에서 꽤 분명하게 드러나고 있다. 그래서 우리는 그것이 신의 출현이라는 옛날의 생각과 일치한다고 단정해도 무방하다.

　옛날의 로마인과 그리스인들은 신성을 이해했다. 그들은 어떤 남자가 사랑에 빠졌다는 식으로 말하지 않고 "에로스의 화살이 그를 맞혔다."고 했다. 그것은 사랑의 감정을 의인화한 것이며, 인간의 내면에서 능동적으로 작동하고 있는 원리이다. 물론 그들은 사랑의 감정을 신성한 나무나 관목, 동굴, 강, 산, 올림포스 산으로 투사했다. 우리 현대인은 지금 그런 종류의 심리를 이해하지 못하지만, 원시인(그리스인은 원시인이었다)은 신비적 참여를 통해 대상과 매우 밀접히 연결되었기 때문에, 신들은 원시인의 삶의 일부였다. 그래서 만약에 원시인이 "이 테이블의 신이 밤에 나에게 말했다."라는 식으로 말한다면, 그것은 우리 현대인이 "나는 어떤 콤플렉스가 저 테이블 형식으로 나타나는 꿈을 꾸었어."라고 말하는 것과 똑같은 의미를 지닐 것이다.

　예를 들어, 아버지를 여읜 어떤 여자 환자는 아버지를 만나서 아버지로부터 자신이 죽은 뒤에 사무원으로 다시 태어나서 지금 매우 가난한 젊은이(그는 살아 있을 때 부자였다)가 되어 있다는 이야기를 듣는 꿈을 꾼다. 그녀는 아버지에게 "어떻게 밖으로 나왔어요?"라고 물었다. 그녀는 자기 아버지가 뜨거운 물이 담긴 그릇 속에 있는 것으로 알고 있었기 때문이다. 이에 그녀의 아버지는 이렇게 대답했다. "아, 융 박사가 뚜껑을 열어줬어. 그래서 내가 탈출할 수 있었지." 이것은 대단히 흥미로운 생각이다. 그러나 원시인의 심리에 대해 약간이라도 아는 사람은 이 꿈을 쉽게 이해한다.

거기선 조상들이 항아리나 단지 속에 살고 있다. 그것이 중앙아메리카의 인디언들이 주전자를 인간의 얼굴 모양으로 만드는 이유이다. 그들은 조리용 용기에 다리와 팔, 눈과 귀를 그린다. 조상들이 정령이고, 가정의 수호신이고, 불 가까운 곳에 앉아 있는 난로의 신이기 때문이다. 내가 나의 환자에게 이런 이야기를 들려주었을 때, 그녀는 많은 것을 깨달으면서 나에게 감정 전이를 더 많이 했다. 이것은 그녀의 정신이 해방되었다는 것을, 그녀가 일에 착수할 수 있게 되었다는 것을 의미했다. 그녀는 자기 아버지의 윤회와 그녀의 재탄생 또는 부활을 연결시켰다. 그것이 꿈들에 나타나는 원형적인 관념이다.

우리 환자가 꾼 이 꿈에도 매우 비슷한 예가 있다. 신은 자율적인 어떤 요소를 의인화한 것이다. 이것을 심리적인 사실로 압축한다면 무엇이 되는가? 신이란 것은 그 사람이 개인적으로 닿을 수 있는 범위 밖에 있는 그 무엇이 된다.

꿈속의 소년과 비슷한 것이 역사 속에서도 확인된다는 점을 앞에서 말한 바 있다. 에트루리아인의 소년 신 타게스는 농민이 쟁기질을 할 때 이랑에서 튀어나와서 사람들에게 법과 기술을 가르치고 다시 사라진다. 14세기에 마이스터 에크하르트의 환상이 있다. 마이스터 에크하르트는 발가벗은 아름다운 소년의 방문을 받았다. 에크하르트가 소년에게 어디서 왔는지 물었다. "신에게서 왔지."

"신은 어디다 두고 왔니?" "덕이 있는 가슴들 속에." "어디로 갈 거니?" "신에게로." "어디서 신을 발견할 거냐?" "내가 모든 창조물을 떠날 때." "그대는 누구냐?" "왕이지." "왕국은 어디에 있어?" "나의 가슴 안에." "그렇다면 아무도 그것을 그대와 공유하고 있지 않아." "아니, 공유하고 있어." 에크하르트는 발가벗은 소년을 자기 방으로 데려가서 "아무 옷이나 마음에 드는 것을 입어."라고 말했다. 그러자 소년은 "그러면 나는 왕이 될 수 없어."라고 말한 뒤 사라졌다. 에크하르트가 잠시 만난 존재가 바로 신이었다.

이 외에 마이스터 에크하르트가 파리에 있던 에우스타키우스 평수사(Brother Eustachius)의 꿈에 대해 보고한 내용이 있다. 에우스타키우스는 수도원의 수사들이 휴게실에서 원을 그리며 서 있는 것을 보았지만, 거기서 벌어지고 있는 일은 보지 못했다. 즐겁고 유쾌하고 새로운 어떤 일이 벌어지고 있었다. 그는 무슨 일인지 궁금해 하며 그들 쪽으로 가까이 다가가다가 수사들의 한가운데에 대단히 아름다운 어린 아이가 있는 것을 보았다. 우리의 구세주 예수 그리스도, 우리의 사랑하는 부인인 처녀의 아들이었다.

아이는 너무나 아름다웠다. 그래서 아무리 심각하거나 슬픈 사람도 그의 눈부신 아름다움에 웃음을 짓지 않을 수 없었다. 작은 아이는 먹을 빵을 요구했고, 에우스타키우스 수사는 저장실로 갔으나 작은 아이에게 줄 좋은 빵을 발견하지 못했다. 흰 빵 한 조각이 전부였다. 그는 빵을 찾아 나선 끝에 한 덩어리를 발견할 수 있었지만 완전히 흰 빵은 아니었다. 그래서 그것을 아이에게 줄 수 없었다. 고민이 아닐 수 없었다.

바로 그때, 빵을 굽는 책임을 지고 있던 루오프레흐트 수사가 와서 뭘 그리 열심히 찾고 있느냐고 물었다. "꽤 아름다운 흰 빵을 찾고 있어요. 우리의 구세주에게 드릴 빵을 말이오." 루오프레흐트 수사는 "걱정하지 말아요. 그런 빵을 찾아줄 테니까."라고 말했다. 그가 흰 빵을 발견했고, 에우스타키우스 수사는 그것을 아이에게 갖다 주었다. 그러자 아이는 "위대한 성직자들이 많지만, 그들은 나에게 그렇게 순수하고, 완전하고, 소박한 것을 갖다 주려 하지 않았어. 그러나 학식이 없는 사람들 중에서 나에게 순수하고 완전하고 소박한 것을 갖다 주는 사람이 몇 사람 있어." 그때 에우스타키우스는 그 빵을 발견한 겸손한 수사가 바로 그런 사람이라는 사실을 깨달았으며, 그 이후로 그는 루오프레흐트 수사를 진심으로 존경하고 사랑했다. 이유는 그가 순수하고 완전하고 소박한 무엇인가를 갖다 줄 수 있는 그런 사람이었기 때문이다.

당신은 이것이 어떤 종류의 신인지 알 수 있다. 새로운 사고이고 새로운 정신이다. 옛날의 신들은 심리적 사실들이었으며 모두 훗날에 관념이 되었다. 행성 토성과 목성, 화성으로 상징되었던 옛날의 신들은 올림포스 산에 살고 있는 오래된 인격신(人格神)이다. 그 신들은 훗날 인간 성격의 심리적인 구성 요소가 되었다. 우리는 토성의 영향으로 성미가 까다롭다거나, 수성을 닮은 기질이라거나, 화성을 닮아 행동이 호전적이라거나, 목성을 닮아 명랑하다는 식으로 말한다. 그렇게 하면서 인간을 올림포스 산의 위대한 지배자들을 닮게 하고 있다는 사실을 우리는 망각하고 있다.

신은 언제든 당신에게 나타날 수 있다. 그 신을 당신이 맞아들이면서 통합시키면, 그것은 당신의 내면에서 새로운 정신이나 새로운 태도가 생겨난다는 뜻이다. 그리스도는 하나의 개인적 이상이며, 이어 그는 죽어서 하나의 정령이 된다. 성령강림 때에 예수는 불의 혀의 형태로 하늘에서 내려온다. 이때 사도들은 어떤 정령으로 충만했으며, 그들의 안에서 새로운 힘이, 새로운 사상이 작동하기 시작했다.

내가 새로운 사상으로 활발해진다고 가정해 보자. 내가 그 사상을 받아들이기 전에, 그러니까 그것이 아직 나의 무의식에 있을 때 그것은 하나의 신이었고, 다이몬이었고, 신성한 그 무엇이었다. 이어 그것은 나의 새로운 태도가 되고 새로운 정신이 된다. 따라서 정신이라는 단어가 온갖 다양한 의미를 지니게 된다. "죽은 나의 아버지의 정신에서"라는 표현은 "나는 아버지의 귀신을 불쾌하게 만들고 싶지 않아."라는 뜻이거나 "아버지의 확신과 일치한다"는 뜻이거나 단순히 하나의 태도를 의미할 수 있다.

지금 우리는 신이라는 것이 진정으로 무엇인가 하는 문제를 다루고 있다. 마이스터 에크하르트는 발가벗은 그 어린 소년이 신이거나 예수라고 말한다. 아이 본인은 자신이 신에게서 왔다고, 자신이 왕이라고, 그의 왕국은 덕이 있는 가슴 안에 있다고 말한다. 그렇다면 당신은 이 환상에 등장하는 아이의 모호한 특성은 그냥 하나의 신, 즉 우리 밖에 있는 신이 아니라 우리 안에 있는 하늘의 왕국의 왕이라고 말할 수 있다.

"우리 안의 신"이라는 표현은 아이의 형상을 빌려 설명할 수 있는 그런 기술적인 용어이다. 이 표현은 신이 아이의 특성을 갖고 있다는 뜻이다. 이 같은 정신적 사실을 바탕으로 당신은 "너희가 어린아이처럼 되지 않으면"이라고 한 예수의 말을 이해할 수 있다. 이 신은, 이 신성은 어린아이의 외양을 갖고 있다. 어린아이처럼 되지 않는다면, 당신은 하늘의 왕국에 들어가지 못하고, 우리 안에 신이 들게 하지도 못한다.

어려운 것은 우리 안의 신이 스스로를 드러낼 때 우리는 우리 안에 있는, 유치하거나, 어린아이 같거나 지나치게 젊은 것들을 통해서만 신의 흔적을 밟을 수 있다는 점이지만, 바로 이런 것들이 미래의 발달을 약속한다. 당신 안에서 이미 발달을 이룬 것들은 전혀 미래가 없다. 그런 것들은 이미 정점에 달했다. 생명의 지속성은 언제나 아직 발달하지 않은 것들에서 비롯된다. 그것이 영원한 창조의 바탕이며, 이 바탕으로부터 새로운 발달이 태어난다. 그리고 사물들이 어떤 자율적인 형태 안에 포함되어 있을 때, 우리가 선택할 수 없는 것들은 신이고 다이몬이다. 우리의 심리에서 우리에게 저항하고 있는 모든 것은 우리의 소망과 일치하지 않기 때문에 신이거나 다이몬이다. 그것은 우리가 우리 밖에 있는 두려움과 감정, 목소리에 사로잡혀 있는 것이나 마찬가지다.

새로운 모든 내용물은 처음에 자율적인 내용물이며, 그런 내용물이 있는 곳에선 그것이 발달하면서 개인의 동의 여부와 상관없이 그 개인을 사로잡으며 그의 삶에 엄청난 변화를 야기할 것이라고 봐도 무방하다. 그 이후로 그 내용물은 하나의 정신이 될 것이고, 바로 이 정신에서 많은 행동이 행해지고 많은 말이 나올 것이다.

그렇듯 이 꿈에도 새로운 정신이 들어오고 있다. 이 남자가 여전히 섹스 문제에 매달리고 있는 동안에, 그의 무의식은 "그건 절대로 그런 문제가 아니야. 그건 신이야."라고 말하고 있다. 이를테면 거기에 있으면서도 있지 않고, 당신의 명령을 따르지 않는 어떤 것이라는 뜻이다. 만약에 당신이 어떤 신을 맞아들이는 정신이나 태도를 갖고 있다면, 신이 나타나 당신에게 축복을 내릴 것이다.

 이 꿈을 꾼 사람은 그것을 전혀 이해하지 못하고 있다. 그의 연상에서 확인했듯이, 그는 자신의 문제를 기계적인 문제로, 성적인 문제로 보고 있지만, 그의 무의식은 그의 문제에 대한 해결은 그 장면에 등장하고 있는 그 신에 좌우된다는 점을 강조하고 있다. 신은 아직 자율적인 어떤 콤플렉스이며, 아직 태도나 지배적인 원리로 발달하지 않고 있다.

 역사 속의 자료를 보면, 이 아이는 언제나 그 시대의 기존 사상과 연결되어 있는 것이 확인된다. 중세에 아이는 어린 예수 혹은 예수이다. 그 시대의 사람들은 그것을 탐무즈나 디오니소스라고 부르는 것은 꿈도 꾸지 못했다. 아마 그 사람들은 고대인들이 어린 소년의 형태로 디오니소스를 숭배했다는 사실조차 몰랐을 것이다. 그들은 어린 소년을 아이 그리스도라고 불렀다. 그들은 그것을 자신들에게 무엇인가를, 인상적인 무엇인가를 의미하는 형태로 표현했으며, 그래서 그들은 신의 아들이라고 불렀다. 당시에 신은 하나의 외적인 사실이었다. 우리 현대인은 그 어린 신성을 탐무즈나 디오니소스라고 부를 수 없었다. 이유는 우리가 더 이상 그 시대에 살고 있지 않기 때문이다. 실제적인 현대인의 마음 안에서, 우리는 더 이상 그것을 그런 식으로 설명하지 못한다.

 현대인은 그것을 그 전 어느 때보다 더 심리학적으로 이해하고 있다. 우리는 발가벗은 어린 소년을 하나의 심리적 사실로 설명한다. 앞으로 천년 후면 사람들은 그것에 대해 완전히 새로운 이름을 붙이겠지만, 그 이름도 단지 오래된 똑같은 사실을 표현하는 새로운 형식에 지나지 않는다.

행성들은 당신이 거기에 붙이는 이름에 대해 절대로 항의하지 않는다. 목성은 당신이 그것을 목성이라 부르든 다른 이름으로 부르든 아주 무관심하다. 당신은 이 같은 사실들을 심리학적으로 해석해야 하지만, 당신은 그것들을 당신의 능력이 닿는 최선의 이론에 따라 해석해야 한다.

원래의 기독교 가르침은 그 당시에 가장 훌륭했다. A.D. 190년에 살았던 고대 그리스의 어느 신부는 기독교에 대해 "아우구스투스 시대에 번창했던 우리의 철학"이라는 식으로 말했다. 그 시대의 기독교는 하나의 철학처럼 해석되었다. 기독교는 영지주의 체계 중 하나였으며, 어떻게 사는 것이 최선의 길인가에 관한 이론이었다. 우리 현대인은 삶에 심리학적으로 적응하는 데서 그런 가능성을 보고 있다. 우리는 권위적인 계시를 더 이상 믿지 않는다. 우리는 더 이상 그런 식으로 절대적인 노선을 따라 생각하지 않는다. 2,000년 전의 사람들에게 "신의 아들이 나타났어."라는 말은 무엇인가를 의미했다. 그 시대에는 모두가 계시를 보았다. 2,000년 동안 작동한 원칙은 누군가가 진리를 알고 있고 그것을 드러내 보여 줄 수 있다는 것이었다.

가톨릭교회의 척추는 영원한 진리를 소유했다고 주장한다는 점이다. 그 진리는 교황에게 주어져 있고, 당신은 단순히 그것을 받기만 하면 된다. 그러나 우리 현대인에게 이 같은 주장은 더 이상 먹히지 않는다. 어느 누구도 진리가 교황에게 계시되었다고 말하지 않는다. 현대인은 계시 위에다가 무엇인가를 건설하지 못한다. 우리는 심리적 사실들을 이해하려는 정직한 시도를 믿는다. 만약에 당신이 과학적인 헌신의 정신에서 이런 것들을 충분히 진지하게 받아들인다면, 그것들은 과거에 권위적인 계시에 의해 이뤘던 것과 똑같은 효과를 발휘할 것이다. 집단적인 상징에 대한 이런 해석이 만족스럽게 다가오는지 모르겠다.

나는 이런 것들을 설명할 때 언제나 비유를 이용한다. 만약에 내가 거기에 이런저런 이름을 붙인다면, 그것을 잡아서 죽여 버리는 결과가 되고 말 것이다. 사람들이 그 단어에 집착할 것이기 때문이다. 그러나 내가 메타포를 이용하면서 푸에르 아이테르누스라고 하면 모두가 그것이 의미하는 바를 잘 이해하게 된다. 아득한 옛날에 생겨난 이런 개념들은 두루 쓰이게 되면서 우리에게까지 내려오게 되어다.

푸에르 아이테르누스는 양치기 소년이다. 기독교 철학에 많은 형태의 양치기가 나온다. "인간들의 양치기"는 "신비의 신"이고 "신비의 선생"인 그리스도에게 붙여진 또 하나의 타이틀이다. 『헤르마스의 목자』를 보면, 양치기가 그리스도이지만 그리스도라는 이름은 책에 전혀 언급되지 않는다. 헤르마스는 두 번째 교황의 형제이고, 기독교 교도로 여겨졌다. 그러나 기독교가 하나의 신비 숭배로 여겨지던 시대에 신이 이름으로 불릴 수 없었기 때문에, 예수는 단순히 양치기로 불렸다. 그리스도가 오르페우스로, 말하자면 어깨에 양을 둘러맨 선한 양치기로 표현되던 시대도 있었다. 당시에는 인간을 안내하는 이런 원리를 "양떼를 모으는 양치기"나 "인간들의 지도자", "인간들의 물고기"라고 부르는 것이 관습이었다. 그래서 그리스도는 오르페우스나 바쿠스와 동일시되었다.

초기 기독교 교회의 물고기 상징은 이교도 신비 숭배에도 자주 나타났다. 바쿠스 숭배 의식을 치렀던 어느 신전에 오랜 역사를 자랑하는 모자이크 바닥이 있다. 거길 보면 물고기 상징이 기독교 숭배에서처럼 이용되고 있다. 에트루리아인들은 타게스를 "땅에서 파낸 소년"이나 "쟁기로 파 올린 소년"이라 불렀다. 타게스라는 이름이 어디서 유래했는지에 대해 나는 모르지만, 분명한 것은 그 소년에게 이름을 붙이는 것이 관습이었다는 사실이다. 푸에르 아이테르누스를 어떤 식으로든 경험한 나의 환자들 중 일부는 그것을 그냥 "소년"이라고 부른다. 환자들이 "소년"이나 "별" "갈매기" "불꽃"에 대해 이야기하는 것을 들을 때면, 그 말이 마치 고대의 텍스트처럼 들린다. 이집트에서 누군가가 "호루스의 눈"에 대해 말한 것 같은 분위기가 느껴진다는 뜻이다. 왜 "호루스의 눈"이라 불리는지, 그 이유는 정확히 모른다. "호루스의 눈"은 명확한 가치들을, 일종의 신비한 분위기를 창조하는 그런 매우 미묘한 경험을 압축적으로 표현한 것이다.

"소년"이 무엇이 될 수 있는지에 대해서는 아무도 모른다. "소년"에 대해 말하는 사람들은 어떤 의미에서 보면 터부이다. 당연히 그 사람들은 약간 미친 것으로 여겨진다. 그들이 "포이멘"이나 "인간들의 어부" "매달린 신"에 대해 말했던 고대에, 그런 그들을 사람들은 미친 사람으로 여겼을 것이라고 나는 강하게 믿는다.

로마의 팔라티노 언덕에서, 지휘관을 양성하는 군사 학교였던 어느 방의 벽에서 가짜 십자가가 하나 발견되었는데, 당나귀의 머리를 한 사람을 서툴게 그린 작품이었다. 거기에 그리스어로 "알렉산드로스는 그의 신을 이렇게 숭배한다."라는 글귀가 새겨져 있다. 그것은 당나귀로 숭배되었던 여호와에 관한 오랜 유태인의 이야기를 전하고 있다. 거기엔 이집트의 악마인 세트가 당나귀 같은 머리

(아마 당나귀가 아니라, 상(上)이집트에서 발견된, 귀가 긴 일종의 영양인 오카피일 것이다)를 가진 것으로 묘사되고 있다. 이 세트가 3개의 칼로 십자가에 박혀 있는 모습이다.

그것이 무엇을 뜻하는지를 몰랐던 그 시대 사람들에게 그런 숭배의 효과는 특이했다. 당시의 위대한 작가들도 그것이 무엇에 근거한 것인지를 몰랐으며 새로운 숭배의 언어도 몰랐다. 그것은 일종의 유태인 신비 숭배였는데, 사람들은 단지 이 신비 숭배의 구성원들이 카이사르에 헌신하지 않을 것이라는 점만을 알았다.

양치기는 "무리를 위한 안내"를 상징하며, 양들을 하나의 무리로 모으는 인물이다. 양치기는 여기 꿈에서 보는 그대로, 여럿을 하나의 무리로 모으는 존재이다. 여기서 양치기는 남자와 여자를 결합시키는 존재이다. 이 두 사람은 똑같이 소년에게 관심을 보인다. 남자는 소년을 침실로 데려오고, 아내는 음식을 갖고 온다. 소년은 '비교의 제3점'(tertium comparationis)이다.

상반된 것들이 두 개 있을 때, 그것들은 제3의 것에 의해, 즉 둘 사이의 타협이 아니라 새로운 단위에 의해 통합되어야 한다. 그 과정은 삼중적일 것임에 틀림없다. 새로운 무엇인가가 관계 속으로 들어오지 않는다면, 그 과정은 제대로 돌아갈 수 없다. 우리 환자의 경우에 제대로 작동하지 않는 것은 성적 관심이다. 이유는 위로부터의 무엇인가가 결여되어 있기 때문이다. 만약 위로부터 오는 것이 없거나 아래로부터 오는 것이 없다면, 성적 관심은 작동하지 않는다. 그들은 아래에서 오는 것의 중요성을 꽤 깨달을 수 있으면서도 위에서 오는 것의 중요성에 대해서는 모르고 있을 것이다. 우리 현대인은 눈에 보이는 구체적인 세상으로부터 무엇인가를 추구하면서도 우리에게 살아 있는 종교가 전혀 없다는 사실이 중요하다는 점을 받아들이는 데에는 망설이는 모습을 보인다.

로마 가톨릭교회에서, 두 사람은 우리가 하는 식으로 결혼하지 않는다. 그들은 '그리스도 안에서' 결혼하며, 그리스도가 두 사람을 하나로 묶는다. '그리스도 안에서' 결혼하지 않은 두 사람은 전혀 결혼한 것이 아니며, 그 결혼은 현실이 아니다. 교회의 권위는 결혼이나 이별에서 절대적이다. 여기에 깔린 사상은 인간 존재들은 신을 통하지 않고는 연결될 수 없다는 것이다.

나는 기독교인이 제작했을 가능성이 큰, 2세기 로마 시대의 어떤 항아리를 본 적이 있다. 거기에 기독교식 결혼 장면이 새겨져 있다. 이 외에도 이 항아리엔 남녀 관계의 다양한 측면을 보여주는 장면이 여럿 그려져 있다. 삼지창, 즉 넵투네(바다의 신이며, 넵투네의 무기가 삼지창이다/옮긴이)를 통해 결합한 커플도 있다. 어떤 남자는 여자를 유혹하기 위해 맨드레이크 뿌리를 이용하고 있다. 말하자면 남자와 여자가 유혹과 마술을 통해 서로 결합한다는 뜻이다. 손이 물고기에 의해서 묶여 있는 커플도 있는데, 물고기는 당연히 그리스도를 상징한다.

그래서 하나의 새로운 의인화로서 이 "소년"은 무의식으로부터의 계시를, 무의식으로부터의 탄생을 나타낸다. 꿈에 담겨 있는 생각은 소년이 두 사람의 관계를 확립하기 위해 개입해야 한다는 것이다. 소년은 나타났다가는 작별을 고한다. 소년은 거기에 머물지 못한다. 이 사람들이 소년이 의미하는 바를 이해하지 못하고 있기 때문이다.

16강

1929년 3월 27일

내가 "소년"의 상징에 특별히 관심을 두는 이유를 궁금해할 것 같다. 소년의 상징은 대단히 중요하다. 소년의 상징을 활용한 예를 돌아볼 생각이다.『파우스트』2부에 "소년"이 등장한다.『파우스트』2부를 잘 이해하고 있는 사람은 무척 드물다. 나도 젊었을 때 그 부분을 제대로 이해하지 못했다. 나이가 들어서야 겨우 이해할 수 있었다.

 이 작품 속의 일부 이야기들은 아름답고 경이롭지만, 집단 무의식에 대한 지식이 없을 경우에 괴테가 의미하는 바를 제대로 이해하기 어렵다. 해설가들은 괴테가 관심을 두고 있는 것이 무엇인지를 진정으로 이해하지 못하고 있다.『파우스트』1부는 괴테가 젊었을 때 쓰였으며, 2부는 나이가 상당히 들어서 쓰였다. 그래서 1부와 2부 사이에 긴 세월의 인생 경험이 있었다.

이 작품은 괴테의 마지막 작품이며, 무의식의 자료를 상당히 많이 포함하고 있다. 괴테가 경험한 집단 무의식을 나름대로 풀어놓은 것이 이 작품이다. 그는 천재였기 때문에 집단 무의식을 늘 가까이 접하며 살았다. 집단 무의식은 진정으로 경험할 경우에 그 사람의 삶에 운명적인 경험이 될 수 있다. 집단 무의식의 경험은 눈에 보이는 세상의 실제 경험과, 말하자면 이 세상의 온갖 아름다움과 위험과 다를 바가 하나도 없다.

『파우스트』를 보면, 파우스트가 바그너에게 "당신은 삶의 한쪽 면만을 알고 있는데, 삶의 다른 쪽에 대해 아무것도 모르고 있다는 사실에 대해 늘 다행으로 생각하도록 해."라고 말한다. 이 말은 곧 보통 사람들에겐 인간적인 삶으로도 충분한데, 보통 사람들은 그런 인간적인 삶조차도 제대로 다루지 못한다는 뜻이다. 그럼에도 일부 사람들은 세상의 다른 면을, 집단 무의식을, 내면의 세상을 경험해야 한다. 그렇기 때문에 파우스트의 내면에서 '푸에르 아이테르누스'가 보여도 놀랄 게 하나도 없다.

푸에르 아이테르누스의 상징은 3가지 형식으로 나타난다. 파우스트는 외적 삶의 다양한 상황을 겪는다. 당시 괴테는 프랑스에서 일어난 사회 혁명과 은행권(銀行券)의 발명에 강한 인상을 받았다. 그래서 파우스트는 처음에 궁정의 사회 및 경제 개혁가로, 말하자면 왕의 고문으로 등장한다. 파우스트는 또한 일종의 마법사였고 똑똑한 사기꾼이었으며, 금융 천재였고, 또 무솔리니(Benito Mussolini) 같은 존재였다. 이만하면 파우스트의 성격을 충분히 짐작할 수 있다. 파우스트의 마지막 활동은 토목 공사였다. 괴테가 글을 쓸 당시에 토목공사는 아주 중요한 분야로 두각을 나타내기 시작했으며 스위스에선 이미 널리 행해지고 있었다.

스위스 엔지니어 콘라드 에셔(Konrad Escher)는 산기슭에 위치한 늪지의 물을 빼내는 대형 프로젝트를 성공적으로 마무리했다. 그는 개인적 헌신이라는 위대한 정신에서 작업에 임했으며, 괴테는 『파우스트』 2부에서 이 같은 헌신을 하나의 상징으로 이용했다.

17세기에 네덜란드에서 거센 폭풍이 제방을 무너뜨렸다. 그래서 큰 댐을 건설해 바다로부터 땅을 되찾겠다는 계획이 나왔다. 그렇 듯, 『파우스트』에서도 사람들이 댐을 건설하고 비옥한 땅을 되찾는 노력이 전개된다.

"소년"은 처음에 "크나베-렌커"(Knabe-Lenker)라는 이름으로, 말하자면 소년 마부라는 뜻의 이름으로 등장한다. 파우스트가 궁정에서 고문으로 일할 때이다. 작품에는 이 소년이 등장하는 이유가 나오지 않는다. 괴테도 소년의 등장에 당혹감을 느끼면서 어떻게 설명해야 할지 몰라 쩔쩔매는 모습을 보였다.

소년은 이렇게 말한다. "나는 관대함이고 시(詩)이다. 또 선(善)을 쏟음으로써 스스로를 완벽하게 가꾸는 시인이다. 나는 무한히 부유하며, 스스로를 플루토스(Plutus: 그리스 신화 속의 부(富)의 신/옮긴이)라고 생각한다. 나는 플루토스의 춤과 식사를 활기차게 가꾸고 장식한다. 나는 그가 갖추지 못한 것을 지출하고 있다(플루토스를 능가하니, 상상을 초월할 만큼 부자라는 뜻이다)." 소년은 마치 흥분하듯 강도를 더욱 높인다. 그는 큰 축제에서 관중을 향해 말한다. "나의 손이 베풀 수 있는 최고의 선물을 전하노라. 저기 보라. 여기 저기 머리 위에 내가 붙인 작은 불꽃이 타고 있구나. 지금 불꽃이 이곳 저곳 머리를 옮겨 다니며 붙고 있구나. 여기서 잠시 타는가 싶더니 다른 곳으로 날아가고 있구나. 한 자리에 오래 머무르는 예가 없네. 불꽃은 여러 곳에서 사람들이 알아보기도 전에 그냥 사그라지고 마는구나."

이어서 소년 마부의 최종 운명이 따른다. 축제는 불꽃의 폭발로 끝난다. 갑자기 모든 것이 화염에 휩싸이고, 소년은 불 속으로 사라진다. 뒤에 재만 남는다. 그것으로 소년은 끝이다.

파우스트는 그 다음에 등장할 때에도 여전히 놀라운 일을 행하며 세상을 다니고 있다. 그는 돌아와서 자신의 옛 실험실에서 합리주의자인 바그너가 증류기로 작은 인간을, 호문쿨루스를 만들고 있는 것을 확인한다. 그런 식으로 작은 인간을 만드는 것이 중세의 꿈이었는데, 파우스트는 이에 크게 놀란다.

밤에 호문쿨루스가 유리관 속에 든 채로 허공으로 달아나 엘리시움 들판으로 간다. 메피스토펠레스는 중세에 엄청난 역할을 했지만 여기선 당혹스런 상황에 처한다. 왜냐하면 그리스 신화 속의 인물들 사이에서, 말하자면 선도 없고 악도 없는 고대 세계에서 그가 다소 멍청이처럼 느껴지기 때문이다.

호문쿨루스는 신들과 여신들의 세계에 나타나 그들에게 유리관에서 현실 세계로 빠져나올 수 있는 길을 묻는다. 호문쿨루스의 물음에 대답을 제시할 수 있는 존재는 자유자재로 변신하는 늙은 신 프로테우스뿐이다. "무엇이든 되고자 한다면, 우선 아주 작은 것부터 되도록 하라."

매우 현명한 조언이었다. 호문쿨루스는 훌륭한 조언을 들은 것을 기뻐하면서 유리관 안에서 펄쩍펄쩍 뛰기 시작한다. 그러는 가운데 정말 신기한 일이 벌어진다. 갈라테아가 옥좌에 앉은 채 바다 위로 오고 있는 것이다.

아름다운 갈라테아 조각상을 만든 피그말리온이 신들에게 그녀를 신으로 만들어 달라고 기도를 올렸다. 그의 소원이 받아들여짐에 따라, 갈라테아는 진짜 여인으로 생명을 얻게 되었다.

지금 호문쿨루스는 그녀가 오는 것을 보고 기쁨에 겨워 그녀를 만나러 달려나간다. 호문쿨루스는 갈라테아의 옥좌를 향해 몸을 날렸고, 이어 그의 유리관이 폭발하고 그는 불꽃 속으로 사라진다. 이리하여 우리는 세 번째 형태의 "소년"을 만나게 된다.

파우스트는 크게 실망하여 어머니들에게로 내려간다. 그곳에서 그는 마법의 세발솥을 발견하고, 세발솥의 불꽃으로 완벽한 커플을, 즉 파리스와 헬레네를 만든다. 파우스트는 가장 아름답고 완벽한 여인 헬레네(마르게리테의 뒤에 숨어 있다)와 사랑에 빠진다. 그는 그녀와 함께 살고, 그들의 결합의 결실이 바로 불의 성격을 가진 오이포리온이다. 오이포리온은 곧 불꽃처럼 이 소녀 저 소녀를 좇으면서 불의 성격을 드러낸다. 그는 짧은 시간 존재하다가 사랑의 불꽃으로 사라진다.

이 모든 상징에 전형적으로 나타나는 것은 불꽃같이 짧은 삶이다. 매번 화염으로 사라지면서 존재를 끝낸다. 첫 번째의 경우 "소년"의 삶에 종지부를 찍는 것은 권력이다(소년은 권력의 정점에서 불에 타며 사라진다). 다른 두 번의 경우 소년을 사라지게 만드는 것은 사랑의 감정이다.

이름이 비교적 알려지지 않은 어느 작가가 쓴 책에 푸에르 아이테르누스의 또 다른 예가 나온다. 작가도 약간 괴짜이고 책도 그렇지만, 그 아이디어만은 놀랍다.

작품은 대성당이 있는 독일의 작은 도시에 관한 이야기이다. 루터 교회의 목사와 평범한 사교 모임이 있고, 의사와 시장과 시의 고위 공무원들이 있다. 모두가 한결같이 작고 존경할 만하다.

도시에 갈색 가죽 캡을 쓴 특이한 소년 몇 명이 나타났다는 소문이 돌고 있다. (갈색 가죽 캡을 쓴 모습은 정신분열증을 앓는 사람이 자주 보는 환상이다. 이 작가도 어쩌면 뇌에 문제가 있었을지 모른다.) 이 소년들에 관한 좋지 않은 소문에는 쉽게 설명되지 않는 무시무시한 구석이 있는 것 같다. 어느 누구도 이 소년들 앞에서 자신을 보호하지 못한다고 하니 말이다.

이브닝 파티가 열리고 있다. 거기에 이상한 남자가 불쑥 나타난다. 아주 재미있는 사람이다. 세상 곳곳을 여행했으며, 풀어놓을 이야기를 잔뜩 안고 있는 사람이다. 그가 기이하게 생긴 작은 약병을 끄집어낸다. 안에 작은 불꽃이 들어 있다. 그는 파티에 참석한 사람들에게 이 물건은 매우 진기하며 안을 들여다보는 사람은 진실을 알게 될 것이라고 말한다. 신사숙녀들이 모두 머리를 돌려 병 속을 들여다본다. 거기에 자그마한 인간이 두 명 있다. 하나는 여자이고, 다른 하나는 그 여자의 남편이 아닌 다른 남자이다. 둘은 벌거벗은 몸으로 격렬하게 서로를 껴안고 있다. 모두가 아연실색하면서도 눈길을 거두지 못한다. 이어 파티가 중단되고, 모든 손님들이 창피해하며 화를 낸다. 그때 이방인은 유유히 사라진 뒤 다시는 나타나지 않는다.

몇 개월 후, 훌륭한 사람들이 중요한 사교 행사인 무도회에 참석했다. 어린 소녀들은 흰 옷을 입고, 나이 든 부인들은 검은 옷을 입었다. 모두가 벽을 따라 뻣뻣하게 앉아 있었다. 그들은 대화를 조금

하다가 춤을 가볍게 추었다. 모든 일이 지겨울 만큼 고상하고 따분했다.

그때 뒷문을 통해 갈색 가죽 캡을 쓴 어린 소년이 들어왔는데, 아무도 눈치를 채지 못했다. 소년은 발코니로 올라가 몸을 숨겼다. 즉시 분위기가 바뀌었다. 밴드의 연주도 더욱 활기차졌고, 소녀들도 큰 소리로 웃었으며, 시장은 자기 부인에게 야한 농담을 던졌다.

분위기가 갈수록 분방해졌다. 그러다 급기야 아주 원시적인 잔치판이 벌어지게 되었다. 그런데도 아무도 그런 사실을 의식하지 못했다. 그러다 소년이 음흉한 웃음을 흘리면서 사라졌다.

그 즉시, 그곳의 사람들 모두가 정신을 차리면서 자신이 낯선 파트너와 이상한 짓을 하고 있다는 사실을 깨달았다. 그들은 수치심과 당혹감을 느끼면서 어쩔 줄 몰라 했다. 그 길로 그들은 몇 주일 동안 집안에 처박혀 지내면서 감히 이웃들과 눈도 마주치지 못했다. 그때 바깥 세상에서 이 소년들이 외국에서 이상한 짓을 했다는 소식이 들려왔다. 그때서야 사람들은 무도회에서 벌어진 이상한 일들을 이해하기 시작했다. 이 소년들 중 하나가 그곳에 있었음에 틀림없으며, 그날 벌어진 일은 이 소년의 짓으로 여겨진 것이다. 그러면서 사람들은 서로 화해했다.

그러나 무도회에 참석하지 않았던 목사만은 절대로 화해를 하지 않았다. 그때까지 교회에 나갈 엄두조차 내지 못하고 있던 사람들은 이젠 다시 교회에 나가도 괜찮겠다고 느꼈다. 목사는 그들을 기다리고 있었다는 듯이 난잡한 파티를 벌인 데 대해 크게 꾸짖었다. 그는 "소년" 같은 존재를 절대로 믿지 않았다. 사람들은 목사의 분노에 점점 풀이 죽어갔다. 그때 갈색 가죽 캡을 쓴 어린 소년이 문으로 몰래 들어와서 설교단 가까운 곳의 기둥을 타고 올라가고 있었는데도 목사는 그걸 보지 못했다. 소년이 목사를 내려다보았다.

순간, 목사가 미소를 지으며 얼굴을 환하게 밝혔다. 목사는 설교가 이상하게도 자신의 뜻과 다른 방향으로 나아가고 있다는 사실을 깨달았다. 목사가 설교에 점점 더 깊이 빠져들면서 사람들을 저주하고 있는데도, 그가 쓰는 단어는 외설스럽기 짝이 없었다. 지저분한 농담도 거침없이 나왔다. 급기야 신도들이 난잡한 파티를 벌이도록 만들었다. 무도회보다 더 지저분했다. 그것도 교회에서!

이때 소년이 사라졌으며, 그곳 사람들은 모두 다시 제정신을 차렸다. 목사는 시장의 아내와 함께 있었다. 분명 현실에선 불가능한 일이다. 그러나 『파우스트』의 2부에 등장하는, 불꽃으로 사라지면서 재만 남기는 아이의 심리는 바로 그런 것이다.

세 번째 예는 철학적 및 신학적 형식으로 나타난다. 웰스(H. G. Wells)의 『보이지 않는 왕, 신』(God the Invisible King)을 보면, 신은 세상을 개선시키려 노력하면서 우리 인간의 지원을 필요로 하는, 경험이 그다지 많지 않은 젊은이와 비슷한 모습으로 그려진다. 웰스가 신을 묘사한 부분은 뜨거운 열정으로 최선을 다하려고 노력하는 청소년을 묘사한 것과 비슷하다. 웰스는 그런 책을 썼다는 이유로 심한 비난에 시달렸지만, 나는 웰스가 생각한 신의 모습을 떠올리게 하는 젊은 소년을 직접 볼 수 있었다. 16세로 많은 재능을 타고난 이 소년은 웰스가 생각한 신의 모습과 아주 비슷했다.

"소년"의 상징은 우리 시대에도 아주 생생하게 살아 있는 원형적인 이미지인 것 같다. 괴테를 현대인에 포함시켜도 무방할 것이다. 왜냐하면 『파우스트』의 내용이 결코 시대에 뒤떨어지지 않고 지금도 여전히 진리로 여겨지고 있기 때문이다.

 예를 들어, 내가 그런 공상을 하고 있고 나의 분석가가 그걸 해석한다면, 분석가는 이렇게 말할 것이다. "당신은 더 이상 젊은이가 아니지만 당신의 내면에는 소년의 관념이 그대로 남아 있어요. 나이 드는 것을 피할 수 없다고 느끼고 있는 당신에게 소년은 보상 작용인 셈이지요. 왜 그럴까요? 당신의 태도나 행동, 믿음이 지나치게 케케묵었기 때문이지요. 당신은 필요 이상으로 늙었어요. 그래서 무의식이 '소년'의 형상을 통해서 당신의 나이와 균형을 맞추려 하고 있지요."

 당연히 괴테는 현대의 대변자이다. 위대한 시인은 모두에게 공통된 생각과 느낌을 표현한다. 그렇게 하지 않는 시인에겐 독자가 없을 것이다. 그런 시인은 이해되지도 못할 뿐만 아니라 평가도 제대로 받지 못할 것이다.

 아무도 니체를 이해하지 못할 때에도, 나는 니체 사상의 효과를 경험할 수 있었다. 니체는 내가 공부한 도시에서 살았다. 그의 문체와 사상은 특이했다. 아무도 니체의 글에서 뭔가를 보았다는 점을 인정하려 들지 않았다. 그랬다가는 주류에서 밀려날 것이기 때문이다. 그러나 니체는, 괴테가 『파우스트』의 2부에서 그랬던 것처럼, 우리 시대를 예고하고 있었다.

 우리는 많은 사람들에게 공통적으로 통하고 있고 또 다양한 방식으로 표현되고 있는 일반적인 상징에 대해 이야기할 수 있다. 또 우리 시대의 사회적 현상을 해석하는 데에도 그런 상징을 적용할 수 있다. 어떤 식으로 적용할 수 있을까?

 우리 현대인은 지금 좀 구닥다리이다. 우리의 태도와 우리의 이상이 지나치게 케케묵었다는 뜻이다. 그래서 집단 무의식이 그에 대한 보상으로 젊음의 상징을 끌어낼 필요성을 느끼고 있다.

중요한 사실은 이 세상에 갈색 가죽 캡을 쓴 어린 소년 같은 존재가 없다는 점이다. 사람들은 우리의 일반적인 생각과 일반적인 이론이 이미 생명을 다한 원리들을 근거로 하고 있다는 사실을 깨닫지 못하고 있다. 그런 생각은 현대적인 생각이 아니다. 많은 사람들이 우리의 제도가 떠받치고 있는 원리들을 더 이상 믿지 않으며 제도에 반대하고 나서기 시작했다. 그래서 어딜 가나 동요가 나타나고 있다.

현대인의 도덕은 여전히 중세의 가설에 근거하고 있다. 우리는 자신이 지옥의 불을 믿는다는 점을 더 이상 인정하지 않을 것이지만, 실제로 보면 우리에겐 지옥의 불이라는 관념 외에 다른 도덕적 바탕은 전혀 없다. 이 관념은 일부 사람들의 내면에서 무서운 효과를 낳는다.

한 예로, 독일 철학자 람프레히트(Karl Lamprecht)는 『문명의 역사』라는 자그마한 책에서 "인류는 근친상간의 시대를 거쳐야 했기 때문에 매우 부도덕했다. 최초의 인간 존재들은 형제자매들이었다."고 주장했다. 이것은 최초의 부모가 아담과 이브라는 가설에 근거를 두고 있다. 람프레히트는 전혀 생각을 하지 않았다. 원형적인 관념은 그런 식으로 작용한다. 람프레히트는 아담과 이브의 이야기를 너무 쉽게 받아들였다. 그러다 보니 그에게 인간은 근친상간의 시대를 통과해야만 하는 그런 존재로 다가왔다. 만약에 남자가 자손을 낳아야 한다면 여형제를 통하지 않고는 달리 방법이 없다. 그런데 람프레히트가 그런 책을 과학적인 저작물로 포장해서

출간했으니!

　베른 대학의 한 교수는 열정적으로 이렇게 주장했다. "인간은 북극의 빙하에서 시작해 영원히 불타는 남극의 불꽃에 닿고 있다." 이 교수는 한동안 그렇게 주장하면서도 아무런 제재를 받지 않다가 결국엔 교수직에서 물러났지만, 람프레히트는 그런 사기를 치고도 아무런 제재를 받지 않았으며 아무도 그의 이론에서 문제점을 보지 못했다. 원형적인 관념은 우리가 생각하고 행동하는 방식에 영향을 미친다. 그럼에도 이런 문제에 대한 논의는 전혀 이뤄지지 않고 있다.

　얼마 전에 미국인이 "어느 이상(理想)의 죽음", 다시 말해 사랑이라는 이상의 죽음에 관한 글을 썼다. 일반적으로 사랑이 최고의 이상으로 믿어지고 있다. 사랑이 최고의 이상인지에 대한 논의가 한 번도 없었음에도, 당연히 그런 것으로 여겨지고 있다.

　우리 시대는 사랑이 최고의 이상이 아니라는 점을 보여줄 것이다. 삶이 최고의 이상인 것이다. 내가 사랑이 최고의 이상이 아니라는 점을 공개적으로 밝힌 적이 아직 없기 때문에, 이 미국인이 나의 영향을 받은 것은 아니다.

　푸에르 아이테르누스에 대한 설명은 이것으로 충분할 것 같다. 이제 다시 나의 환자의 꿈으로 돌아가자. 소년은 흰 빵을 좋아한다. 흰 빵은 순결을 의미한다. "소년"은 순수한 흰 빵을 원한다. 이 꿈과 비즈니스 꿈 사이에 특별한 연결이 있다.

　지배인은 흰 빵을 제공할 수 없었다. 이 같은 사실은 일종의 도덕적 오점이다. '도덕적'이라는 단어를 사용하는 것은 좀 위험한 일이다. '도덕적'이라는 단어는 좋은 단어가 아니다. 명확한 의미가 전혀 없기 때문이다. 어떤 사회에서는 아이들을 제물로 바치는 것도, 고문을 하는 것도, 노예를 사고파는 것도 도덕적인 것으로 여겨지기 때문이다.

'도덕적'(moral)이라는 단어는 버릇이나 관습을 의미하는 라틴어 단어 '모레스'(mores)에서 비롯되었다. 우리는 이 단어를 선과 악의 관념과 연결시키고 있지만, 이 단어는 상대적인 의미를 갖는다는 점을 언제나 잊지 말아야 한다.

선악 사상은 시대와 나라에 따라 다 다르다. 거짓말은 스위스에선 부도덕하지만 이탈리아에 가면 인간미 넘치는 관습이 될 수 있다. 독일인이 이탈리아에 가면 그런 거짓말 때문에 기분이 상하는 경우가 있다. 아마 영국인도 그런 느낌을 받을 것이다.

나는 자전거로 이탈리아를 여행한 적이 있다. 그때 험한 길로 접어들었다가 자전거 타이어가 못에 찔려 펑크가 났다. 당시에 어떤 이탈리아 농부가 매우 친절하게 도와주었다. 내가 식당에서 포도주를 한 잔 하자고 초대하자, 농부는 기꺼이 응해주었다. 나와 함께 거기서 포도주를 마시게 된 것을 매우 자랑스럽게 여기는 눈치였다. 팁도 받지 않겠다고 했다. 나도 이 사람이 거짓말을 하지 않을 것이라고 믿고 앞으로 달려야 할 길의 사정이 어떤지를 물었다. 그는 약간 주저하는 듯하더니 "아주 좋아요! 세상에서 가장 멋진 길이 될 거예요. 모두가 그 길로 여행을 하지요."라고 말했다.

나는 그의 말을 곧이곧대로 들었다. 한동안은 길이 좋았다. 그러다 곧 형편없는 길로 바뀌었다. 바퀴 자국이 얼마나 깊었던지 자전거를 타는 것 자체가 불가능했다. 나는 2시간 동안 어둠 속을 걸어야 했다. 처음에는 화가 머리끝까지 치밀어 올랐다. 그러다 나는 이 이탈리아인이 적어도 처음 10분 동안은 내가 행복을 느끼도록 해주었다는 사실을 깨달았다. 스위스 사람이었다면 아마 길이 형편없을 것이라는 식으로 진실을 말했을 것이고, 그러면 나는 10분 더 빨리 불행을 느껴야 했을 것이다.

그런 식의 거짓말이 이탈리아에서는 도덕적이었다. 아무리 진실이라 하더라도 나쁜 것을 그대로 말하는 것은 이탈리아 사람에게는 무례한 일이었을 것이다.

마르틴 루터(Martin Luther)는 "아내가 내켜하지 않거든, 하녀를 취하라."고 했다. 이런 말을 한 루터는 종교 개혁가였다. 그 같은 짓은 지금은 대단히 부도덕한 행위로 여겨질 것이다. 루터가 남긴 말을 식사 시간에 읽으면, 입맛을 돋울 문장이 많이 발견될 것이다. 물론 여기서 그 말을 옮기지는 못한다.

그렇듯, 이 꿈에 등장하는 도덕적 조언도 관습으로 이해되어야 한다. 말하자면 당신의 최고 지식을 기준으로 최고인 것으로, 다시 말하면 시대에 따라 다 달라지지만 구체적인 어떤 상황과 시대에 최고인 것으로 받아들여져야 한다는 뜻이다.

이 꿈은 최선의 노력을 기울이는 것이 곧 도덕적인 행위라고 말하고 있다. 능력이 닿는 범위 안에서 최고의 음식을 아이에게 제공해야 한다고 일러주고 있는 것이다. 그 전의 꿈에서, 나의 환자는 부패한 지배인의 그릇된 태도를 바로잡아야 했고, 지금 이 꿈에서는 아이에게 최고의 음식을 제공하려고 노력해야 한다.

그 다음 꿈을 보자.

"아내와 나는 우리 두 사람이 확실히 아는 사람들(그런데 그들이 누구인지 생각나지 않는다)과 함께 잔치 또는 축하 행사장으로 가고 있다. 바다 밑바닥처럼 장식한 큰 홀이 여러 개 있다. 조명 장치가 된 바다 속 풍경을 보고 있는 듯하다. 온갖 종류의 바다 생물들이 헤엄치거나 기어 다니고 있다. 나 자신은 바다 밑바닥에 서 있는 다이버 같은 느낌이 든다. 거기엔 탁자가 많이 있다. 우리는 거기에 앉기 시작한다. 탁자는 그런 장소에 어울리는 우아함이 느껴지는 그런 것이 아니다. 스위스의 시골 장터에서 물건을 늘어놓을 때나 쓸 만한 그런 거친 탁자이다. (내가 이 탁자들을 떠올린 것은 꿈을 꾼 뒤의 일이다. 꿈을 꾸는 동안에는 그런 탁자가 생각나지 않았다.) 지금 나는 홀로 높은 계단을 오르고 있다. 나이 지긋한 부인이 나를 맞으며 큰 방으로 안내한다. 아름답게 장식된, 일종의 살롱 같은 곳이다. 방 한가운데에 분수 같은 것이 있고, 벽을 따라 다른 방들로 들어가는 문이 여러 개 있다. 문들은 빼꼼히 열려 있고, 나는 다른 방들에 매춘부들이 앉아 있는 것을 본다. 부인은 품위 있게 처신하고 있다. 그녀는 내가 소녀들에게 아무런 관심을 보이지 않은 채 방 끝까지 가자 X(이름이 카이저였다고 생각된다)를 포함해 소녀 몇 명이 아직 오지 않았다고 말한다.

이어 나는 나 자신이 프랑스 책을 읽고 있다는 인상을 받는다. 나는 책장을 넘기며 새로운 장을 읽기 시작한다. 삽화가 있고, 문장은 '밤은 정말 만족스러웠다.'라는 글로 시작한다. 삽화는 야한 축제 장면을 묘하게 그리고 있다. 책장 윗부분의 반원 안에, 야회복 차림의 신사들과 매우 간편한 옷차림의 부인들이 카펫과 쿠션 위에 앉아 있거나 누워 있다. 그들 사이에, 말을 탄 군인과 경찰이 꼭두각시 인형처럼 실에 매달려 있다. 실들은 이 집단들 사이에 일종의 경계선 역할을 하고 있다. 왼쪽에 있는 첫 번째 집단 중에서 나는 나 자신과 내가 아는 다른 남자(이 남자가 누구인지는 모른다)를 알아본다.

이어서 나는 아내와 함께 계단을 내려가려 하는데 나의 모자가 보이지 않는다. 모자를 찾느라 온 곳을 뒤졌지만 허사였다. 그래서 나는 나의 것이 아닌 다른 모자를 쓰기로 마음을 먹는다. 아내는 우리와 함께 왔던 친구들(그들이 누구인지 기억나지 않는다)을 기다려야 한다고 생각하지만, 우리는 가던 길을 멈추지 않는다. 나는 밖으로 나온 다음에 모자가 어울리는지 확인하기 위해 거울을 보다가 짙은 갈색 캡을 쓰고 있다는 사실을 발견한다."

꿈은 예상에서 별로 벗어나지 않는다. 실제로 분석을 하다 보면, 다음 꿈이 어떤 식으로 전개될 것인지를 대략 짐작할 수 있다. 물론 100% 정확한 것은 아니지만, 이전의 꿈에서, 그러니까 에로스가 날아가면서 멀리서 손짓하던 그 꿈에서, 나의 환자가 다소 무리를 하다가 자신이 아직 받아들일 준비가 제대로 되어 있지 않은 무엇인가를 어렴풋이 보았을 것이다. 그런 식으로 환상이 자신에게서 멀어져가는 것을 지켜보는 것만큼 실망스런 것도 없다. 버림받았다는 느낌을 갖게 하고, 능력 밖이라는 믿음을 품도록 만든다. 환상에 닿지 못할 때, 당신은 더욱더 깊은 곳으로 내려가게 된다.

꿈을 해석하면서, 나는 환자를 그때까지 익숙하지 않았던 영적 분위기로 이끌어야 했다. 그런데 공기 자체가 너무나 희박하고 너무나 영적이었기 때문에, 그의 모든 악이 자극을 받고 있었다. 섹스에 영적 의미를 지나치게 많이 부여할 경우에 사람들은 곧잘 난교에 빠지게 된다. 그러면 지옥의 뱀이 반응하며 물 것이고, 따라서 그 사람은 퇴행을 보일 것이다. 이 꿈에서 그가 바다로 간 이유이다. 그러나 그것은 진짜 퇴행이 아니다. 그는 물에 빠지지 않았다. 사실 그곳은 매춘굴이었다.

바다 밑바닥과 관련해서 나의 환자는 이런 연상을 떠올렸다. "바다 밑바닥은 파리 리도 쇼 광고를 떠올리게 해요. 거기에 댄스홀 사진 같은 것이 아주 많았어요. 물고기들이 노니는 장면은 어떤 수족관을 떠올리게 해요. 나는 무의식을 종종 바다 밑바닥과 비교했어요. 혼자 수족관 위층으로 올라가면서 아름다운 바다 속 풍경에 매료되었던 기억이 나요."

거친 탁자와 관련한 연상은 이렇다. "시골 장터의 탁자가 떠올라요. 거기엔 그런 탁자와 벤치가 있고, 모두가 술을 마시며 떠들썩하게 놀곤 하지요." 그는 그런 식의 행사가 지나치게 인위적이어서 싫다고 말한다. 특히 그는 부자연스런 점을 강조한다.

위층의 방은 그에게 독일의 온천에서 보았던 큰 홀을 떠올리게 했다. "거기엔 분수를 갖춘 인공 연못이 있어요. 사람들은 큰 홀과 로마의 카라칼라 목욕탕과 비교하곤 하지요." 카이저라는 이름은 매우 중요한 인물을 상징하지만, 오지 않은 소녀들과 카이저라는 이름은 그에게 어떠한 의미도 지니지 않는다.

이어 꿈을 요약하는 설명적인 연상이 떠오른다. "불편한 상황(홀 안에 있는 딱딱한 벤치들)과 연결된 무의식의 이미지들(바다 풍경)을 본 뒤라면, 누구든 특별히 흥분을 느끼지 않고도 책 속의 삽화에 그려진 난교나 매춘 같은 짓을 할 수 있을 것 같아요." 책 속의 그림들은 그가 카라칼라 목욕탕에서 본 그림들을 떠올리게 한다.

이어서 그는 "자기 자신을 충분히 이해하는 사람은 그런 난잡한 파티에 참가하면서 마치 책 속에 있듯이 자기 자신을 볼 수 있을 것"(그는 꿈속에서 자신이 이런 장면들 안에 있는 것을 보았다)이라고 말했다. 경찰과 군인과 관련해, 나의 환자는 공권력과 통제를 떠올린다. "꿈에서 경찰들은 꼭두각시로 표현되고 있으며, 공권력은 그런 꼭두각시 같다는 말은 맞아요. 이것은 틀림없이 내가 여론을 두려워하는 것과 관계있을 것입니다."

모자에 대한 연상은 이렇다. "이상한 모자가 나에게 어울림에도 불구하고, 나는 거울을 보면서 나 자신도 우스꽝스런 존재가 될 수 있다는 사실을 깨달아요. 그것은 바보처럼 보이게 하는 캡이면서도 좀 진기하게 생겼어요."

이제 꿈의 그림이 선명하게 그려졌다. 이전의 꿈 뒤에 추락이 있었고, 여기서 다시 비판적인 태도가 나타나고 있다. 이 연상을 통해서, 꿈이 집단적인 상황으로, 말하자면 수만 명의 사람이 모이는 축제의 장면으로 향하고 있다는 것을 알 수 있다.

"바다 밑바닥"은 집단 무의식을, 바다의 바닥에 있는 위대한 집단성을 의미한다. 거기에는 인간의 것이라곤 하나도 없다. 헤엄치는 물고기나 바닥을 기어 다니는 생명체들뿐이다. 그런 다음에 바닥에서부터 위로 올라오다가, 그는 비유적으로 매음굴에서 벌어진 난교에 참여하고 이어서 엉뚱한 모자를, 진기하게 생긴 갈색 캡을 쓰고 그곳을 떠나면서 적어도 관계의 차원에 닿는다.

17강

1929년 5월 15일

무엇인가가 자신의 경험의 테두리를 벗어나자마자, 나의 환자는 대단히 두려워하는 모습을 보이며, 의지할 권위를 찾는다. 그렇기 때문에 꼭두각시에 관한 연상이 권위와 관계있다는 해석도 가능하다. 그러나 그의 연상이 진정으로 의미하는 바가 무엇인지에 대해 나는 자신 있게 말할 수 없다.

모자가 나오는 장면과 관련해, 나의 환자는 이렇게 말한다. "다른 사람의 모자나 깃털로 나를 꾸미고 있는 것 같아요. 모자는 나와 어울리는 것 같은데, 나는 거울을 보면서 나 자신이 우스꽝스럽게 생겼다고 생각해요. 캡은 두 가지 색으로 된, 진기한 캡이에요."

꿈의 시작은 꽤 명백하지만, 나는 이전의 꿈과 연결시키고 싶다. 푸에르 아이테르누스의 상징이 나오는 그 꿈의 중요성을 전할 수 있기를 바란다. 푸에르 아이테르누스의 상징은 역사가 아주 깊기 때문에, 그 상징의 구체적인 가치를 완벽하게 설명하는 것은 불가능하다.

꿈에 그처럼 아득히 먼 과거의 것이 나타날 때, 퇴행이 일어날 확률이 높아진다. 지나치게 높이 올라가는 것은 곧 지나치게 밑으로 내려가는 것을 의미한다. 나는 환자의 다음 꿈이 퇴행의 특성을 지닐 것이라고 짐작했다. 이를 뒷받침하듯, 이 꿈은 바다의 바닥에서, 말하자면 세상에서 가장 낮은 곳에서 시작한다.

꿈속의 장면들은 영적이지 않고 대단히 세속적이다. 매음굴인 것이다. 꿈은 무의식에서부터 매음굴로, 나쁜 것에서 더 나쁜 것으로 옮겨가고 있다. 꿈의 시작 부분에서 나의 환자가 아내를 그런 쇼로, 리도 쇼로, 다소 의문스런 곳으로 데려가는 장면이 나온다. 이에 대해선 어떤 설명이 가능할까?

이 사람은 보호 받기를 좋아하고, 그래서 아내와 착실한 친구들을 일종의 보디가드로 데리고 다닌다. 맞는 말이긴 하지만, 지나치게 부정적인 해석이다. 이 환자처럼 내향적인 사람을 분석하는 경우에 특별히 조심해야 한다. 만약에 내가 이 환자에게 도덕적으로 소심하고 홀로 다니는 것을 싫어하기 때문에 아내나 친구들을 데리고 다닌다는 식으로 설명한다면, 이 사람은 내가 권위자이기 때문에 그 말을 그대로 받아들일 것이다. 나는 그가 밟고 서 있는 바탕을 소리없이 허물어뜨려야 한다. 그러기에 지나치게 부정적이어서는 안 되며 이 보디가드를 사악한 것을 막는 방패로 강조해야 한다. 말하자면 꿈의 이 부분을 긍정적인 방향으로 보아야 한다.

꿈에서 환자의 아내는 하나의 문제를 상징한다. 그의 친척과 친구들도 또한 문제를 상징한다. 그와 아내 사이에 문제를 일으키고 있는 것은 그의 태도이다. 그는 아내에게 매우 고상한 면만 보여주고 있다. 그러다 보니 그의 태도가 두 사람 사이를 가로막게 되는 것이다.

그는 자기 아내에게 진정한 인간이 아니다. 그는 아내와 둘이 있을 때조차도 언제나 고상한 사람들의 무리 속에 있는 것처럼 행동한다. 그래서 꿈에 그가 좀 이상한 짓을 하는 것으로 나타난다. 그는 자기 아내를 데려가지 않은 매음굴에서 온갖 경험을 다 했다. 그곳에 갈 때에는 그는 보디가드를 원하지 않았다. 아내나 친구들을 그런 곳으로 데려간다는 생각 자체만으로도 그는 큰 충격을 받을 것이다. 그러나 꿈에서는 그는 그런 곳으로 온갖 사람들을 다 데리고 간다. 이건 분명히 그가 현실에서 할 수 없는 일이다. 그래서 꿈에서 그런 짓을 하고 있을 때, 그것은 특별한 용기를 필요로 하는 행동이거나 치명적인 실수를 의미할 것이다.

꿈은 그가 매우 난잡한 장면이 펼쳐질 매음굴로 아는 사람들과 함께 가려 한다는 이야기를 들려주고 있다. 이것은 그가 그들에게 자신의 다른 면을 알게 하려 한다는 의미이다. 물론 그가 실제로 그런 행동을 하고 있는 것은 아니다. 그는 아내에게 자신의 경험이나 공상을 들려줄 생각을 전혀 하지 않을 것이다. 그렇듯, 꿈은 언제나처럼 아픈 곳을 찌르고 있다.

그와 아내의 관계에서 다리 역할을 하는 것은 무엇인가? 이전의 꿈에서, 그 다리는 진실에 있다. 푸에르 아이테르누스가 꿈에 나타났고 나의 환자는 그것을 관계로 이해하려 했지만, 그에게 필요한 것은 진실을 말하는 것이다. 그의 말을 근거로, 나는 그가 진실을 말하지 못할 것이라고 생각한다. 그의 아내가 아직 아기라서 감정을 폭발시킬 것이기 때문이다. 아직 그는 진실을 말할 수 없다.

얼마 전에 상담한 한 남자는 다른 여자와의 불륜에 대한 이야기를 털어놓았다. 그 일이 그의 내면에 아내에 대한 부정적인 감정을 불러일으켰다. 그에게 나는 아내에게 솔직히 털어놓는 것이 좋겠다고 제안했다. 그러자 그는 아내에게 진실을 말할 수 없다고 했다.

얼마 뒤 나는 이 남자의 아내를 만났다. 이 아내 역시 나에게 6명의 남자와 연이어 바람을 피웠다는 이야기를 들려주었다. 그러다 그녀는 임질에 걸렸고, 그것을 남편 탓으로 돌리며 남편을 나무랐다. 남편이 결혼하기 전에 임질에 걸린 적이 있는데, 의사는 남편의 치료가 완전하지 않았을 경우에 아내에게 병을 옮길 수 있다고 말했다. 이 남자는 열등감이 너무나 심했기 때문에 그런 사실조차 나에게 털어놓지 않았다. 이 상황은 아이들에게 성 교육을 시키기를 망설이는 부모들이 겪는 문제와 아주 비슷하다. 아이들은 "이런 것도 모르다니, 엄마는 정말 바보야."라고 말하고 있는데도 말이다. 그래서 꿈이 진실을 보여주고 있는 것이다.

꿈은 꿈을 꾼 사람에게 이것을 하라거나 저것을 하라는 식으로 말하지 않는다. 또 꿈은 어떤 것이 선하고 어떤 것이 나쁘다는 식으로도 말하지 않는다. 꿈은 단지 꿈을 꾸는 사람이 처해 있는 상황만을 보여줄 뿐이다.

남자들은 아주 비열하다. 정말 맞는 말이다. 남자들은 맨정신으로도 그런 곳에 간다. 이 모든 것들로부터 어떤 결론을 끌어낼 수 있을까? 나의 환자에게 조언을 하는 것은 아마 의사인 나의 몫일 것이다. 나는 그에게 "당신의 아내는 충격을 받지 않을 나이가 되었어요. 그녀는 당신한테서 아무런 낌새를 채지 못할 그런 아이가 아니랍니다."라고 말할 수 있을 뿐이다.

아마 그의 아내는 온갖 공상을 다 하고 있을 것이다. 그녀는 도덕적으로 소심해서 진실을 보지 못할 수도 있다. 따라서 그는 아내가 분석을 받도록 해서 사실들이 자연스레 드러나도록 할 필요가 있다. 그러면 그녀는 진짜 충격을 받거나 충격을 받는 것처럼 꾸밀 수도 있을 것이다.

모든 일이 너무나 터무니없다. 상식이 있는 여자라면 누구나 남자는 성적인 면에선 믿을 만한 존재가 아니라는 점을 알아야 한다. 남녀 할 것 없이 많은 사람들은 성적으로 믿을 수 없다. 그건 보편적인 사실이며 지금까지 언제나 그래 왔다. 그런데 그의 아내가 그런 사실 때문에 힘들어 해야 할 이유가 있는가? 그러나 실제로 그녀는 상당히 힘들어할 것이다. 나는 나의 환자에게 도움을 줄 수 없다. 그는 아내를 너무나 무서워하는 나머지 아내에게 진실을 털어놓을 엄두조차 내지 못한다.

그러나 꿈은 있는 그대로 진실을 말하고 있다. 그래서 그에게 "적극적으로 나서도록 해요. 아내와 이성적으로 대화하고. 이것이 세상이고, 이것이 진실이라고 말해요."라고 조언하는 것이 합리적이다. 그러나 내가 환자에게 한 말은 아내와 진지한 대화를 하지 못하는 이유가 있을 것이라는 식이었다.

나의 환자가 이 꿈을 꾸기 전까지, 나는 그가 도덕적으로 다소 겁쟁이이기 때문에 비밀을 털어놓도록 부추겨야 한다고 생각했다. 그러나 이 꿈에서 무엇인가를 파악하고 또 뒤이은 꿈에서 다른 것을 파악하게 되면서, 나는 망설이기 시작했고 그 이후로 줄곧 망설이고 있다.

지금 이 꿈의 배경은 바다 밑이다. 이것은 꽤 위험한 상황이다. 거기 있는 당신은 산소통까지 짊어진 다이버가 아니면 시신일 것이다. 꿈은 틀림없이 진짜 무의식으로 들어가고 있다. 꿈이 무의식을 수족관으로 표현하고 있다고 생각하는 이유는 무엇인가? 해양 수족관은 무의식의 좋은 상징이지만, 누구나 수족관으로 들어갈 수 있다. 이 남자가 도덕적으로 다소 겁쟁이라는 점을 기억하라.

꿈속의 바다 밑바닥은 인공적이고, 구획으로 나뉘어져 있고, 비현실적이다. 나의 환자에겐 바다 밑바닥이 그렇게 되어 있어야 한다. 그는 그것을 실제로 경험하고 있지 않다. 그것은 공상일 뿐이다. 책에서 수족관에 관한 내용을 읽고 있는 것이나 비슷하다. 분석가는 "계속 노력해 보세요. 아내와 대화를 해서 어쨌든 해결을 봐야 해요."라는 식으로 말할 것이다. 그러나 환자의 무의식은 꿈에서 다른 말을 하고 있다. 경고의 손짓을 보내며, 그 상황을 인위적인 것으로, 말하자면 수족관이나 책 같은 것으로 보여주고 있는 것이다.

이런 꿈은 무엇을 의미할까? 그건 뭘 보상하는 것일까? 꿈이 그 사람을 폭력과 유혈의 상황에 놓음으로써 식은땀을 쏟게 하거나 비명을 지르게 할 수도 있다. 그런 경우라면 꿈은 의식의 경박한 태도를 바로잡으려는 것일 수 있다.

지금 이 꿈은 나의 환자가 의식에서 무의식을 지나치게 심각하게 대하고 있는 태도와 균형을 맞추기 위해 경박한 장면을 연출하고 있다. 이 사람이 내성적이고 소심한 사람이라는 사실을 기억하라. 그래서 꿈은 "아, 그건 공상일 뿐이고, 수족관일 뿐이야. 그대는 지금 책을 읽고 있어."라고 말하고 있다. 그건 "동물원의 곰일 뿐이야."라고 말하는 어머니의 목소리와 비슷하다.

나의 환자는 다소 진지하고 무의식에 겁을 먹고 있다. 처음에는 나도 그런 사실을 전혀 눈치 채지 못했다. 그러다 그가 무의식을 지나치게 두려워한다는 사실이 확인되었다.

무의식을 다뤄야 할 때 무의식을 두려워해선 안 된다. 의식적인 태도가 지나치게 경박한 사람이라면, 꿈에 땀을 흘리거나 악몽에 시달릴 그런 상황이 자주 나타날 것이다. 무의식을 제대로 아는 사람은 무의식을 두려워하지 않을 것이다. 무의식을 두려워하는 사람은 이미 게임에서 진 것이나 마찬가지이다. 그럴 경우에 무의식이 사라져 버릴 것이기 때문이다.

무의식이 눈에 보여야만, 무의식을 붙잡고 의식으로 통합시키는 것이 가능해진다. 그렇지 않고 무의식이 사라지게 되면, 무의식은 어둠 속에서 작용할 것이며 결과적으로 위험한 요소가 될 것이다. 보이지 않는 적이 최악의 적이다. 보이지 않게 된 무의식은 당신을 사방에서 공격할 수 있다.

나의 환자는 자신의 무의식을 두려워하고 있다. 따라서 그는 조심해야 하며, 그렇지 않으면 공황 상태에 빠질 수 있다. 그런 상태에서 아내와 대화하게 된다면, 그가 아내를 당황하게 만들고 말 것이다. 공황 상태에 빠진 사람은 폭발 일보 직전의 아주 위험한 상태에 있다. 나도 아슬아슬한 상황에 처한 환자들을 치료할 때에는 폭발이 일어나지 않도록 특별히 신경을 쓴다. 아주 침착하게 앞으로 나아가면, 나의 환자도 상황을 제대로 다룰 수 있다.

그의 아내는 자연히 긴장 상태에 있다. 그녀는 내면의 압력을 억누르고 있을 것임에 틀림없다. 언제든 터질 준비가 되어 있는 지뢰

같을 것이다. 무의식을 두려워하는 남편은 상황을 섣불리 다룰 것이고, 그러면 아내에게 공황을 전염시켜 화약이 폭발하도록 만들 수 있다. 그런 여자들은 가끔 권총을 이용해 자살을 감행한다.

나는 그의 문제가 지극히 위험하다는 인상을 받는다. 그런 일이 일어나게 해서는 안 된다. 그러기에 조심해야 하지만, 그렇다고 그가 도덕주의자가 되도록 해서는 안 된다. 선한 것보다 현명한 것이 훨씬 더 낫다.

꿈에서 수족관 장면에 뒤이은 장면에서 그는 의자들이 농부들의 축제장에서나 볼 법한 그런 거친 나무 벤치라는 사실을 확인한다. 의자들은 꿈속의 상황과 어울리지 않는 것 같다. 다소 세련된 의자들이 기대되는데, 꿈속의 벤치는 아주 불편하다. 그것은 무슨 의미일까? 의자들이 수족관 안에 놓여 있다는 것을 기억하라.

이 상황은 나와 함께 하고 있는 분석을 암시한다. 좌석이 분석에 어울리는 "좌석"이다. 분석은 다소 불편하며, 그는 분석을 하는 동안에 유쾌한 감정을 가질 것을 강요받는다. 물론 그는 분석 작업이 펼쳐 보일 아름다운 풍경을 즐기게 되겠지만, 그걸 위해서 딱딱한 의자에 불편하게 몇 시간 앉아 있어야 한다. 꿈에서 그가 위로 올라가는데, 그곳이 매음굴이다. 매음굴로 이어지고 있다는 사실이 다소 놀랍지 않은가? 당신은 아마 그가 매음굴에 어울리게, 아래로 내려가서 다시 통풍문을 열고 더 아래로 내려갈 것이라고 짐작했을 것이다. 그런데 그가 위로 올라간다. 왜 그럴까?

이 꿈은 "분석도 괜찮아. 그러나 보다 높은 차원으로 올라가면 매음굴로 들어가게 될 걸!"이라고 말하고 있다. 이건 또 무슨 뜻인가? 어쩌면 나의 환자가 분석의 비인간적인 관계에 신경을 쓰고 있을

지도 모른다. 아니면 나와 함께 난잡한 장면을 연출하고 싶어 한다는 뜻일지도 모르지만, 나는 아직 그에게서 동성애 기질을 발견하지 못했다.

나의 환자는 지금 사건의 진상을, 즉 분석을 통해 자기 자신에 대해 알게 된 사실들을 무의식적으로 아내의 눈 앞으로 들이대고 있다. 매춘도 결혼생활의 한 요소이다. 통계에 따르면, 매음굴을 정말로 지지하는 사람들은 총각이 아니고 기혼자이다.

나의 환자의 꿈은 그가 친구들에게 매음굴을 보여주길 원한다는 이야기를 들려주고 있다. 그런 다음에 모든 것이 비현실적으로 변한다. 마치 그가 그런 것들을 책에서 읽고 있다는 듯이 말이다. 무의식이 어떤 박물관 같은 곳으로 바뀌어 버렸다. 그런데 이 박물관은 의식에 너무나 현실적으로 다가오기 때문에 오히려 비현실적으로 보인다.

어떤 것이 지나치게 현실적이라는 말은 곧 그것에 홀려 있다는 뜻이다. 어떤 사물이 너무나 현실적일 때, 마치 새가 뱀의 입 안으로 걸어들어가듯이, 나도 그 사물 안으로 걸어들어가게 된다.

그의 비참한 성욕은 너무나 절실해졌고 지나칠 만큼 중요하게 여겨지고 있다. 그래서 그는 그 문제에 대해 말할 생각조차 하지 못한다. 그의 성욕은 너무나 현실적이고, 너무나 절대적이다. 따라서 그의 무의식은 이렇게 말하고 있다. "아니야, 그건 그대가 책에서 읽은 것에 지나지 않아. 하나의 이야기일 뿐이야. 공식 보고도 아니고, 믿기 어려운 이야기야. 그건 너무 멀리 떨어져 있어서 그대를 건드리지도 못해. 거기엔 걱정할 게 하나도 없어." 그렇게 함으로써 꿈은 그를 진정시키고 있다. 그가 성욕 때문에 큰 고민에 빠졌다는 사실을 아내에게 털어놓아야 한다는 생각 자체를 아주 무서워하고 있기 때문이다.

꿈은 무엇을 해야 한다는 식으로 절대로 말하지 않는다. 자연은 절대로 암시하지 않는다. 그래서 꿈을 해석하기 위해선 의식의 상태를 세세하게 알 필요가 있다. 이유는 꿈이 우리가 살지 않거나 의식하지 않는 온갖 것들로 만들어지기 때문이다. 나는 의식에서 오른쪽으로 지나치게 멀리 갈 수 있다. 한쪽으로 지나치게 경도될 때, 무의식에서 그것에 대한 보상 작용이 일어날 것이다.

무의식은 나침반과 비슷하다. 무의식은 해야 할 일을 말해주지 않는다. 나침반은 그걸 읽지 못하는 사람에겐 아무런 도움이 되지 않는다.

꿈은 델포이 신전의 신탁과 비슷하고, 신비적인 상황과 비슷하다. 당신 스스로 그 안으로 들어갔다가 스스로 빠져나와야 한다.

꿈이 설명되고 상황이 비현실적인 것으로 느껴지자마자, 이 사람은 최악의 장면을, 난잡하기 짝이 없는 장면을 마음 놓고 그린다. 아마 그가 아내에게 보여주고자 하는 것이 바로 그런 것일 수도 있다. 그는 이렇게 말할 수 있다. "이건 이 낡은 책에서 발견한 것인데, 여기 와서 봐." 그는 그것에 대해 책임을 지지 않는다. 그것은 오래 전에 다른 화가가 그린 그림이다. 바다 속 장면에서 좀 기이한 것이 없었는가?

수족관이 구획으로 나뉘어져 있다. 그러나 수족관에 있는 생명체들의 물결치듯 한 율동에 외설적인 요소가 있다는 점을 먼저 강조하고 싶다. 수족관의 생명체들은 겉에서 보기 어려운, 꿈틀거리거나 굼실거리는 동작을 보여주고 있다. 그 움직임은 신체의 동작 같기도 하고, 장(腸)과 교감신경계의 동작 같기도 하다.

환자들의 꿈과 공상에서 한 가지 특이한 유추가 종종 확인된다. 성적 암시를 강하게 풍기는 장(腸) 운동이 그것이다. 그렇다면 수족관 밑바닥의 그림과 위층의 매음굴의 난잡한 장면은 실질적으로 똑같다. 모두가 성욕으로 끝난다. 이제 구획들에 대해 설명할 차례이다. 왜 수족관이 구획으로 나뉘어져야 했을까?

구획은 곧 통제를 의미한다. 방수벽으로 구획을 만들어 놓으면, 이것은 이 구획에 속하고 저것은 저 구획에 속한다는 식으로 말할 수 있다. 사물들을 분리시켜 놓을 때, 관리도 훨씬 더 용이해지고 또 서로 섞일 염려도 없어진다. 그러면 사물들이 속한 구획이 어디인지를 쉽게 알 수 있고, 재앙을 피할 수 있다.

나의 환자가 세상의 어두운 면을 처리하는 방식이 그렇다. 방수벽으로 어두운 면을 세상의 밝은 면과 차단시키고 있는 것이다. 그러나 수족관 안의 물고기를 다른 바다 장면과 분리시켜야 하는 이유는 무엇인가? 두 가지가 분리되어 있어야 하는 이유를 이해하기가 쉽지 않다. 분명한 것은 그런 식으로 분리시키면 깨끗하고 관리가 수월해진다는 점이다. 안전감도 더 커진다. 그러나 이 같은 설명은 그다지 만족스럽지 않다.

그의 꿈을 보면, 모든 것이 아주 상세하게 묘사되고 있다. 또 묘사에선 모든 것들에 중요성이 똑같이 부여되고 있다. 이처럼 세부적인 것에 얽매이는 경향은 구체적인 사건마다 리비도를 특별히 집중할 때에만 가능하다. 따라서 거기엔 디테일이 필요 이상으로 많다. 주관적인 가치가 특별히 강조되고 있고, 그래서 각 사건은 별도로 아주 세세하게 묘사되어야 한다. 또 별도의 액자 안에 담기고 장식까지 해야 한다.

이 꿈은 모든 사건이 저마다 큰 가치를 지닌다는 점을 보여주고 있다. 모든 사실은 저마다 홀로 서 있으며, 그림에서 통합의 시도가 전혀 보이지 않는다. 만약에 이런 난잡한 장면들이 꿈속에서 흐릿해지지 않았다면, 나의 환자는 자신이 겪은 구체적인 상황에 대해 일일이 말할 수 있었을 것이다. 그가 겪은 구체적인 상황들은 지금도 여전히 서로 따로 서서 통합되지 않고 있다. 여기서 다시 안전이라는 생각을 떠올리게 된다.

어떤 사람이 살인 사건을 저지르고 물건을 훔치는 등 온갖 범죄를 저질러 놓고 각 사건을 마음속의 구획 안에 따로 저장하고 있다고 가정해보라. 이 사람은 지금은 이 구획 안에 들어가 있으며 거기서 가벼운 사기 행위에 대해서만 걱정하고 있다. 범죄자의 사고가 바로 그런 식으로 이뤄진다. 그러기에 범죄자도 자신이 "선한" 존재라고 느낄 수 있는 것이다.

범죄자는 자신의 삶을 모두 구획으로 나누고 있다. 그런 식으로 살다 보면 머지않아 경찰이 다양한 기록들을 갖고 범죄자 앞에 나타날 것이다.

어떤 남자가 나를 찾아와 "나에게 중요한 것은 여자 경험이 전혀 없다는 사실입니다."라고 말했다. 그래서 나는 "아니, 어떻게 그럴 수 있죠? 결혼도 했다면서?"라고 물었다. "물론, 결혼을 했지요. 다른 여자가 없다는 뜻이지요." "예전에 외도를 했다고 말하지 않았어요?" "그렇지요. 하지만 그건 오래 전의 일입니다." 내가 삶에 대해 솔직히 털어놓으라고 몇 차례 압박한 뒤에야, 그는 연애 사건을 하나씩 끄집어냈다. 모두 서른 두 건이었다. 그는 분석 작업을 끝낸 뒤에도 연애를 한 번 더 했으나 곧 정신을 차리며 "이제 연애는 절대로 안 하겠어."라고 다짐했다. 그 직후 그의 마음에 있던 구획들이 모두 허물어졌다.

또 다른 환자의 예가 있다. 자기 아내를 포함해 5명의 여자와 동시에 관계를 맺고 있던 매력적인 남자였다. 나는 그를 분석하면서 여자 문제에 대해서는 거의 거론하지 않았다. 그러나 딱 한 번 어떤 꿈에 대해 설명하면서, 나는 그 사람의 바람기에 대해 언급했다.

그러자 그는 "하지만, 나는 바람둥이가 아니에요. 나는 일부다처라든지 그런 것에 대해 아는 바가 없어요."라고 대답했다. 그래서 나는 "그렇다면 X 부인은 뭐죠?"라고 물었다. "아, 그 사람. 그 여자는 음악에 뛰어난 재주가 있어요. 우리는 간혹 함께 연주를 해요. 음악이 끝난 뒤에, …". "G 부인은?" "아, 골프를 함께 쳐요. 골프를 끝내고 …" "미스 O는?" "그녀는 저의 비서예요. 간혹 그녀를 데리고 자긴 하지만 그건 바람이 아니에요."

이 남자는 자신의 여자들을 모두 서로 다른 구획 안에, 예를 들면 음악, 골프, 사무실, 아내 등의 구획 안에 넣어두고 있었다. 그래서 스스로를 괜찮은 사람이라고 느낄 수 있었다. 말하자면 그의 전체 삶은 수많은 구획으로 나뉘어져 있었다.

나는 그에게 "그것을 나는 바람이라고 부르고 일부다처라고 불러요. 당신은 동시에 다섯 명의 여자와 섹스를 하고 있어요."라고 말했다. "박사님의 말씀이 맞아요. 그런데 그게 좋지 않아요?" "좋을 것 하나도 없어요. 태도를 바꿔야 합니다." 그 남자에게 무슨 일이 벌어졌는지 궁금한가? 성교 불능이 되어 버렸다. 나도 믿지 못했지만, 그게 사실이다.

나에게 입버릇이 나쁜 숙모가 있었다. 나의 삼촌은 축음기를 발명하고 레코드를 만든 사람이다. 어느 날 숙모가 삼촌에게 지긋지긋한 잔소리를 다시 늘어놓기 시작했다. 그러자 삼촌은 아내 모르게 현장을 녹음했다. 다음날 숙모가 제정신을 차렸을 때, 삼촌은 아내에게 들려줄 게 있다면서 레코드를 걸었다. 그러자 그녀는 "내가 언제 이런 말을 했어요? 그건 사실이 아니에요!"라고 소리를 질렀다.

나는 종종 사람들에게 일기를 쓰면서 옛날에 적은 내용을 읽어보라고 권한다. 아니면 다른 사람들의 인생 이야기를 들으라고 권한다. 그러면 당신의 내면에 세워져 있는 구획들이 쉽게 무너질 것이다. 누군가로부터 삶의 이야기를 듣는 것은 매우 유익하다.

우리가 하는 것들은 구획 안에 간직되어 있으며, 이 구획들은 우리가 특별히 무의식적으로 살도록 만든다. 나의 환자는 자신의 삶을 요약하고 정리한 적이 한 번도 없었다. 무의식이 그의 꿈에 보다 선명하게 드러나면, 그는 아마 엄청난 충격을 받을 것이다.

내향적인 사람은 삶의 사건들을 서로 다른 구획 안에 보관한다. 사건들이 서로 섞이지 않도록 하는 일종의 벽 같은 것이 그런 사람들의 내면에 있는 것이다. 사건들이 서로 뒤섞일 때, 대화재가 일어난다. 나의 환자는 그런 대화재로부터 스스로를 보호하고 있다.

18강

1929년 5월 22일

나의 환자의 꿈에 대한 이야기를 계속 이어갈 생각이다. 주의를 기울여 달라고 특별히 부탁하고 싶은 부분은 딱 한 군데다. 이 사람의 삶의 기억들이 구획 안에 저장되어 있고, 꿈에서 구획들이 서로 줄로 연결되어 있으며, 그 줄에 경찰과 군인의 꼭두각시들이 달려 있다고 한 대목이다.

이 꼭두각시들은 구획들 사이의 구분을 의미한다. 나의 환자는 이와 관련해 어떤 해석을 제시하긴 하지만, 연상은 하나도 떠올리지 못한다. 이 특별한 상징의 의미는 무엇일까? 그의 심리가 구획으로 나뉘어져 있는데, 그 구획의 벽이 경찰과 군인으로 표시되고 있는 사실은 무엇을 의미할까?

경찰은 인습적인 도덕의 상징이다. 여기서 어느 독일 노교수처럼 농담을 하나 할까 한다. 취리히의 어느 아버지에 관한 이야기이다.

이 아버지는 성년이 된 아들을 불러놓고 이렇게 일렀다. "이제 너도 진짜 인생을 시작하게 되었구나. 이제 인생에 대해서도 뭔가를 알아야 해. 어리석은 사람은 성경이 옳고 그른 것을 다 말해준다고 믿어. 그러나 똑똑한 사람에겐 형법이 중요하단다." 이 청년은 경찰과 군인이 도덕을 상징한다는 믿음을 가진 상태에서 성인의 삶을 시작했다.

예전엔 경찰만 있어도 도덕을 충분히 구현할 수 있었다. 그러나 지금은 사람들이 권위를 믿지 않는다. 그래서 군인이 있어야 하고 자동소총도 있어야 한다.

이 꿈을 지배하고 있는 생각은 형법이다. 나의 환자가 인습적인 도덕 관념을 갖고 있기 때문이다. 하지만 경찰과 군인이 구획을 표시하고 있는 이유는 무엇일까?

경찰이 매음굴 같은 곳과 협력 관계를 맺고 있다는 것은 널리 알려진 사실이다. 구획 심리는 정말로 인습적인 도덕 때문에 생긴다. 그런데 인습적인 도덕은 국가가 제공하는 것은 따로 있다고 말한다. 법에 따라 시민이 된 사람은 국가가 제공하는 것을 이용할 자격을 갖는다.

언젠가 대서양을 건너는 배 안에서 만난 미국인이 기억에 오래 남아 있다. 인습적인 도덕관을 가진 사람으로 결혼한 몸이었다. 그런 그가 어린 소녀와 사랑에 빠졌고, 그는 자기 아내와 이혼하고 소녀와 결혼하고 싶어 했다.

그가 나의 의견을 물어왔고, 그리하여 대화가 오가게 되었다. "선생님의 아내에게 문제가 있어요?" "아닙니다." "자식은 있어요?" "예, 다섯입니다." "그런데 아내를 거리로 내몰 생각인가요?" "하지만 그녀와 법에 따라 결혼했고, 법은 이혼도 보장하고 있어요. 법에 따라 아내와 이혼하는 것도 가능하지 않을까요?" 바로 이런 것이 구획 심리다. 당신이 경찰의 보호를 받고 있는 한, 그런 도덕은 영혼 없는 환경을 조성한다. 영혼이 없는 곳에서는 절대로 통합이 일어나지 않는다.

정신이 멀쩡한 어떤 남자가 나에게 이렇게 말했다. "경찰이 모르게 하는 한, 무엇이든 할 수 있어요." 그러나 그는 무서운 악몽에 시달렸다. 또 자신이 하고 싶은 대로 하면서도 그 같은 사실과 악몽을 서로 연결시키지 못해 신경증 증후까지 보였다.

우리의 내면엔 어떤 법이 있다. 그 법이 우리의 내면에서 해도 좋은 일과 해서는 안 되는 일을 가려낸다. 의식이 강한 사람의 페르소나 태도도 의식이 약한 사람에겐 인습적인 도덕이 될 수 있다.

나는 인습적인 도덕을 믿는 사람은 딱 질색이다. 그런 사람은 범죄자가 될 수 있으면서도 인습적인 도덕을 지키면서 스스로를 훌륭한 존재로 여긴다. 잘못을 저지르더라도 그것이 잘못이라는 사실을 아는 사람은 변화할 수 있다. 그런 사람은 자신의 영혼을 훼손시키지 않는다. 사람이 심리적 구획을 짓도록 돕는 것은 바로 그 사람의 영혼을 죽이는 것이나 마찬가지이다. 그런 도덕을 갖는 것은 성령에 죄를 짓는 것이나 다름없다.

인습적인 도덕을 보호하는 법 아래에서는 어떠한 발전도 이뤄질 수 없다. 그런 법은 구획 심리를 낳을 뿐이다. 자신의 심리 속에 세워진 구획들 안에 무엇이 들어 있는지 모르는 상황에서 어떻게 사람이 일을 제대로 처리할 수 있겠는가?

정말이지, 경찰과 난잡한 장면은 동일하다. 그러나 난잡한 장면은 다른 일이 벌어지고 있는 구획들과 완벽하게 분리된 별도 구획 안에서 벌어지고 있다. 꿈에서 이 장면 다음에 그는 아내와 함께 아래로 내려가서 모자를 찾지만 모자가 보이지 않자 디자인이 좀 이상한 다른 모자를 쓴다. 그런 다음에 나가는 길에 거울을 보다가 자신이 중절모가 아니라 웃기게 생긴 갈색 캡을 쓰고 있다는 사실을 발견한다. 이 장면은 어떤 변화를 암시한다. 지난번 꿈에서 뭔가 일어났음에 틀림없다. 그래서 그의 외모가 바뀌고, 그 변화가 특이한 캡으로 상징되고 있다.

환자는 캡과 관련해 아무런 연상을 떠올리지 못했다. 그래서 캡을 추적하는 것은 불가능하다. 그런 경우엔 분석가 본인의 지혜를 이용하는 수밖에 없다.

캡은 일반적인 무엇인가를 상징함에 틀림없다. 그 상징이 개인적인 것이었다면, 그가 연상을 많이 떠올렸을 것이기 때문이다. 연상이 없다는 것은 곧 그것이 비개인적인 상징이라는 뜻이다. 일반적으로 받아들여지는 비유일 수 있다는 뜻이다. 그렇다면 캡은 무엇을 상징할까?

지크프리트(북유럽 신화에 나오는 영웅 시구르드를 일컫는 독일어이다.『니벨룽겐의 노래』의 주인공의 원형이 바로 지크프리트이다/옮긴이)가 사람들 눈에 보이지 않는 존재가 되기 위해 용으로부터 빼앗는 캡이 있다. 또 앞에 소개한 어린 소년들의 캡이 있다. 이 소년들의 이야기는 독일 책에서 읽은 것인데, 책 제목은 기억나지 않는다.

나 자신은 이런 종류의 상징을 이용하지 않았지만, 아주 두드러진 상징이다. 내가 이 상징의 중요성을 느끼기 시작한 것은 그것을 반복해서 접하게 되면서였다. 나의 환자는 이 책을 읽지 않았다. 그 그것은 매우 고상한 독일 도시에 관한 이야기였다.

갈색 캡을 쓴 신비의 소년들이 나타나자, 그 도시에 이상한 일이 벌어지기 시작한다. 도시엔 사교 모임이 많았다. 독일인 3명만 모이면 모임이 하나 생긴다는 말이 있다. 20개의 사교 모임이 함께 모여 연례 행사인 무도회를 열었다. 무도회는 아주 품격 있게 진행되었으며, 모든 소녀들은 신랑감을 만나기 위해 한 줄로 쭉 늘어서 있었다.

교구 목사만 빼고 모두가 그곳에 와 있었다. 후에 이 같은 사실이 목사에게 치명적인 것으로 드러난다. 모든 것이 평상시처럼 잘 돌아가고 있었다. 그러다 어느 순간에, 홀의 기둥 뒤에 갈색 캡을 쓴 소년이 하나 나타났다. 그때부터 모든 것이 경쾌해지기 시작했다. 악대는 높은 소리로 연주하기 시작했고, 깜박이는 조명까지 비춰졌다. 모든 사람이 야성적으로 변하고, 무도회는 마침내 원시적인 술잔치가 되고 난잡한 성행위로 끝났다. 그때 소년이 사라지고, 모두가 의식을 되찾았다. 음란한 장면이 고스란히 드러났다. 시장은 창녀와 함께 있었다.

나의 환자도 똑같은 상징, 즉 갈색 가죽 캡에 대해 말하고 있다. 그는 그 책을 읽지 않았지만 상징 재료가 저장된 창고를 건드렸음에 틀림없다. 이 환자의 의식의 배경은 점잖은 도시에서 벌어진 그 무도회와 비슷하다. 벽에 갑자기 구멍이 하나 생기고, 매우 충격적인 그곳에 그가 아내와 함께 있다. 그것은 이 소년들이 한 짓이며, 돌연 자그마한 연인들이 들어 있는 마법의 병 같은 무시무시한 가능성이 열린다.

이 마법의 병은 파티에 참석한 모든 사람들에게 너무나 큰 충격으로 받아들여지지만 그 사람들이 은밀히 품고 있는 공상을 겉으로 드러낸 것에 불과하다. 구획을 짓는 벽에 관한 꿈에서 일어난 일이 바로 이런 것이다. 말하자면 베일에 구멍이 뚫린 것이다. 갈색 가죽 캡을 쓴 소년들 때문에 일어난 일이다.

이 상징의 역사를 보면, 캡은 온갖 부류의 사람들이 하던 특이한 머리장식이다. 미트라 또는 아폴론의 두건이 있고, 아티스 또는 아도니스의 프리기아 캡이 있다. 또 그리스의 카베이리는 뾰족한 캡으로 장식했다. 카베이리의 조각상 2개가 특별히 위험한 지점의 바위 위에 선원들을 보호하기 위해 설치되었다고 전한 사람은 고대 그리스 여행가 파우사니아스(Pausanias)였다. 대체로 카베이리는 자그마한 존재로서 언제나 상자 안에 조심스럽게 숨겨져 있었다. 치료의 신 아이스쿨라피우스(Aesculapius)의 수호자도 그처럼 작은 존재였으며 이 수호자는 아이스쿨라피우스 관련 유물에 등장한다. 아이스쿨라피우스는 의사들의 특별한 신이었다. 이 신은 뾰족한 캡을 썼으며, 캡의 색깔은 대체로 갈색이었다.

뮌헨 시의 문장(紋章)에 그려진 "뮌헨의 아이"도 발등까지 덮는 수도사 복장을 하고 있다. 또 난쟁이들의 사랑을 특별히 많이 받은 방앗간 주인 아내의 이야기도 있다. 난쟁이들이 이 여자의 일을 대신해주었다고 한다. 그녀가 부엌의 모든 것을 그대로 두고 잠자리에 들면, 밤에 부엌에서 소리가 들려왔으며 이튿날 아침에 깨어나서 보면 모든 것이 깨끗이 정리되어 있었다.

그녀는 그렇게 하는 존재들이 난쟁이라는 것을 알고는 호기심을 누르지 못하고 그들을 만나고 싶어 했다. 그래서 그녀는 어느 날 밤에 부엌 바닥에 밀가루를 뿌려놓았다. 아침에 일어나 보니 바닥 온 곳에 오리 발자국이 나 있었는데, 그 후로 난쟁이는 다시는 오지 않았다. 그래서 그 날 이후로 그녀가 모든 일을 직접 해야 했다. 그녀가 난쟁이들의 발에 대해 알지 말았어야 했던 것이다. 여기에 어떤 심오한 사상이 있다. 이 자료에서 캡이 실제로 무엇인지에 대한 단서를 읽을 수 있어야 한다. 나의 환자는 꿈에서 평소에 쓰던 중절모와 비슷한 모자로 바꾼다. 그런데 이 모자가 특이한 갈색 캡인 것으로 드러난다. 그렇다면 그가 평소에 쓰던 중절모는 무엇일까?

남자는 다른 사람들의 시선을 의식해야 하는 길로 나설 때, 말하자면 훌륭하게 비쳐야 하는 때에 모자를 쓴다. 그러면 사람들 앞에 나서도 보기에 흉하지 않다. 만약에 누군가가 길에서 카베이리가 쓰던 뾰족 모자를 쓰고 있다면, 그 사람은 술 취한 사람이거나 괴짜이거나 뮤지션으로 여겨질 것이다. 신사라면 모자를 두고 다른 사람들이 이러쿵저러쿵 공상을 하게 만들어서는 곤란하다. 어떤 절기가 지난 뒤에 샌프란시스코에서 밀짚모자를 쓰고 거리에 나서면, 곧바로 사람들이 당신을 정신병원에 입원시킬 것이다. 미국에 갔을 때, 나는 유럽식 중절모를 쓰고 다녔는데, 그때 어느 친구가 "모자가 어울리지 않아. 여기선 모두가 중산모를 쓰거든."이라고 말했다.

남자의 꿈에서, 모자는 언제나 그 사람이 거리에 나설 때 외모나 평판에 특별히 신경을 쓴다는 것을 의미한다. 모자는 남자의 특별한 편견이나 불만을 상징한다. 지금 나의 환자는 그 집을 나서면서 자신의 모자를, 말하자면 자신의 외모를 찾지 못한다. 그에겐 심각한 타격이다. 예전의 모습으로 사람들 앞에 나서지 못하게 되었기 때문이다.

그는 다른 모자를 발견한다. 자신의 모자와 비슷할 것으로 생각되는 모자이다. 이것은 꿈에서 나의 환자를 달래주는 요소이다. 꿈은 이렇게 말하고 있다. "신경 쓰지 마. 그건 그대의 것이 아니지만 그래도 다른 사람들의 것과 비슷하게 생겼어." 그런데 정말 놀랍게도 그는 자신이 중절모가 아니라 기이하게 생긴 갈색 캡을 쓰고 있다는 사실을 발견한다.

그렇다면 그가 그 집을 나설 때에는 더 이상 그 집으로 올 때의 인습적인 신사가 아니라고 할 수 있다. 말하자면 카베이리 같은 존재로 변해 있었던 것이다. 그 같은 변화가 얼마나 큰 충격이었던지, 그는 그 순간 잠에서 깨어났다.

나의 환자가 평범한 캡을 쓴다는 것은 자신에 대한 평가를 낮춘다는 뜻이다. 그는 거리를 오가는 사람들과 하나도 다를 게 없는 존재가 된다. 예를 들어, 푸주한과도 다르지 않은 사람이 된다. 나의 환자처럼 인습적인 사람은 뚜렷이 구분되는 외모를 보여야 한다. 그렇게 하지 않으면 푸주한과 다르지 않을 것이다. 그렇다면 캡을 쓴다는 것은 그가 사회적 지위를 낮춘다는 뜻이다. 그 점이 바로 그를 괴롭히는 첫 번째 일이다. 왜 그의 지위가 낮춰질까?

내면에 어떤 것이 활성화되어 있는데도 그 같은 사실을 모르고 있을 때, 우리는 그것과 동일시되고, 그러면 꼭두각시처럼 그것에 따라 움직이게 된다. 우리는 그것을 의식적인 것으로 만들고, 객관화하고, 또 우리의 밖에 놓고, 무의식으로부터 끌어냄으로써만 그 영향에서 벗어날 수 있다. 이것은 그에게 대단히 어려운 일이다. 푸에르 아이테르누스를 모르고 있는 그는 그것을 제거하지 못하고, 그것을 자신의 밖으로 드러내어 객관화하지도 못한다. 나는 환자들을 통해서 이 일이 대단히 힘들다는 사실을 자주 확인한다.

나의 환자는 푸에르 아이테르누스와 동일시되었으며, 이 동일시가 그를 인간미 넘치는 영역에서 배제시켰다. 이 같은 동일시를 어떻게 입증할 수 있는가?

이 물음에 나는 한 가지만을 말할 수 있다. 인습적인 도덕과 자신을 동일시하는 사람은 자신의 참모습을 지키지 못하고 진정한 삶을 살지 못한다는 점이다. 그 사람은 경찰이고, 매음굴이고, 형법이고, 다른 모든 것이다. 그는 언제나 법률의 지배를 받으며, 그래서 언제나 다음과 같은 말을 입에 달고 살 것이다. "당신이 그런 걸 믿는다면, 모든 남자나 소녀가 이런저런 짓을 할 수 있어요. 그렇게 되면 우리 문명이 어떻게 되겠어요?" 그러면 나는 언제나 "당신은 11,000명의 처녀들의 운명을 걱정할 게 아니라 당신 자신의 문제를 걱정해야 해요."라고 대답한다. 그러나 자신의 문제를 걱정하는 것보다 11,000명의 처녀들의 운명을 걱정하는 것이 훨씬 더 쉬운 일이다. 또 처녀들의 운명을 걱정하는 사람은 세상의 행복에 관심을 쏟는, 일종의 구원자 같은 존재로 여겨지기도 한다.

하지만 진짜로 중요한 것은 자신의 자기를 돌보는 일이 아닌가! 프랑스의 앙리 4세는 "나의 이상(理想)은 모든 프랑스 농부가 일요일 식탁에 닭고기를 올릴 수 있도록 하는 것"이라고 말했다. 그러나 나는 "모든 사람이 다른 사람의 행복이 아니라 자기 자신의 도덕에 신경을 써야 한다."고 말한다.

나의 환자는 형법이다. 그렇기 때문에 그는 인습적인 도덕이다. 그는 자기도 모르는 사이에 푸에르 아이테르누스에 의해 움직여지고 있기 때문에 푸에르 아이테르누스이며, 또한 푸에르 아이테르누스와 정반대인 갈색 캡을 쓴 소년이기도 하다. 땅의 색깔로 땅에서 오는 그 갈색 꼬마들 말이다.

그는 더 이상 아름다운 관념의 세계에 있지 않다. 그는 흙의 갈색 캡을 쓴 채 땅 밑에 있다. 이전에 그가 자신보다 위에 있었기 때문에, 지금 그는 땅의 마법에 걸려 자신보다 아래에 있다. 이것이 자연히 그의 심리적 성향을 아래로 낮추는 효과를 발휘하게 된다. 그는 원시인이 된다. 글자 그대로 땅 속에 사는 혈거인이 된다.

이제 중요한 문제를 제기할 때가 되었다. 전체 꿈의 의미는 무엇일까? 나의 환자는 이 꿈에서 어떤 결론을 끌어내야 하는가?

그는 꿈속에서 가족과 친구, 친척들과 한자리에 있다. 이 사람들은 모두 그의 일부이다. 남자는 절대로 자기 자신 하나만으로 설명되지 않는다. 남자는 다른 사람들과의 관계 속에서 의미 있는 존재가 된다. 어떤 남자를 그림으로 그릴 때, 그를 주변 사람들과의 관계 속에서 봐야만 완벽한 그림이 가능해진다. 식물이나 동물의 서식지에 대해 모를 때, 그 식물이나 동물에 대해 알기 어려운 것이나 마찬가지이다.

그래서 꿈이 그가 자신과 관계있는 모든 사람들과 함께 있는 장면을 보여줄 때, 그것은 그들을 자신의 삶 속으로 끌어안는다는 것을 의미한다. 의식(意識)의 언어로 말하면, 그가 모든 사람을 한자리에 불러 모으고, 그 뒤로는 언제나 진실만을 보일 것이라는 뜻을 전한다고 할 수 있다. 그것은 그의 전체 심리에 대해, 말하자면 그가 해야 할 것들에 대해 감정으로 말하는 것이라 할 수 있다. 그래서 이 꿈의 시작 부분에서 그의 구획 심리에 대한 비판이 나타나게 된다. 꿈은 이렇게 말하는 것이나 마찬가지이다. "그대와 관련 있는 사람들 모두를 유명한 리도 쇼에 데려가서 모든 것을 샅샅이 다 보여주도록 하게."

 이것은 곧 그가 자신의 삶 전체를 객관적으로 보면서 구획들을 한자리에 모아 놓고 정리해야 한다는 뜻이다. 나의 환자와 비슷한 사람들이 절대로 하지 않는 것이 바로 그런 정리이다. 그런 사람들은 사물들을 따로 분리시켜 놓는다. 따라서 분리되어 있는 것들은 서로 통합될 기회를 전혀 누리지 못한다. 꿈은 그에게 전경을 두루 다 보여주고 있다. 말하자면 그의 전체 삶을 다 설명하고 있는 것이다. 그러면서 그의 모든 면이 전체 삶과 조화를 이루도록 하고 있다. 그것은 서로 다른 요소들을 도가니 안에 부어넣고 녹이면서 거기서 무엇이 만들어지는지를 지켜보는 것과 비슷하다. 그렇게 하면 어떤 통합체를 얻을 수 있을 것이다.

 여기서, 충격을 일으킨 돌발적인 사건은 나의 환자가 그 집에서 갈색 캡을 갖고 나오는 행위이다. 그것으로 그는 낮춰졌다. 그는 그가 어떤 삶을 살고 있는지 아무도, 심지어 경찰마저도 모르던 그런 고상한 위치에서 아래로 내려왔다. 그는 갈색 캡을 쓰고 있고, 지금 자신이 진정으로 어떤 존재인지를 알고 있다.

 많은 사람들은 구획 심리 때문에 자신이 어떤 존재인지를 절대로 깨닫지 못한다. 그런 상태에서 사람들은 언제나 자신이 범죄자의 선한 양심을 갖고 있다고 생각한다. 이유는 자신의 삶을 종합적으로 요약 정리하지 않고, 따라서 자신의 삶에 대해 진정으로 성찰하지 않기 때문이다. 자신의 진짜 모습에 대해 친구들이 들려주는 말을 듣거나 자신의 일기를 다시 읽어본 사람들 중에 "나라는 존재가 그렇다는 걸 알고는 기가 막혀 말도 나오지 않았어!"라는 식으로 말하는 사람들이 있다. 그러나 자신의 진짜 모습을 드러내지 않는 사람들이 더 많다. 그 모습이 너무나 무섭기 때문이다.

예를 들어 보자. 매우 외향적인 남자가 나를 찾아왔다. 그는 새벽부터 늦은 밤까지 언제나 바쁘게 살았다. 그래서 나는 그에게 "하루에 적어도 한 시간 정도는 자리에 앉아서 자신이 하는 행위에 대해 깊이 생각해볼 것"을 권했다. 그러자 그 사람은 "나는 아내와 함께 피아노도 치고, 아내에게 책도 읽어주고, 카드놀이도 합니다."라고 대답했다. 그는 누군가가 함께 있어야 한다는 생각에서 벗어나지 못했다. 그래서 내가 나의 조언은 홀로 있어야 한다는 뜻이라는 점을 강조하자, 그는 "혼자 있으면 우울해져요."라고 대답했다. 이에 나는 "당신 자신이 어떤 부류의 인간인지를 볼 수 있어야 합니다. 차분히 자신을 들여다보면서 자신이 하는 행동을 깨달을 수 있었으면 좋겠어요."라고 말했다.

그는 그렇게 하지 않을 것이다. 그 사람은 나름대로 구획 안에서 멋진 삶을 살고 있으니까. 홀로 남을 경우에, 그는 최악의 일행과 함께 있는 셈이 된다. 삶의 부분들이 하나하나 차례대로 떠오를 것이고, 그는 그것을 참아내지 못할 것이다. 이 사람처럼, 자신의 전체 삶을 두려워하는 사람들이 의외로 많다.

나의 환자에게 무슨 일이 일어나고 있었다. 그가 갈색 캡을 보면서 무엇인가를 깨달았음에 틀림없다. 의사도 환자도 알 수 없는 일들이 있다. 그런 경우에 분석은 무의식의 선의에 기대야 하며, 최종적 깨달음은 무의식의 이상한 세계에서 나와야 한다.

이 갈색 캡처럼 무엇인가가 불쑥 나타날 때, 아무도 이해하지 못할지라도 무슨 일이 일어났다고 보는 것이 타당하다. 인류의 위대한 생각들은 아무도 이해하지 못하는 가운데 오랜 세월을 두고 그냥 그렇게 이어져 온다.

간단한 예를 하나 보자. 아프리카의 엘고니 부족 사람들에게 종교에 대해 물은 적이 있다. 이 물음에 그들은 신이나 귀신, 정령 혹은 그런 종류의 존재에 대한 믿음을 전혀 갖고 있지 않다고 대답했다. 그들에겐 종교에 대해 들려줄 이야기가 하나도 없었다.

엘고니 부족 사람들은 매일 아침 일출에 맞춰 오두막에서 나와서 손을 입에 대고 숨을 크게 내쉰 다음에 두 손을 태양 쪽으로 쭉 뻗는 의식을 치른 뒤 각자 일을 시작하는데, 그 이유를 파악하기까지 무려 3주일이나 걸렸다. "그 행동이 뭘 의미하죠?"라고 물을 때마다, 그들은 한결같이 "몰라요. 아버지도 그랬고, 할아버지도 그랬기 때문에 나도 그렇게 하고 있어요."라고 대답했다.

그래도 나는 줄기차게 물으며 그들을 괴롭혔다. 마침내 나이 많은 어느 남자가 이런 대답을 내놓았다. "우리 아버지도 그랬어요. 밤이 무사히 지나갔다는 사실에 감사를 표하는 거지요."

이런 식의 호흡은 '로호'(roho)라 불리는데, "돌진"이나 "바람"이나 "정신"을 의미한다. '신약성경'을 보면 바람과 정신은 같은 단어인 '프네우마'(pneuma)로 표현된다. "바람이 불어 그 소리를 들을지라도."('요한복음' 3장 8절) 성령강림절에 성령이 사람들의 내면을 가득 채우는 위대한 바람으로 사도들에게 내려온다.

스와힐리어에 임종 때 목구멍에서 나는 가래 끓는 소리를 뜻하는 의성어 '로호'(roho)가 있다. 죽어가고 있는 사람에게서 나오는 호흡은 그 사람의 정신이며, 따라서 장남이 아버지의 호흡을 받기 위해 죽어가는 아버지의 입술에 자신의 입술을 포개야 한다. 그렇다면 엘고니 부족의 관습은 생명의 호흡 또는 정령을 일출에게 준다는 의미이다. 그것은 일종의 감사의 표시이며, 엘고니 부족 사람들은 신에게 자신의 영혼을 바친다.

우리는 이런 식으로 말로 표현하고 있지만, 엘고니 부족 사람들은 자신이 그런 행동을 하는 이유를 모른다. 밤이 무사히 지나간 데 대해 감사를 표한다는 생각은 그들의 내면에서 심리 이전 상태에서 작동하고 있다. 나는 엘고니 부족 사람들이 의식(儀式)을 자주 치르고 할례를 하고 상징물을 많이 갖고 있다는 사실을 알고 있지만, 그들은 그런 것을 갖고 있는 이유를 알지 못한다. 그런 사실 앞에서 우리는 이런 식으로 말한다. "엘고니 부족 사람들은 원시적이고 무의식적이지 않을까? 자신이 하고 있는 것이 무엇인지를 모르고 있으니."

그러는 당신에게 이런 질문을 던질 수 있다. "크리스마스트리가 왜 생겼는지 아는가? 혹은 부활절에 토끼가 달걀을 숨기는 것은 무슨 의미인지 아는가?" 이런 것이 의미하는 바를 아무도 모른다. 그 이유를 확인하려면 민속학을 더듬어 올라가야 한다.

이제 당신은 무의식이 어떤 식으로 작용하는지를 알게 되었다. 무의식은 정령 혹은 하늘에서 태어난 그 무엇이다. 정령은 인간의 의식이 있기 전에 이미 있었다. 이 정령은 사람들이 어떤 일을 설명 불가능한 방식으로 하도록 만든다.

동물들은 떠오르는 태양을 향해 앞발을 들지 않는다. 그러나 사람들은 그렇게 한다. 엘고니 부족 사람들은 자신을 움직이는 그것을 하나의 정령이라고 부른다. 그러나 엘고니 부족 사람들에게 정령이라는 개념은 없다. 그들은 오직 정령을 행동으로 보여준다. 어떤 영적인 행위자가 그들을 움직이고 있는 것이다.

엘고니 사람들은 아침마다 해를 향해 자신의 손에다가 숨을 크게 내쉬었다. 침을 뱉는 행위나 비슷하다. 타액은 정령을 암시하는 액체이다. 예수 그리스도는 연고를 만들면서 침을 이용했다. 눈먼 사람을 치료하기 위해 진흙과 침을 섞은 것이다. 침을 뱉는 행위도 숨을 크게 내쉬는 행위와 똑같이 전 세계에 걸쳐서 마법의 의미를 지닌다.

땅은 움직이지 않고 정령도 아니지만, 바람과 물은 움직이고 정령이다. 예를 들어, 점성학에서 물병자리 기호는 이집트인이 물을 뜻할 때 쓰는 기호에서 차용한 것이다.

나의 환자는 자신이 스스로 평가하고 있는 것보다 아래라는 점을 확인했음에 틀림없다. 그러고 나서 얼마 지나지 않아 이 모든 것이 그에게 혐오스럽게 다가왔다. 그래서 그는 더 이상 견디지 못하겠다고 느꼈다. 그는 그 후로 자신의 위치를 높이려 몇 차례 시도했지만, 그때마다 번번이 다시 추락했다. 감각 유형의 사람은 실제 경험을 통해 배워야 한다. 그는 간혹 분석이 자신에게 아무것도 제시하지 않는다고 생각했는데, 그때 무슨 일이 일어났으며, 따라서 그는 꿈이 자신에게 어떤 작용을 했다는 점을 인정해야 했다. 그는 자신이 더 이상 매음굴에 갈 수 없다는 것을 알았을 때 자신이 변했다는 사실을 깨닫지 않을 수 없었다.

꿈이란 것은 우리가 이해하지 못할 때조차도 우리에게 영향을 미치면서 변화를 일으킨다. 그러나 꿈을 이해하게 되면, 우리는 내면에 있는 무한한 영혼과 협력하는 특권을 누리게 된다.

꿈이 "지금 그대의 위치가 추락했어."라고 말할 수도 있겠지만,

나의 환자의 경우에 꿈은 그냥 "지금 그대는 갈색 캡을 쓰고 있어."라고 말하고 있다. 분석을 하든 안 하든 상관없이, 정령은 우리가 알지 못하는 가운데 우리의 내면에서 작용하고 있다.

　나의 환자에게 무엇인가가 일어났다. 나도 꿈을 꿀 당시에는 이해가 되지 않다가 한참 뒤 어떤 일이 일어난 뒤에야 겨우 이해하게 되는 그런 꿈을 꾸기도 한다. 꿈은 가끔 구체적인 어떤 사건에 대해 미리 준비하도록 만든다. 그렇기 때문에 캡의 상징을 이해하지 못하면 그 꿈은 중요하지 않게 된다. 그러나 캡의 상징을 이해하면, 그 꿈은 아주 중요해진다. 의식을 크게 넓힐 기회를 갖게 되는 것이다. 그것이 바로 꿈을 분석하는 이유이다.

　무의식의 상태로 남아 있는 사람은 언제나 무의식적인 요소들에게 휘둘릴 위험을 안고 살아가게 된다. 무의식은 인간의 목표에, 문명의 구축에 관심이 없다. 무의식은 마치 시간 같은 것은 존재하지 않는 것처럼 기이한 이동을 보인다.

　사람은 무의식적인 요소들에 의해서도 변화할 수 있다. 아침에 일어날 때, 어제와 다른 존재가 되어 있을 수도 있는 것이다. 그러나 그런 변화로는 아무런 혜택을 누리지 못한다. 우리 문명에 이로운 것을 전혀 얻지 못한다는 뜻이다.

　우리의 목표는 의식을 증대시키는 것이어야 한다. 우리가 의식적이든 아니든, 일들은 일어나게 되어 있다. 그러나 우리가 무의식 상태에 있을 때, 인생은 아무런 의미를 지니지 않는다. 나를 찾는 사람들 중에 인생의 의미에 대해 전혀 아무런 생각을 갖고 있지 않은 사람들이 많다. 사람은 세상사에 대해, 그리고 자신이 살아가는 이유에 대해 제대로 이해할 필요가 있다.

근본적으로 중요한 것은 모두 꿈으로 나타난다고 보는 것이 타당하다. 꿈은 무의식의 메시지이며 무의식에서 실제로 일어나고 있는 일을 보여준다.

정신이상자의 꿈은 화려한 색깔로 넘쳐나고, 매우 희망적이며, 성장의 상징을 담고 있다. 그렇다면 정신이상자들과 대화만 할 수 있다면 그들도 도움을 받지 못할 이유가 전혀 없을 것이다. 그러나 정신이상자와는 대화가 불가능하다. 정신이상자가 당신의 말에 귀를 기울이지 않기 때문이다.

정신이상자들의 꿈은 어떤 정점에 닿았다가 내리막길을 내려간다. 그러면 모든 상징은 파괴적인 것으로 바뀌고, 모든 것이 정말로 잘못 돌아가는 것이 확인된다. 정상적인 사람이 그런 꿈을 꾼다면, 그 사람에게 "이건 매우 나빠요."라고 말할 수 있다. 그러나 정신이상자의 경우에는 조금 있으면 꿈이 다시 되풀이된다. 정신이상자의 꿈은 의식이 전혀 개입되지 않는 자연의 과정이다. 그래서 나는 개인을 강화시키는 과정에는 의식이 필수라고 결론을 내린다.

개인을 강화시키는 것은 마치 정글에서 정원을 만드는 것과 비슷하다. 오직 인간만이 정원을 만든다. 자연은 절대로 정원을 만들지 않는다. 그렇다면 우리의 발달은 의식의 개입에 좌우된다는 사실이 쉽게 확인될 것이다. 자연에도 발달이나 진화의 요소가 있다. 그러나 그 발달은 너무 더디기 때문에 수백 만 년의 세월이 필요하다. 원시인들은 수 세기 동안 똑같은 조건에서 살고 있는 것이 확인된다. 그 사이에 개화된 민족들은 의식의 개입을 통해 엄청난 발전을 이뤘는데도 말이다.

나의 환자는 인습적인 사람이다. 그런 사람이 꿈에서 확 트인 장면을 본다는 것은 그의 내면에서 무엇인가가 변했다는 뜻이다. 이 꿈을 꾸기 전에, 그는 지나치게 고상했다. 자연은 그런 고상함을 지지하지 않고 그를 끌어내렸을 것이다. 지금 그는 많이 추락했다. 그것은 보상 작용이다. 꿈속의 상징은 좀 특이하다. 꿈이 그의 위치가 낮춰졌다고 직접적으로 말하지 않는 이유는 무엇일까?

프로이트라면, 이 대목에서 메시지가 경찰로 위장되어 있다고 말할 것이다. 그러나 나는 그 부분에 대해서는 아직 확실히 대답할 수 없는 단계라고 말하고 싶다. 만약에 꿈이 "지금 그대는 많이 내려왔어. 그 전에는 아주 높은 곳에 있었는데."라고 말했다면, 그건 사실에서 크게 벗어날 것이다. 정신적인 관점에서 보면, 나의 환자는 이전보다 더 높아져 있기 때문이다.

지금 그는 지나치게 높았을 때보다 훨씬 더 훌륭한 사람이 되어 있다. 자연이 갈색 두건을 쓴 형상 같은 특이한 것을 이용할 때, 그 형상은 카베이리의 후드를 쓴 수도사 같은 것을 의미하기도 한다. 수도사들은 카베이리의 갈색 후드를 썼다. 갈색 캡은 두 가지로 풀이되는 상징이다. 그가 자신을 낮출 때 진정으로 위로 올라가게 되기 때문이다.

카베이리는 "위대한 존재"를 뜻하는 아랍어 단어 'el Kabir'에서 나왔지만 실제로는 꽤 작은 존재로 여겨졌다. "엄청나게 큰 권력을 가진 작은 존재들"이라고나 할까. 엄지손가락의 길이는 작지만 매우 막강하다. 힌두 철학에서 막강한 존재인 푸루샤(Purusha: 힌두교 신화에 등장하는 최초의 인간/옮긴이)는 자그마한 신비의 인간으로서 모든 사람의 가슴 안에 살면서 대지를 두루 관장하고 있다. "작은 것보다 더 작으면서, 큰 것보다 더 큰 것"이 푸루샤이다.

나의 환자의 꿈에 나타나는 상징을 더 깊이 파고들면, 그의 무의식이 사물들의 상대성을 강조하려 한다는 점이 확인될 것이다. 이 점을 이해할 수 있게 될 때, 무의식이 그를 사물들의 중심으로 밀어 넣고 있다는 것이 드러날 것이다.

19강

―

1929년 5월 29일

나의 환자가 그 다음에 꾼 꿈을 보자.

그는 어떤 그리스 상인(상인이면서 목화 재배자이다)에 대한 꿈을 꾼다. 목화 플랜테이션을 소유한 이 상인은 새로운 품종의 목화를 재배하고 있다. 상인은 아직 익지 않은 목화 열매를 보여주기 위해 그를 찾는다. 그 자리에서 자신의 플랜테이션이 있는 나라에 새로운 벌레가 나타나 목화에 엄청난 피해를 입히고 있다고 보고한다. 그러자 그는 상인에게 벌레를 보여 줄 것을 요구한다. 플랜테이션 소유자가 목화 열매 하나를 깼고, 그는 열매의 한쪽에서 애벌레처럼 생긴 벌레를 본다. 썩은 자두처럼 흐물흐물하게 생겼다. 그는 목화를 망치는 해충에 대해 약간의 지식을 갖고 있다. 그러나 이 벌레는 지금까지 한 번도 본 적이 없다. 벌레는 꿈틀꿈틀 기어 다니면서 뒤로 검은 배설물을 남기고 있다. 그는 크게 놀란다. 왜냐하면 많은 벌레가 상당량의 목화를 망쳐놓을 것이기 때문이다. 그는 대리인들에게 전보를 쳐야겠다고 생각한다. 이 피해가 목화 가격에 영향을 미칠 것이기 때문이다. 그래서 그는 암호 책을 찾는다(암호를 이용해야만 다른 대리인들 몰래 자기 회사에만 정보를 전할 수 있기 때문이다). 그러나 그의 손에 들린 것은 엉뚱한 책이다. 그가 책을 들여다보고 있는데, 그의 동생이 들어온다. 그는 목화 작황에 대해 전보를 쳐야 한다면서 동생에게 암호 책이 어디 있는지를 묻는다. 그러자 동생은 웃음을 지으면서 자신이 이미 목화 작황에 대해 전보를 쳤다고 말한다. 그는 동생에게 화를 내며 전보를 치기 전에 자신이 먼저 봐야 했다고 생각한다. 그래야만 전보 내용을 알 수 있을 테니까.

새로운 품종의 목화 재배와 벌레의 출현과 관련해 나의 환자가 떠올린 연상은 이렇다. 목화 산업에서는 목화를 수확하기 전에 다수의 목화 꼬투리를 열어보는 것이 아주 중요하다. 벌레의 수를 확인하고 벌레 피해를 추산해서 목화 가격을 예측하기 위해서다.

플랜테이션과 관련한 연상은 이렇다. 플랜테이션은 현실에 존재한다. 그러나 플랜테이션을 책임지고 있는 사람은 그리스 사람이 아니다. 플랜테이션이 위치한 그리스는 그런 벌레의 피해를 비교적 덜 받는 곳이다. 그래서 그런 벌레가 없을 것으로 짐작되는 지역에 벌레가 다수 출현했다는 사실과, 피해 규모는 정확히 모르지만 어쨌든 목화가 해충 피해를 입었다는 사실이 나의 환자에겐 충격으로 다가온다. 그는 검은 배설물이 목화에 물을 들여 못쓰게 망쳐놓는다는 사실도 알고 있다. 그에 따른 피해도 엄청날 것이다.

전보와 관련해서, 그는 자신이 정보를 처리한 방식이 아주 못마땅하다고 말한다. 논리적인 대처는 피해 규모를 파악할 때까지 거래 자체를 중단시키는 것이다. 그런데 그는 그렇게 하지 않고 단순히 대리인들에게 정보만 보내려고 한다. 목화를 사고파는 문제에 대해서는 어떠한 지시도 하지 않은 채 말이다. 목화에 엄청난 피해가 있었다는 사실이 알려질 때, 목화 가격이 영향을 받을 것이고 거래소에는 일종의 공황 상태가 벌어질 것이다. 그래서 그는 자신의 생각이 깊지 못했다고 느끼고 있다.

암호 책 대신에 다른 책을 들고 있었다는 것도 그에겐 놀라움으로 다가온다. 그는 이렇게 말한다. "현실에서라면 나는 그런 실수를 하지 않을 것이지만, 꿈에선 현실에서 절대로 하지 않을 일을 곧잘 하게 됩니다. 나의 실수를 목격한 동생이 나보다 더 현실적이지요. 그러나 차분하고 보다 진지한 태도가 요구되는 복잡한 비즈니스 문제에서 동생이 곤경에 처하는 것을 나는 보았어요."

그래서 나의 환자는 자신의 비즈니스 경험 때문에 동생보다 우월하다는 느낌을 받고 있다. 그의 말을 계속 들어보자. "목화 작황에 관한 정보를 전보로 보내는 일은 매우 어려워요. 그래서 내가 회사에 다닐 때 그 일은 언제나 나의 몫이었어요. 그 전보를 나에게 먼저 보여주지 않고 보내는 일은 현실에선 있을 수 없어요. 나는 이 꿈에 비논리적인 일들이 다수 일어나고 있다는 사실에 강한 인상을 받고 있어요. 그럼에도 비논리적인 일들이 뭘 의미하는지는 모르겠어요."

다시 비즈니스에 관한 꿈이다. 이 꿈과 이전의 꿈이 어떤 식으로 서로 연결되는지부터 살피는 것이 좋을 것 같다. 목화 꿈은 목화 투기에 관심이 많은 사람들에게 매우 충격적일 수 있는 사실을 제시하고 있다. 자신이 대표로 일하는 대기업에서, 그는 큰 책임을 지고 있다. 목화를 수백만 달러어치나 거래하는 회사이기 때문이다.

한동안 그의 관심은 목화 작황에 관한 보고에 쏠리고 있다. 그렇기 때문에 이 분야에서 일어나는 일은 그의 삶에 대단히 중요하다. 안전한 지대로 여겨졌던 지역에 벌레가 대량으로 출현했다는 보고는 당연히 사업가의 마음에 강한 인상을 남길 것이다. 방금 수술을 집도한 외과의사가 자신이 수술한 환자가 죽어가고 있다는 보고를 들을 때의 심정과 비슷할 것이다. 이 보고가 그에게 엄청난 충격을 안겼을 것이다. 이 정보는 상징적이며 어떤 벌레가 등장했다는 의미이다.

이 같은 사실은 이전의 꿈과 연결된다. 갈색 캡이 다시 등장한 셈이다. 나의 환자가 쇼를 다 본 다음에 기이한 모자를 쓰고 나왔을 때, 그에게 틀림없이 무슨 일이 일어났다는 점을 앞에서 강조한 바 있다. 그때 그는 쇼에 들어가기 전의 그와 더 이상 같은 사람이 아니었다. 그의 입장이 되어 보는 것도 중요하다. 그는 감각 유형의 사람이고, 상식을 대단히 중요하게 여기는 사람이다. 그의 세상에는 신비 같은 것은 절대로 없다. 모든 것은 완벽히 설명되어야 한다. 그렇기 때문에 그의 세상을 바꿔놓을 가능성이 있는 일은 그를 더없이 불편하게 만든다.

여자들은 대체로 자신의 세계에 설명되지 않는 일들이 일어날 수 있다는 점을 인정한다. 남자의 세계에서 배제되는 일도 여자들의 세계에선 얼마든지 일어날 수 있다.

남자는 자신이 세상을 그린 그림을 철저히 믿는다. 남자는 이 세상을 상대로 일을 하기 때문에 세상을 제대로 그린 그림을 갖고 있어야 한다. 그러나 여자들에겐 세상이 여자들을 상대로 일을 벌이는 것처럼 보인다. 그러나 어떤 식으로든 세상을 다루길 원하는 여자가 있다면, 그 여자도 먼저 이 세상이 어떤지에 대한 생각부터 확고히 다져야 한다. 여자가 세상을 그린 그림이 아주 명확하지 않는 것은 당연하다. 사이클론이 들이닥칠 때 물이 수원(水源)보다 더 높이 솟거나 기압이 올라가는 경우도 이따금 있다. 남자는 이런 사실에 적응하는 것이 어렵다고 생각한다. 남자는 언제나 엄격한 현실을 직시하고, 또 삶의 명백한 사실들을 보고 있다.

그는 목화 가격을 놓고 공상을 품을 수 없다. 자칫 실수라도 하면, 그의 존재 자체가 위험에 빠지기 때문이다. 여자라면 그런 것을 시시한 일로 치부할 것이다. 그런 여자에겐 아무 일도 일어나지 않은 것이나 마찬가지이다. 그런 여자를 남자는 좀처럼 이해하지 못한다. 여자에겐 성냥이 성냥꽂이에서 저절로 빠져나오는 것도 가능한 일로 여겨질 수 있다. 만약에 남자 앞에서 그런 일이 벌어진다면, 그 남자는 정신병원으로 달려가서 "성냥이 성냥꽂이에서 저절로 빠져나오는 것을 보았어요!"라고 보고할 것이다. 신문을 읽다가 자신이 실종된 것으로 알려졌다는 기사를 읽고 정신병원으로 간 남자의 예도 있다.

나의 환자의 내면에서 틀림없이 이전의 꿈이 작용하고 있었다. 내가 이 꿈에 대해 처음 들었을 때에는 꿈의 실체가 제대로 잡히지 않았다. 그러나 목화 열매를 갉아먹는 벌레의 상징을 파고들 수 있게 된 지금엔 어떤 가설이 가능하다.

그의 세계에 그를 분노하게 만드는 무슨 일이, 그 전에 한 번도 일어나지 않았던 어떤 일이 일어났다. 그 일 때문에 그는 자신이 뉴욕거래소의 목화 가격에 대해 공상을 품는 것처럼 어리석게 굴고 있다고 느끼게 되었다. 나는 이것을 그의 심리라고 강조한다. 모든 인간이 그런 심리를 갖고 있지는 않기 때문이다.

그의 심리는 어떤 특별한 목적을 위해 훈련되어 있는 그런 마음의 심리이다. 그의 심리를 파악할 수 있을 때에만, 예기치 않은 사건에 관한 꿈을 꾼다는 것이 그에게 어떤 의미로 다가오는지를 알 수 있게 된다. 그는 갈색 캡을 쓰고 떠났으며, 지금 목화 열매 속의 벌레는 그에게 매우 심각한 일이 일어났다는 것을 보여주고 있다. 이 일은 벌레가 지금까지 안전했던 지역의 목화까지 망치기 시작했다는 사실을 현실에서 확인한 것 못지않게 그를 화나게 만들고 있다. 이 점을 이해할 수 있어야만, 그의 감정과 놀람을 진정으로 이해할 수 있다.

그는 엉뚱한 책을 들고서는 암호 책으로 착각하고 있다. 사건들이 믿을 수 없는 방향으로 전개되고 있다. 그의 세계가 어딘가에서 헝클어졌다. 그래서 이 꿈의 의미를 파악하기 전에 먼저 나의 환자를 한 사람의 남자로 이해할 수 있어야 한다.

이런 식으로 접근하는 것이 대단히 중요하다. 왜냐하면 그럴 경우에 나의 환자가 거치는 진화의 과정이 보다 선명하게 드러날 것이기 때문이다. 나의 환자는 지금 자신에게 무슨 일이 벌어지고 있는지 모르고 있다. 그래서 나는 그에게 물었다. "전혀 아무것도 느껴지지 않았어요?" "네." "속으로 억누르고 있는 것이 있을 텐데요?" "아뇨."

한편, 어떤 환자들은 이런 식으로 말하기도 한다. "정말 멋진 꿈이었어요. 아주 많은 것이 성취되었거든요!" 그러고 나서 그 다음 꿈을 보면, 그 효과는 수면의 잔물결에 지나지 않았으며 물의 깊은 속엔 전혀 아무런 움직임이 없었다는 사실이 확인된다. 환자들이 6개월 동안 줄곧 해저 화산에 대한 꿈을 꾸는데도 표면적으로 어떠한 변화도 보이지 않을 수 있다. 그럼에도 그 해저 화산들은 엄연한 사실이다.

나의 환자는 그 꿈을 꾼 뒤 6개월 동안 꿈의 영향을 전혀 받지 않는 상태에서 지냈다. 예를 들면, 그는 자신의 꿈들을 정확히 기록하는 행위 자체를 지루한 일로 느꼈다. 그런 작업도 충분히 재미있는 오락거리가 될 수 있는데도, 그의 태도에 조금의 변화도 나타나지 않았다. 그는 의사나 심리학자의 역할을 맡고 싶어 하지 않았다. 그래서 분석을 중단하기로 마음을 먹었다. 그는 어떻게 되는지 한 번 두고 보자는 심정으로 실험 삼아 나를 찾지 않았다. 그런데 마침 그때 힘든 시간이 찾아왔다. 우울해지고 불행해진 것이다. 그제서야 그는 이 꿈들을 꿀 때 자기도 모르는 사이에 자신에게 무슨 일이 일어나고 있었다는 사실을 깨닫게 되었다.

그의 꿈에 나타난 상징에 대해 말하자면, 동양에서 일어나는 무역의 상당 부분은 그리스인들의 차지이다. 지중해 동쪽 연안의 레반트 지역에 가면 아르메니아인이 가장 똑똑하고 그 다음이 그리스인이라는 말이 있다. 동양의 사업가에게 그리스인은 중개인으로 여겨진다. 단순하고 원시적인 것들과 매우 세련된 것들을 서로 연결하는 그런 존재로 통한다는 뜻이다. 그리스인은 동양 전역에 걸쳐 발견된다. 신들도 버렸다는 지역인 나일강 상류에서도 그리스인이 운영한 교역 장소들이 발견될 것이다.

그리스인은 원주민과 백인 둘 다와 비교적 좋은 관계를 유지하는 한편 교활한 면 때문에 쌍방으로부터 똑같이 미움을 사기도 한다. 그렇듯 그리스인은 이 꿈을 꾼 사람에게 중개인의 의미를 지닌다.

중개인은 선하지 않지만, 그래도 사람은 그런 동료를 두고 있어야 한다. 여기서 중개인은 진짜 사람이 아니고 보고서를 가져오는 어떤 집단적인 형상이다. 이 형상을 어떻게 해석해야 할까?

목화가 나의 환자의 자기를 상징하고, 나의 환자가 목화에 벌레가 발생했다는 사실만 알리고 거래에 관한 지시를 내리지 않은 것은 책임 회피로 풀이될 수 있다. 그러나 이 꿈을 세부적으로 더 파고들어야 한다. 나의 환자는 꿈에서 일련의 실수를 저지르고 있다. 사업가로서 주의력이 부족한 것으로 확인되고 있다. 회사의 대표로서 당연히 보냈어야 할 전보를 동생이 대신 보냈다는 사실은 이미 무슨 일이 벌어졌다는 점을 보여준다. 그가 혼란스러워하고 있는 동안에도 동생은 일을 하고 있었다. 이것은 우리가 관심을 놓고 있을 때에도 통제해야 할 일들이 벌어지고 있다는 사실을 강조하고 있다.

먼저, 그리스인이 등장한다는 사실에 주목해야 한다. 나의 환자에게 꿈속에서 그 정보를 주는 사람이 왜 하필 그리스인일까?

그리스인의 성격에 비열한 측면이 있다. 그리스인의 일부는 땅과 가깝고 토착적이다. 이처럼 다소 의심스런 구석이 있는 인물이 그에게 낮은 곳에서 벌어지고 있는 일에 대해 알려주기 위해 중개인으로 나타난다. 왜 이 그리스인은 도덕적으로 모호한 중개인으로 나타날까?

무의식은 낮은 곳에서 벌어지는 일들은 의심스럽다는 점을 표현하기 위해 중개인의 의문스런 성격을 이용하고 있다. 나의 환자는 스스로 대단히 고상한 인간이라고, 나쁜 짓을 하지 못하는 인간이라고 생각하고 있지만, 그에게도 이처럼 의심스런 성격이 중개인으로 들어올 수 있는 뒷문이 있기 마련이다. 이 의심스런 성격이 지금 뒷문으로 들어와서 그에게 은밀한 곳도 있다고 속삭이고 있는 것이다.

동양에서 이런 성격을 경험하는 것은 재미있는 일이기도 하다. 튀니스에 머무는 동안, 나는 늘 아담한 카페에서 커피를 마셨다. 사업가들이 애용하던 카페였다. 그곳에 앉아 있으면 매일 어떤 사람이 다가와서 나의 귀에 대고 "밀을 얼마에 팔려는 사람이 있는데, 거래를 한번 해 보시죠?"라고 속삭였다. 그러면 나는 언제나 "미안합니다만, 나는 사업가가 아닙니다."라고 대답했다.

그래도 그 사람은 나의 말을 믿지 않았다. 하기야 다른 목적으로 그 카페에 올 사람이 나말고는 달리 없었을 테니까. 매일 그 사람은 나에게 밀과 석유 가격을 알려주었다. 그 사람이 이런 것들을 알아내는 데는 아마 그리스인 중개인 같은 측면이 필요했을 것이다. 이 꿈에서 그리스인은 일종의 기능을, 말하자면 직관을 의미한다.

그의 세계에 다소 파괴적인 요소의 상징으로 모습을 드러낸 목화 벌레에 대해서는 꽤 합리적인 설명이 가능하다. 벌레는 목화 재배자가 가장 무서워하는 사실이다. 목화의 가치를 떨어뜨릴 수 있기 때문에, 그 두려움은 당연하다. 그가 갈색 캡을 썼다는 사실이 일을 엉망으로 만들어버린 것과 똑같이, 어떤 파괴적인 일이 새로 일어났다. 독일의 어느 도시에 나타나 교구 목사와 고상한 사교 모임을 엉망으로 만들어 놓았다는 갈색 캡의 소년들이 기억난다. 이 꿈의 상황이 그 상황과 똑같다. 나의 환자는 갑자기 자신의 무의식에 부도덕한 면이 있다는 이야기를 들었으며, 그것이 그를 완전히 뒤집어 놓는다. 왜 하필 벌레일까? 벌레는 해충이다. 사람들은 모두 내면에 썩은 부분을 갖고 있다. 그런데 썩은 부분이 왜 벌레로 설명되어야 할까?

벌레는 뇌가 없다. 신경을 가진 생명체 중에서 가장 원시적인 형태인 교감신경계만 있을 뿐이다. 그래서 조금 과감하게 말한다면, 벌레는 교감신경계와 관계있다고 말할 수 있다. 이것은 가장 깊은 층을, 말하자면 완전히 전(前)의식적인 삶을, 가장 단순한 형태의 삶을 의미한다. 말하자면 어느 곳에도 초점을 맞추지 않는 그런 삶을 뜻한다. 교감신경계는 일련의 신경절(神經節)로 이어져 있다. 그렇다면 그건 어떤 형태의 삶을 상징할까?

구획으로, 마디로 단절된 삶을 의미한다. 촌충에서 그런 단절이 확인된다. 벌레의 상징에서 중요한 것은 어떤 벌레의 마디는 그 자체로 한 마리의 동물이라는 점이다. 그렇듯 아주 단순한 형식의 삶은 구획 안의 삶이다. 철저히 분절 안에 갇힌 삶이라면, 그것은 전적으로 무의식적인 삶이고 통합이 결코 일어날 수 없는 삶이다. 그래서 교감신경계만 있는 생명에겐 의식이 전혀 없다. 벌레가 나타날 때, 절대적으로 무의식적인 형식의 삶이 나타난다. 그런 삶은 의식에 아주 파괴적일 수 있다. 벌레가 우리의 심리를 지배할 것이고, 그러면 삶은 정신분열증에서 확인하는 바와 같이 구획 안에서 이뤄지게 될 것이다.

위험은 곧 의식이 구획으로 해체되는 것이다. 정신분열증은 그 자체로는 불행이지만 연구 대상으로는 대단히 매력적이다. 환자들은 이 구획에서 이런 소리를 듣고 저 구획에서 다른 소리를 듣는다.

변호사로 명성을 날리다가 정신 이상 증세를 보인 슈레버(Daniel Paul Schreber)가 남긴 유명한 자서전이 있다. 그는 자신의 목소리들을 다양하게 구분할 수 있다. 훗날 병이 진척되면서, 그의 내면에 있던 작은 구획들이 완전히 밀폐되기에 이르렀다. 바로 이것이 사람들이 집단 무의식을 처음 접할 때 무서워하는 그 위험이다.

아주 불결한 것을 먹는 꿈을 꾸는 사람이 많다. 나의 환자 한 사람은 내가 엿이 발린 나무 쪽으로 자신을 끌고 가는 꿈을 꾸었다. 나무엔 달팽이들이 기어오르고 있었다고 한다. 그녀가 구역질을 하는데도, 내가 나이프와 포크, 접시를 주면서 "마음껏 드시오!"라고 했다고 한다. 그래서 그녀는 하는 수 없이 달팽이들을 모아서 먹어야 했다는 것이다. 그것은 그녀가 뇌 없는 동물을, 벌레 같은 무엇인가를 동화시켜야 했다는 의미이다.

이제 당신은 벌레에 대해서, 그리고 사람들이 벌레를 두려워하는 이유에 대해서 많은 것을 들었다. 또 무의식에서 예기치 않은 유령이 나올 경우에 그것이 세상 속에서 우리에게 영향을 미친다는 것도 알게 되었다. 이 꿈은 벌레의 특이한 기능에 대한 정보를 추가로 제공하고 있다. 벌레가 검은 물질까지 배설하고 있다. 이것이 벌레에 먹히지 않은 목화 열매에까지 피해를 입힐 수 있다. 그렇다면 검은 배설물은 아주 특별한 것임에 틀림없다.

주목해야 할 부분은 목화가 입을 피해를 예측하기 위해 아직 익지 않은 다수의 목화 열매를 열어보는 대목이다. 그 결과 많은 열매가 벌레의 피해를 입은 것으로 확인된다 하더라도, 벌레가 먹지 않은 부분은 그래도 좋은 상태로 남아 있어야 한다. 그런데 열매 전체가 벌레의 배설물 때문에 망쳐지고 있다. 무의식은 이 사실을 특별히 강조하고 있다. 말하자면 목화를 망치고 있는 원인이 두 가지인 것이다. 왜 벌레 하나만으로도 충분하지 않은 것일까?

꿈의 이 부분을 해석하기 위해선 먼저 열매가 무엇을 의미하는지를 알아야 한다. 왜냐하면 목화 열매가 땅에서 자라는 식물의 열매이기 때문이다. 우리는 벌레를 해석했다. 그렇다면 열매도 해석해야 한다.

식물은 교감신경계조차 갖고 있지 않다. 식물 같은 형태의 생명과 신경계 사이에는 전혀 아무런 관계가 없다. 식물은 전(前)신경 상태에 있으며, 이 상태는 우리 인간에겐 상상이 불가능하다. 우리의 의식은 식물 같은 형태의 생명과 신경계 사이에 어떠한 연결도 떠올리지 못하지만, 식물 고유의 수동적인 조건도 벌레의 먹이가 될, 말하자면 우리의 교감신경계의 먹이가 될 열매를 생산한다.

열매는 매우 중요한 상징이다. 목화 열매는 무(無)에서, 이를테면 절대적 무의식과 불가시성(不可視性)에서 자라나는 꽃(열매라는 표현보다 꽃이라는 표현이 더 어울린다)의 일종이며, 벌레는 그 꽃을 먹고 산다. 그것은 마치 우리의 교감신경계가 식물처럼 수동적인 작용에 근거를 두고 있는 것과 비슷하다. 철저히 무의식적이고 식물적인 작용이 벌레에 의해 부분적으로 파괴되고 있다.

목화 꼬투리는 눈보다도 더 하얗고, 그것을 망치는 첫 번째 존재가 바로 그 벌레이다. 여기서 아담과 이브의 신화를 생각해보자. 이 세상이 안고 있는 문제의 역사는 바로 거기서 시작되었다고 하지 않는가. 벌레가 나타나 에덴동산을 망쳐놓는다. 빌어먹을 벌레가! 이 신화가 벌레의 본질을 어느 정도 밝혀준다.

우리는 그보다 더 깊이 들어갈 수 있다. 전(前)의식적인 삶과 이 하등동물의 수동적인 삶을 서로 비슷한 것으로 여겨도 무방할 것이다. 처음에 단순히 식물처럼 성장하던 것이 훗날 교감신경계로, 그 다음에 척수로, 뇌로 발달한다. 그렇다면 우리 인간도 식물의 삶에서 인간의 삶으로 성장한다고 볼 수 있다.

식물은 인간 존재의 초기 단계와 비슷하다. 그 다음에 정신적 삶이 흐릿하게 일어나는 단계가 온다. 이때는 아직 의식이 없다. 그런데 바로 이 단계에서 문제가 시작된다. 벌레가 열매 안에서 살기 시작하면서 순수한 조건을 파괴한다. 이 상징에 따르면, 정신적 삶의 시작은 곧 악의 시작이다.

교감신경계는 "깊은 눈으로 보고 있는" 정신적인 무엇인가와 연결되어 있다. 태양신경총(자율신경의 집합체로, 명치 안쪽에 자리잡고 있다/옮긴이)은 거의 뇌의 역할을 하고, 그래서 이것은 에덴동산에서 있었던 불행한 사실들보다 더 멀리까지 거슬러 올라갈 것이다. 신경계는 언제나 하나 또는 그 이상의 중추와 연결되려고 노력하는데, 여기서 말하는 중추는 개인적인 무엇인가를 의미한다. 신경계는 더 이상 '원초적인 수프'가 아니다. 신경계는 최초의 시작이다. 획일적이던 생명이 분열을 처음 시작한 것이 바로 신경계인 것이다. 그렇다면 분화의 시작이 곧 파괴의 시작이란 뜻이다. 분명히 이 분화가 악의 원천이다.

당신은 이 꿈이 절벽 한가운데에 튀어나온 좁은 암붕(岩棚) 같은 것이라고 말할 수 있지만, 이 상징은 언제나 되풀이되고 있다. 지금 나는 분석 대상이 되고 있는 나의 환자의 꿈만 아니라 나의 마음에 저장되어 있는 많은 꿈들에 대해서도 이야기하고 있다. 이 상징은 역사가 매우 깊다. 또 악 혹은 고통의 시작과 얽혀 있으며, 어찌 보면 지식의 시작이기도 하다. 이런 꿈은 인간이 영원히 던지고 있는, "나는 왜 고통을 받고 있는가?"라는 질문에 대한 답을 제시하는 것 같다.

'창세기'는 당신을 문 것이 사악한 뱀이라고 말하고 있다. 당신은 더 이상 아이가 아니다. 당신은 선악과를 먹었다. 당신은 지식을 알고 있다. 그러나 무의식에는 그것만으로 충분하지 않다. 무의식은 그보다 더 깊이 들어간다. 에덴동산보다 더 멀리, 분화된 존재의 시작까지 올라가는 것이다. 거기서조차도 무의식은 "나는 나고, 너는 너야!"라고 말한다. 결혼생활의 문제도 똑같다. 결혼생활의 문제는 "나는 나고, 그녀는 그녀야!"라는 생각 때문에 생긴다. 그런 생각이 없다면, 아무런 문제가 일어나지 않을 것이다. 정신생활의 여명이 밝아올 때, 문제가 생기고 고통이 생긴다.

이 꿈은 대단히 부정적이다. 나의 환자에게 벌레들이 특별한 축복이라는 점을 설득시키는 것은 당연히 불가능한 일이다. 그런 식으로 접근한다면, 그는 "제기랄!"이라며 혐오감을 드러낼 것이다. 그는 예상하지 않은 것이 자신의 세계에 들어왔다는 사실을 받아들이지 못한다. 그는 합리주의를 통해서 예상하지 않은 모든 것들을, 이런 모든 문제들을 제거하려고 노력했다. 그에겐 오직 여자들만이 그런 문제를 갖고 있을 수 있기 때문이다.

그러나 지금 그는 문제를 직면하고 있다. 자신이 그런 갈등을 안고 있다는 사실을 더 이상 부정할 수 없다. 그는 문제를 끌어안으면서도 그 문제가 어떤 소용이 있다는 사실을 보지 못한다. 나는 이 꿈을 분석하면서 벌레에 대해 좋은 말을 그에게 들려줄 용기가 나지 않았다는 사실을 실토해야 한다. 꿈이 나의 환자의 기분을 가볍게 만들지 못한다면, 분명히 나도 편안한 맘을 느껴서는 안 된다. 그래서 나는 형이상학적인 벌레에 대한 이야기를 들려주지 않았다. 그러나 이 자리에선 그 꿈을 보다 객관적으로 볼 수 있다. 왜 벌레가 꿈에 나타났을까?

벌레는 정말 파괴적일까? 신은 해충이나 파리, 이, 말라리아, 수면병 같은 것을 그저 재미 삼아 창조했을까? 그런 것들은 단지 파괴성과 잔인성, 어리석음에서만 그칠까, 아니면 보다 깊은 의미를 지닐까? 달리 말해, 인간의 정신적 삶은 파괴성을 통해서도 어떤 목표를 추구할 수 있는가?

어느 누구도 고통을 겪지 않으면 의식을 얻지 못한다. 언제나 섭씨 35도인 양수 속에만 있다면, 당신은 아무것도 필요하지 않고 따라서 의식을 갖지 못할 것이다. 자연은 마치 우리 내면에서 의식을 끌어내려고 매우 열심히 노력하는 것처럼 보인다. 그런 식으로 의식이 신비롭고 신성하고 바람직한 것이라는 판단이 선다면, 당신은 꽃을 먹는 벌레에 크게 감사해야 한다.

벌레는 장기적으로 의식을 낳기 위해 먹는다. 따라서 의식을 좋은 것이라고 판단한다면, 당신은 벌레가 있는 것도 마찬가지로 좋은 일이라고 말할 수 있어야 한다. 그러나 중요한 질문은 이것이다. 의식을 갖는 것이 좋은 일인가? 많은 사람들이 이렇게 묻는다. "의식이 위험하다는 생각이 들지 않아요?" 어떤 남자들은 "여자가 자신을 의식하도록 만드는 것은 매우 위험한 일이 아닌가요?"라고 묻는다. 그러면 나는 "물론이지요. 남자들에겐 당연히 위험한 일이지요!"라고 대답한다.

실제로 보면, 이런 식으로 말하는 남자들은 모두 영혼의 처녀들이다. 말하자면, 무의식 상태로 남기를 원하고, 자신의 영혼을 침범하려는 시도를 한 번도 해보지 않은 사람들이라는 뜻이다. 의식을 위대한 성취로 여길 때, 벌레는 대단히 중요해진다.

초기의 그노시스파 철학자들은 신이 영적 세계를 창조하기 위해 벌레를 만들었다고 생각했다. 여호와(일부 그노시스파는 여호와를 한 급 낮은 창조의 신과 동일시한 것으로 전해진다/옮긴이)가 물질세계를 만들고, 그 다음에 신이 물질세계를 측은히 여겨 사자(使者)이자 아들인 뱀을 내려 보내 자신의 창조물들에게 지식을 전하도록 했다. 따지고 보면 하나의 위장한 축복인 뱀은 신의 창조물들에게 지혜의 나무에 열린 열매를 따먹으라고 일러준다. 그러면 여호와의 작품이 얼마나 불완전한지를 알게 된다는 것이었다. 이 열매를 먹은 것이 생명체들의 해방을 향한 첫 걸음이었다. 어떤 사물이 불완전하다는 점을 인정할 때, 당신은 그것을 완벽하게 다듬기 위해 노력을 기울이게 된다.

그노시스파 사람들은 뱀을 사람들에게 무의식의 저주로부터 달아날 길을 가르칠, 영적인 신의 아들 메시아로 보았다. 이 가르침은 중요한 역할을 했다. 가톨릭교회도 거의 그 길로 들어설 뻔 했으나, 초기의 교부들이 거기에 따를 위험을 간파했다.

2세기와 3세기에, 기독교는 거대한 촌충 같았다. 통합이 전혀 이뤄지지 않았던 것이다. 기독교 교부들은 어떤 수를 써서라도 그런 상태에서 빠져나와야 했다. 따라서 그들은 보다 높은 이해와 보다 높은 의식을 이상으로 여기는 이론을 받아들일 수 없었다. 그들은 온갖 상반된 요소들을 한꺼번에 모으기 위해 최고의 이상으로 오직 권위에 대한 복종만을 인정할 수밖에 없었다. 그리하여 가톨릭 교회의 통합을 이룰 수 있었다. 당시로선 그 길밖에 없었다. 그리하여 그노시스(영지)는 결코 피우지 못한 봉오리로 남게 되었지만, 우리 시대에 와서 사람들은 악으로부터 선이 나오고 선으로부터 악이 나온다는 사물의 상대성을 이해하기 시작했다.

우리는 더 이상 암흑을 참아내지 못한다. 무의식도 견뎌내지 못한다. 예를 들어, 우리는 심리적 징후들을 보이고 있으며, 우리는 당혹스런 이 징후들이 어디서 비롯되는지 알아야 한다.

우리는 누가 우리의 내면에서 이런 것을 일으키고 있는지 보지 못한다. 그럼에도 우리가 눈으로 보지 못하는 대단히 신중한 어떤 계획이 있음에 틀림없다. 마치 어떤 존재가 우리를 위해서, 말하자면 우리가 어떤 행위를 하도록 강요하기 위해서 그런 계획을 마련해 놓은 것 같다.

우리의 내면에서 매우 똑똑한 우리의 동료가 어떤 계획을 실행에 옮기고 있음에 틀림없다. 이 동료는 여기저기서 우리를 붙잡아 자신이 목적한 방향으로 밀어붙이고 있다. 그 같은 진리를 깨달을 때, 우리는 자신의 집에서 벌어지고 있는 일을 이해해야 한다는 느낌을 받게 된다. 그것은 마치 우리가 1층에 살고 있는데, 지하에서 신비한 일이 벌어지고 있는 상황과 비슷하다. 그런 경우에 우리는 이상한 냄새를 맡고 또 이상한 소음을 듣는다. 우리는 그런 상태로 살아갈 수 없다. 무슨 일이 벌어지고 있는지 알아야 한다. 2,000년 전에 사람들이 관심을 두었던 것도 바로 그런 것이었지만, 인류는 그때 그만 곤경에 빠져 옴짝달싹 못하게 되었다. 우리가 그 곤경에서 빠져나오기 위해 모색하고 있는 길도 마찬가지로 우리를 곤경에 빠뜨릴 것이다.

어쩌면 그런 곤경에서 빠져나와야 할 필요성은 지금이 그 어느 때보다 더 클 것이다. 대다수 사람들이 미성숙한 상태이고, 이 미성숙이 그들을 공황 상태에 빠뜨릴 수 있다. 그때 위대한 벌레가 나타날 것이다. 인간 정신이 발달을 이루려면 반드시 어느 정도의 인구가 그 발달을 받쳐줄 수 있어야 한다. 그리하여 어떤 한계가 극복된다 하더라도, 인간 정신을 성숙시키려는 운동은 사회적인 이유로, 말하자면 사회 해체라는 위험 때문에 중단될 것이다. 기독교 초기에, 이 운동은 아주 멀리까지 나아갔다. 그리하여 사람들은 서로 의견을 달리하는 파벌로 분열되었다. 그러나 혼란이 극에 달하기 전에, 본능이 우리가 넘어서는 안 되는 한계선을 설정하고, 그 안에서 일들이 조직될 것이다.

당분간 무의식을 이해하려는 노력을 많이 기울이도록 하자. 이유는 의식 없이 삶을 훌륭하게 영위하는 것이 더 이상 불가능하기 때문이다. 무의식에 대한 이해가 바로 영지(靈智)이다. 그러나 현대적 번역에 따르면, 벌레는 메시아가 아니라 정신적 삶의 시작을 말해주는 상징이다. 처음에 아주 파괴적인 존재로 보이는 벌레일지라도 당신에게 아주 이로운 존재로 확인될 것이다. 그것이 당신에게 생명의 씨앗을, 그리고 생명에 대한 신비적 직관을 안겨줄 것이기 때문이다.

마지막 그노시스파 중 하나인 만다야 교도는 "생명에 대한 이해"라는 뜻을 가진 구세주의 개념을 갖고 있다. 이 사람들은 지금 옛 메소포타미아 지역에 거주하고 있다. 거기에 3,000명 정도가 살고 있으며 은세공으로 유명하다. 그들의 책은 알려져 있지만 번역이 대단히 어렵다. 독일 학자 마르크 리드츠바르스키(Mark

Lidzbarski)가 그들의 책인 『요한의 서』(Book of John)를 세상에 소개했다. 책의 일부 내용은 아주 흥미롭다.

만다교 전례도 알려져 있다. 이 교파는 물에 빠뜨려서 죽인 동물만을 먹는다. 동물을 죽일 때 그 외의 다른 방법은 절대로 쓰지 않는다. 그들은 세례자 요한의 추종자이며, 『요한의 서』에 따르면, 요한은 선전에 관한 방침을 놓고 그리스도와 격렬히 맞섰다. 그리스도는 가르침을 세상에 널리 전파해야 한다고 믿었지만, 세례자 요한은 세상이 진리를 파괴할 수도 있으니 가르침을 공개해서는 안 된다고 했다.

영국 역사학자 미드는 『세례자 요한』(John the Baptizer)에서 『요한의 서』 일부를 영어로 옮겼다. 거기 보면 예수 그리스도의 심리일 것 같은 어떤 심리를 설명하는 대목이 나온다. 『요한의 서』는 신비를 공개했다는 이유로 그리스도를 "사기꾼"이라고 부른다. 예수 그리스도와 요한 사이에 긴 논의가 있었지만, 결론은 나지 않았다. 둘의 논쟁은 내향적인 관점과 외향적인 관점에서 비롯되고 있다. 내향적인 요한은 "진리를 알리지 말자. 진리를 널리 알리면 사람들이 진리를 망쳐놓을 수 있다."고 주장한 반면, 외향적인 예수 그리스도는 "그래도 나는 진리로 기적을 행할 수 있다."고 맞섰다.

20강

―

1929년 6월 5일

목화 열매를 파괴하고 있는 벌레의 깊은 의미까지 살펴보았다. 꿈의 마지막 부분을 보면, 꿈을 꾼 사람에게 상황을 어떻게 다룰 것인지를 묻는 질문이 있다. 벌레의 발견은 대단히 중요하다. 나의 환자의 의식은 아직 멀기만 하다. 내가 아주 폭넓게 설명했지만, 그는 아직도 그 꿈의 중요성을 이해하지 못하고 있다. 지금 여기서 제시하고 있는 설명을 그는 아마 절대로 이해하지 못했을 것이다.

여기서 꿈 표현에 관한 이론과 원칙을 조금 더 깊이 이해하도록 하자. 하나의 꿈은 짤막한 드라마와 비슷하다. 시작 부분은 일종의 상황 설명이다. 돌아가는 일들을 실제 모습 그대로 보여준다. 상황을 보여준 다음에 이야기가 복잡하게 전개되고, 비극적 결말이나 해결이 마지막을 장식하는 것이 고대 그리스 드라마의 전개와 아주 비슷하다.

꿈의 두 번째 부분은 대체로 꿈을 꾸는 사람이 상황을 어떤 식으로 해결해야 하는지를 보여준다. 이 부분이 다소 임의적인 것처럼 보이지만, 무의식은 정말로 그런 식으로 작동한다. 먼저, 무의식의 관점에 대한 설명이 나오고, 그 다음에 꿈을 꾼 사람이 문제를 다룰 방법이 제시되는 것이다.

흔히 분석가들은 "꿈을 꾼 사람이 이 상황에서 해야 할 것은 …"이라는 식으로 말한다. 그러나 극히 예외적인 경우를 제외하곤, 무의식은 절대로 무엇을 해야 한다는 식으로 말하지 않는다. 대체로 보면 무슨 일에든 몇 가지 해결책이 가능하다. 그래서 꿈은 단순히 해결책의 유형만 제시한다.

꿈의 두 번째 부분에서, 꿈을 꾼 사람은 "대리인들에게 전보로 정보를 전하고 싶어 하고, 그래서 비밀리에 정보를 보내기 위해 암호책을 찾고 있다". 바로 여기서 꿈을 꾼 사람의 행위가 시작된다. 그는 벌레에 관한 보고에 대해 어떤 조치를 취하기를 원한다. 대리인들에게 정보를 전해야 한다고 생각하고 있다.

사업에서 비밀을 지키는 것은 아주 정당하다. 심리학적 언어로 옮기면, 꿈이 전하고자 하는 바는 무슨 일인가 일어났다는 것이다. 새로운 종류의 벌레가, 아주 위험할 것 같은 벌레가 갑자기 나타났으니 말이다. 그럼에도 이 벌레는 보다 고차원적인 의식의 시작이라는 매우 긍정적인 의미를 지닌다. 너무나 많은 사람들이 고차원의 의식을 두려워하는 이유가 바로 그런 긍정적인 의미 때문이다. 고차원의 의식이 보다 큰 책임으로, 또 보다 큰 위험으로 보이기 때문이다. 그런 예를 찾아보는 것도 재미있을 것 같다.

신에게서 불을 훔친 신화 속의 프로메테우스가 아주 훌륭한 예이다. 프로메테우스는 X선으로 실험을 하다가 그만 자신의 목숨을 내놓게 된 의사와 비슷하다.

역사 속에서도 그런 예를 찾을 수 있다. 종교개혁을 일으킨 루터가 있다. 이보다 더 인상적인 예는 바로 문명을 뒤흔들고 학살을 불렀던 예수 그리스도의 강림일 것이다. 고행자의 삶을 살기 위해 사막으로 들어간 수십 만 명의 사람들을 생각해보라. 온 도시가 텅텅 비고, 대신에 수도원이 사람들로 북적이지 않았던가. 무덤까지도 오두막으로 이용되었으니…. 이것은 당시의 문명을 황폐화시키는 현상이었다. 또 개별 가족을 뿌리부터 흔들어놓는 결과를 낳았다.

로마인들이 기독교를 그처럼 심하게 혐오한 진짜 이유는 바로 거기에 있었다. 기독교가 가족을 찢어놓고, 따라서 로마 제국의 토대 자체를 위협했기 때문이다. 로마인들은 모든 종교에 관용을 베풀었지만, 대단히 파괴적일 수 있었던 기독교만은 예외였다. 기독교는 새로운 사상이 할 수 있는 것이 어떤 것인지를 보여주는 좋은 예이다.

동양에서 일어난 이슬람의 폭발적 성장도 그런 예이다. 십자군 전쟁이나 독일의 종교개혁, 농민 전쟁 등을 떠올려보라. 새로운 사상은 언제나 피로 새로운 길을 닦게 되어 있다.

공산주의자들도 의식의 확장을 보여주는 예이지만, 공산주의자들은 얇은 층에 지나지 않는다. 그 층을 이루는 주체는 소작민이다. 볼셰비즘이 의식의 확장인 이유를 보여주는 훌륭한 책으로, 모리스 힌더스(Maurice Hindus)의 『쪼개진 땅』(Broken Earth)이 있다. 소작민은 자신들의 운명과 정부에 대해 불평을 터뜨리기 시작했으며, 이것은 곧 소작민들이 생각을 하기 시작했다는 뜻이다.

이것은 러시아의 기적이나 다름없다. 러시아는 수천 년 동안 유럽 옆에서 무의식 상태로 지냈으며, 그 때문에 러시아 안으로 아무 것도 침투하지 못했다. 소작민들은 그냥 원시적인 상태로 살아왔는데, 이젠 소작민의 뇌 안에서 무엇인가가 움직이기 시작했다.

유럽인들에게는 공산주의가 아무런 의미를 지니지 않지만, 러시아 소작민들에게 공산주의는 사고라는 것을 하게 만든 그런 중요한 의미를 지닌다. 결국엔 러시아의 소작민들은 사회적으로, 정치적으로 생각하게 될 것이고, 러시아의 볼셰비즘이 낳은 긍정적인 결과가 있다면 바로 소작민들이 생각하게 되었다는 사실이다. 지금까지 러시아 농민들은 기꺼이 모든 것을 자기보다 위에 놓으려 들었다. 그러나 농민들이 생각하기 시작하는 순간, 큰 변화가 불가피했다.

지금 더욱 커진 의식이 위험하게 느껴짐에 따라, 나의 환자는 행동을 모색한다. 꿈은 그가 대리인들에게 비밀리에 정보를 전하려 한다는 것을 상징적으로 말하고 있다. 그렇다면 이걸 심리적으로 어떻게 해석해야 할까?

여기서 대리인은 분석가가 아니고 그의 부하들이다. 그는 자신의 의식에 정보를 주고 있으며, 그의 대리인들은 곧 그의 의식이다. 말하자면 대리인들은 그의 뇌에서부터 세상 속으로 이어지는 실들이다. 그는 의식에 정보를 주기를 원한다. 그렇다면 암호는 무슨 의미인가?

암호는 숨겨진 언어이다. 그는 "어떤 지역의 목화가 새로운 해충의 피해를 입고 있다"는 내용의 전보를 보낼 수 있다. 그렇게 할 경우에 어떤 실수를 저지르게 될까? 수백 만 달러가 걸린 중대한 사업에 관한 정보를 공개적으로 전할 수는 없다. 그가 자신의 의식에게 직접 정보를 전하지 못한다는 것이 재미있다. 굳이 간접적으로 전해야 하는 이유는 '자신만'이 그걸 알고 있기 위해서이다. 이것은 그가 피해를 입지 않으려는 노력이며, 그래서 그는 정보를 공개적으로 전하지 않는다. 공개적으로 전할 경우에, 그가 스스로를 드러내는 결과를 낳을 수 있다.

당신이 뭔가 제대로 돌아가지 않는 것이 있다는 느낌을 받는다고 가정해보자. 그러면 그걸 혼자서 알고 있는 게 낫겠다는 느낌이 들 것이다. 그런데 그때 당신의 내면에서 또 다른 목소리가 "뭘 그래? 세상일이란 게 다 그런데, 밝히는 게 나아."라고 말할 수 있다. 그러면 당신은 아내나 친구들에게 이런저런 일이 벌어지고 있다고 말해버릴 수 있다. 바로 그것이 위험이다. 그 순간 당신은 곤경에 처하게 될 것이다.

그러나 암호를 이용하면, 명백한 정보를 겉으로 드러내지 않아도 될 것이다. 막연한 육감이나 "느낌"만 있는 상태라면, 그것을 어느 구획 안에 넣어둘 수 있다. 이것이 바로 암호의 의미이다. 그는 암호를 사용해야 하는데, 그의 손에 들린 책은 암호 책이 아니고 엉뚱한 책이다.

그가 동생에게 암호 책을 부탁하자, 동생은 형의 실수를 보고 미소를 짓는다. 이어 동생이 이미 전보를 보낸 것으로 확인된다. 그래서 대리인들은 이미 그 같은 사실에 대해 알고 있지만, 정작 나의 환자는 전보 내용을 모르고 있다. 여기서 이 대목을 깊이 파고드는 것이 다소 현학적으로 비칠 수 있지만, 이 대목은 아주 중요하다. 왜냐하면 우리가 자기 자신을 다루는 방식을 아주 섬세하게 보여주고 있기 때문이다.

　우리 모두는 대단히 외교적이다. 우리의 의식도 시시각각 미묘한 차이를 보인다. 흐릿한 의식이 있고, 명확한 의식이 있고, 반쯤 명확한 의식이 있고, 캄캄한 의식이 있는 것이다. 각각의 의식을 다루는 방식도 다 다르다.

　우리는 돌아가는 일들에 대해 스스로에게 나직이 속삭임으로써 구획 체계를 망가뜨리지 않으려 한다. 큰 소리로 떠들 경우에, 옆방의 사람들이 우리가 하는 말을 다 듣게 될 것이다. 그러면 그 말이 옆방의 사람들을 동요하게 만들 수 있다. 어떤 일은 조용히 다루는 것이 현실적이다. 내가 이런 미묘한 방법들에 대해 언급하는 이유도 거기에 있다. 당신도 다른 사람들이 그런 수법을 이용하는 것을 눈으로 확인할 수 있다. 중요한 것은 나의 환자가 자신의 의식에게 교묘한 방법으로, 그것도 자신에게 아무런 해를 입히지 않을 방법으로 정보를 주기를 원한다는 점이다. 그런데 그만 실수를 저지르고 만다. 그 실수는 무슨 의미일까?

　동생은 그의 그림자이다. 동생도 당연히 전보를 암호화해서 보냈을 것이다. 회사의 전무로서 동생도 나의 환자만큼이나 사태의 심각성을 잘 알고 있기 때문이다. 이것은 환자의 의식이 거의 자동적으로 그림자로부터 정보를 받고 있다는 것을 의미한다.

　그림자가 전보를 쳤다는 사실은 전보가 옛날 방식으로 이뤄졌다는 것을 보여준다. 그림자는 그림자다운 방법을 뜻한다. 만약에 어떤 일을 어둠 속에 그냥 내버려두면, 그 일은 옛날 방식을 계속 고수하거나, 아니면 수도관이나 엔진이 오랫동안 쓰지 않으면 녹이 슬거나 물이 새듯이 다소 더 나빠질 것이다. 꿈이 그림자가 뭔가를 했다고 말하면, 그 일은 옛날 방식으로 행해졌다고 보면 된다.

나의 환자는 다른 책을 암호 책으로 착각하지만, 이 착각이 실은 일을 새로운 방식으로 처리하려는 첫 시도이다. 그럼에도 그는 의식에 새로운 방법으로 정보를 전할 길에 대해 전혀 모르고 있다. 당연히 꿈은 분석에 대해 아무 말을 하지 않는다. 꿈은 그냥 "다른 책"이라고만 한다. 나의 환자는 연상을 전혀 제시하지 않았다. 그는 자신의 의식에 새로운 방법으로 정보를 주는 데 자신의 분석 지식을 이용하는 방법을 전혀 모르고 있다.

정보를 분석적으로 이해하는 방법이 있다. 무의식에서 충격적인 어떤 진실이 발견될 때, 간혹 그 진실이 암호처럼 다가온다. 그러나 가끔은 그 진실이 너무나 명확하게 나타난다. 그럴 때면 당신의 입에선 "아, 그렇구나!"라는 감탄의 말이 절로 나올 것이다. 그 진실이 당신의 머리를 세게 한 방 때릴 때도 있다. 그러면 당신은 정신이 아찔해지는 느낌을 받겠지만 그것을 진정으로 이해하지는 못한다. 여기서 분석이 끼어들게 된다. 분석적인 방법이란 바로 당신이 무의식에 어떤 진실이 들어 있다고 느낄 때 그것이 무엇인지를 이해하는 것이다.

많은 꿈들은 정말로 무섭다. 예를 들어, 당신이 누군가를, 예를 들어 아버지나 남편을 죽이길 원하는 꿈을 꾼다고 가정해 보자. 이때 당신이 꿈을 이해하는 방법을 전혀 모르고 있다면, 그 꿈은 정말 무섭게 다가온다. 당신이 분석적인 암호를 전혀 갖고 있지 않기 때문이다. 그러다 보니, 꿈이 마치 납덩이처럼 당신을 짓눌러버릴 것처럼 느껴진다.

분석은 상황의 상대성을 파악하는 데 필요한 맥락을 제시한다.

만약에 그 꿈을 내용 그대로 받아들인다면, 당신이 아버지를 죽이길 원한다는 뜻이다. 그건 무시무시한 일이다. 그러나 그것을 분석적인 언어로 옮겨놓으면, 절대로 무섭지 않다. 꿈은 대체로 상징적으로 해석된다. 그렇기 때문에 아버지를 죽이는 행위는 아버지를 배제하거나 아버지의 영향력을 제거하는 것을 의미한다. 말하자면 아버지가 힘을 쓰지 못하도록 했으면 좋겠다는 바람을 표현하는 것이다.

무의식의 원시적인 언어는 "아버지를 죽여라."라고만 말한다. 이때 '죽이다'라는 표현은 우리가 "시간을 죽이다"라고 할 때의 의미와 크게 다르지 않다. 이 표현은 꽤 순진하다. "아버지의 활동을 중단시켜라."라는 뜻에 지나지 않는다.

만약에 어떤 사람을 죽이는 꿈을 이런 식으로 해석한다면, 의식은 당혹감을 조금도 느끼지 않고 꿈을 받아들일 것이다. 그 뒤에 본능적인 살해 충동이 자리잡고 있다고 말할 수 있다. 우리 조상들 중에 살인자가 있었고, 우리 중에도 특별한 상황에서 양심의 가책을 전혀 느끼지 않고 살인을 저지를 수 있는 사람이 많다. 원초적인 살해 욕구가 있을 수 있지만, 그 의미는 다르다. 그렇게 하면 당신은 그 꿈을 받아들일 수 있다.

이것은 옛날의 암호 대신에 일을 처리할 분석적 암호이다. 옛날의 암호는 어떤 것을 의식 속으로 끌어내지 않고 단지 숨기는 데에만 쓰였다. 나의 환자는 대리인들에게 정보를 주고 싶어 하지만 옛날의 암호를 그대로 따르려 한다. 그는 목화가 피해를 입었다는 보고에 충격을 받고 어찌할 바를 모른다.

환자들 중에서 "내가 어떻게 살인을 저지를 수 있죠?" "그걸 어떻게 해야 하죠?"라고 묻는 사람들이 많다. 옛날 방식은 단지 그걸 억압하는 것이었다. 그러나 새로운 분석적 방법은 그것을 어느 정도 소화시키도록 돕는다. 말하자면 감당할 수 있을 만한 수준으로 분석해내는 것이다. 그런 질문을 받을 때면 나는 이렇게 대답한다. "글자 그대로 당신이 아버지를 죽이려 한다는 뜻이 아닙니다. 당신은 아버지를 죽이지 않고도 아버지의 영향력을 지울 수 있어요."

그런 꿈은 이미 나의 환자가 해야 할 일이 무엇인지를 보여주고 있다. 그는 정보를 처리 가능한 형식으로 다듬어야 한다. 그러면 정보는 그가 세상을 그린 그림과 맞아떨어질 것이고, 충격도 전혀 없을 것이다. 이젠 그것을 동화하는 것이 가능해질 것이다. 그러나 나의 환자는 아직 준비가 되어 있지 않다. 꿈을 그런 식으로 받아들이지 않고 있는 것이다.

그가 손에 들고 있는 책이 어떤 책인지에 대한 암시는 전혀 없다. 그가 그 책을 다른 식으로 어떻게 이용할 수 있는지에 대한 정보도 없다. 그의 유일한 반응은 전보를 미리 보여주지 않았다는 이유로 동생에게 화를 내는 것뿐이다.

나의 환자는 전보를 보낸 것이 자신의 그림자, 즉 자신의 동생이라는 것을 깨닫는다. 그래서 환자 자신이 할 수 있었을지 모르는 일이 그만 어둠 속에 남게 된다. 그것이 이 꿈의 부정적인 끝이다. 새로운 사실들이 받아들이기 어려울 만큼 위협적인 형식으로 제시되지만, 이 사실들은 벌레의 상징을 근거로 하면 절대로 부정적이지 않다. 나의 환자는 낡은 방식을 버리고 새로운 방식을 택하려 하고 있다. 그래서 나는 이 꿈이 전혀 부정적이지 않다고 말한다. 긍정적인 내용을 부정적인 형식으로 표현하고 있을 뿐이다.

나의 환자가 그 다음에 꾼 꿈을 보자.

"나는 어린 벚나무 아래에 서서 잘 익은 붉은 버찌를 보고 있다. 그러면서 '이것도 보람이 있겠어.'라고 생각한다. 이어 나의 아이들이 벚나무에서 떨어진, 익지 않은 열매들을 작은 바구니에 주워 담는 것이 보인다. 아이들에게 나는 이렇게 말한다. '이 버찌는 우리의 것이 아니야. 그리고 아직 익지도 않았어.' 그러면서 나는 나무 밑으로 버찌들을 던진다. 아이들 사이에서 두 살 쯤 된 어린 소녀가 눈에 들어온다. 아이는 '나에게도 벚나무가 있어요. 정말 자랑스러운 나무예요.'라고 말한다. 그러면서 아이는 나에게 나무를 보여주겠다며 숲을 지나 어린 나무 쪽으로 나를 데리고 간다. 아이는 나의 아내가 어린아이들에게 말할 때와 똑같은 억양으로 말하고 있다. '이 나무엔 아직 열매가 하나도 열리지 않았어요.' 그래서 나는 달래듯 소녀에게 그 나무는 더 자라야 열매를 맺는다고 설명해준다."

버찌가 달린 벚나무와 관련해 나의 환자는 이런 연상을 내놓는다. "시간이 지나면 아름다운 열매를 맺기 때문에 이런 나무를 심는 것도 보람 있는 일이에요." 덜 익은 열매를 줍는 아이들이 일으키는 연상은 이렇다. "나를 우스꽝스럽게 보이게 만든 이상한 모자가 나왔던 꿈이 생각나요. 이 나무의 열매도 나의 것이 아니에요. 그래서 열매에 손을 댈 것이 아니라 나 자신이 직접 나무를 심어야 해요. 어린 소녀는 이전의 꿈에 나타났던 아이를 떠올리게 해요."
"두 살 난 아이"가 첫 번째 꿈에 나타났던 소녀를 다시 불러내고 있다. 나의 환자의 아내의 이름인 마리아의 끝 글자 "아"를 발음하지 않으려던, 병에 걸린 그 아이 말이다. 따라서 우리는 여기서 그의 아니마가 다시 나타나는 것을 확인하게 된다. 그는 어린 소녀의 억양이 자기 아내가 아이들에게 말할 때의 억양과 똑같다는 사실에 특별히 강한 인상을 받는다. 그는 "어린 소녀가 나에게 아내의 목소리로 말을 하고 있어요. 이 소녀가 나의 아내와 어떤 관계가 있는 것처럼 보여요."라고 말한다.

이제 꿈을 분석해보자. 잘 익은 열매가 가득 달린 아름다운 벚나무로 시작한다. 꿈을 꾼 사람은 마치 누군가가 방금 "그건 의미 없는 짓이야."라고 말한 데 대해 대꾸라도 하듯 "보람 있는 일이야."라고 생각한다. 그는 익지 않은 목화 열매를 걱정하던 이전 꿈의 영향에서 아직 풀려나지 않았기 때문에 거의 아무런 연상을 떠올리지 못한다. 이전의 꿈을 꾸었을 당시에, 나의 환자는 목화 열매가 익지 않은 채로 줄기에서 떨어지는 것에 대해 묘사했다. 여기서 다시 익지 않은 열매가 등장한다. 아름다운 나무와 버찌는 무엇을 의미할까?

이전의 꿈에서, 목화에 문제가 있었다. 열매가 튼실하지 않았던 것이다. 그러나 이 꿈에는 열매가 가득 달린 아름다운 나무가 나온다. 첫인상은 건강과 완벽함이다. 병이 극복된 것이다. 그 사이에 무슨 일이 있었을까?

그의 무의식이 장면을 바꾸면서 완전히 새로운 양상을 보여주고 있다. 이전의 꿈에서, 목화의 성장 같은 것은 꿈을 꾼 사람의 관심사가 아니었다. 그때는 목화를 사고파는 문제에만 관심이 쏠려 있었다. 지금 이 꿈에서 그는 새로운 문제, 다시 말해 나무의 성장을 직시하고 있다. 시장에서 언제든 열매를 살 수 있었기 때문에, 그는 지금까지 나무의 성장에 한 번도 관심을 두지 않았다.

그러나 열매가 가득한 나무의 아름다움은 시장에서 살 수 없다. 그는 그 나무를 보며 "보람 있는 일"이라고 생각한다. 그런 나무를 키우는 데에도 미덕과 장점이 있다는 점을 인정하고 있는 것이다. 사업가인 그의 입장에서 보면 나무를 키우는 것은 노력을 들이는 만큼 가치가 없어 보이지만 말이다. 그렇다면 심리적인 문제 전체가 새로운 언어로, 자연의 언어로, 흙의 언어로 표현되고 있다고 볼 수 있다.

그가 다루고 있는 문제는 더 이상 비즈니스 용어로는 표현되지 않는다. 물건을 사고파는 언어는 지나치게 합리적이다. 그래서 무의식의 언어는 지금 다른 상징을 제시하고 있다. 열매를 맺은 아름다운 나무가 있다. 그는 이 아름다운 나무 또한 가치 있다는 점을 인정해야 한다. 이것은 그가 이전에 가졌던 산업주의적 태도와 반대되는 태도이다.

"이건 무슨 소용이 있죠?" "그걸 갖고 뭘 할 수 있죠?" "결과는 뭐죠?" "시간과 돈만 낭비할 뿐 아무것도 얻지 못할 거예요." 이런 소리를 나는 매일 듣는다. 며칠 전에도 나는 어떤 환자에게 이렇게 말했다. "당신이 듣고 싶어 하는 것은 사실들과 그 사실들을 갖고 할 수 있는 것에 관한 이야기뿐이군요. 그런데 이런 것들은 모두 표면적일 뿐입니다. 사실들과의 연결 속에서 거둬들일 수 있는 것이 무엇인지, 사실들이 당신에게 어떤 영향을 미치는지, 또 당신 자신을 어떤 식으로 바꿔나갈 것인지 등에 대한 질문은 한 번도 나오지 않았어요."

사람들은 다이너마이트 폭발 같은 것이 일어나지 않으면 아무 일도 일어나지 않는다고 생각한다. 꾸준한 발달을 통해서도, 성장을 통해서도 많은 것이 이뤄질 수 있다는 사실을 좀처럼 깨닫지 못하는 것이다.

아주 높은 벽에 닿는 경우가 자주 있다. 그러면 우리는 거기 서서 벽을 응시할 것이다. 그러면서 합리주의자라면 이런 식으로 말할 것이다. "벽을 넘는 것은 불가능해. 그러니 돌아가도록 하자." 나의 환자도 꿈에서 거의 불가능한 상황에 처해 있다. 이것은 그의 합리적인 해결책이 더 이상 효과를 발휘하지 못한다는 뜻이다. 그가 그곳에 닿아 거기 머물면서 나무처럼 뿌리를 내리고 성장해야 한다는 뜻을 전하고 있는 것이다. 그런 식으로 시간이 흐르면, 그가 장애를 극복하고 벽보다 더 높이 성장할 것이다. 우리의 심리에는 오늘 당장 대답할 수 없는 것들이 있다.

당신도 암벽에 봉착할 수 있다. 그러면 그곳에 머물며 성장해야 한다. 그러다 6주일 혹은 1년이 지나면 당신이 암벽 그 이상으로 커질 것이다. 『역경』에 이 진리가 매우 아름답게 그려져 있다. 아주 절망적인 상황은 이런 식으로 묘사된다. "숫양이 울타리를 들이받다가 뿔이 걸렸다." 그러나 그 다음 행에서 "울타리가 열리고 큰 수레를 타고 나아간다". 이렇듯, 당신이 담에 머리를 받는 행위를 멈출 수 있다면, 당신의 뿔이 걸리는 일은 없을 것이고, 곧 수레의 힘을 얻게 될 것이다.

자연엔 또 다른 길이 있다. 나무의 길이다. 이것은 합리성이나 동물적인 사람의 조바심과 정반대의 길이다. 호랑이처럼 사물들을 뛰어넘기를 원하는 욕망이다. 나무는 한곳에 서서 자라면서 뿌리를 내리고 최종적으로 장애물보다 더 높이 성장한다. 그렇듯, 이 꿈은 그에게 다른 종류의 상징에 관심을 기울일 것을 요구하고 있다.

이 상징은 심리적 곤경을 다룰 때 특별히 더 유익한 길이다. 지금 그는 자신의 문제를 제대로 다루지 않고 있다. 자기 아내와 좋은 관계를 맺는 방법도 모르고 있다. 또 자신의 속마음을 말로 잘 표현하지도 못하고 좋은 관계를 맺는 데 필요한 매너도 모르고 있다. 그래서 일을 엉망으로 만들고 있다.

그의 무의식은 "차라리 입을 닫는 게 낫겠어."라고 말한다. 그러면 그의 합리성은 "차라리 도망가는 게 더 낫겠어."라고 맞장구치면서 구획을 만들 것이다.

그러나 자연의 길은 안정적인 존재인 식물의 길과 비슷하다. 그가 도움을 받을 수 있는 유일한 길은 진화를 통하는 길이다. 이 같은 생각이 꿈을 관통하고 있다.

어린 소녀가 자기 나무가 있는 곳으로 그를 이끌면서 나무가 아직 어려서 열매를 맺지 못하는데도 대단히 자랑스러워한다. 그러자 그는 소녀에게 어린 나무도 시간이 지나면 자라서 열매를 맺을 것이라고 설명한다. 그렇다면 벚나무에서 떨어졌다가 바구니에 담기는 버찌는 무슨 의미일까? 틀림없이 이 버찌들은 벌레에 먹혀 익지도 못하고 떨어진 목화 열매들이다. 어느 벚나무든 익지 않을 열매도 맺기 마련이다. 이것은 심리학적으로 무슨 의미인가?

모든 사람의 심리에는 죽게 되어 있는 것들이 틀림없이 있다. 벗겨내야 할 쓸모없는 껍질 같은 것이 있다는 뜻이다. 신체의 신진대사가 일어나는 과정에, 매일 세포들이 죽는다. 오늘 살아 있던 세포가 내일 죽어서 벗겨진다. 그렇듯 심리에도 절대로 성숙 단계까지 가지 못할 것들이 틀림없이 있다. 그런 것들은 한 동안 유용하게 쓰이다가 사라진다. 예를 들면, 젊을 때 기대를 품게 만들던 재능도 어느 시기를 넘기면 시들어 사라질 수 있다. 이 꿈이 이런 진부한 생각을 계속 들추는 이유가 궁금하다.

삶은 하나의 실험실이다. 자연의 실험실인 것이다. 당연히 많은 것이 실패하게 되어 있다. 사람들은 "이것도 실패했고, 저것도 실패했어."라고 말하면서 자신이 할 수 있는 것이 무엇인지 모르고 있다. 그러다 보니 비관적이고 자신이 할 수 없는 일만을 의식하게 된다.

꿈은 "모든 사람이 위험을 감수하고, 자연도 위험을 감수한다. 어쩌면 우리 모두가 실패할 수 있는 하나의 실험이다."라고 말하고 있다. 성숙하지 않은 버찌들은 떨어진다. 그러나 나의 환자는 그 진리를 보지 못한다. 차라리 조금 덜 합리적이라면, 그는 인생을 유희하듯 더 재미있게 살 수 있을 것이다. 그러나 유희가 비합리적이기 때문에, 나의 환자 같은 합리주의자는 인생을 유희하듯 살지 못한다. 어떤 일 앞에서는 "이게 잘못이라는 확신이 서지만, 그래도 한 번 해 보겠어."라고 말할 수 있어야 한다. 이런 식으로 살 때에만, 당신은 인생에서 뭔가를 일궈낼 수 있다.

이 땅의 모든 뿌리는 바위 앞에서 우회해야 한다. 그러다 보면 엉뚱한 방향으로 갈 수도 있는 법이다. 성장과 발달을 중요하게 여기는 순간, 당신은 자연의 비합리성에 직면하게 된다. 모든 합리주의자는 이 점을 싫어한다. 합리주의자에겐 모든 것이 안전해야 한다. 그런 합리주의자의 모토는 "위험은 절대 사절!"이다.

지금 아이들은 전혀 아무런 가치도 없는 열매를 줍고 있다. 이건 무슨 의미일까? 또 느닷없이 아이들은 어디서 왔을까? 아이들은 미성숙한 열매들이고, 또 환자의 유아적인 경향들을 의미한다. 그러나 익지 않은 열매를 줍는 것은 무슨 의미일까?

꿈의 그림은 정확히 그가 유치한 가치에 집착하고 있다는 점을 보여주고 있다. 이런 식으로 말하고 있는 것이다. 아이들을 보라. 아이들이 어떻게 놀고 있는지를 보란 말이다. 아이들은 삶을 주어진 그대로 받아들이고 있어. 아이들은 썩은 열매까지 모으고 있어. 그러면서도 아이들은 "이건 쓸 만한가?"라고 묻지도 않아.

꿈이 그에게 보여주는 생각은 이렇다. 당신은 인생을 살면서 어떤 일 앞에서, 제대로 익지 못하고 떨어지는 열매도 당연히 있게 마련이라는 생각으로 살 수 있어야 한다. 그런 일도 재미있는 방향으로, 별다른 편견 없이 다소 유치하게 받아들일 수 있어야 한다. 그러나 편견이 생겨나는 순간, 당신은 가능성을 배제하게 되고 따라서 삶은 더 이상 완전하지 못하게 된다.

모르는 사람들이 나에게 자신의 꿈 이야기를 더러 보내온다. 그러나 꿈을 꾼 사람에 대한 지식이 없는 상태에선 나는 꿈을 이론적으로만 해석할 수 있을 뿐이다. 그런 경우엔 해석을 시작할 출발점을 찾지 못한다. 그러므로 프로이트의 이론과 반대로, 똑같은 꿈 이미지도 서로 다른 심리적 상황을 표현할 수 있다는 점을 기억해야 한다.

뱀은 어떤 경우엔 호의적인 것을, 예를 들어 "깊은 지혜"를 의미하지만, 또 다른 경우엔 육체적 병 같은 불행한 것을 의미한다. 어느 여자 환자는 길이가 1마일이나 되고 덩치가 코끼리만큼 큰 뱀에 관한 꿈을 꾸었다. 이 여자는 "아프기 전에 늘 뱀 꿈을 꾸는데 뱀이 이번만큼 컸던 적은 없었어요."라고 말했다. 이렇듯 뱀은 수천

가지 의미를 지닐 수 있다. 나는 이 여자 환자를 분석하지 않았지만 그것이 장기간의 병을 의미한다고 생각했다. 무의식이 현재를 지배하게 될 때, 그때 무의식은 더욱 무거워지고 중요해지며 또 과거나 미래를 잔뜩 품게 된다. 미래가 무의식을 가득 채우거나 아니면 실현되지 못한 과거가 활성화되면서 무의식을 가득 채우게 될 때, 그 사람은 완전히 무의식의 지배를 받게 된다. 따라서 뱀은 과거를 의미할 수도 있고 미래를 의미할 수도 있다.

꿈을 꾼 사람이 지나치게 합리적인 사람이라면, 꿈을 지금까지 내가 한 것처럼 해석하면 된다. 지금 다루고 있는 환자는 처음에는 비합리적인 유형처럼 보였다. 그러다가 그가 사고를 발달시키면서 자신을 합리화하기 시작했으며, 그러다 사고를 지나치게 이용하는 경향을 보이게 되었다. 그는 감각 유형이면서 균형을 맞추기 위해 합리주의를 과도하게 이용했을 가능성이 크다.

비합리적인 유형의 사람들은 거의 언제나 유령을 좇으면서 엉뚱한 길을 걷는다. 이들은 어쩌다 길을 걷다가 열매를 줍게 되면 언제나 그것이 이미 성취된 사실이라는 이유로 버릴 것이다.

이제 우리는 꿈에 나타나는 아이들 중 하나가 그의 유치한 아니마라는 중요한 사실을 확인하고 있다. 또 아이가 겨우 두 살밖에 안 된다는 사실도 확인하고 있다. 소녀의 나이는 그가 심리학 공부를 시작한 것과 관계있다.

이전의 여러 꿈을 통해서 철학과 신지학에 대한 그의 관심이 다소 병적이라는 점이 드러났다. 그는 신지학을 지나치게 구체적으로 받아들이는 경향을 보였으며, 그래서 그의 아니마인 아이가 아팠다. 그가 들려준 꿈에서, 소녀는 그의 아내의 이름을 발음하지 못했으나 지금 이 꿈에서는 그의 아내의 억양으로 말을 하고 그녀와 좋은 관계를 맺고 있다. 중요한 변화이다.

그래서 분석을 시작하고 한 달이 지난 뒤, 소녀는 더 이상 아프지 않게 되었으며 나의 환자에게 아름답고 어린 벚나무를 보여주고 있다. 분명, 그는 큰 나무가 자기 나무가 아니라고 느끼고 있다. 그래서 아이들에게 열매를 줍지 못하게 한다. 그의 아니마가 그를 소녀의 나무로 이끌 때, 그는 그 나무가 소녀의 것이라고 느낀다. 그렇다면 큰 벚나무는 누구의 나무일까?

그것은 나의 아니마의 나무이다. 그는 직관적으로 그걸 인지하고 있으며, 그와 내가 논의하고 있던 내용이 가치 있을 것 같다고 막연히 느끼고 있다. 그러다 피타고라스학파 사람들처럼 스승의 말을 따르고 싶어지고 또 내가 하는 말 전부를 영원한 진리로 받아들이고 싶은 유혹이 일어났을 것이다. 나는 낮 시간에 터무니없는 말을 아주 많이 하는데, 내가 만나는 사람들 중에도 채 여물지 않은 열매나 썩은 딸기를 주워 먹으면서 맛있다고 생각하는 사람들이 있다. 그 나무는 미숙한 열매를 많이 맺었으며, 이 남자도 그 열매를 따면서 무비판적으로 높이 평가하는 경향을 보였을 것이다.

그러나 꿈이 그에게 경고를 보내며 이렇게 말하고 있다. "열매를 그냥 둬. 그건 그대의 나무가 아니야. 그대도 직접 돌볼 그대만의 나무를 가져야 해." 그런 다음에 그의 어린 아니마가 자신의 나무로 그를 안내하고, 그는 아버지 같은 태도를 보이며 "인내심을 가져. 시간이 흐르면 너의 나무도 자라서 열매를 맺게 될 거야."라고 말한다. 그는 자신의 아니마에게 말할 때에는 아주 자상하다. 그렇다면 이 소녀가 그렇게 어린 이유는 무엇일까? 그는 마흔일곱 살인데, 소녀는 겨우 두 살에 지나지 않는다.

소녀는 지금 영적 관심을 더욱 많이 가진 가운데 삶을 살기 시작한다. 소녀는 불멸이며 자신의 형태를 바꿀 수 있다. 그래서 가끔은 늙은 마녀가 되기도 한다. 그런 그녀가 이 꿈에서 그렇게 어리게 나오는 이유는 무엇일까? 그와 아내의 관계가 너무 늙었고 또 그의 의식적인 태도가 너무 늙어 있기 때문이다. 그래서 그의 무의식이 그걸 보상하기 위해 그의 아니마를 아주 어린 소녀로 제시하고 있다.

합리주의자는 누구나 나이가 2,000세나 된 것처럼, 인생 경험이 아주 많은 할아버지처럼 살려고 노력한다. 우리가 피타고라스의 성향과 일치했다면, 지금쯤 전체 세상은 거의 합리적인 것이 되어 있을 것이다. 우리가 합리적인 관점에서 삶을 살 때, 우리의 아니마는 아기가 된다. 두 살이라면 아주 어리다. 그러면 이 남자의 나이가 어느 정도인지 짐작될 것이다. 900살가량 된다고 봐야 한다.

인간적인 존재가 되기 위해 그에게 필요한 것은 엄청나게 많은 젊음이다. 두 살과 900살의 차이는 이 사람의 본성이 안고 있는 결함을 상징적으로 보여주고 있다. 분명, 어린 소녀가 그를 데리고 가서 보여준 나무는 그의 나무이다.

모든 사람은 저마다 나무를 하나씩 갖고 있다는 것은 옛날 게르만 민족의 사상이다. 아이가 태어날 때, 아이의 토템을 심었다. 그 나무에 무슨 일이 일어나면, 아이에게도 일이 일어난다. 그러나 나무가 무성하게 잘 자라면, 아이도 마찬가지로 번창하고 행복을 누릴 것이다. 어떤 사람을 해치려면, 그 사람의 나무에 못질을 하면 될 것이다. 아니면 나무를 베어버림으로써 사람을 죽일 수도 있다.

라이더 해거드가 쓴 『안개의 민족』(The People of the Mist)은 그

런 나무를 주제로 한 작품이다. 이 작품에 나오는 부족의 사람들은 저마다 나무를 한 그루씩 갖고 있다. 각 개인과 나무 사이에 특이한 관계가 있으며, 나무가 쓰러질 때 나무의 주인의 생명도 종지부를 찍는다. 카이사르(Julius Caesar)에 따르면, 드루이드교 신자들은 나무를 두 팔을 옆으로 쫙 편 인간의 모습으로, 말하자면 십자가의 형상으로 자르곤 했다. 십자가에 못 박힌 예수 그리스도는 또 다른 예이다. 십자가도 생명의 나무이기 때문이다. 또 아담이 죽기 직전에 마지막으로 에덴동산을 들여다볼 기회가 허용된다는 유태인의 전설이 있다. 나무는 죽어 있지만, 그 가지들 사이에 자그마한 아기가 하나 누워 있다.

21강

1929년 6월 12일

그림자는 대체로 옛날 방식을 상징한다. 물론, 예외적인 상황도 있다. 무의식이 의식보다 우세한 경우가 그런 상황이다. 그림자가 옛날 방식을 나타낸다고 하는 이유는 무엇일까? 그림자는 열등한 성격이고, 옛날의 성격이고, 안일한 성격이다. 그림자는 아주 개인적인 반응, 즉 당신이 늘 하고 있는 반응이다.

예를 들어, 당신은 자신의 분노에서, 강한 충동에서 그림자를 발견한다. 이런 분노나 충동은 평생 동안 거의 똑같을 것이다. 의식이 거의 없는 어린 시절에, 당신은 직접적인 충동의 결과로, 타고난 그대로 반응했다. 그 후 세월이 흐르면서, 이 반응은 교육에 의해, 또 의식적인 존재로 변화하는 과정에 의해 감춰지게 된다. 대부분의 사람들은 개인적인 반응을 숨기게 되고, 그렇게 숨겨진 반응은 그림자 속으로 들어가게 된다.

타고난 반응을 겉으로 그대로 드러낼 경우에 다른 사람들로부터 좋지 않은 소리를 듣게 된다는 생각은 아주 바람직하다. 왜냐하면 인간 사이의 교류엔 반드시 어떤 형식이 필요하기 때문이다. 그러다 보니 옛날의 방식이나 옛날의 반응은 그림자 속에, 무의식 속에 저장된다.

만약에 어떤 것이 무의식 속으로 완전히 떨어져 버린다면, 그것이 바로잡아질 기회는 절대로 없다. 그것은 무의식으로 처음 들어갈 때와 똑같은 모습으로 무의식에서 올라온다. 그것들은 무의식 안에서 다른 것들과 전혀 아무런 마찰을 일으키지 않는다. 그것들은 용광로에 들어가 있지 않다.

무의식 속으로 들어간 것들은 박물관의 유리 진열장 안에 보관되어 있는 유물과 비슷하다. 유물은 어떠한 것과도 접촉하지 않으면서 언제나 똑같은 형태를 유지한다. 이것이 무의식의 경계에 위치한 그림자가 "옛날 방식"을 의미한다고 말하는 이유이다.

물론 그림자가 "옛날 방식"이 아닌 예외도 있다. 의식이 무의식에서 올라오고 있는 어떤 새로운 것을 자각하지 못하고 있는 때가 그런 경우이다. 그런 경우에 사람들은 장애를 느끼게 된다. 오래 전부터 다뤄왔던 일이 돌연 통제 불가능한 것으로 변하기 때문이다. 정신병이 일어나기 직전에, 예전에 전혀 신경을 쓰지 않던 일에도 곧잘 화를 폭발시키는 현상이 자주 나타난다. 아무렇지 않던 일이 갑자기 장애로 작용하는 것이다.

이때 분석가가 이런 것을 액면 그대로 받아들이면, 그것은 큰 실수가 될 것이다. 이 특별한 반응이 언제나 다스리기 힘들었는지 여부를, 또 그 반응이 버릇인지 아니면 최근에 통제가 어렵게 되었는지를 조심스럽게 확인해야 한다.

예를 들어, 어떤 남자가 분노를 품고 있다고 가정해보자. 이 사람은 30년 전에 심하게 속은 기억을 안고 있다. 그런데 갑자기 그때의 일이 고스란히 되살아나고, 그는 마치 그 일이 오늘 일어난 일처럼 분노한다. 신경증이나 정신병의 초기에 이런 일이 잘 일어난다.

또 이런 일이 벌어질 수도 있다. 어떤 사람이 오래 전에 성병을 꽤 완벽하게 치료했다. 그런데도 그때 그 일 때문에 그에게 열등감이 생겼다. 이 사람이 세월이 많이 흐른 뒤에 돌연 성병을 걱정하기 시작할 수 있다. 이렇게 되면 성병은 백 톤의 무게로 그를 짓누르게 될 것이다.

이런 분노가 다시 도지면서 격해지는 현상을 분석해 들어가면, 분노에 새로운 요소가 있어서 그런 것이 아니라 분노 뒤에 숨겨진 그 무엇, 말하자면 의식된 적이 한 번도 없는 그 무엇 때문이라는 사실이 드러날 것이다. 그 분노는 개인적인 반응이라는 은폐물 아래 깊은 곳에서 올라온다.

이때 육체적 증후가 나타날 수도 있지만, 증후가 전적으로 심리적인 경우도 있다. 무의식이 이 같은 "그림자"의 형태로 겉으로 드러나는 이유는 무의식이 의식으로 흘러 들어갈 수 있는 방법은 그 길밖에 없기 때문이다. 이런 반응이야말로 무의식 깊은 곳으로 이어지는 길이다. 이 반응을 파고들면, 아니마나 아니무스를 파악할 수 있다.

아니무스는 하나의 기능이다. 아니무스가 지나치게 개인적일 필요는 없다. 아니무스가 개인적이라면, 그건 아니무스의 내용물 때문에, 다시 말해 아니무스가 무게를 갖게 되었기 때문이다.

어떤 큰 물고기가 집단 무의식에 나타났고, 아니무스가 그걸 삼켰다. 그러면 아니무스는 살이 찌고, 배가 불러지고, 허풍을 치기 시작할 것이다. 당신은 그 허풍도 듣지 않고 다른 아무것도 듣지 않지만, 그래도 당신은 어쨌든 편견을 갖게 되고 무의식적 전제를 바탕으로 일을 처리하게 된다. 그러면 돌연 당신은 특별한 어떤 편향 때문에 당신의 길이 잘못되었다는 사실을 발견한다. 마치 아니무스가 들리지 않는 목소리로 표현한 의견들이 당신의 생각 속으로 스며든 것처럼 말이다. 그러면 당신은 마치 자신이 아니무스의 관점을 가진 것처럼 아무 거리낌없이 아니무스의 지시대로 행동할 것이다.

어떤 비둘기에 관한 이야기가 떠오른다. 이 비둘기는 "다른 것들은 걷고 있다"고 생각하고 있었지만, 생각이란 것을 진정으로 해본 적이 한 번도 없는 그런 비둘기이다. 아니무스에 관한 이야기로 백미로 꼽힌다. 어리석은 것들이 종종 그렇듯, 이 이야기도 어리석으면서도 심오한 메시지를 담고 있다.

말 한 마리와 자동차 한 대, 비둘기 한 마리가 길에서 우연히 만났다. 화창한 날이었다. 그들은 여관으로 가기로 했다. 여행을 조금 더 재미있게 하기 위해 여관까지 누가 먼저 가는지 내기를 하기로 했다. 자동차는 쌩 하고 달려 당연히 여관에 가장 먼저 도착했다. 그리고 커피를 주문해놓고 기다렸다.

얼마 지나지 않아 말이 숨을 헐떡이며 도착했다. 무더운 여름인지라, 말은 맥주를 한 잔 시켰다. 자동차와 말은 기다리고 또 기다렸다. 그래도 비둘기가 오지 않자, 그들은 "늙은 비둘기에게 무슨 일이 생긴 게 틀림없어."라고 생각하며 비둘기를 찾아서 온 길을 돌아갔다.

 그들은 출발점에서 얼마 떨어지지 않은 길 위에 하얀 점이 하나 움직이는 것을 보았다. 먼지를 뒤집어쓴 채 길을 걷고 있는 비둘기였다. 자동차와 말은 비둘기에게 "여기서 뭘 하고 있니?"라고 물었다. 그러자 비둘기는 "보시다시피, 걷고 있지. 우리 모두 걸어야 한다고 생각했거든."이라고 대답했다. 이 비둘기는 왜 모두가 걸어서 갈 것이라고 생각했을까? 자동차는 바퀴를 갖고 있고 말은 발굽을 갖고 있기 때문에, 비둘기는 자기도 발을 이용해야 한다고 생각했다. 이 비둘기에겐 날개는 아무 소용이 없었던 셈이다. 이처럼 요령부득인 것, 그런 것이 바로 아니무스이다.

 그렇다면 그림자도 삶 자체를 통해서 교육을 받을 수 있지 않을까? 분석을 통하면 교육이 가능하다. 그러나 삶을 통한 교육은 불가능하다. 왜냐하면 그림자가 어둠 속에 묻혀 있고, 열등하고, 조심스럽게 숨어 있고, 또 탄로날까 두려워하는 비밀이기 때문이다.

 자연히 아니무스는 어둠 속에 숨겨지게 되어 있다. 그러면 아니무스가 변하는 것은 불가능해진다. 사람들은 자신의 아니무스를 손님들에게 소개시키지 않는다. 더러운 침대보를 다른 사람들이 보는 앞에서 빨지 않는 것이나 마찬가지다. 따라서 그림자는 "정상적"으로 교육을 받지 못한다. 결혼생활에서조차도, 남편과 아내 사이에 어느 정도 거리가 유지되고 있다. 그러면 부부는 각자의 그림자를 서로에게 보여주지 않을 수 있다. 그러면서도 남편과 아내는 그런 상태를 두고 "일심동체"라고 표현한다.

 장기적으로 보면, 그림자가 겉으로 드러나는 것을 피하지 못한다. 특별한 상황에 처하면 그림자가 드러난다. 예를 들어, 친구를

테스트하고 싶거든 함께 술을 마시고 취해보라. 그러면 친구에게서 야수 같은 측면이 나타날 수 있다.

물론 그림자가 대단히 매력적인 경우도 있다. 어떤 사람들은 최고의 자질을 아니무스 의견이나 아니마 기분, 혹은 물려받은 편견이나 가족의 영향 밑으로 숨긴다. 이들은 자신의 그림자 특성들을 살고 있다. 일부 사람들, 특히 내향적인 사람들은 언제나 자신의 최고 모습을 보여주지 않는다. 그들은 자신의 약점을 드러내는 데 특별한 재주를 갖고 있다.

아니마나 아니무스는 언제나 무대 뒤에 숨어 있는 그 무엇이지만, 그렇다고 아니마나 아니무스가 그림자의 크기를 키운다고 말할 수는 없다. 오히려 그림자가 아니마나 아니무스를 키운다.

아니무스나 아니마라는 용어를 부정확하게 쓰는 경우가 간혹 있다. 아니무스나 아니마라고 생각하고 있는 것이 집단 무의식에서 나오고 있는 새로운 요소일 수도 있다. 그것이 영감이나 예감인 경우가 간혹 있는 것이다. 그런 것을 두고 아니마니 아니무스니 하는 것은 지나치게 형식적이다.

내향적인 사람이 자신의 가장 나쁜 특성을 겉으로 드러내 보이는 것은 그 사람의 그림자가 외향적이기 때문이다. 내향적인 사람은 지나치게 오랫동안 망설인다. 그러다 보니 그가 말을 할 때면 이미 그의 그림자가 좋지 않은 특성을 드러낸 뒤이다.

나에게 내향적인 친구가 한 사람 있다. 이 친구는 언제나 망설이며 기다렸다. 그런 탓에 그가 마음의 준비를 하기도 전에 입이 먼저 말을 시작했으며, 그 결과 언제나 엉뚱한 말을 하곤 했다. 학생일 때, 이 친구는 피르흐라는 교수를 방문해야 하는 상황에 처했다. 나의 친구는 교수를 방문해야 한다는 생각에 중압감을 너무나 심하게 느낀 나머지 신경이 극도로 날카로워져 있었으며 교수를 마치 2개의 뿔을 가진 코뿔소처럼 생각하고 있었다. 그는 몸을 떨면서 교수의 연구실로 들어가 인사를 한 다음에 중얼거리듯 "제 이름은 피르흐입니다."라고 엉뚱한 말을 하고 말았다. 그러자 늙은 교수는 "아, 나와 이름이 똑같군."이라며 반색을 했다. 그때 나의 친구는 자신의 그림자가 먼저 말을 하면서 상황을 엉망으로 만드는 것을 눈으로 직접 목격하고 있었다.

내가 본 영화 중에서 최고의 작품은 '프라하의 학생'이다. 이 영화는 의식적인 남자와 그의 그림자가 너무나 뚜렷이 분리되어 있는 탓에 그림자가 혼자 움직이게 되는 상황을 그리고 있다. 남자는 결투에서 적을 죽이지 않기로 명예를 걸고 다짐했다. 그런 마음으로 결투 현장으로 향하다가 자신의 '더블'을 만나는데, 그때 그의 더블은 칼에 묻은 피를 풀로 닦고 있었다. 그는 의심을 품기 시작했다. 현장에 도착해 보니, 그의 적은 이미 죽어 있었다. 그림자가 의식적인 이 남자의 의도를 무시하고 적을 죽였던 것이다.

어떻게 보면, 열등한 사람이 탁월한 사람보다 가능성을 훨씬 더 많이 갖고 있다. 우리 모두가 분석에 큰 관심을 두고 있는 이유도 바로 거기에 있다. 사람의 내면에서 진정으로 창의적인 것은 거의 언제나 예상하지 않은 곳에서, 작은 것에서, 말하자면 눈에 띄지 않는 것에서 나온다. 그렇기 때문에 그림자는 사람의 매우 중요한 부분이다.

나의 환자가 그 다음에 꾼 꿈은 이렇다.

"어떤 기계가 보인다. 나는 그걸 보면서 나 자신이 융 박사님에게 기계에 대해 말하고 있다는 것을 알고 있다. 마치 꿈에 대해 보고하듯이. 나는 기계의 일부가 고장났으며 고장난 부분에 노란색의 작은 딱지가 붙어 있다고 말하고 있다. 융 박사님은 그러는 나에게 다음에 꿈을 꿀 때에는 기계 중에서 고장난 부분에 주목하라고 조언한다. 나는 어느 부분이 고장났는지 확인하기 위해 기계를 자세히 들여다보려 한다. 그런데 그 순간에 기계가 사라지고 나의 어린 딸이 보이는데, 앞쪽에 큰 구멍들이 뚫린 치마를 입고 있다. 그러면서 나는 저것이 바로 융 박사님께서 관심을 두라고 부탁한 그 불분명한 부분에 대한 해결책이로구나 하고 생각한다."

나의 환자는 분명히 분석의 시작 단계로 돌아가서 기계들에 대해 생각하고 있다. 이전의 꿈들에 대해 들은 사람은 기계가 그의 꿈에서 중요한 역할을 한다는 사실을 기억할 것이다. 그러나 나의 환자는 연상에서 이전의 꿈을 의식하지 않고 있다. 그는 특이한 설명을 제시한다. 기계가 걸을 때보다 훨씬 더 빨리 이동할 수 있도록 돕는다는 것이다. 기계는 삶에 필요한 것을 손으로 할 때보다 훨씬 더 수월하게 생산할 수 있다. 그는 이렇게 말한다. "이 기계는 인간의 힘의 증대를 의미하는 것 같아요. 심리 영역에서 인간의 힘의 증대는 곧 의지를 키우는 것이겠지요." 그러면서 그는 꿈속의 기계가 인간의 의지를 의미한다고 결론을 내린다. "융 박사님께서 나의 기계 중에서 잘못된 부분에 관심을 둘 것을 요구한다면, 잘못된 부분은 아마 나의 의지력일 것입니다. 나의 의지력 중에서 잘못된 부분을 찾아야 할 것 같아요."

노란색 딱지와 관련한 연상을 보자. "큰 공장에 가면 손상된 부품들에 표시를 해둬요. 그러면 기술자들이 수리가 필요하거나 교체가 필요한 부분이 어딘지를 쉽게 알 수 있거든요." 기계가 사라진다는 것은 곧 그 기계를 진짜인 무엇인가로 받아들일 게 아니라 상징으로 받아들여야 한다는 뜻이다. 기계가 사라지는 것은 그것이 표현하는 것이 지금 다 소진되어 새로운 상징이 필요하게 되었기 때문이다.

어린 딸과 관련해서, 나의 환자는 이런 이야기를 들려준다. "어린 딸은 아내와 정반대로 인생에 뭔가를 기대하고 있어요. 딸은 스스로 즐기기를 좋아하고, 따라서 딸은 인생에서 나 혼자 누릴 어떤 쾌락을 상징합니다. 딸의 치마에 난 구멍들은 나의 성욕에 뭔가 잘못된 게 있다는 생각을 떠올리게 합니다. 구멍들의 위치를 볼 때 그런 생각이 들어요. 그렇다면 성적인 문제에서 나의 의지력에 문제가 있는 게 틀림없어요."

이 꿈을 꾸기 전에, 나의 환자와 나는 목화 열매 안에 들어 있던 벌레를 분석했다. 그때 어떤 현실적인 이유 때문에, 나는 환자에게 여기서 언급하지 않은 것, 즉 목화 열매 안에 벌레의 배설물과 함께 흩어져 있던 젤리 같은 물질에 대해 주의를 기울여 달라고 요구했다. 썩은 자두의 젤리 같은 물질과 배설물과 관련해 연상을 부탁하자, 그는 자신의 독창적인 연상도 아니고 또 꿈에 관한 보고에도 없던 무엇인가에 대해 말했다.

이렇듯 종종 환자들은 꿈에 대해 이야기하면서 어떤 부분을 배제한다. 간혹 언급할 가치가 없다는 판단에서 그렇게 하기도 하고 불편한 감정 때문에 그렇게 하기도 한다. 나의 환자에겐 벌레의 배설물과 젤리 같은 물질이 그런 예였다. 그는 썩은 자두의 젤리 같은 것과 여자의 성기를 연결시키고, 벌레의 배설물은 그에게 커피 열매를 상기시킨다. 커피 열매는 예부터 여성의 성기의 상징으로 통한다. 성욕이 억눌린 상황에선 온갖 비유가 가능해지는 법이다.

나의 환자의 전반적인 발달은 성적 문제와 연결되어 있다. 그러기에 그는 온 곳에서 성적 상징을 보고 있다. 심지어 커피열매에서까지! 내가 환자와 함께 이 꿈을 분석하기 시작하자, 그제서야 그는 이전의 꿈과 연결시키면서 이전의 꿈에 지금 분석하고 있는 꿈의 원인이 될 무엇인가가 있다고 말했다. 자두에 대해선 여자의 성기를 닮았다고 한다. 커피열매를 성적 상징으로 보는 것이나 마찬가지이다.

그 꿈은 방해의 꿈이고 또 파괴의 꿈이었다. 그렇다면 그 꿈은 곧 성욕의 방해나 성욕의 방해를 야기한 어떤 방해를 의미했다. 방해의 본질은 벌레이다. 그렇기 때문에 벌레가 성적 상징들을 만들어내고 있으며, 그의 성욕 안에도 벌레가 있다.

여자의 성기는 남자의 내면에서 성욕을 의미하고, 남자의 성기는 여자의 내면에서 성욕을 의미한다. 이 성적 상징들은 단순히 성욕을 의미하며, 성적 상징들의 안이나 주변에서 일어나는 모든 일은 성욕을 방해하는 것을 의미한다. 그의 성욕이 방해를 받아 성욕에 문제가 생기게 되었는지, 아니면 어떤 방해가 있어서 성욕이 문제를 일으키게 되었는지는 분명하지 않다. 꿈에 따르면, 두 가지가 다 가능하고 또 실제로 두 가지가 다 일어나고 있을 수 있다. 이 사람의 성욕은 제대로 해소되지 않고 있다. 한편으로 보면, 그는 자신의 성욕을 방해할 문제를 갖고 있다. 신경증적인 섹스 문제는 야누스의 얼굴을 하고 있다. 또 다른 문제, 그러니까 아직 충분히 발달하지 않은 영적인 문제가 있을 수 있지만, 영적인 문제는 아직 태동기에 있다. 영적인 문제가 시작 단계에 있다는 것은 성적 상징에서 확인되고 있다. 남자가 완전히 진화하면, 섹스는 하나의 기능이 된다.

여기서 당신은 무의식에 대한 설명이 역설적이고 혼란스럽다는 사실을 확인한다. 그러나 엄격히 따지면 당신이 역설적으로 생각하지 못할 때에만 그 설명이 혼란스러워질 뿐이다.

고대 철학에서, 말하자면 흔히 말하는 신비주의 철학에서, 이 문제는 "수소는 뱀의 아버지이고, 뱀은 수소의 아버지이다."라는 뜻의 그리스 격언에 표현되었다. 이 말을 명쾌하게 이해하는 것은 불가능하다. 수소가 무엇인지, 뱀이 무엇인지를 그냥 어렴풋이 이해하는 선에서 만족해야 한다.

수소는 5월이며 봄의 놀라운 다산(多産)이다. 황소자리는 금성의 집이다. 뱀은 냉혈동물이며 땅의 신이다. 뱀은 어둠과 밤과 습기를 의미한다. 뱀은 땅 속에 숨어 있으며, 죽음과 두려움을 상징한다. 뱀은 독을 품고 있다. 뱀은 수소의 반대이다. 따라서 이 그리스 격언은 수소의 아버지를 정반대의 존재로 만들어버린다. 말하자면 긍정적인 것을 부정적인 것의 아버지로 만드는 것이다.

중국인들에 따르면, 양(陽)이 절정에 이르면 음(陰)이 나타난다. 음이 바닥에 닿으면 거기서 양이 생긴다. 따라서 중국인들은 "자정에 정오가 태어나고, 정오에 자정이 태어난다."고 말한다.

그리스인의 격언이나 중국인의 사상이나 다 똑같다. 그처럼 대단히 역설적인 길은 무의식적인 마음의 고유한 특성이다. 따라서 긍정적이거나 명확한 진실을 믿는 서양인의 언어로 바꾸려 할 때, 무의식의 언어는 대단히 어렵고 혼란스러울 수밖에 없다. 보다 높은 관점에서 보면, 명확한 진실을 믿는다는 생각은 상스럽다. 네덜란드 작가 물타툴리(Multatuli)는 "어떤 것도 진정으로 진실하지 않으며, 지금 이 말조차도 그다지 진실하지 않다."고 말했다.

여기서 환자가 앞에서 꾼 기계의 꿈들을 돌아보아야 한다. 제일 먼저 등장한 기계는 재봉틀이었다. 그는 일종의 아니마인 여자 재봉사에게, 그러니까 결핵에 걸려 힘들어 하면서도 불결하고 컴컴한 방에서 살고 있는 여자에게 재봉틀을 주기를 원했다. 그 다음에 등장한 기계는 어떤 무늬를, 일종의 원시적인 만다라를 그리며 길을 닦는 스팀롤러였다. 이 기계를 계기로 우리는 개성화(individuation: 분열되어 있는 정신적 요소들을 통합하여 전체성을 이루는 과정을 일컫는다/옮긴이)의 상징으로서 만다라의 의미에 대해 논했다. 그 자동적 성격 때문에 틀림없이 그의 성욕을 상징했을 스팀롤러가 그를 독창적인 무늬로 안내했다. 이때 만약에 그가 이 기계를 무서워한다면, 그는 또한 개성화로 이끌 길도 무서워할 것이다. 그것이 그 꿈의 의미이다.

이제 당신은 그가 어떤 식으로 이 문제로 돌아오고 있는지, 또 그가 어떤 길로 이 문제로부터 달아나려 하고 있는지를 보고 있다. 수족관과 이층 건물에 관한 꿈이 기억날 것이다. 그 꿈이 그와 그의 아내의 문제를 건드리면서 아주 조심스럽게 접근했다는 것도 기억날 것이다. 이 꿈의 주제는 아주 과감했다. 그 다음에 지난번 꿈, 그러니까 벚나무 꿈이 있었다. 이 꿈에서 나의 환자는 완전히 성장해서 열매를 가득 맺은 아름다운 나무(그의 나무가 아니다. 그의 나무는 아직 어리다)를 대단히 동경한다. 그의 내면에 자신의 것이 아닌 외부의 것을 동경하는, 말하자면 자기 자신에게로 돌아가지 않을 구실을 동경하는 경향이 있다.

그러나 그 꿈은 벌레가 나온 꿈과 마찬가지로 그에게 자신의 문제로, 성욕의 문제로 돌아가라고 요구하고 있다. 갑자기 벌레가 목화 열매 안에 출현해서 작물을 망쳐놓겠다고 위협했다. 그러자 그는 자신이 새로운 상황에 신경을 써야 한다고, 새로운 상황의 심각성을 부정할 수 없다고 느꼈다.

이어서 "그건 절대로 재앙이 아니야. 그대의 작은 벚나무도 성장할 것이고 건강한 열매를 맺을 거야."라고 말하는 꿈이 나타났다. 이것은 똑같은 문제의 긍정적인 측면을 보여준다. 이 꿈 뒤에, 나의 환자는 섹스 문제로 다시 돌아가는 기계 꿈을 꾼다. 목화 열매의 꿈이 다뤘던 주제가 이 꿈에서 다시 다뤄지고, 기계의 일부 부품이 고장 나 있으며, 꿈속에서 내가 그 부분에 주목하라고 요구한다.

그런데 꿈에서 내가 그의 주의를 끄는 방법이 특이하다. 꿈속에서 꿈을 분석하고 있는 것이다. 이것을 어떻게 설명해야 할까? 설명이 쉽지 않다. 그러나 우리 모두는 경험을 통해서 꿈속에서도 꿈을 꿀 수 있다는 사실을 알고 있다. 또 꿈을 꾸는 동안에 그것이 꿈이라는 것을 알 수도 있다. 마치 상자 안에 또 다른 작은 상자를 숨기고 있는 마술 상자 같다. 이것은 무슨 의미일까?

나의 환자는 큰 벚나무와 나를 연결시켰다. 그는 어떤 영웅이 그 일을 대신 해주기를 바랐다. 다른 사람들이 기른 열매를 먹는 것이 훨씬 더 편한 법이니까. 서양인은 그런 식으로 교육이 되어 있다. 기독교를 통해서, 서양인은 모든 짐을 예수 그리스도에게 넘기라고 배운다. 그러면 예수 그리스도가 우리 대신에 짐을 질 것이고,

우리는 유아의 심리를 계속 간직할 것이다.

　이 환자는 내가 자신의 꿈을 분석할 수 있다고 생각하고 있으며, 그도 꿈을 이론적으로 볼 수 있다. 어떤 것을 분석하고 나면 그것이 더 이상 해를 끼치지 않을 것이라는 것이 사람들의 일반적인 생각이다. 대체로 사람들은 분석가가 "아, 그건 아버지 콤플렉스군요!"라는 식으로 마법의 말을 할 것이라고 생각한다. 그러면 문제에 정확한 이름이 붙여질 것이고, 당연히 콤플렉스도 사라질 것으로 여겨진다.

　밤에 아이들을 훔쳐 가는 등 온갖 못된 짓을 일삼는 난쟁이 나무 악령 '룸펠슈틸츠킨'(Rumpelstiltskin: 그림 형제가 채집한 작품으로, 학자들은 4,000년 전에 시작된 이야기라고 주장한다/옮긴이)에 대한 동화를 보라. 아무도 그가 누구인지 모른다. 그러나 누구라도 그의 이름만 정확히 맞히면, 즉시 그는 힘이 사라지고 폭발해 버릴 것이다. 이것은 오래된 사상이며 또 어느 정도 진리이다.

　이름은 영향력을 발휘하고, 말은 액막이 역할을 한다. 분석가가 환자의 문제에 이름을 붙이면, 환자는 반 정도 해방된다. 그래서 문제 해결에 명명(命名) 효과를 건전하게 이용하기도 한다.

　그러나 단순히 이름을 붙이는 것만으로는 문제의 본질을 건드리지 못한다. 문제의 본질은 이름에 의해 파괴되지 않는다. 동시에 이름은 끌어들이는 힘도 갖고 있다. 당신이 어떤 이름을 부르면, 바로 그것이 나타날 수 있다. 그래서 사람들이 "그것에 대해선 말도 하지 마."라거나, 나무를 두드리거나, 부정한 것을 덮을 단어를 선택한다. 어떤 이름은 기피의 대상이다. 일례로, 흑해는 '너그러운 바다'라 불린다.

나의 환자도 말의 힘에 전염되어 있다. 그는 말의 힘을 나의 힘으로 여기고 있지만, 그의 무의식은 절대로 현혹되지 않는다. 그의 꿈이 나에 대한 이야기를 들려줄 때, 꿈에 나타나는 나는 진짜 나이다. 이 꿈에서, 나는 정말로 나이지 그의 일부가 아니다. 그렇다고 그의 꿈에서 내가 분석하는 내용을 글자 그대로 받아들일 필요는 없지만, 꿈은 분명히 분석에 대해 말하고 있다. 그의 꿈은 이렇게 이어진다. "어떤 기계가 보인다. 그런데 나는 그것이 꿈이라는 것을 금방 알아차린다." 그는 그 기계가 이전의 꿈에서 자신의 성욕으로 해석한 이미지라는 것을 알고 있다. 따라서 꿈의 그 다음 내용은 이렇다. "나는 그것을 성욕으로 보지만, 그것이 (현실이 아니고) 꿈이라는 것을 알고 있다. 나는 분석을 위해 이 꿈을 융 박사에게 보고하고 있다." 꿈은 이런 뜻이다. "내가 걱정하고 있는 이 성욕은 부분적으로만 현실이다. 그래서 나는 곧장 융 박사를 찾는다. 나로서는 풀 수 없는 문제이니까." 융 박사가 그의 성욕에 뭔가 문제가 있다고 말한다. 그의 성욕은 여러 가지 원인이 섞인 하나의 '혼성물'일 뿐만 아니라 어떤 측면에선 도착적이기까지 하다.

기계 전체가 명확히 보이지 않는다. 일부 부품에만 노란 딱지가 붙어 있다. 그래서 그가 기계를 자세히 살피기 위해 가까이 다가서자 기계가 사라져 버리는데, 이것은 기계가 하나의 상징에 불과하다는 점을 보여준다. 그의 눈에 성욕으로 보이는 것은 면밀히 검사하려 들면 사라지고 말 것이라는 뜻이다. 어떤 사물을 가까이서 살피면, 그 사물의 모습이 흐려지면서 어느 정도 사라지게 마련이다.

지금 우리는 이 꿈의 중요한 부분에 다가서고 있다. 기계는 더 이상 기계가 아니고 어린 딸이다. 어린 소녀는 그가 삶에서 추구하고 있는 쾌락을 나타내고 있다. 또 소녀는 전향적이며, 그가 삶을 즐기려 하듯이 소녀도 삶을 즐기길 기대하고 있다. 그는 자신과 소녀를 동일시한다. 그렇다면 이 어린 소녀는 무엇일까?

지금 꿈은 "그대가 성욕으로 여기고 있고 또 기계적인 장치로 받아들이고 있는 그것은 하나의 인간 존재, 바로 그대의 어린 딸이야."라고 말하고 있다. 왜 꿈은 "그대의 아내"나 다른 여자로 말하지 않는 것일까? 꿈은 "그대의 어린 딸"이라고 말하고 있다. 그의 어린 딸은 그에게 대단히 현실적인 존재이다. 어린 딸은 매일 그와 함께 있다. 그렇기 때문에 그가 어린 딸에 대한 꿈을 꿀 때, 꿈속의 딸은 진짜 어린 딸이라고 보면 거의 틀림없다. 그에게 있어서 이 아이는 그의 꿈에 나타나는 나만큼, 아니 그 이상으로 현실적인 존재이다. 그러면 딸은 무엇을 의미하는가?

지금 우리는 프로이트의 근친상간 콤플렉스를 다루고 있다. 이 꿈이 "그대의 어린 딸"이라고 말하는 이유도 거기에 있다. 왜냐하면 남자가 고상한 척 행동하면서 내면의 지하 창고에 축적하고 있는 모든 비밀스런 것들은 당연히 다른 곳으로 새어나오기 마련이기 때문이다. 비밀스런 것들은 근친상간만 아니라 아들, 개, 가구를 통해서도 기어 나온다.

피아노와 도착(倒錯)적 관계에 빠지는 것엔 아무런 이름도 붙지 않았지만, 고상한 척하는 남자의 내면에 축적된 비밀스런 것은 피아노로도 흘러간다. 심지어 중앙난방 장치로도 흘러간다. 어린 딸이 없어서 근친상간의 가능성이 전혀 없다면, 무의식적으로 남색(男色) 관계를 할 귀여운 개가 있고 고양이가 있고 곰 인형이 있다. 나는 침실에 곰 인형을 두고 있는 사람들을 알고 있다. 그런 것이 아니라면 오래된 가보(家寶)가 있다. 지극 정성으로 보살피고 관심을 쏟는 궤짝이나 할아버지의 의자 같은 것도 있다.

이런 것이 잘못될 경우에, 그것을 돌보던 사람이 죽는 경우도 있다. 어떤 나무에 리비도를 지나치게 많이 쏟은 나머지, 그 나무가 죽자 나무를 따라 죽는 남자도 있다. 이 남자는 나무와 근친상간을 한 셈이다. 성욕으로 나타나는 리비도는 육체 없이 불가능하다. 그런 리비도는 원하는 육체를 찾지 못할 때에는 다른 육체로 향한다. 말하자면 그 리비도는 주변 환경을 가득 채우게 되고, 그러면 환경 안의 대상은 무서울 정도로 중요해진다.

대상들을 아주 특이한 악마로 경험하는 사람들이 많다. 그런데도 사람들은 어느 독일 교수가 무생물의 교활함에 대한 책을 썼다는 이야기를 농담으로 받아들인다. 아프리카 사람들 사이에 어떤 대상은 악마와 악으로 통한다. 대상과 사람 사이엔 특별한 관계가 있다. 어떤 언어의 문법은 남성과 여성, 중성을 구분하기도 한다.

이제 이런 이야기가 심리학적으로 사실이라는 것을 설명해야 할 때가 되었다. 앞에서 이야기한 대상들은 주인의 생명력이 깃든 것처럼 움직인다. 그러기에 칼이 주인에게 말을 걸 수도 있다. 남자는 자신의 무기와 영적 관계를 맺는다. 영웅의 무기는 신기하게도 마치 살아 있는 듯 생명력을 발휘한다는 것을 우리는 신화학을 통해 알고 있다.

물건의 영혼에 대해서도 말할 수 있다. 원시적인 차원에서 보면, 이것은 물건들이 나름의 생명을 갖고 있다는 뜻이다. 아무도 없는 집에서 가구들이 잔치를 벌였다는 이야기도 있다. 의자들과 탁자들이 저절로 움직인 것이다. 당신이 어떤 물건에 손을 댔는데 그것이 당신의 마나(초자연적인 힘)에 온기를 얻어 움직이기 시작한다면, 당신은 그 물건의 생명력을 증대시킨 셈이다. 원시인들에겐 물건도 살아 있는 것으로 여겨지기 때문에 이런 일이 전혀 이상하지 않다.

그렇듯이, 나의 환자의 내면에서 방해 받은 리비도, 말하자면 삶으로 살지 않은 생명력은 사방으로 무차별적으로, 그 다음 대상으로, 자신의 딸에게로 흐르고 있다. 만약에 그의 리비도가 의자나 탁자, 강아지로 흐른다면, 그다지 큰 피해가 없을 것이다. 그러나 리비도가 아이들에게로 흐른다면, 그것은 매우 위험하다.

이 꿈에서 치마에 난 구멍들은 위험을 암시한다. 욕정 살인에 옷을 찢는 행위가 흔히 수반된다. 살인자의 잔인성은 야수의 격렬한 행동이나 다를 바가 하나도 없다. 이 꿈을 꾼 사람에게서 그런 암시를 찾으려 해 보라. 아주 터무니없어 보일 것이다. 그럼에도 근친상간과 욕정 살인은 서로 그리 멀리 떨어져 있지 않다. 그가 근친상간 콤플렉스에 다가설 때마다, 위험한 신호가 나타나 그에게 경고를 보내는 것이 확인된다.

그의 의식을 조금만 무디게 만들어 보라. 그가 술에 취하기라도 하면, 어떤 일이 벌어질지 예상하기 어렵다. 매우 존경받는 가문에서도, 그와 비슷한 일이 간혹 일어난다. 이 환자의 경우엔 위험한 감정 폭발이 아직 멀었다는 식으로 나는 말하지 않을 것이다.

욕정 살인은 절대로 미리 계획되지 않는다. 살인자는 간질 발작을 일으키고 있는 것과 비슷하다. 그것이 이탈리아 범죄학자 체사레 롬브로조(Cesare Lombroso)가 이런 범죄자들을 간질 환자로 본 이유이기도 하다. 왜냐하면 그런 사람들은 간질 유형에 속하고,

그들이 발작을 일으킬 때 범죄가 일어나기 때문이다. 특별히 무의식적인 리비도가 그런 식으로 축적될 때, 갑자기 파도가 일어나거나 눈사태가 일어나거나 바위가 산에서 굴러 내릴 수 있다.

환자가 융 박사에게 무엇인가를 들려주고 있거나 융 박사로부터 주의를 기울이라는 요구를 듣는 꿈을 꿀 때, 그것은 의사인 나에게 중요한 정보이다. 환자의 무의식이 "융 박사님, 들어보세요."라는 식으로 나에게 말을 걸고 있는 것이다. 그러면 나는 환자에게 무슨 말인가를 해줘야 한다. 적극적인 역할을 맡아야 하는 것이다. 꿈의 해석에 박차를 가해야 한다는 뜻이다. 그래서 나는 "이 꿈은 근친상간의 가능성을, 욕정 살인의 가능성을 암시하고 있다."고 말했다.

너무 두꺼워서 좀처럼 뚫리지 않는 벽도 있다. 어떤 사람이 사랑하는 어린 딸을 강간할 수 있다는 생각은 솔직히 인간적으로 불가능하다. 그렇기 때문에 분석가는 그런 경우에 직접 개입하면서 환자에게 근친상간도 인간의 영역에 속하며, 욕정 살인자가 우리의 피 속에 들어 있다는 식으로 말해줘야 한다. 당신의 조상 중에도 살인자가 있을 수 있다. 사람의 내면에 그런 무서운 측면이 있는 것이다. 인구 중에도 살인자의 비율이 어느 정도 되며, 우리 모두는 그 비율이 지금처럼 높아지는 데 일조했을 것이다.

그래서 통계학적으로 보면 우리도 살인자에 속한다. 아마 우리는 부(富)를 적극적으로 챙겨 강도가 생겨나게 하는 등의 간접적인 방법으로 살인 행위를 조장할 수 있다. 그런 한편, 자연은 다른 사람들에게 사악할 기회를 주기 위해 당신을 대단히 도덕적인 존재로 만들지만, 모두가 도덕적인 존재가 된다면 자연이 균형을 잃고 말 것이다.

나의 환자에게 근친상간 콤플렉스라는 엄청난 콤플렉스에 대한 이야기를 들려주면, 그는 한 번도 경험해 보지 않은 충격을 받을 것이다. 그래서 나는 환자에게 근친상간에 대해 말하면서 그 강도를 최대한 약화시켰다. 그의 무의식은 그가 정말로 엄청난 충격을 받아 더 이상 고상한 척 행동하지 못하도록 만들려는 뜻을 품고 있었다. 그도 보통 인간이라는 점을 보여주려 한 것이다. 당연히 그는 "인간 중에서도 최악의 인간인 주제에 왜 분석을 망설이죠?"라고 말해야 한다. 무의식이 사람들을 인간적인 존재로 만들어 나가는 것은 바로 그런 충격을 통해서다.

22강

1929년 6월 19일

나의 환자가 꾼 근친상간 꿈을 만족스럽게 해석했다는 느낌이 든다. 그가 해석에 충격을 받았는지 궁금할 것이다. 정작 그 사람은 근친상간 꿈이라는 사실조차 깨닫지 못했기 때문에 전혀 충격을 받지 않았다. 환자에 따라서 시간이 한참 지난 뒤에야 깨달음이 일어나는 경우도 있다. 놀랄 정도로 이해력이 떨어지는 사람도 있다. 이 꿈이 그의 무의식이 그에게 날린 첫 번째 주먹이다.

하지만 나는 그것을 당의(糖衣)를 입혀 그에게 전하려고 노력했다. 모든 사람의 내면에는 지나치게 통렬한 깨달음으로부터 스스로를 보호하려는 장치가 있기 마련이다. 그래서 나는 환자가 꼭 깨달아야 할 필요가 있다는 판단이 설 때에만 환자에게 이해를 강하게 요구한다.

이 환자는 대단히 이론적이었다. 이런 사람은 자신의 이해력에 긍지를 특별히 강하게 느낀다. 이 환자에게 "당신에겐 살인 충동이 있어요."라고 말하면, 그는 아마 "당연하죠. 누구에게나 다 있는 것 아닌가요?"라고 반문할 것이다. 그러면서도 그는 자신이 자기 아내의 머리를 유리병으로 실제로 내려칠 수 있다는 생각은 절대로 하지 않는다. 사고 유형의 사람이 생각에 일격을 맞는 일은 절대로 없다. 오직 감정에 의해서만 쓰러질 뿐이다.

사람들이 논쟁을 벌이는 현장을 지켜보고 있으면, 감정 유형만큼 자신의 진짜 감정을 노출시키지 않는 사람도 없다. 감정 유형의 사람은 감정을 잘 관리하기 때문에 다른 사람들에게 자신의 감정에 접근할 기회를 절대로 주지 않는다. 감정은 그의 능력이며, 감정 유형은 다른 사람과 연결을 꾀할 때 감정을 이용한다. 사고 유형의 사람을 상대할 경우에 당신은 그 사람의 감정을 통해 속을 들여다본다. 왜냐하면 그 사람이 취약한 곳이 바로 감정이기 때문이다.

사람은 누구나 우월한 기능에는 취약하지 않다. 우월 기능은 활기가 떨어지고 쉬워 보이고 풋기가 없고 뻔뻔스러워 보이지만 다른 사람을 공격해 어떤 결과물을 끌어내는 데는 매우 똑똑한 것처럼 보인다. 사람의 우월 기능은 소중한 도구이긴 하지만 그 자체로 대단히 섬세하지는 않다.

사고 유형인 사람의 사고가 매우 심오하다고 판단하는 것은 중대한 실수이다. 사고 유형인 사람의 사고는 오히려 그 반대이며, 열등한 기능과 결합될 때에만 심오할 수 있다. 감정 유형도 마찬가지다.

나의 환자는 근친상간 문제에 뭔가 들어 있다는 것을 깨닫지만, 이 어렴풋한 깨달음을 바탕으로 그 뭔가에 대한 감정이 실제로 일어나려면 아직 길을 한참 더 가야 한다. 그는 신경증 환자가 아니며, 나도 그를 가끔 만나고 있다. 그가 감정이 무엇인지를 이해하도록 하는 데에만 무려 2년의 시간이 걸렸다. 그가 처음으로 감정에 접근할 때 분석 작업이 거의 중단할 뻔했다는 사실을 당신도 알고 있다. 그러기에 그가 근친상간 꿈에서 어떤 감정을 느끼는 것은 아직 요원한 일이다. 그는 "맞아요, 그게 사실이라도 아무 문제 없어요."라고 말하겠지만, 그 어투는 마치 교과서를 그대로 읽는 듯할 것이다.

꿈의 의미를 감정으로 진정으로 깨닫게 될 때, 정말로 깊은 전율이 일어난다. 이 전율은 당장 상황을 바꾸고 싶다는 충동을 낳는다. 이 환자는 그런 일이 일어나지 않을 것이라고 말할 것이다. 그는 자기 아내에게 꿈 이야기를 들려주면서 "이 꿈은 정말 무서워. 그러니 무슨 조치를 취해야겠어."라는 식으로 말할 수도 있었을 테지만, 아직까지 아내에겐 한 마디도 하지 않았다.

그래도 나는 이 환자를 압박하지 않는다. 그에게 분석 작업이 매우 더딜 것이라고 일러주었다. 나는 6년이 걸리든 7년이 걸리든 상관없다는 태도로 임하고 있다. 내가 조금이라도 압박을 가하면, 그는 "나는 끓는 물에 손을 담글 만큼 어리석지 않아요."라고 말하곤 한다. 그러면서 분석 작업을 중단하곤 한다. 잘 아시다시피, 나는 환자들을 대단히 열심히 돌보는 편은 아니다. 그러나 이 환자에겐 하나의 실험으로 여겨 관심을 많이 쏟고 있다.

그는 지적 관심이 크며 또 지적으로 사고하는 유형이다. 그를 압박하는 것은 나의 의무가 아니다. 그건 절대로 나의 일이 아니다. 그런 측면에서 보면, 나는 그의 의사가 아니다. 그는 치료가 필요한 환자가 아니다. 그가 신경증 환자였다면, 나도 그를 압박하면서

"바보처럼 굴지 말고, 지금 당장 아내에게 가서 문제 해결에 필요한 조치를 취해요."라고 말해야 한다. 그와 나 사이엔 분석은 신사의 게임이라는 식의 기본적인 이해가 자리잡고 있다.

사고 유형의 사람이 아무렇지 않다는 듯이 냉정을 지킬 수 있는 상황에서도 감정 유형의 사람은 충격을 받을 수 있다. 엄청나게 많은 짐을 실은 말을 보는 경우가 그런 예이다. 그러나 그런 경우에도 감정 유형의 사람은 말로만 그럴 뿐이다. 감정 유형의 사람은 자신의 탁월한 기능인 감정을 발동시키고 또 감정의 언어로 말한다. 감정 유형의 사람과 함께 일을 해야 하는 상황이라면, 나도 그 사람과 똑같은 언어를 사용해야 한다.

내가 치료한 감정 유형의 여자 환자를 예로 들어보자. 아들이 얼마 전에 약혼을 했고, 아들과의 사이에 근친상간적인 측면이 약간 있었지만 그녀는 그 문제를 제대로 보지 못했다. 나는 그 같은 상황에 대해 직접적으로 언급하지 않고 대신에 간접적으로 부드러운 목소리로 "어머니가 아들을 잃는 것은 매우 힘든 일이지요."라고 말했다. 그녀는 나의 말을 액면 그대로 받아들이며 "아니에요. 그렇게 힘들지는 않아요. 딸을 잃는 게 훨씬 더 힘들어요."라고 대답했다. 이런 식으로 접근하지 않고 이 여자 환자와 지적으로 대화했다면, 그녀와 나는 근친상간과 온갖 잡다한 것을 놓고 토론을 벌여야 했을 것이며, 그러다 마지막에 그녀가 "엄마가 아들을 잃는 것은 너무 힘든 일이에요."라고 말했을 것이다. 그러나 그녀나 나나 똑같이 그 말이 진정이 아니라는 것을 잘 알고 있다. 그 말은 헛말일 뿐이다. 이 여자 환자는 똑똑한 감각 유형이며, 바보가 아니다.

무엇이든 처음 만들어질 때만큼 뜨겁지는 않은 법이다. 바로 그 점이 우월 기능의 탁월성이다. 지나치게 뜨겁지도 않고, 지나치게 단단하지도 않은 점 말이다.

사고 유형의 사람과 감정 언어로 말하는 것은 불가능하다. 감정 유형의 사람과 사고 언어로 대화하는 것이 불가능한 것이나 마찬가지다.

내가 감정 유형이 되어 이 환자와 논쟁을 벌이다가 "서로 사랑하고 또 고락을 함께 나누면서 몇 년 동안 같이 살고 있는 두 사람이 서로를 신뢰하지 못한다는 것은 정말 슬픈 일이 아닌가요? 그러니 지금 당장 집에 가서 아내를 꼭 껴안아 주도록 해요."라고 말한다고 가정하자. 그러면 이 사람은 혹시 내가 정신이 돈 것이 아닌가 하고 의심하든가, 아니면 나의 말을 받아들이면서 눈가에 눈물을 머금은 채 그렇게 하겠노라고 말해 놓고는 상담실을 벗어나자마자 "에잇! 나를 치료한다는 이 사람은 도대체 뭐야? 눈물만 짜내려 들고 있으니!"라고 말할 것이다.

사고 유형을 이런 식으로 치료하면서 눈물을 흘리게 만들면, 그 사람의 내면에 반년 이상 지속될 무서운 저항이 일어날 것이다. 설령 아내에게 할 말이 있다 하더라도, 그 사람은 나에게 유혹 당하고 기만 당했다는 생각 때문에 아내와 대화하지 않을 것이다.

감정 유형의 사람 앞에서 지적으로 말하면, 기차에다가 폭발 장치를 설치하는 꼴이 될 것이고, 따라서 끔찍한 일이 벌어질 수 있다. 그 사람의 열등 기능이 아직 적응되어 있지 않기 때문이다. 오랑우탄에게 권총을 주고, 어떤 일이 벌어지는지 한 번 지켜봐라.

따라서 분석 작업에서도 환자의 유형에 따라 대화 방식을 바꿔야 한다. 환자의 탁월한 기능이 감정이라면, 분석가도 감정 기능을 익혀야 한다. 그러면서 환자가 말을 하도록 유도해야 한다. 감정 유형의 환자를 치료하는 상황이라면, 나는 나 자신의 감정 기능을 아직 믿지 못하기 때문에 말을 지나치게 많이 하지 않는다.

앞에 예로 든 감정 유형의 여자 환자에게 그녀의 아들에 대해 이야기할 때, 나는 그녀가 나의 말에 숨겨진 가시를 발견할 것이라고 예상했으나 그녀는 나의 말을 그대로 삼켰다. 그래서 나는 나의 감정 기능이 어느 정도 세련되게 다듬어져 있다고 판단하기에 이르렀다. 감정 유형인 그녀가 나의 말을 액면 그대로 받아들였다는 사실은 나의 감정 기능이 꽤 잘 작동하고 있다는 점을 뒷받침하는 증거가 될 수 있다. 근친상간 콤플렉스를 깨닫게 하는 방법으로 이만하면 괜찮은 편이 아닌가?

사고 유형의 사람은 사고의 도덕 같은 것을 갖고 있다. 사고 유형의 사람은 이런 식으로 생각한다. "생각은 잘못될 수 없다. 비논리적으로 사고하는 것은 죄악이며, 비논리적인 사고는 불순하다. 비논리적으로 생각하는 것은 성령을 위반하는 죄이다. 사고는 직관적으로 옳다." 감정 유형의 사람도 마찬가지이다. 감정은 옳아야 하고, 감정이 옳지 않으면 자신이 패배자라고 판단할 것이다.

사고 중에서 열등한 부분은 똑같은 사고이지만 대단히 불순하다. 말하자면 자연이 생각할 법한 그런 사고이다. 칸트 같은 남자에게 자신의 열등한 사고를 보게 해 봐라. 그러면 그 사람은 즉시 목을 매 자살하고 말 것이다. 나에게도 열등한 사고를 인정하는 것이 하늘 아래 가장 힘든 일이다. 나는 열등한 사고 외에는 무엇이든 인정할 수 있다. 도덕적 광기나 근친상간을 포함한 어떠한 악도 인정할 것이다. 열등한 사고야말로 최악이다. 그러나 이 문제는 이쯤에서 접는 게 나을 것 같다.

　다음 꿈으로 넘어가기 전에, 상황을 다시 정리하고 싶다. 근친상간 꿈이 있기 전에 벚나무 꿈이 있었다. 나의 환자는 자신의 내면에서 비합리적인 어떤 성장이 이뤄지고 있다는 것을 보았고, 그 과정에 분석가인 나의 내면에서 발달한 것을 동경할 것이 아니라 자신의 개인적 발달에 관심을 쏟아야 한다는 것을 알게 되었다. 그런 다음에 그는 근친상간 꿈을 꾸었다.

　모든 것은 밑에서부터 시작한다. 그렇듯 나의 환자도 자신의 근본적인 사실들부터 이해해야 한다. 성 아우구스티누스(St. Augustine)는 "인간은 배설물과 오줌 사이로 태어난다."고 말했다. 나의 환자는 앞으로 나아가기 전에 근친상간을 꼭 이해해야 한다. 그는 자신의 감정이 열등하다는 사실을 깨달아야 한다. 그가 거쳐야 할 길은 옛날의 신비 의식과 아주 비슷하다. "네가 소유한 모든 것을 버려라. 그러면 너는 얻게 되리라." 그는 창피를 당해야 하고, 뉘우쳐야 한다. 그러면 꿈이 신비에 대한 이해를 돕기 위해 나타날 것이다.

　우리의 심리에도 똑같은 일이 벌어진다. 이 꿈을 꾼 사람은 근친상간이라는 개념을 이해해야 하고, 그 상황의 감정에 대해서도 최대한 이해할 수 있어야 한다. 그가 적어도 지적으로는 근친상간을 이해했을 것이라는 전제 하에서 앞으로 나아가도록 하자. 아마 그에게 무슨 일인가 일어나고 있을 것이다. 나의 환자는 다음과 같은 꿈을 꾸었다.

　"나는 위로 올라가는 길을 걷고 있다." (근친상간의 꿈은 수치를,

추락을 의미했다. 지금 그는 다시 올라가고 있다. 옛날의 신비 의식을 보면, 회개와 엎드림과 하강이 있은 뒤에 종종 올라가는 계단이 있다. 천문학적 언어를 빌리면, 올라가는 계단은 인간의 일곱 가지 구성 요소를 의미한다. 아니면 당신을 이루고 있는 일곱 가지 영역을 통과해서 올라간다는 것을 의미한다. 그 끝은 곧 당신 자신에 대한 완벽한 깨달음이다.) "걷는 게 너무 힘들어서, 지금 나는 풀쩍풀쩍 건너뛰고 있다. 반쯤 날고 반쯤 도약하면서 나는 아주 빨리 가고 있다. 땅엔 이따금 닿을 뿐이다. 그러다 나는 지팡이를 들고 늘 같은 길을 배회하고 있는 늙은 거지를 따라잡는다. 길 양 옆에 나무가 심어져 있다. 돌연 나 자신이 나무로 올라가 이 가지에서 저 가지로 건너뛰고 있다. 서커스단의 곡예사처럼. 그러다 나는 길을 걷고 있는 여자와 어린 소년을 발견한다. 분명, 이들은 어떤 식으로든 나와 관계가 있다. 내가 어느 나무의 아래쪽 가지들에 매달려 있을 때, 소년이 나에게 다가와서 막대기로 나를 때리려 한다. 나는 막대기를 뺏으려 한다. 그런데 막대기가 소년의 입에 물려 있다. 내가 막대기를 빼앗자, 소년의 입에서 피가 난다. 나는 '저기 둘 테니 다른 사람을 때리고 싶을 때 가져 가.'라고 말한다. 최종적으로 길은 노란 돌로 지은 건물에서 끝난다. 양쪽에 곁채가 있고 앞에 일종의 뜰이 있는, 투박하게 지은 건물이다. 곁채를 여니, 문 역할을 하는 빗장이 하나 보인다. 첫인상이 감옥 같다. 햇살이 매우 따갑게 내리쬐며 노란 돌로 지은 건물을 달구고 있다. 정원으로 나가는 문 옆에 현관 같은 것이 있고 남자 가슴 높이의 나지막한 담이 있다. 담 너머로 노인이 땅바닥에 누워 있는 것이 보인다. 넝마를 걸친 노인인데, 두 팔을 뻣뻣하게 뻗고 있다. 움직임이 없어서,

살았는지 죽었는지 모르겠다. 정원에는 대여섯 살 된 아랍 아이가 서서 우리를 놀리고 있다. 이어 나는 문의 창살까지 뛰어오른다. 그런 뒤 두 발을 정원 쪽으로 향한 채 문 위에 걸터앉는다. 그때 아랍 아이가 우리를 향해 정원으로 들어가면 안 된다고 외치기 시작한다. 그래도 나는 아이의 말에 아랑곳하지 않고 넘어가 집 문 쪽을 향하고 있다. 아주 덥다. 집 근처의 담을 따라서, 새 가구가 여러 점 보인다. 이제 방금 짐마차에서 내려진 것 같다. 가구들 사이로 세면대 같은 것이 눈에 들어온다. 거울을 달 틀은 있지만 거울은 없다. 나는 가구를 뙤약볕에 두면 좋지 않다고 중얼거린다. 그런 다음에 나는 아랍 아이를 붙잡아서 밧줄로 두 팔을 묶으려 한다. 그러자 아이가 광인처럼 울부짖기 시작한다. 그래서 나는 아이를 놓아주는 게 낫겠다고 생각한다. 집 문 쪽으로 다가가는데 '바우어 박사'라고 적힌 문패가 보인다. 나는 다른 문으로 가서 벨을 눌린다."

이제 연상을 보자. 길과 관련해서 환자는 이렇게 말한다. "나는 위로 올라가는 길이 인류의 진화나 개인의 진화와 비슷하다고 생각해요. 개인의 진화도 위로 올라가는 길을 걷는 것과 비슷해요. 그런 진보는 고통 없이 이뤄질 수 없어요. 앞으로 더 빨리 나아가기 위해선, 땅을 출발점으로 삼지만 땅에서 떨어질 필요가 있어요."

그는 도약하면서 땅을 디딤판으로 이용하고 있다. 거리의 늙은 거지에 대해, 그는 "힌두교 성자를 떠올리게 해요."라고 말한다. 나뭇가지를 옮겨가며 점프하는 행동은 그에게 "원숭이들을 떠올리게 함과 동시에 원숭이들이 숲에서 나뭇가지를 옮겨 다니는 방식을 떠올리게 한다". 길을 가던 여자와 소년은 이런 연상으로 이어진다. "미지의 여인이지만, 나는 나의 아니마에 대해 생각하고 있어요. 소년은 푸에르 아이테르누스의 꿈에 나타난 에로스일 것입니다. 여자와 소년이 나와 관계있다는 느낌이 들지만, 어떤 식으로 연결되는지는 모르겠어요." 그를 막대기로 때리는 소년에 대해, 그는 "소년이 뭘 하려 하는지 한동안 몰랐어요. 그런데 느닷없이 소년이 나를 때리기 시작하더군요."라고 말한다. 그는 또 소년의 입에서 흘러나오는 피는 "거세의 상징일 수 있어요."라고 했다. 노란색 돌로 지은 건물은 "아프리카 리비아 사막 근처에 있던 이집트인 소유의 건물들을 떠올리게 하지만, 그 건물들에는 정원은 없었어요."라고 했다.

꿈에서 이 건물을 보고 느낀 첫인상은 감옥 같다는 것이다. 그는 연상에서 "육체는 영혼의 감옥이에요."라고 말한다. 출입문 옆의 현관에 대해 그는 "아프리카에 가면 사유지 입구를 문지기가 지켜요. 문지기는 언제나 현관에서 살거나 출입문 근처의 초라한 건물에서 살아요. 문지기의 오두막이라 불릴 만한 건물이지요."라고 말한다.

현관에 누워 있는 노인은 죽었는지 살았는지 확실하지 않다. 이 노인은 그에게 힌두 성자 혹은 요가 수행자를 상기시킨다. "요가 수행자는 늘 관심의 대상이었어요. 그럼에도 외부 세계를 모두 버리는 절대적 내향, 심지어 자신의 신체에 대한 감각마저 버리는 그런 내향은 그다지 매력적이지 않아요." 그의 분석 첫 부분에서 신비주의 공부에 대한 관심이 다소 병적이었으며 그 공부가 어떠한 결실도 안겨주지 못했다는 사실이 기억날 것이다.

이어 그는 자신과 동행한 여자와 소년에 대해 말한다. "내가 점프

해서 문의 빗장에 걸터앉을 때, 정말 신기하게도, 여자와 아이는 들어가는 데 아무런 어려움이 없었다는 듯이 정원에 앉아 있어요. 내가 발을 올려놓을 때 그들이 이미 안에 들어가 있었기 때문에, 그들이 나 자신의 일부라는 생각이 들어요."

정말 이상하게도, 아랍 아이는 어떠한 연상도 불러일으키지 않는다. 그는 "아프리카에서 수없이 볼 수 있는 그런 평범한 아이인데 현실의 아이 같아요. 그런데 나는 아이에게 다가가지 못해요."라고 말한다. 뙤약볕 아래 놓여 있는 새 가구에 대해서 그는 "어디서나 볼 수 있는 싸구려 가구였어요. 갖고 싶다는 욕구를 일으킬 만한 것은 하나도 없었어요."라고 말한다.

꿈속에서 환자가 가구를 뙤약볕 아래에 두면 좋지 않다고 하는 말을 근거로, 나는 가구가 그 건물에 있던 것이 아니라고 결론을 내린다. 아랍 아이를 밧줄로 묶으려 하는 행위와 관련해, 그는 "아이가 소년인지 소녀인지 확실하지 않아요. 마치 아이를 무서워하지 않는다는 사실을 보여주려는 것 같아요. 아이는 그 집의 아이였을 거예요. 아마 관리인의 아이였을 겁니다."라고 말한다. 그 집이 아프리카의 개인 저택이고 주인 가족이 여름 동안에 타지에서 지낸다면, 당연히 관리인이 집을 지킬 것이다. 저택 주인은 언제나 하인들을 거느리고 있고, 그래서 주위에 지저분한 차림의 개구쟁이들이 많다. 갑자기 그는 자신이 외국에서 여름을 보낸 것이 8년 전이라는 사실을 떠올린다. 그렇다면 그는 8년 동안 스위스에서 살고 있는 셈이다.

바우어 박사라고 적힌 문패와 관련해, 그는 "파우스투스 박사(크리스토퍼 말로(Christopher Marlowe)의 희곡 『파우스투스 박사』에 나오는 주인

공. 『파우스투스 박사』는 파우스트 전설을 최초로 극화한 작품으로 여겨진다/옮긴이)를 떠올리게 하는군요. 동시에 마이링크의 작품 『골렘』(Der Golem)에 나오는 인물 페르나스의 가슴에 새겨진 마지막 두 단어를 떠올리게 해요. 나는 이 단어들이 마법 또는 마술의 입구라는 뜻이라고 생각해요."라고 말한다.

이 환자가 말하는 마지막 두 단어는 "빛"과 "사도"(使徒)를 뜻하는 히브리어 단어 "Aur Bocher"이다. 그러기에 이 단어들에 대한 그의 직관적인 해석은 "빛 속으로 입교하는 청년" 정도가 된다.

전체 꿈에 대해 그는 이렇게 말한다. "위로 올라가는 진화의 길을 걸으려면, 자기 자신을 땅에서 떼어놓을 필요가 있어요. 땅을 출발점으로 이용해야 하지요. 에로스 때문에 힘들어 해서는 안 됩니다. 그럼에도 에로스의 동행은 피할 수 없으며 어쩌면 반드시 필요할지도 몰라요. 무엇보다 성찰과 내향이 필요하지만, 그렇다고 아주 긴요한 것은 아니에요. 누군가가 영혼의 출입구로 다가설 때, 가구 같은 싸구려는 영혼의 정원에 없어야 합니다. 나도 그런 것들을 제거해야 하지요. 이 싸구려들이 바로 편견이라고 생각해요. 바우어 박사라는 문패가 달린 문은 내가 들어가야 할 문이 아닌 것 같아요. 마법의 길일 것 같은 느낌이 들어요. 그래서 나는 그 문을 두고 다른 문으로 가서 벨을 눌려요." 아랍 아이와 관련해, 그는 "아이가 나와 무슨 관계가 있는지 전혀 감이 잡히지 않아요."라고 말한다.

이 꿈은 마이링크의 『골렘』을 읽은 영향을 다소 받았다. 이 작품의 마지막 부분을 보면, 주인공 페르나스가 이상한 집의 미지의 정원으로 연결되는 환상의 문을 향한다. 문에는 입교식과 부활을 묘사한, 오시리스 숭배의 상징들이 그려져 있다. 입교식은 언제나 지하에서 열리며, 오시리스는 저승의 신이다. 그렇다면 『골렘』 속의 상황이 어떤 의미에서 보면 이 꿈이 일어난 배경일 수 있다. 물론 이 상황이 완전히 다른 언어로 번역되어 나타났지만 말이다.

이것은 매우 어려운 꿈이다. 그래서 한 걸음 한 걸음 착실히 분석해야 한다. 시작 부분에 그를 어떤 목표로 이끄는 길이 있다. 작열하는 태양 아래에서 걷는 것이 너무나 힘들기 때문에, 그는 곡예사나 원숭이처럼 숲의 나뭇가지를 건너뛰며 이동한다.

소년이 먼저 이 사람을 막대기로 때린다. 그가 막대기를 잡자, 막대기가 돌연 소년의 입에 물려 있다. 그가 막대기를 빼앗고, 그로 인해 소년의 입에서 피가 난다.

꿈은 옳은 방향으로 시작하고 있다. 나의 환자가 그 의미를 깨달은 것 같은 상황에서 시작하고 있는 것이다. 그는 창피를 당했으며, 굴욕의 상태에서도 위로 올라가는 길을 걷기 위해 자신을 일으켜 세우고 있다.

그러나 정작 길로 나서고 보니 걷는 것이 대단히 힘들다. 고문이나 다름없다. 태양은 몇 톤의 납 같은 무게로 내리쬐고 있고, 꿈은 그 사람이 잘 아는 언어를 매우 유창하게 사용하고 있다. 그는 숨을 막는 아프리카 여름의 열기에 대해 말하고 있으며, 그래도 나무들이 있는 곳에선 그늘 밑으로 걸을 수 있다. 그럼에도 묘기를 부리는 사람이나 원숭이라면, 이 나무에서 저 나무로 건너뛰면서 길의 먼지를 피할 수 있을 것이다. 그것은 길을 걷는 매우 직관적인 방법이며, 직관적인 사람은 원숭이처럼 도약하며 길을 걸으며 현실을 가까이하다가 멀리하기를 반복한다.

그는 산꼭대기에서 목표물을 보고는 땅을 이따금씩 밟으며 그곳에 가겠다고 생각한다. 그가 나무를 건너뛰면서 그곳에 닿을 수 있다고 생각하는 것 자체가 진실하지 못하다. 그는 오직 한쪽 발을 떼기 전에 다른 쪽 발로 땅을 밟으면서, 땀을 흘려가며 힘들게 올라가야만 그곳에 닿을 수 있다. 따라서 여자와 소년은 거리의 먼지를 뒤집어쓰며 힘들게 걷도록 내버려두고는 자신은 도약하거나 건너뛰겠다는 그의 여행 방식에 대해 우리는 의심을 품어야 한다. 여자와 소년은 걷는데, 그는 원숭이처럼 묘기를 부리며 간다. 그렇기 때문에 우리는 이전의 꿈에서 그가 진정한 감정을 느끼지 않았다고 결론을 내려야 한다. 그의 고백과 체면 손상에도 불구하고, 그는 진리를 부분적으로만 깨달았으며 그래서 여전히 옛날 방식으로 앞으로 나아가려고 애를 쓰고 있는 것이다. 직관적으로 그는 위로 올라가는 길의 고통을 느끼고 있으며, 따라서 원숭이 같은 묘기를 다시 부리려고 노력하고 있다. 그는 고통스런 현실과 접촉하기를 두려워하고 있다. 꿈은 시작 단계에서부터 그 점을 보여주고 있다.

지금까지 꿈은 그가 싸구려 방법으로 현실을 피하려 드는 것을 비판하고 있다. 그는 이전 꿈의 에로스 소년이 이 꿈에 다시 나타났다고 느끼고 있다. 달리 말하면, 여기서도 똑같은 문제, 즉 그와 아내의 관계라는 문제가 전혀 해결되지 않은 채 다시 나타나고 있다는 뜻이다.

그가 아내에게 문제를 제기하는 것은 정말 고통스러운 일이겠지만, 그것이야말로 진정한 길일 것이다. 다시 말하면, 태양의 열기와 먼지 속에서 길을 걷는 것이 바로 그런 길일 것이다. 그런데도 그는 아직도 소년이 에로스의 일종이라는 생각을 품고 있다. 그러나 푸에르 아이테르누스는 자기 자신의 진실에 닿으려는 가장 헌신적인 노력을 의미한다. 그것은 곧 미래를 창조하려는 노력이고 또 도덕을 높이려는 노력이다. 그러기에 그는 길을 반드시 걸어야 한다. 나무에서 나무로 건너뛰는 것은 있을 수 없는 일이다. 그래서 그가 나무에서 내려오자, 소년이 그를 때리려 드는 것이다.

이 꿈은 다시 비판이다. 그는 자신의 문제를 피한 데 대한 벌로 개구쟁이 소년처럼 매를 맞아야 했다. 그러나 그가 소년의 입에서 막대기를 빼앗는데, 이것은 그가 푸에르 아이테르누스가 하는 진실의 말을 무시한다는 뜻이다. 그의 깊은 영혼은 "자, 여길 봐. 너는 원숭이의 잔재주를 부리며 너 자신을 속이고 있어. 그런데 너는 뭘 해야 하는지 잘 알고 있어."라고 말하고 있다. 그는 깊은 영혼의 말을 듣고 싶어 하지 않는다. 그는 그 상징을 보고 싶어 하지 않는다. 소년의 입에서 흐르는 피가 거세 상징이라는 그의 생각은 은유적으로 진실일 수도 있다.

고대 그리스 신화에서 크로노스가 자기 아버지 우라노스를 거세했듯이, 그는 자신의 신을, 자신의 신성한 목소리를 "거세"하고 그 힘을 빼앗아버렸다. 이것은 그의 진정한 확신에 반하는 행동이고, 성령에 반하는 죄이다. 그는 마음 깊은 곳에서는 무엇을 해야 하는지 꽤 잘 알고 있으면서도 그렇게 하지 않는 쪽을 택한다. 이것은 꿈들이 작용하는 방식을 보여주는 소중한 예이다. 이런 꿈 앞에서, 무의식이 도덕적인 기능을 전혀 갖고 있지 않다고 말하기가 어려울 것이다. 이 꿈은 당신이 상상할 수 있는 최고의 도덕을 보여주고 있다. 그럼에도 많은 꿈들은 전혀 도덕적이지 않다. 그래서 나는 도덕에 대해 논하지 않고, 다만 꿈들은 어떤 행동의 경우에는 자연의 뜻에 반하기 때문에 용인되지 않는다는 점을 보여준다는 사실만 언급할 뿐이다.

소년이 등장하는 장면에 이어, 이 사람은 어떤 건물에 도착한다. 이건 무슨 의미일까? 여기서도 『골렘』의 흔적이 보인다. 그 건물은 그가 닿아야 하는 목표를 상징하며, 날개를 활짝 편 상태에서 그의 앞에 버티고 서 있다. 여기서 다시 옳지 않은 일이 벌어진다.

그는 건물로 들어가는 것이 저지당하자 마치 도둑처럼 건물을 넘는다. 다시 원숭이의 묘기가 등장한다. 『골렘』의 마지막에도 환상 속에 그런 건물이 보인다. 작품 속의 그 부분을 여기 옮기고 싶다.

"그것은 내가 꿈속에서 걸었던 것과 똑같은 길이다. 다시 나는 성으로 가는 좁은 길을 걷는다. 무섭다. 심장이 쾅쾅 뛴다. 속이 빈 벌거숭이 나무가 눈에 들어온다. 나무의 가지들이 담 위로 뻗어 있다. 지금 나무가 보인다. 나무는 꽃으로 하얗고, 대기는 달콤한 라일락 향기로 가득하다. 발아래로 이른 아침 햇살 속에 마을이 보인다. 약속의 땅의 한 장면 같다. 적막이 흐르고, 향기와 멋진 풍경뿐이다.

그것은 독특한 분위기를 풍기는 연금술사들의 거리로, 성까지 이어진다. 그러나 내가 밤에 보았을 때, 거기 하얀 집 앞에 나무로 만든 작은 격자문이 있었다.

지금 나는 길 끄트머리에서 나를 가로막고 있는 휘황찬란한 황금 문을 보고 있다. 출입구 양쪽엔 주목(朱木)이 한 그루씩 서 있다. 나는 까치발을 하며 담 너머를 보다가 놀라운 장면에 또 다시 감탄한다. 정원의 담은 모자이크로, 오시리스 숭배를 그린 황금 프레스코로 장식되어 있다. 문 자체가 자웅동체의 신이며, 두 부분이 이중의 문을 형성하고 있다. 오른쪽은 여자이고 왼쪽은 남자이다. 남자는 얕은 돋

을새김의 왕관 위에 앉아 있다. 황금 머리는 산토끼의 머리이다. 두 귀는 곧추 세워져 반쯤 편 책장처럼 서로 맞대고 있다. 나는 이슬 냄새를 맡고, 담 저 편에서 퍼져나오는 히아신스 향기를 맡는다. 나는 경이로움에 넋을 잃고 서 있다.

그러던 중 갑자기 구식 코트를 입고 은 버클이 달린 구두를 신은 늙은 정원사 혹은 하인이 왼쪽에서 나타나서 창살 사이로 나에게 뭘 원하느냐고 묻는다. 나는 아무 말 없이 그에게 페르나스의 모자를 건넨다. (주인공은 실수로 페르나스의 모자를 썼으며 그 같은 사실 때문에 자신이 페르나스라고 생각했다.) 하인은 그 모자를 받은 다음에 성의 큰 문을 통해 안으로 들어간다. 그가 문을 열 때, 신전 같은 대리석 집이 보인다. 거기에 페르나스와 그에게 기대고 있는 미리암(여주인공이며 아니마이다)이 보인다. 나는 두 사람이 마을을 내려다보고 있는 것을 본다. 한 순간, 그녀가 나를 보는 듯하더니 고개를 돌려 페르나스의 귀에 대고 속삭인다. 나는 그녀의 아름다움에 매료된다. 그녀는 아주 젊다. 내가 꿈에서 본 그대로이다. 페르나스도 고개를 서서히 내 쪽으로 돌린다. 순간 나의 심장이 멎는다. 그의 얼굴이 나의 얼굴과 똑같기 때문이다.

이어 문이 무너져 내리고, 이젠 자웅동체만 흐릿하게 보일 뿐이다. 늙은 하인이 나의 모자를 돌려주면서 이렇게 말한다. '페르나스씨는 당신에게 고맙게 생각하고 있으며 혹시 당신을 정원으로 초대하지 않더라도 너무 괘념치 말라고 부탁하셨어요. 하지만 정원으로 초대하는 것은 이 집의 규칙에 어긋나는 일이지요. 페르나스씨는 또 당신의 모자를 쓰지 않았다는 사실을 전해달라고 부탁했습니다. 즉시 모자가 바뀌었다는 사실을 알았기 때문이지요. 그는 다만 자신의 모자 때문에 당신의 머리가 아팠던 일은 없었기를 바라고 있어요."

이 작품은 본의 아니게 현재와 같은 역할을 하게 된 남자에 관한 이야기이다. 이 남자는 그것을 실수로 보았다. 궁지에 빠지는 사람이 흔히 변명처럼 내뱉는 것이 그런 식이다. "제기랄, 나는 덫에 빠졌어. 그런데 그 덫이 바로 나야." 그런 사람들은 언제나 자기 자신을 최대의 실수로 여긴다.

23강

―

1929년 6월 26일

올 여름 마지막 강의이다.

파우스트와 헬레나의 아들 오이포리온의 의미가 많은 사람을 헷갈리게 하는 것 같다. 이 문제를 논하다 보면, 자연히 집단 무의식의 형상들을 돌아보게 된다. 파우스트는 현자, 마술사와 동일시된다. 파우스트가 연금술사 파라켈수스(Paracelsus: 1493-1541) 또는 파라켈수스의 아들이라는 이야기가 있다. 파우스트를 실존하는 개인으로, 예를 들어 파라켈수스로 본다면, 파우스트는 늙은 마술사라는 집단적인 형상과 동일시되는 인간 파라켈수스가 될 것이다. 많은 천재들은 이런 식으로 자신의 우월 기능과 동일시되고 있으며 또 거의 틀림없이 현자의 인상을 풍긴다.

'파우스트'에서, 푸에르 아이테르누스인 아이포리온은 파우스트와 헬레나의 아이로 나온다. 헬레나는 분명히 아니마이고, 따라서 이 아이는 현자와 그의 아니마 사이에 나온 결실일 것이다. 물론 이 것은 한 가지 예에 지나지 않는다. 따라서 모든 조건에서 두루 통하는지 확인할 필요가 있다. 여기엔 한 가지 결함이 있다. 이 푸에르 아이테르누스가 집단 무의식 속의 두 형상의 결실이라는 점이다.

'파우스트'에서 오이포리온은 태어나자마자 늘 소녀들을 쫓으면서 특별히 강한 욕망의 징후를 보이다가 불꽃으로 사라지고 만다. 소년 마부도 마찬가지다. 또 증류기 안에 든 채 떠돌다가 아름다운 갈라테아의 옥좌를 향해 몸을 날렸다가 폭발하며 사라지는 호문쿨루스도 마찬가지다.

셋 다 똑같은 운명을 맞는다는 사실은 푸에르 아이테르누스의 창조는 절대로 오래 지속되지 못한다는 뜻을 전하고 있다. 또 푸에르 아이테르누스를 낳는 것에 뭔가 잘못된 부분이 있다는 점을 암시한다. 잘못된 점은 아마 푸에르 아이테르누스의 창조가 무의식의 집단적인 형상 2명을 통해 이뤄지고 인간이 개입되지 않는다는 점일 것이다.

이것은 사람들이 흔히 목격하는 바를 묘사하고 있다. 세상에 발을 깊이 담그고 있는 현자가 갈라테아 같이 아름다운 존재의 옥좌를 향해 몸을 날렸다가 완전히 사라지고 마는 경우가 종종 있지 않는가! 누구나 그런 남자를 알고 있을 것이다. 갈라테아처럼 아름다운 여자의 옥좌 같은 장애물이 나타나자마자, 현자는 이 장애에 막혀 꽃을 채 피우지 못하고 사라질 것이다.

인간 존재에게 완벽한 현자가 되라고 요구하는 것은 지나치게 가혹하다. 그러므로 우리는 푸에르 아이테르누스라는 개념을 완전히 버리든가, 아니면 푸에르 아이테르누스를 다른 방식으로 창조해내야 한다. 인간은 "위대한 현자"와 동일시할 것이 아니라 자기 자신의 그림자를 동화할 수 있어야 한다. 위대한 인간이나 천재에게서 흔히 확인되는 특징은 본인이 그림자를 갖고 있다는 사실을 모른다는 점이다. 실제로 보면 위대한 인간도 그림자를, 그것도 너무나 터무니없는 그림자를 갖고 있는데도 말이다.

예를 들어, 바그너는 지크프리트에 대한 글을 쓰면서 모든 사람들에게 자신의 그림자를 드러내 보여주고 있다는 사실을 깨닫지 못했다. 바그너가 지크프리트의 칼을 묘사하는 동안에 치마를 입고 있었다고 하던가! 그는 분홍 리본이 달린 화장복 차림으로 '니벨룽겐의 노래'를 쓰면서 완전히 바보처럼 굴었다. 그럼에도 그런 사람은 자신이 그림자를 갖고 있다는 점을 인정하지 못한다. 그런 사람은 자신의 천재성에 대해 신에게 감사하는 마음을 절대로 품지 않는다. 그러면서 자신이 창조적인 마음의 소유자라고 믿으며 또 자신의 천재성을 스스로 성취해냈다고 믿는다. 당신 자신의 그림자를 확인하고 스스로 완벽하지 않다는 사실을 인정하는 순간, 당신은 더 이상 자신을 "위대한 현자"와 동일시하지 못하고 또 자신의 아니마로 푸에르 아이테르누스를 창조하지 못한다.

그러면 이런 의문이 생긴다. 자신의 그림자에 대해 알고 또 개성화를 통해 완전해진 사람은 어떤 조건에서 자신의 아니마를 갖고 무엇인가를, 그 이름이 암시하는 바와 같이 영원히 이어지는 푸에르 아이테르누스 같은 것을 창조할 수 있는가? 개성화를 통해서, 당신은 시간을 초월하고 영원한 무엇인가를, 불멸의 특성을 지닌 무엇인가를 창조한다. 그것이 바로 동양이 추구하고 있는 것이며, 동양인들의 글을 보면 그런 내용이 자주 보인다.

동양이 추구하는 것을 받아들일 것인지 말 것인지는 당신의 자유이다. 그러나 그런 식으로 창조된 푸에르 아이테르누스는 영원의 특성을 지닌다. 여기서 나는 형이상학적인 설명이 아니라 심리학적인 설명만을 제시할 것이다. 이유는 우리 모두가 시간과 공간의 제약 속에서 살고 있기 때문이다.

우리는 쇠를 보고 단단하다고 말한다. 하지만 단단함이란 무엇인가? 실제로 보면 쇠도 무르다. 문제는 다만 어떤 관점에서 쇠를 판단하는가 하는 점이다. 봉랍(封蠟)도 단단하다고 여겨지지만 한동안 그걸 거꾸로 들고 있으면 흘러내릴 것이다. 봉랍은 반액체이다. 이렇듯, 단단함은 단지 심리적 태도에 지나지 않는다. 그렇기 때문에 당신이 무엇인가를 두고 영원하다고 말할 때, 그것은 단지 시간을 초월하는 특성을 의미할 뿐이다. 완벽한 개성화는 그런 특성을 지닌 무엇인가를 일궈낸다.

그 무엇인가는 그 사람의 일에 생기는 것도 아니고 그 사람의 삶에 생기는 것도 아니다. 그 사람의 내면에 생긴다. 그것은 단순히 어떤 내면적 경험이다. 사람은 그 경험에 대해 그냥 주장할 뿐이다. 그것은 설명 불가능한 삶의 사실이다. 신앙심 깊은 사람에게 종교나 신에 대한 경험에 대해 물어보라. 그 사람도 그 경험에 대해 그냥 주장만 할 수 있을 뿐이다. 그에겐 그 외에 달리 말할 게 전혀 없다. 당신도 거기에 하나도 더 더하지 못하고 하나도 더 빼지 못한다. 그러기에 그것이 영원의 성격을 갖는 것이다.

여기서 건물과 정원, 그리고 거기까지 이어지는 길이 나온 꿈으로 돌아가자. 나의 환자가 막대기를 빼앗다가 소년의 입에서 피가 나게 하는 대목에 대한 해석은 끝냈다.

건물은 길의 목적지를 상징한다. 길은 순전히 그 건물만을 위해 만들어졌다. 그래서 그 길을 따라 걷다 보면 자연히 문에 닿게 된다. 그런데 문에 빗장이 걸려 있다. 이 건물은 무슨 의미일까? 건물은 노란 돌로 지은 정방형 구조이며, 양쪽에 별채가 있다. 나의 환자는 건물이 노란 돌로 지어졌다는 사실을 강조하고 또 이집트의 사막 근처에 있던 관청을 떠올리게 한다고 말한다. 이집트 관청에는 정원이 없었는데 이 건물엔 정원이 있는 것만 다르다.

나의 환자는 『골렘』을 읽었으며, 이 꿈은 이 작품의 마지막 부분과 밀접히 연결되어 있다. 앞에서 보았듯이, 이 작품에도 길의 최종 목적지를 상징하는 건물이 나온다. 문은 토끼 머리를 한 오시리스 형상으로 만들어졌다. 오시리스가 토끼의 머리를 한 모습으로 그려진 적은 절대로 없다. 그것은 마이링크의 창작이다.

이 이미지와 관련해서 마이링크도 알지 못했을 기이한 점이 한 가지 있다. 오시리스가 토끼의 머리를 가진 모습으로 그려진 적은 없지만, 이집트의 악의 신 세트는 귀가 긴 어떤 동물의 머리를 가진 것으로 그려진다는 점이다. 어떤 이는 그것이 토끼의 머리라고 하고, 어떤 이는 그것이 나귀의 머리라고 하고, 또 다른 이들은 그것이 오카피(콩고에서 발견된 영양의 한 종류로 지금은 희귀하지만 예전에는 아마 널리 분포했을 것이다)의 머리라고 한다. 고대에 세트는 나귀와 연결되었다.

유태인들이 예루살렘에서 나귀의 머리를 숭배했다는 로마의 전설이 있다. 이런 전설이 생긴 배경은 오시리스 숭배에 반대하던 유태인들이 오시리스의 적인 세트를 숭배할 것으로 짐작되었기 때문이다. 로마의 군사학교에 예수 그리스도를 조롱하는 그림이 하나 있다. 매우 우스꽝스런 모습으로 십자가에 못 박힌 예수의 상을 벽에 대충 그린 그림이다. 십자가 위의 형상은 나귀의 머리를 한 것으로 그려졌다. 거기에 서툰 그리스어로 "젊은 장교 알렉산드로스는 이런 식으로 자신의 신을 숭배한다."고 적혀 있다. 이 그림은 예수 그리스도를 나귀의 머리를 가진, 유태인의 신으로 조롱하고 있다.

세트는 이집트 악마이며, 태양신 라의 사악한 적이다. 오시리스는 매우 오래된 신이며, 훗날 라로 대체된다.

오시리스가 아주 늙었을 때, 이런 일이 있었다. 오시리스가 땅 위를 걷다가 갑자기 눈에 통증을 호소했다. 그러자 아들 호루스가 오시리스에게 무엇을 보았는지 물었다. 이에 오시리스는 "검은 돼지가 한 마리 보였어."라고 대답했다. 호루스는 "그렇다면 세트를 보셨군요."라고 말했다. 이어 호루스는 자신의 눈을 뽑아 오시리스에게 줘 시력을 되찾게 했다. 그런데 불행한 결과가 나타났다. 오시리스는 저승에서 사자(死者)들의 심판관이 되고, 호루스는 떠오르는 신이 된 것이다. 이것은 인간 존재의 후반부를 상징하고 있다.

실제로 뒷받침하는 기록은 전혀 없지만, 호루스의 눈이 예수 그리스도와 직접 연결되는 것은 꽤 분명해 보인다. 초기 가톨릭의 가르침은 이시스와 호루스를 마리아와 예수 그리스도를 예고하는 존재로 언급했다. 호루스는 "치료자"이다. 호루스는 자신의 눈(언제나 비전과 관점, 가르침을 의미한다)을 줌으로써 늙은 신을 치료한다. 호루스는 또한 신비의 신이다.

호루스는 일반적으로 그림의 한가운데에 그려지는데, 그 그림의 네 귀퉁이에 네 아들이 그려진다. 한 아들은 인간의 머리를 하고 있고, 다른 세 아들은 동물의 머리를 하고 있다. 이것은 기독교가 네 복음전도사를 그리는 방식과, 말하자면 세 전도사를 동물로 그리고 한 전도사를 인간으로 그리는 방식과 완전히 일치한다. 기독교에서 네 복음전도사는 사자와 수소, 독수리, 천사로 그려진다. 가운데의 예수 그리스도를 둘러싸고 있는 네 복음전도사는 기독교 만다라를 그리고 있고, 호루스와 그의 아들들은 이집트 만다라를 그리고 있는 셈이다. 이 만다라들은 개성화의 상징들이다. 옛날 신비주의에서 예수 그리스도가 의미한 바는 완벽한 사람이었다.

이것이 세트의 머리를 한 오시리스 조각상으로 만든 문에 대한 설명이다. 이 문은 오시리스와 세트의 결합이고, 따라서 상반된 것들의 결합을 의미한다. 이 모든 내용은 그 꿈에 대한 해석이다. 그렇다면 건물은 무슨 의미일까? 재미있는 것은 건물이 관청으로서, 아주 옛날 스타일로 지어졌다는 점이다. 어떠한 개성도 느껴지지 않을 그런 건물이다. 그런데 이 건물은 사회적 가치를 지니고 또 많은 사람들이 이용하는 공간이다. 다수의 사람들을 이롭게 하는 곳이고, 사람들이 많이 들락거리는 곳이다.

이 건물은 개성화에 대한 엉터리 생각을 보완하고 있다. 사람들은 자기(自己)가 단순히 "나 자신"만을 추구하는 에고의 성격을 갖고 있다고 단정한다. 그래서 꿈은 "넌 잘못 생각하고 있어. 그건 네 자신이 아니야. 그것은 공공건물 같은 것이고, 집단적인 제도 같은 것이야."라고 말하고 있다.

우리 모두는 본능적으로 그 같은 실수를 저지른다. 우리가 "자기"에 대해 말할 때, '자기'라는 표현은 곧 "나 자신"이라는 뜻으로 쓰인다. 많은 사람들이 개성화가 이기적이고 자기중심적이라고 생각하지만, 실제로 보면 절대로 그렇지 않다.

당신이 존재하지 않으면, 군중도 존재하지 않는다. 한 방울의 물이 없으면, 대양도 절대로 있을 수 없다. 한 알의 모래가 없으면, 사하라 사막도 존재하지 못한다. 당신이 사막의 모래 한 알이라면, 당신은 사하라 사막이 될 수 있다. 이때 개인은 영원의 특성을 갖는 외에 "큰 것보다 더 큼에도 불구하고 작은 것보다 더 작다". 이 꿈은 '자기'를 에고로 생각하는 그의 개인적 실수를 지적하고 있다.

많은 사람들이 철학자로 여기지 않을 에마누엘 스베덴보리(Emanuel Swedenborg)의 철학에, 가장 위대한 인간, 즉 호모 막시무스(Homo maximus)의 가르침이 있다. 우리 모두는 호모 막시무스의 육체 안에 세포처럼 존재하고 있다. 우리 중 일부는 그의 영혼에, 일부는 그의 눈에, 일부는 그의 뇌에 거주한다. 그래서 우리 모두는 그 존재를 하나의 완전한 존재로 만드는 데 기여하고 있다. 훌륭한 두뇌를 가진 사람은 그의 뇌에 살 것이고, 좋은 시력을 가진 사람은 그의 눈을 이루면서 아마 사냥꾼이 될 것이다. 생식기도 예외가 아니다. 스베덴보리는 생식기를 빌려서 특이한 기질을 설명한다. 이것이 스베덴보리의 조화의 원리이지만, 그의 사상은 심리학적으로 충분히 발달하지 못하고 의식이 되던 길 어딘가에 갇혀버렸다.

나의 환자는 이 건물이 감옥 같다는 인상을 준다고 말한다. 그의 연상은 "육체는 영혼의 감옥"이라는 것이다.

이 꿈은 아주 전형적인 꿈이다. 사람들은 자신이 본연의 모습을 찾게 되면 특별한 해방을 누리게 되거나, 책임이나 미덕이나 악덕으로부터 자유로워질 것이라고 기대하지만, 실제로 보면 그런 기대와 완전히 딴판이다. 오히려 갑자기 덫에 걸리게 되고, 구덩이에 빠지게 된다. 그런데 그곳이 당신이 있어야 할 곳이다.

우리 모두는 원래 있어야 할 곳에서 멀리 벗어나 방황하고 있는 작디작은 간(肝) 세포와 비슷하다. 자그마한 간 세포는 원래 있던 곳에서 도망 나와 모든 조직을 통해 온 곳을 두루 돌아다니고 있다. 그러다가 간 세포는 뇌를 발견하고는 "여기는 쾌적하고 좋구나, 공기도 신선하고."라고 말하지만, 이 간 세포의 이웃들은 "꺼져. 여기선 넌 아무 쓸모가 없어."라고 말한다. 그래서 작은 세포는 거기서 쫓겨나 다시 폐를 따라 방황하지만, 폐에서도 똑같은 일이 벌어진다. 그러면 간 세포는 "세상이 꽉 막혔어. 아무도 나를 이해하지 못해."라고 불평한다. 하지만 간 세포가 스스로를 잘 이해하고 있었다면, 그런 불평은 절대로 없었을 것이다. 간 세포가 먼저 그곳이 자신이 있을 곳이 아니라는 사실을 잘 알았을 테니까 말이다.

그러다 간 세포는 혈관을 따라 힘들게 방황하다가 마침내 간으로 들어가 거기 구덩이에 떨어진다. 그때 작은 간 세포는 "제기랄, 정말 불편하구나. 어쩌다 내가 여기 갇히게 되었지?"라고 투덜거릴 것이다. 그러나 신(神)은 "꼼짝 말고 거기 있어!"라고 말한다. 이어 거기가 간 세포가 있어야 할 곳으로 확인된다. 개성화라고 부르는 것은 바로 그런 것이다. 그렇다면 최악의 덫은 육신인 셈이다.

우리 모두는 늘 마음과 미덕이 우리의 날개라는 가르침을 들으며 살아왔다. 그러다 보니 우리는 자기 자신보다 더 높이 날려고 들고, 마치 육체는 존재하지 않는 것처럼 살고 있다. 이런 현상은 직관적인 유형의 사람들에게 특히 자주 나타나지만, 실제로 보면 모든 사람에게 나타나고 있다. 육체가 가장 심각한 장애처럼 보인다. 육체는 무겁고, 또 어떻게 다뤄야 할지 모르겠다는 낭패감을 안겨준다.

육체가 마치 무시무시한 장애물처럼 보이는 것이다.

중세 기독교 교육을 통해, 육체는 나쁜 이름을 얻었다. 사람이 구덩이로 떨어지는 것은 바로 육체의 한계 때문이다. 그러면 사람은 육체를 비난하게 되고, 육체는 "하지만 이게 너인 걸."이라고 말한다. 이 모든 것은 감옥으로 표현되고 있으며, 그래서 나의 환자도 "육신은 영혼의 감옥"이라는 연상을 떠올린다.

영혼은 육체와 반대로 날개 달린 존재로서 땅 위를 자유롭게 날아다닐 수 있다. 여기서 다시 나의 환자는 태양이 작열하고 있다고, 태양이 모든 곳을 태우고 있다고 언급한다. 태양의 뜨거운 열기는 전체 상황을 특징적으로 표현하고 있다. 이 사람은 적도에서 몇 년 동안 살았으며, 그는 아프리카 태양의 위험을 잘 알고 있다.

아프리카 태양의 뜨거운 열기에 대해 생각해볼 필요가 있다. 그 문제와 관련해 그가 떠올린 연상이 그것이다. 그는 자신이 특별히 팽팽한 긴장 속에서 힘들어 하고 있다고 느끼고 있다. 우리도 어려운 상황에 처할 때 "뜨거운 물에 빠진 것 같다"는 표현을 쓴다. 태양은 고통스러울 만큼 뜨겁다. 그래서 그는 원숭이의 묘기를 부리며 태양의 열기로부터 탈출하려 한다. 그는 그늘을 찾는다. 그 사이에도 여자와 소년은 태양에 고스란히 노출된 상태에서 묵묵히 길을 걷고 있다. 꿈속의 뜨거운 태양은 어려운 상황을 의미한다. 즉 리비도가 많이 요구된다는 뜻이다.

나의 환자는 이집트 신화를 꽤 많이 알고 있다. 그러기에 이 대목에서 건물이 무자비한 신의 눈길에 뜨겁게 타고 있다는 식의 시적 해석도 가능하다. 그의 무의식에 그가 신의 눈길 아래에 있다는 생각이 있다. 이것도 개성화의 한 특징인데, 이 점을 간과해서는 안 된다. 자신을 대양으로 생각하던 사람이, 자신을 사하라 사막으로 생각하던 사람이 휘두르던 힘이 개성화에 의해 한 방울의 물로, 한 알의 모래로 환원되고 있다. 자신의 존재가 절망적일 만큼 작고 허약해 보이는 순간에, 그는 보편성이라는 사상에 눈을 뜬다.

가장 장엄한 존재, 말하자면 가장 위대한 관념은 언제나 신이라 불려왔다. 또 가장 작은 힘은 언제나 가장 위대한 힘과 대비되고, 또 가장 좁은 공간은 언제나 가장 광대한 공간과 대비되어 왔다. 그렇듯, 개성화라는 내면의 경험은 신비주의자들이 "신의 경험"이라고 부른 바로 그것이다. 개성화는 하나의 심리적 사실이며, 개성화 과정이 언제나 삶에서 가장 소중하고 가장 중요한 것으로 평가받아 온 이유도 그것이 심리적인 사실이라는 데에 있다. 인간에게 영원한 만족을 안겨주는 유일한 것이 바로 개성화이다.

개성화와 비교하면, 권력과 명예, 부는 아무것도 아니다. 권력과 명예, 부는 외적인 것이고 따라서 헛되다. 진정으로 중요한 것은 우리의 내면에 있다. 나에겐 행복의 외적 근거를 갖는 것보다 나 자신이 행복한 것이 훨씬 더 중요하다. 부유한 사람들은 행복해야 하는데도 종종 보면 그렇지 않다. 그들은 지겨워 죽으려 한다. 그렇다면 내면의 행복이 일어날 조건을 이루려 노력하는 것이 훨씬 더 중요하다.

경험에 비춰보면, 사람이 영속적인 결실을 이룰 수 있는 심리적 조건은 따로 있다. 그런 조건은 시간을 초월하고 영원한 특성을 보이는 뭔가를 갖고 있다. 또 인간을 넘어서는 특성도 갖고 있다. 그런 심리적 조건은 성스러운 성격을 지니며, 인위적인 것들이 제시하지 못하는 만족을 낳는다.

이젠 꿈의 두 번째 부분을 보도록 하자. 문은 잠겨 있고, 빗장을 넘는 방법 외에는, 말하자면 속임수를 쓰는 방법 외에는 안으로 들어갈 길이 전혀 없다. 잠겨 있다는 것은 접근이 용이하지 않다는 의미이다. 즉시 안으로 들어가지 못한다는 뜻이다. 문 입구에 일종의 현관 같은 것이 있다.

나의 환자는 꿈에서 넝마를 걸친 노인이 문 안에 있는 것을 본다. 노인은 두 팔을 쭉 뻗은 채 미동도 하지 않는다. 죽었는지 살았는지조차 확실하지 않다. 나의 환자는 연상을 하다가 그런 수위실은 꽤 흔하다고 말한다. 꼼짝하지 않고 있는 노인과 관련해서, 그는 무아경에 빠진, 그의 표현을 빌리면 육체까지 버리고 완벽한 내성(內省)을 이룬 요가 수행자를 떠올린다. 그러면서 그런 상태는 그다지 매력적이지 않다고 말한다. 이 노인은 무엇을 의미하는 걸까?

노인은 틀림없이 예전에 그가 했던 신지학 공부와 육체를 경시하는 철학을 상징한다. 신지학 공부는 나의 환자가 분석을 위해 나를 찾게 된 이유 중 하나였다. 그는 신지학 공부에 어느 정도 빠져 있었다. 노인이 뻗어 있는 장면은 전혀 매력적이지 않다. 사실 노인은 이 지점에서 꿈에서 사라진다. 노인은 이후로 더 이상 아무런 역할을 하지 않는다. 이 장면은 무의식적 사고가 전개되는 과정에 나타나는 일종의 간주곡이다. 노인이 나의 환자의 무의식에 개성화 과정을 상징하는 요가 수행자의 그림들을 불러일으켰을 것이다. 왜냐하면 요가 수행자들이 "도"(道)의 철학을 강조하기 때문이다. 그러기에 그가 문 쪽으로 접근하고 있을 때에 자연스럽게 그런 그림들이 나타나고, 그런 길로도 문이 열릴 수 있을 것이다.

그러나 혼수상태에 빠진 문지기는 문을 열지 못한다. 문지기에게 호소해 봐야 아무 소용이 없다. 문지기는 지금 무아경에 빠져 육체와 분리되어 있다. 성실한 문지기가 아니다. 꿈을 꾼 사람이 정원으로 들어가고 싶어 하는 욕망은 틀림없이 엄청나게 강했을 것이다. 그에겐 어떤 수단을 써서라도 안으로 들어가야 할 것으로 생각되었다. 그는 문 안쪽의 정원에 있는 여덟 살쯤 된 아이를 본다. 그런데 이 아랍 아이는 꿈을 꾼 사람을 조롱하고 있다.

그가 도약하듯 지나온 길을 인내심 있게 걷던 여자와 소년은 정원 안에 있다. 그렇다면 이 아랍 아이는 무엇을 의미할까? 나의 환자가 떠올린 연상은 어느 거리에서나 흔히 볼 수 있는 아이라는 것이다. 저택의 주인이 외지에 나가 있는 동안에 거기서 함께 살고 있는 문지기의 친척 아이 중 하나일 수 있다. 이 아이는 전혀 매력적이지 않을 것이다. 남루하고 지저분하고, 눈은 트라코마로 인해 충혈되어 있을 것이다.

아이가 소년인지 소녀인지 분명하지 않다. 그 뒤의 꿈에도 비슷한 아이가 나오는데, 그 아이는 소녀다. 그러나 그는 이 꿈속의 아이가 소년인지 소녀인지에 대해서는 자신 있게 말하지 못한다. 그래도 우리는 그보다 훨씬 더 중요한 단서를 하나 갖고 있다. 늙은이는 문을 열 수 없지만 아이는 문을 열 수 있다는 점이다. 그러나 아이는 지저분한 개구쟁이이다. 북 아프리카에 가면 그런 아이들이 수두룩하다. 어린 문지기가 그처럼 지저분한 모습으로 나타나는 이유는 무엇일까?

꿈을 꾼 사람은 문을 열고 곧장 안으로 들어가길 원한다. 그러나 그가 마지막 목적지로 들어서려 하는 바로 그때, 지저분한 꼬맹이가 거기 있다. 문은 멋진 금빛 날개를 가진 천사에 의해 열리는 것이 아니라 지저분한 개구쟁이에 의해 열리게 되어 있다. 당신이 낙원에 간다면 거기서 뭘 기대할 것 같은가?

짓궂고 지저분한 아이들이 동양에서 어떤 의미로 통하는지 아는가? 예수 그리스도는 "너희가 돌이켜 어린아이처럼 되지 않는다면."이라고 했다. 그때 예수 그리스도는 학교에 다니던 말쑥한 아이들이 아니라, 예수가 본 그대로, 길거리의 지저분한 아이들에 대해 이야기하고 있었다.

칼날만큼 날카롭고 머리카락만큼 좁은 다리를 건너야 할 때, 당신은 당신의 죄나 미덕을 전부 확인하게 된다. 나의 환자는 대단히 고상한 척했기 때문에 온갖 죄를 다 만나야 할 것이다. 그래서 지저분한 아이가 그에게 문을 열어주게 되는 것이다. 지금 자신이 처한 비천한 처지를 받아들이지 않으면, 그는 틀림없이 천국에 들어가지 못할 것이다. 말하자면 개성화를 향한 걸음을 떼지 못하게 될 것이다. 그런데 그는 문을 뛰어넘어 "천국을 억지로 침입하면서" 낙원으로 올라간다.

그가 안으로 들어가자, 여자와 소년도 거기에 있다. 여자와 소년은 그의 일부이며, 그의 심리적 가족이다. 그가 정원으로 들어서자마자, 아이가 그를 향해 들어오면 안 된다고 소리를 지르기 시작한다. 그는 건물로 다가서다가 뜨거운 햇살에 그대로 노출되어 있는 새 가구를 본다. 가구들 사이로 세면대가 보이는데, 거울을 끼울 틀만 있고 거울은 없다. 나의 환자가 이와 관련해 떠올린 연상은 이 가구들이 흔해 빠진 싸구려이며 형편없는 취향을 보여준다는 것이다. 가구와 관련해 특별히 개인적인 사연은 전혀 떠오르지 않았다. 가구는 이제 막 짐마차에서 내려져 집 안으로 들여지기를 기다리고 있다. 이것은 최근에 벌어진 일을 보여주는 것임에 틀림없다.

지식인은 종종 거울로 불린다. 그렇다면 거울을 끼울 틀은 있는데 거울이 없다는 것은 통찰력이 전혀 없다는 뜻이다. 나의 환자는 새 가구를 뙤약볕 아래 그대로 두었다는 사실에 특별히 흥분했다. 그가 문 안으로 들어가는 것이 허용되지 않기 때문에, 가구도 집 안으로 들어가지 못하고 있다. 가구는 지금 밖에 있다. 그도 담을 넘지 않았다면 가구와 같은 위치에 있었을 것이다. 가구는 담을 넘지 못한다. 그래서 뙤약볕 아래에 있다.

가구는 분명히 그의 것이다. 그는 그곳이 자신이 있어야 할 곳이라는 점에 대해 조금도 의심하지 않는다. 그래서 문이 열려 있지 않다면 문을 넘어야 한다. 그는 자신이 매우 고상하고 올바른 사람이라는 생각을 품고 있다. 그렇기 때문에 그는 천국의 문에 이르기만 하면 곧장 응접실로 안내되어 신의 영접을 받을 것으로 기대했다. 그런데 뜻밖에 거기엔 지저분한 아이가 있다. 그가 천국으로 보낸 가구는 뜨거운 태양 아래 그대로 놓여 있고, 가구는 아주 싸구려이다. 세면대에는 거울조차 달려 있지 않다(익지 않은 열매가 다시 등장한다).

그는 천국을 억지로 쳐들어가는 과정에 자기 자신에 관한 불쾌한 사실들을 많이 발견한다. 꿈의 마지막 부분에서 그는 가구가 있는 곳으로 오기 전까지 아랍 아이에게 전혀 관심을 주지 않았다. 사실 그는 아이를 타넘은 것이나 마찬가지이며, 지금 그는 꿈속에서 약간의 분노를 품고 있는 것 같다. 그는 분명히 일이 잘못 돌아가고 있다는 사실을 깨닫는다. 그는 "여기에 지저분한 녀석이 또 있네!

이 녀석을 잡아야 해."라고 말한다. 그는 아이를 밧줄로 묶는다. 그러자 아이가 울음을 터뜨린다. 그는 사태가 더 악화되는 것을 피하기 위해 아이를 놓아준다. 그러면 아이를 밧줄로 묶는 행위는 뭘 의미할까?

나의 환자는 이 대목에서 "마치 내가 아이를 무서워하지 않는다는 사실을, 그리고 그 집의 아이일지라도 아이를 진압할 수 있다는 사실을 보여주려는 것 같아요."라고 말한다. 그는 틀림없이 "당신은 들어갈 수 없어!"라고 말하는 아이를 짓밟아버리고 싶어 한다. 아이는 그의 열등한 측면을 상징한다. 그렇기 때문에 그는 어떤 일이 있어도 아이를 눌러야 한다.

아프리카 같은 곳에서 살면 누구라도 그곳의 일부를 흡수하게 마련이다. 따라서 아프리카의 미개한 성격이 그 사람의 무의식에 침투해 영향을 미치게 되어 있다. 그러면 훗날 원시적인 요소를 제거하고 문명에 다시 적응하는 것이 대단히 어려워진다. 동양에서 오래 산 유럽인들은 이 같은 사실을 확인한다. 나의 환자가 유럽에서 다시 살고 있는 지금, 미개한 요소가 그에게 끊임없이 문제를 야기할 것이다. 그는 미개한 요소를 묶어놓으려고 애를 쓰지만 결코 쉽지 않다. 그래서 그는 이 요소를 다시 풀어줘야 한다.

그는 백인의 긍지를 느끼고 있으며, 이 점이 그가 주변 환경과 동일시하지 못하도록 막고 있다. 그는 아랍 아이가 자유롭게 돌아다니도록 내버려두려 하지 않는다. "아이에게 본때를 보여줘야겠어."라는 말이 그의 입에서 나온다. 이 말은 아프리카에서 누리는 백인의 권력을 보여주고 있다. 어떤 집의 문을 지키는 흑인이 "들어가면 안 돼!"라며 막고 나서면, 백인은 "염병할! 막기만 해 봐라!"라고 말할 것이다.

아이와 실랑이를 벌인 뒤, 그는 그 집의 문으로 다가가 바우어 박사라는 이름이 적힌 문패를 발견한다. 그가 떠올린 연상은 파우스투스 박사 혹은 마이링크의 『골렘』에 나오는 명문(銘文)의 마지막 두 단어 "Aur Bocher"이다. 이 명문은 부분적으로 해독이 불가능한 히브리 신비주의 단어들이다. 이 명문의 단어들을 차례로 보면, 공동체 혹은 권력을 뜻하는 단어가 있고, 그 다음에 해독 불가능한 단어가 있고, 마지막 단어는 "사도의 빛"을 뜻한다. 이 단어들은 당연히 그 책에서 큰 역할을 하는 개념들이다. "사도"는 개성화의 길로 안내를 받는 입교자이고, "빛"은 계몽이다.

이 명문은 히브리어로 쓴 어느 신비주의 책에서 인용했을 가능성이 꽤 크다. 그노시스파 사람들은 엉터리 시리아어나 아람어, 히브리어, 그리스어를 이용하거나 가공의 단어까지 써가면서 그런 문장을 많이 만들었다. 이런 명문은 사람들이 이해하지 못한다는 사실 때문에 오히려 더 막강한 영향력을 발휘할 수 있었다.

"권력"과 "공동체"는 이 꿈에서 중요한 역할을 하고 있고 또 이 꿈이 『골렘』의 내용과 밀접히 연결되어 있다는 사실을 보여주고 있다.

이 명문이 이 작품 속에서 어떤 맥락에서 나오는지 보자. 일련의 자극적인 환상들 중 맨 마지막에 나타나며, 주인공은 환상이 나타나는 중에 의식을 잃는다. 이어 바닥 모를 깊이 속으로 떨어지다가 마침내 자신의 발이 바닥에 닿는 것을 느낀다.

거기서 주인공은 푸른빛을 발하는 형상들의 집단을 보는데, 이 형상들이 그를 둘러싸며 원을 그린다. 그들 모두는 가슴에 황금

색 상형문자를 달고 있으며, 손에 붉은색 씨앗주머니를 들고 있다. (그는 씨앗주머니 한 줌을 받길 거부했으며 심지어 자기 쪽으로 내민 유령의 손을 뿌리쳐 씨앗주머니를 흩어지게 했다.) 지금 형상들은 씨앗주머니를 다시 들고 있다.

폭풍이 몰아치고 번개가 번쩍인다. 주인공은 마음이 약해지면서 무서움을 느낀다. 그때 어떤 목소리가 들린다. "오늘은 보호의 밤이야." (이스라엘인들이 이집트인들을 피해 이집트를 탈출하면서 보호를 받던 밤을 뜻한다.) 그러자 원을 그리고 있던 형상들 중에서 누군가가 말한다. "너희가 찾는 이는 여기 없어." (여자들이 무덤을 찾았다가 무덤이 비어 있는 것을 발견한 다음에 천사로부터 예수 그리스도에 관해 들은 말이다.) 그런 다음에 형상들은 그가 이해하지 못할 어떤 말을 한다. 그가 이해할 수 있었던 단어는 딱 하나, "에녹"(Henoch)뿐이다. 갑자기 형상 하나가 그에게 다가오더니 자신의 가슴에 있던 상형문자를 가리킨다. 그 문자를 읽으면서, 그는 이것이 끝이라고 느끼며 깊은 잠에 떨어진다.

분명, 이 환상들은 일련의 만다라이다. 그림으로 그리는 만다라가 아니라, 춤이나 행동으로 그리는 만다라이다. 신비의 원을 그리는 것은 개성화를 의미한다. 씨앗주머니를 건네는 것은 엄마가 무슨 답을 내놓든 아이를 먹어 치우고 마는 악어의 이야기와 똑같다. 씨앗주머니는 불행한 질문과 비슷하다. "받겠다"고 대답하든 "받지 않겠다"고 대답하든, 어떤 결과가 벌어질지 모르긴 마찬가지이다. 왜냐하면 씨앗이 무엇을 의미하는지 모르기 때문이다.

『골렘』의 주인공은 씨앗주머니를 받길 거부했다. 그러자 형상들이 험상궂은 모습으로 다시 나타난다. 이것은 씨앗들이 주인공의 다양한 부분들이라는 뜻이다.

우리 모두는 다양한 조각들로 이뤄져 있는데, 우리의 성격의 분열된 부분들이 마법의 솥이나 용광로 안에서 다시 결합되듯이, 이 조각들도 서로 모아져야 한다. 그래서 주인공에게 "당신은 모든 낟알들을 당신 자신의 일부로 받아들이겠는가?"라는 질문이 던져진다. 그러자 그는 "아니, 받아들이지 않겠소."라고 대답하지만, 그는 거부하지 못한다. 왜냐하면 이 낟알들이 그 사람 자신이기 때문이다. 그래서 형상들이 그의 뜻을 무시하고 다시 나타난다.

형상들은 그를 에워싸며 마법의 원을 그린다. 그때 어떤 목소리가 들린다. "너희가 찾는 이는 여기 없어." 마이링크는 "메시아"가 히브리 신비주의 철학자에게 뭘 의미하는지를 알고 있다. "결합시키는 자, 완벽하게 만드는 자는 여기 없어." 주인공이 자신의 성격의 부분들을 거부했기 때문에, 그 부분들은 지금 그의 반대편에 서 있다. 그때 유령 하나가 다시 다가와 그에게 계몽의 길을 보여준다. 틀림없이 꿈의 두 번째 부분은 그가 가르침을 받는 사도라는 것을 의미할 것이다.

나의 환자도 이와 똑같은 상황에 처해 있다. 그도 낟알들을 거부했다. 그는 자신의 구획들을 하나로 통합시키길 바라지 않는다. 그는 억지로 천국으로 들어가길 원한다. 그러기에 그는 아직 배워야 하는 사도의 위치에 서 있다.

그는 스승이 아니다. 그는 파우스투스 박사가 사는 곳에 들어갈 수 없다. 왜냐하면 어떻게 보면 파우스투스 박사는 완벽한 인간일 수도 있고 비법을 전수받은 존재일 수도 있기 때문이다. 그는 그 다음 문으로 가서 겸허한 마음으로 벨을 눌러야 한다(원숭이 묘기를 보이고 담을 타넘으며 사람들을 따라잡던 때와 많이 다른 모습이다). 평범한 언어로 표현하면, 그것은 "그래. 아직 조금 일러. 융 박사의 벨을 눌러야겠어."라는 뜻이다. 그는 자신이 사도에 지나지 않고 아직 배워야 할 게 있다는 사실을 고백해야 한다. 이것이 환자가 자신의 문제를 마법적인 방법으로, 요가나 신지학적 수단으로 해결하려 한 마지막 시도이다.

이제부터 그는 완전히 다른 길을 걷는다. 그 다음 꿈에서, 그는 폴란드로 자동차 여행을 한다. 이 여행 꿈 다음에 꾼 꿈에서, 그는 아프리카의 허름한 오두막으로 들어간다. 거기 악어가 한 마리 있다. 말하자면, 우연히 성배(聖杯)를 보게 되지만 그때는 너무 미숙하다는 이유로 거부당했던 파르지팔(리하르트 바그너(Wilhelm Richard Wagner)의 오페라 '파르지팔'에 등장하는 순진무구한 인물/옮긴이)의 경우와 똑같은 상황에 처하게 된다. 파르지팔은 세상 속으로 다시 나가서 오랫동안 많은 모험을 한 뒤에야 성배가 있는 곳을 다시 찾게 된다.

그렇듯, 나의 환자는 어떻게 보면 그 어린 개구쟁이로, 아랍 악마로 다시 돌아간다. 마치 자신이 가장 불쾌하게 여기는 것을, 다시 말해 다소 원시적인 감정의 약점을 동화시켜야 하는 것처럼 말이다. 그래서 그는 우선 문명 수준이 다소 낮은 나라로, 무질서하고 부패한 폴란드로 가고, 이어서 그보다 더 뒤쪽으로, 이따금 사람을 잡아먹는 악어가 사는 원시적인 오두막으로, 지옥의 입 속으로, 위험 속으로 들어간다.

이제부터 그의 꿈들은 그의 성격 중에서 가장 열등하고 또 가장 강하게 거부당하고 있는 부분을, 말하자면 그의 열등한 부분을 다루게 될 것이다. 그는 열등한 부분을 다루면서 자신의 두 가지 측면을 하나로 통합시킬 수 있을 때에만 완전한 사람이 되고, 또 이 꿈이 암시하는 그곳에 닿을 수 있을 것이다.